与信息时代同行，与创新精神共进

——北京信息科技大学信息与通信工程学院 2023年大学生创新实践与教学改革论文集

主　编　李学华　杨　玮
编　委　王占刚　朱　翠　孙　剑
　　　　吴韶波　岳新伟

北京邮电大学出版社
www.buptpress.com

内 容 简 介

本论文集收录了北京信息科技大学信息与通信工程学院自 2023 年以来开展大学生科技创新活动、学生参与科研项目以及教师进行教学改革和实践方面的最新成果。体现了为培养德智体美劳全面发展,具有家国情怀、创新精神、国际视野,担当民族复兴大任的信息通信专业的高素质应用型人才,以项目驱动,以创新激励,与产业协同育人,与时俱进的理念与举措。可供学校各教学单位参考以及其他同类院校交流使用。

图书在版编目（CIP）数据

与信息时代同行,与创新精神共进:北京信息科技大学信息与通信工程学院 2023 年大学生创新实践与教学改革论文集 / 李学华,杨玮主编. -- 北京:北京邮电大学出版社, 2025. -- ISBN 978-7-5635-7397-4

Ⅰ. G64-53

中国国家版本馆 CIP 数据核字第 2025PX8753 号

策划编辑：刘纳新　　责任编辑：满志文　　责任校对：张会良　　封面设计：七星博纳

出版发行：北京邮电大学出版社
社　　址：北京市海淀区西土城路 10 号
邮政编码：100876
发 行 部：电话：010-62282185　传真：010-62283578
E-mail：publish@bupt.edu.cn
经　　销：各地新华书店
印　　刷：保定市中画美凯印刷有限公司
开　　本：787 mm×1 092 mm　1/16
印　　张：21.25
字　　数：543 千字
版　　次：2025 年 2 月第 1 版
印　　次：2025 年 2 月第 1 次印刷

ISBN 978-7-5635-7397-4　　　　　　　　　　　　　　　　　定　价：97.00 元

· 如有印装质量问题,请与北京邮电大学出版社发行部联系 ·

前　言

　　北京信息科技大学是北京市重点支持建设的高校,是一所信息类学科齐全、信息特色鲜明,以本科、研究生教育为主体的多科性大学。学校由原机械部所属北京机械工业学院、原电子部所属北京信息工程学院合并组建而成,现有沙河、小营、健翔桥、金台路、酒仙桥5个校区,占地面积81万余平方米,设有二级教学单位15个。现有全日制本科生11 019人,全日制硕士研究生3 091人,全日制博士研究生58人,留学生137人。在长达87年的办学历程中,学校始终扎根中国大地,融入国家机械工业、计算机事业的起步及发展中,为国防科技事业做出了不可磨灭的贡献,同时也形成了鲜明的信息特色、军工特色、行业特色,积淀了"勤以为学　信以立身"的校训精神和大学文化。

　　学校坚持立德树人,着力培养具有较强实践能力、创新意识与国际视野的高素质应用型创新人才。现有45个本科专业,其中,国家级一流专业14个、国家级特色专业4个,北京市一流专业17个,北京市特色专业9个,北京高校"重点建设一流专业"3个。3个专业入选教育部"卓越工程师教育培养计划",9个专业通过工程教育专业认证,2个专业获批教育部"地方高校本科专业综合改革试点专业"。实现"信息＋智能＋"专业全覆盖,专业大类"双万计划"一流专业全覆盖。获评国家级一流课程10门,国家级规划教材24种。深化产教融合,突出实践创新能力培养,拥有国家级实验教学示范中心2个,以及国家级大学生校外实践教育基地、国家级工程实践教育中心建设单位,入选首批国家级创新创业教育实践基地,人才培养改革成果获北京市教学成果一等奖。在全国"互联网＋"大学生创新创业大赛中,第6次获国赛铜奖,居市属应用型高校第一。在全国普通高校大学生机器人竞赛指数中,评级A＋,持续位居前2%。毕业生薪酬长期稳居薪酬网排名全国前40名。

　　信息与通信工程学院是北京信息科技大学突出信息特色的学院,设有通信工程、电子信息工程和物联网工程3个本科专业(系)。在近年来软科排名中,学院信息与通信工程学科进入学科排名前40%,通信工程、电子信息工程等专业排名进入前8%,分列北京市属高校第1名和第2名,学院3个本科专业全部入选教育部"双万计划",实现了一流专业全覆盖,学科和专业群整体实力进入北京市属高校第一序列。学院以国际工程教育专业认证为引领,立足北京,辐射全国，以北京十大高精尖产业为牵引，助力北京全球数字标杆城市建设，重点培养适应新一代信息技术、人工智能、高速宽带通信产业发展以及智能制造需求的，具有扎实的专业基础、良好的学习沟通能力和宽广国际视野的高素质专门人才，努力打造"就业有优势、深造有基础、发展有信念"的高质量成才模式。

学院基于立德树人、工程教育认证、一流专业建设、新工科等建设思路，建立了较为完善的质量管理体系，不断提升办学实力，达到国内同类高校、同类专业的一流水平。2019年以来，学院获批北京市级优质课程和教材5门，获批国家级一流课程1门，入选北京高校优秀本科育人团队1个；2022年以第一完成单位获得北京市教学成果一等奖1项。未来3年，学院的3个专业将实现国际工程教育认证全覆盖，通过认证的学士学位具备国际互认质量标准，获得包括"华盛顿协议"体系内的美国、英国等20多个国家的国际"通行证"，这标志着学院的人才培养质量达到国际标准，学院进入全球工程教育的"第一方阵"。

学院是全国地方高校中首个推行新生工程认知教育改革的单位，新生导论课入选北京市"双创示范校"的"专创融合特色示范课"，"系好大学第一粒扣子"的新生创客大赛等系列改革举措被中国教育报、中国教育电视台多次报道。从创客大赛中走出来的徐云岫同学，在2020年新冠疫情期间制作发布了科学小视频"为什么现在不能开学？"，利用数码动画和软件模型形象展示了校园疫情的模拟传播效果，在微博和知乎平台上小视频有超过亿次的播放量，并被人民日报、新闻联播、中国教育电视台等多家媒体报道和采访。徐元岫同学作为北京市属高校唯一代表，荣登2020年5月4日《人民日报》国家奖学金获奖学生代表名录。

学院长期与行业企业密切合作，协同育人。获得预备华为ICT学院授权，拥有中兴通讯国家级工程教育实践基地1个，市级校外人才培养基地2个；设有通信技术、电子信息技术和物联网工程等教学实验室，教学科研仪器设备总值5 000余万元。学院开发的"5G物联网通信"在线虚拟仿真实验，以电子竞技的形式让学生组成战队开展实验，寓教于乐，与时俱进，特色鲜明，被中国网、现代教育报、学习强国等多个平台关注报道。

学院的学生在国家和省部级各类学科竞赛中屡创佳绩，近三年获省部级以上奖项140余项，每年有近200名学生获得华为、中兴、工信部、中国移动颁发的职业工程师认证证书。学院累计9年获得"华北五省及港澳台大学生计算机应用大赛"优秀组织奖。获得国家级教学成果奖和北京市教学成果奖等多项奖励，《大学生》杂志多次对学院学生进行了专访报道。

为了系统总结学生实践创新和工程应用方面的成果，促进成果应用推广，学院自2016年起，定期将相关成果汇编成册，至今已出版了2016年到2022年共计7期的大学生创新实践与教学改革论文集，反响良好。

本论文集收录了 2023 年以来以学生为主要作者的论文以及部分教师教学改革实践类论文,分为:教学实践类、科技创新类、毕业设计类。体现了信息与通信工程学院学生在创新创业、工程实践方面的成果和教师开展教学改革探索的最新进展。本书可作为同类院校大学生创新创业能力培养的借鉴与参考。

本论文集的出版得到了北京市财政专项"市属高校分类发展—信息特色产教融合工程教育质量提升计划""促进高校分类发展—大学生创新创业训练计划项目""促进高校分类发展—专业建设—电子信息类专业建设"等项目的资助。

由于时间和水平有限,本论文集中难免存在不足之处,恳请读者批评指正。

编　者
2024 年 7 月

目　录

教学实践类

基于 OBE 理念的"计算思维与信息基础"课程教学改革与
实践研究 ………………………………………………… 李月琴　吴韶波　张　帆 3
融合 OBE 与 PAD 理念的"电磁场与电磁波"课程思政教学
改革与实践 ……………………………………………………… 赵钰迪　赵　凯 8

科技创新类

基于 STM32 的智慧云农业线上平台设计与实现 ………… 李林聪　刘亚琴　陈昊然 等 15
基于随机计算的边缘检测系统 …………………………… 霍雅琪　秦依梦　李若妍 等 26
电子斑马线系统设计与实现 ……………………………… 覃丹丹　王嘉仪　王淑怡 等 40
基于 Zigbee 技术的独居老人远程监控系统 ……………… 郑　浩　杨　京　陈宇航 等 44
基于树莓派的半自动化钓鱼竿设计与实现 ……………… 郭一宽　李瀚达　张中一 等 50
国产 FPGA 软件高可靠远程上注模块设计与验证 ……… 焦奕珲　高孙林　王继伦 等 63
无人机音频信号检测 ……………………………………… 程伯韬　杨　博　台向东 等 70
基于 RGBD 和 Canny 算子边缘检测法的病毒消杀机器人
系统设计 ………………………………………………… 赵诗萱　王　鑫　武向宇 等 76
智能视觉分拣机械臂的实现 ……………………………… 安豫儿　杨溟楠　王茹斌 等 85
基于 CNN 模型的毫米波雷达姿态识别技术研究 ………… 宋伯钦　李月琴　安凤旭 等 92
基于 TensorRT 的 YOLOv5s 算法改进的交通标志
目标检测 ………………………………………………… 胡钰欣　王邵轩　宣建烽 等 101
基于节点域——图频域联合分析方法的异常节点的
检测和定位 ……………………………………………… 李圆菊　姚彦鑫　莫叶凡 等 111

智能家居控制系统 …………………………………… 陈朗言　李振华　来佳杭　等　121
分布式环境监测平台 …………………………………………………… 李舰飞　周富余　127
基于 STM32 单片机的水质检测分析仪的设计 ………… 王子砚　徐庆燚　丁　帅　等　136
基于 Arduino 的车辆盲区智能监测系统 ………………… 李瀚文　芦艺晨　王祖圆　等　153

毕业设计类

光通信 IM/DD 系统中非线性效应均衡算法设计与实现 ………………………… 陈立巍　161
基于深度神经网络模型的单通道语音增强算法研究 ………………… 陈晓彤　肖　瑶　176
基于鸿蒙 OS 的水质监测系统设计与实现 …………………………………… 周　昊　187
基于强化学习的低轨卫星网络通信计算资源联合调配方法 ………… 禹　豪　蔡元心　200
基于机器学习的海面温度反演方法实现 ………………… 张一博　范　文　张兰杰　216
基于小波变换的数字全息压缩方法研究与实现 ……………………… 李　帅　冷俊敏　225
基于随机计算的人工智能图像处理算法研究 ………………………………… 乔　羽　240
基于 ROS 的智能药房服务机器人优化设计 …………………………… 肖开提·艾山　247
基于正常色散区超连续谱的任意光谱合成方法研究 ………………… 骆润卿　孙　剑　256
基于 EtherCAT 的温度采集系统设计 ………………………………… 依力夏提·依明江　277
基于小米小爱平台的环境监测控制系统设计与实现 …………………………… 袁有朝　289
极低频电流场通信信道分析与建模 ……………………… 郑桉林　徐　湛　张　旭　298
基于深度学习的快速计算全息生成算法研究与实现 ………………… 赵睿昂　冷俊敏　313
基于卫星遥感和深度学习的中国区域大气污染研究 ………………… 王　烁　潘建军　326

教学实践类

基于OBE理念的"计算思维与信息基础"课程教学改革与实践研究

李月琴 吴韶波 张 帆

（北京信息科技大学信息与通信工程学院，北京，100101）

摘 要：针对计算思维与信息基础课程实际教学过程中存在的问题，实施基于OBE理念的课程教学改革。从课程教学目标、教学过程以及教学质量评价过程三方面进行课程优化设计，从而实现人才培养目标，通过教学改革与实践，提升课程教学效果，增强学生学习使命感和主动性。

关键词：OBE理念；计算思维；教学改革。

一、引言

成果导向（Outcome Based Education, OBE）教育理念是一种强调以学生为本，以成果为目标导向，采用逆向思维的方式进行的课程体系的建设理念[1]，是一种先进的教育理念，工程教育本科专业国际认证的《华盛顿协议》将其贯穿于工程教育认证标准中。为了培养符合国际化标准的工程人才，我国于2013年也加入了该协议，为提升我国工程技术人才在国际上的认可度和互通性开辟道路[2]。因此，将OBE理念融入课程教学实践中，与工程教育的要求相匹配，对于提高教育质量、培养优秀人才具有重要研究意义。本文基于OBE理念，对"计算思维与信息基础"课程教学改革与实践进行研究和探讨。

二、计算思维与信息基础课程现状

"计算思维与信息基础"是北京信息科技大学信息与通信工程学院物联网工程专业基础课，面向本科大一学生开设，其目的在于培养学生的科学与工程思维，促进学生的计算思维与各专业思维交叉融合形成复合型思维，为学生今后设计、构造和应用各种计算系统求解学科问题奠定思维基础，帮助学生提高解读真实世界系统并解决全球范围复杂问题的能力[3]。通过培养计算思维，建立认知体系，也为后续专业课程的学习以及自身综合素质的养成打下基础。

然而，在实际的教学过程中发现存在以下问题：

（1）课程整体的知识体系框架比较宽泛，部分学生反映课程涵盖的知识点和内容很多，且较为抽象，担心记不住。此外，对各部分内容要求掌握的程度区分不明，将理论知识转化到实际应用的能力仍有欠缺，如此情况可能导致学生在学习过程中的目标感不强或不明晰。

（2）课程教学主要依赖于课堂讲解，然而授课课时有限，尤其在两个班级共同授课的大

---

① 项目来源类别：北京信息科技大学2024年度校级教学改革项目，北京信息科技大学"青年骨干教师"支持计划。

班课堂上,难以及时关注每个学生的学习表现。课程后期由于流感原因还出现较多同学请病假的情况,对于学生学习造成一定影响。形式单一的教学模式容易造成学生听课兴趣的降低以及学习积极性的缺失。

(3)传统的"课中＋课后"教学环节设计中,课中采用课堂授课和课堂提问方式,课后通过作业评估学生学习效果。然而这两个环节学生主要是被动式参与,单纯接收课程内容信息,部分学生还存在抄作业现象,只求答案,缺少主动思考分析问题的能力,学生在学习过程中的主动参与度不高。

三、基于 OBE 理念的课程教学设计

OBE 教育理念以学生的学习成果为导向,注重学生的个性化和全面发展,以及教师与学生之间的互动和合作,其核心包括两个方面。

(1)以学生为中心:在教学过程中,学生是主体,教师起到引导和促进的作用,通过学生的主动学习和探索,培养学生的创新能力和解决问题的能力。

(2)以学习成果为目标:在教学设计和学习过程中,明确学习成果和目标,使学生能够清晰地了解自己的学习任务和目标,从而更好地掌握知识和技能。

OBE 理念强调的是根据学生在教学结束后预期获得的能力进行教学设计[4]。因此,在基于该理念的教学设计中,首先定义学生的预期学习产出,即课程的教学目标。该目标要以国家和社会的需求为导向,以人才能力培养为根本目标,通过学生毕业要求和课程之间的关系逐步推进;其次是预期学习成果的实现,即课程教学的实现过程,通常通过课堂授课、学生自学等方式实现;最后是预期学习成果评价,即课程教学的评价反馈,通过考试、作业、问卷调查等形式开展。根据上述理论,在"计算思维与信息基础"课程的教学设计中,融入 OBE 理念有章可循,有助于提升课堂教学质量以及培养学生综合能力。

四、课程改革实践

1. 课程教学目标优化

在不同阶段我们国家和社会经济发展对于专业人才的需求是变化的,根据我校高水平应用型大学定位以及信息特色、军工特色、行业特色的办学特色,设定了相适应的毕业要求。本课程是物联网工程专业基础课,支撑两个毕业要求点,根据毕业要求,针对非计算机专业特点,从对计算思维基本理论的认知能力、对计算学科问题的分析能力以及对复杂工程问题的表达能力 3 个方面对课程教学目标进行优化,形成 3 个课程目标,其对应关系如表 1 所示。教师首先明确教学目标,然后制定相应的教学策略,设计教学方案,增强学生在学习过程中的目标感。

2. 课程教学过程优化

通过 OBE 理念,以教育目标为指引,关注学生的学习成效,逆向设计教学过程,从而解决教学过程中遇到的问题[5]。课程教学过程优化设计如图 1 所示,优化主要从两个方面进行。

表 1　课程目标与毕业要求对应关系表

毕业要求指标点	课程教学目标
能将数学、自然科学、工程科学的语言工具用于工程问题的识别、表述以及分析	课程目标1：理解计算思维的概念、本质及应用，通过对信息表示与编码、编程语言的认知，掌握计算机的基本工作原理，熟悉计算机求解问题的基本方法以及将复杂系统化繁为简的基本思维
能基于相关科学原理和数学模型方法正确表达智慧感知与信息处理方向的复杂工程问题	课程目标2：初识计算理论，奠定算法基础，培养学习者利用相关科学原理和数学模型方法，具备正确表达问题、分析问题乃至解决问题的意识与能力。
	课程目标3：认识数据管理的手段以及计算机网络机理，理解数据库和大数据以及网络化的社会影响

（1）混合式教学模式的改进

采用线上/线下混合式教学模式，结合课程内容特点，比如在介绍电子计算机发展时，仅通过图片和教师讲解，学生对于其中涉及的关键器件很难有直观感受和认识，因此，可将该部分内容设计为线上学习，学生自主查看在线资源库里的视频、相关发明者的故事等资料，并且通过在线讨论区发表自己的观点，然后老师点评以及同学互评。同时，鼓励学生搜集更多相关资料，由老师审核后添加到资源库中。而在线下教学中，除了教师主讲的形式之外，增加小组讨论、成果展示等翻转课堂环节，让学生更多地参与其中。教材选择上，选用了《大学计算机-计算思维与信息素养（第3版）》，战德臣，张丽杰，高等教育出版社，2019。该教材具备完善的知识点讲解，并且对于重要知识点配套了相应的MOOC线上教学视频。此外，教师通过加入虚拟教研室，跟进最新教学方法。

（2）"课前＋课中＋课后"三阶段学习方式

通过课前布置学习任务，让学生提前预习基础知识点，或者自学线上教学内容，在该过程中熟悉基本概念，并记录遇到的问题；在课中教师梳理各个知识点，详细讲解重难点，并且

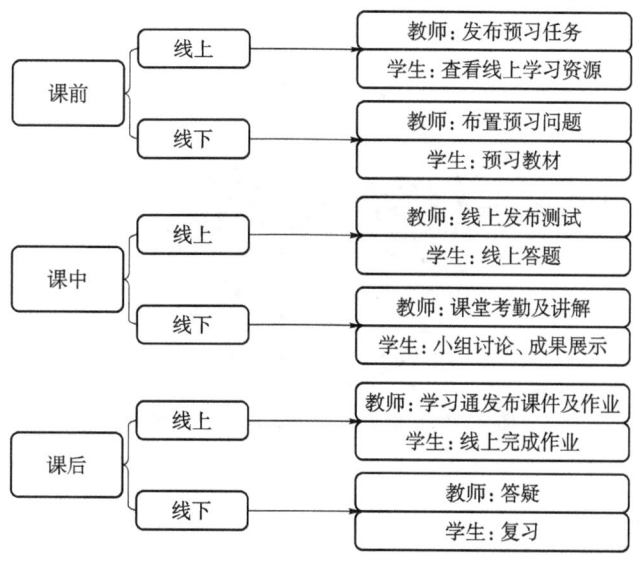

图1　"计算思维与信息基础"课程教学过程优化设计

进行随堂检测，针对学生们预习阶段遇到的问题进行讨论，加深对重难点内容的理解；课后通过作业、问题讨论等方式引导学生们对课程内容进行更深入的思考，巩固所学知识，并且针对个性化问题进行答疑和辅导。

3. 课程教学质量评价过程优化

在 OBE 理念的指导下，需要保证学生的学习成果与设定的课程教学目标相匹配，所以制定课程考核评价方法时要结合教学目标的关系设置对应的计分标准。优化从以下两个方面进行。

(1) 针对不同教学目标采用不同考核方式

在考核方式上，采用平时成绩（30%）与考试（70%）相结合。每一讲均设置练习题，通过课堂练习与课后作业等多种形式，帮助学生及时回顾学习重点，评估学习效果，答题成绩纳入平时成绩。对于课程基本知识点、概念等偏重于记忆的内容，可由学生通过课前预习与课后作业进行掌握，在期末考试时采用填空和选择题进行考核。对于运用计算思维分析以及解决实际问题的内容，作为考察重点，考试时采用简答和论述题进行考核，在平时成绩和期末考试中设置较高比重。对于程序理解、计算机部件工作原理分析等内容，在课堂上进行随堂练习和测试，便于教师及时指导和纠错。

(2) 根据往年达成度分析情况进行针对性强化

课程目标达成情况反映了教学质量，在此基础上持续改进教学活动是 OBE 理念不可或缺的一环。因此，在教学改革中对前几轮课程教学中的达成度情况进行统计分析，对达成度较低的目标进行有针对性的强化，用以指导新一轮教学。

通过问卷调查了解学生对于课程目标达成情况的评价，在关于课程教学内容是否可以支撑课程目标的达到这一问题上，课程目标达成情况评价统计结果如图 2 所示。由图中可以看出，55.56% 的同学认为课程教学内容完全可以支撑课程目标达成，44.44% 同学认为基本可以支撑。从评价来看，学生认为课程内容基本上可以支撑课程目标的达成，今后将进一步加强对教学内容与课程目标的关联性，不断提升教学效果。

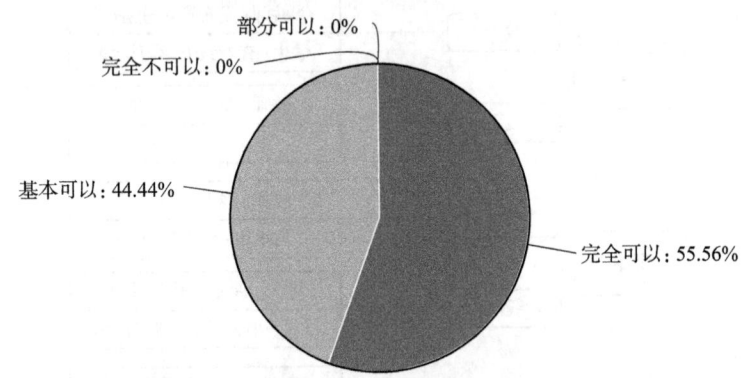

图 2 课程目标达成情况评价统计结果

五、结束语

基于 OBE 理念的课程教学强调以学生为中心，在教学设计和实施过程中，始终考虑学生的需求和特点,以学生的能力获得和素质提升为最终目标,从而更好地满足学生的个性化需求,提高学生的学习积极性和主动性。同时以成果为导向,教学设计和实施均围绕预期的学习成果进行,能够明确教学目标,提高教学效果和学生的学习效果。在课程改革实施中,基于毕业要求进行课程教学目标设计,以增强学生学习目标感;采用三阶段混合式教学模式,提升学生学习兴趣与主动参与度;通过多元化教学质量评价方式,全面掌握学生学习表现,并根据达成度分析不断进行针对性强化,使课程质量获得持续提升和改进,最终实现人才培养目标。

参考文献

[1] 邵雪梅,赵生慧.OBE视角下应用型高校"计算机网络"课程教学改革实践[J].湖北工程学院学报,2022,42(3):38-42.

[2] 熊骏,金文,丁飞,等.基于OBE理念的计算机网络课程教学改革与实践[J].软件导刊,2024,23(1):204-208.

[3] 战德臣,聂兰顺.计算思维与大学计算机课程改革的基本思路[J].中国大学教学,2013,(2):56-60.

[4] 聂茹,李政伟.以计算思维培养为目标的大学计算机基础教学改革与实践研究[J].电脑知识与技术,2024,20(3):142-144.DOI:10.14004/j.cnki.ckt.2024.0052.

[5] 付菊."金课"建设背景下"计算思维与人工智能基础"课程教学改革与实践[J].工业和信息化教育,2024,(5):30-34.

作者简介

李月琴,女,讲师,北京信息科技大学信息与通信工程学院物联网工程系教师,北京信息科技大学"青年骨干教师"支持计划入选人。

吴韶波,女,副教授,北京信息科技大学信息与通信工程学院物联网工程系教师。

张帆,女,副教授,北京信息科技大学信息与通信工程学院物联网工程系教师。

融合 OBE 与 PAD 理念的"电磁场与电磁波"课程思政教学改革与实践

赵钰迪 赵 凯

(北京信息科技大学信息与通信工程学院,北京,100101)

摘 要:"电磁场与电磁波"作为信息与通信工程学科的核心基础课程,不仅要传授专业知识,还要贯彻课程思政重要要求。但是本课程理论性强、学习难度大,传统的教学模式下,学科专业知识授课效果尚难以得到保证,更遑论真正充分发挥本课程育人的重要作用。基于培养国家发展需要的复合型人才这一目标任务,本文探讨在 OBE 以学生为中心、以结果为导向的教育理念指导下,运用 PAD"对分课堂"课程形式,将课程设置为教师授课、学生拓展和评价考核三大环节,以课程思政案例为载体,实现思想政治教育与学科专业教育的有机融合、相互促进。

关键词:电磁场与电磁波;OBE;PAD;课程思政;教学改革。

一、引言

2016 年,习近平总书记在召开的全国高校思想政治工作会议上发表重要讲话强调:"要坚持把立德树人作为中心环节,把思想政治工作贯穿教育教学全过程,实现全程育人、全方位育人,努力开创我国高等教育事业发展新局面。"2020 年,教育部印发《高等学校课程思政建设指导纲要》,提出"把思想政治教育贯穿人才培养体系,全面推进高校课程思政建设,发挥好每门课程的育人作用,提高高校人才培养质量"。

信息与通信工程是我国突破"卡脖子"需要发展的关键学科,国家需要大批爱党爱国、矢志社会主义建设的高素质专业化人才,"电磁场与电磁波"作为信息与通信工程学科的核心基础课程,思政教学的意义更加凸显。但是该课程理论性强、学习难度大,传统的教学模式下,学科专业知识授课效果尚难以得到保证,更遑论真正充分发挥本课程育人的重要作用。

因此,为贯彻立德树人的根本任务,培养国家发展需要的复合型人才,本文探讨融合 OBE 与 PAD 理念指导下的课程思政教学新模式,具体为:坚持 OBE 以学生为中心、以结果为导向的教育理念,着眼于思想政治教育和学科专业教育质量效果的同步提升,精心设计课程思政案例,以及在 PAD 理念指导下将课程设置为教师授课、学生拓展和评价考核三大环节,实现思想政治教育与学科专业教育的有机融合、相互促进。

二、传统教学方式面临的问题

在以往的教学过程中,往往较为依靠讲解教材上的自然科学知识,对电磁学的发展历程、电磁学与社会生活和生产实践的相关性、电磁学对国家科学技术发展的重要性等内容讲授较少[1]。这种教学模式存在如下几方面问题。

1. 教师授课内容理论性强,学习理解难度大

课程思政是建立于学科专业知识教育基础之上的,如果学科专业教育让学生难以领会、丧失兴趣,依托于本课程的思想政治教育也是无源之水、无本之木。"电磁场与电磁波"课程教学内容艰深、知识点多,许多学生面对烦琐的公式推导产生畏难情绪、感觉力不从心,面对抽象的理论不知如何运用到实践,面对只能被动吸收、枯燥的教学场景容易失去学习兴趣、丧失专注力,进而导致专业知识和思想政治教学效果均无法得到保证。

2. 学生居于被动学习地位,教学效果难以保障

教师灌输知识、学生被动吸收的传统教学方式,课堂上留给学生独立思考、充分讨论的时间有限,学生能否真正掌握、灵活运用知识存疑,而且教师与学生之间、学生与学生之间缺乏有效的互动交流,缺少学生消化吸收再输出和向教师反馈学习成果的机制。这就导致如下问题:一方面教师无法实时了解学生学习的真实情况,难以更好指导下一阶段的教学任务。另一方面,剥夺了学生的主体性,偏离了培养学生自主学习、独立思考、自主创新能力的教学初衷。

3. 课程思政效果难以量化,缺乏思政教学评价方式

课程思政效果如何,需要建立考核评价体系,但是十年树木百年树人,思想政治教育是润物细无声的,是在潜移默化中对学生精神世界进行塑造,其成果将在学生未来成长道路上逐步显现,是难以进行量化打分的。因此,如何建立考核评价体系,科学立体评价课程思政教学内容、教学方式、教育成果,为课程完善提供依据,是摆在每一位教师面前的课题。

三、改革总体思路

1. 课程目标任务

面对传统教学方式的种种问题,首先应对课程的目标任务予以优化,明确目标再进行课程设计。通过本课程学习,应让学生实现以下三个方面的综合素质提升——首先能够掌握电磁学的基本规律,能够自主学习、自我探究,充分理解电磁学在产业中的应用。其次,应掌握电磁学发展史,以伟大科学家为榜样,吸收坚持真理、不畏权威、孜孜不倦的科学精神并运用于未来的学习、科研之路。最后,应了解我国电磁学发展历程,充分认识电磁学之于强国建设的重要意义,立志当前为国家崛起而读书、未来为推动国家发展努力工作[2]。

2. 以 OBE 理念指导课程设置

OBE(Outcome Based Education),即成果导向教学理念,要求教师首先对教学成果有清晰的认识,以逆向思维推导课程体系如何构建、教学大纲如何设计、教学方式考核方法如何确定等,进而提升教学质量,确保实现预期教学成果。本课程围绕上述目标任务,以课程思政案例为纽带串联起各章节知识,以期学科专业教育和思想政治教育能够相互促进,产生"1+1>2"的效果。

课程内容方面,甄选本专业相关的课程思政案例,让学生更加直观感受到理论的运用场景,增加课程趣味性,让学生在学习专业知识的同时,关注国家发展、关注产业现状、关注现实应用,潜移默化接收思想政治教育。教学方式方面,为充分激发学生学习思考的积极性、主动性,及时掌握学生学习情况,引入 PAD 对分课堂理念对教学结构进行改革。教学考核评价体系方面,更加关注学生在学习讨论过程中的表现情况,体现学生学习思考的真实状况。

3. 以PAD理念改革教学结构

PAD对分课堂理论将教学分为3个过程,即讲授(Presentation)、内化吸收(Assimilation)和讨论(Discussion),其理念核心在于兼顾以教师为主体的内容讲授和以学生为主体的报告讨论[3]。与传统教学方式学生全程处于被动的模式不同,本课程通过让学生作背景知识搜集、作报告、分组讨论等方式,让学生主动学习、主动思考,给学生以表达、施展个人能力的空间。这种教学方式有以下几项优点:一是回归以学生为中心的教育本质,激发学生主体意识,调动其积极性、创造性。二是为学生提出更高要求,在吸收新知识的基础上还需向外输出观点,促使学生认真学习、尽快吸收,在理解理论的基础上还需正确认识当今科技和产业界的国际竞争,促使学生深入思考如何利用所学知识助力国家高质量发展。三是建立了学生学习情况反馈机制,教师通过报告讨论情况能够及时掌握学生学习质量,用以指导下一阶段授课。

总之,OBE理念强调以学生为中心,注重学生知识的获取和综合能力的建构,是教学目标;PAD理念强调学生在教学中的主体地位,从被动的知识灌输对象变为知识能力的展示者,是实现教学目标的教学方法[4-5]。两者融合,并建立起与之相适应、注重过程评价的考核评价体系,有助于教师更好落实课程思政目标任务,保障教学取得预期效果。

四、教学改革实践

1. 以教师为中心的授课环节——课程思政元素挖掘与案例设计

根据课程思政三项目标任务,根据课程专业知识体系的架构,全面搜集课程思政案例,以案例为载体串联起各单元知识点。一方面,不破坏原有专业知识架构、不破坏原有课堂设计,根据专业知识点进行课程思政案例设计,实现思想政治教育和学科专业知识教育的融合,潜移默化中塑造学生精神世界。另一方面,通过生动具体的课程思政案例,降低对抽象理论的理解难度,调动起学生学习的兴趣,真正实现思想政治教育和学科专业知识教育的相互促进。比如在绪论部分以手机、微波炉、CT、B超、卫星、雷达等例子展示电磁学在日常生活、医学、国防等现实中的应用;在讲解"良导体中的均匀平面波"内容时,以核潜艇在海水中的通信瓶颈问题引导学生思考均匀平面波在导电媒介中考虑损耗时的传播规律[6]。

本部分可以归纳为两条主线。第一条主线为电磁场与电磁波发展史,介绍法拉第、麦克斯韦、赫兹等伟大科学家对于电磁学的开创性贡献。比如法拉第提出电磁感应定律,引入电场、磁场概念,打破牛顿力学的传统观念;麦克斯韦通过麦克斯韦方程组这一完美的数学公式验证了电磁感应定律,奠定电磁理论基础,但其理论过于复杂精深导致曲高和寡,直到他逝世,都未被主流学术界接受;直到赫兹首次通过实验证实电磁波的存在,才第一次向世人证明了麦克斯韦理论。通过这些案例教育学生人生就像科研之路,并非满是鲜花,可能也有误解、冷遇,要受得了挫折、耐得住寂寞,应树立正确的人生观、价值观,坚持远大理想抱负、持之以恒坚持奋斗,同时引导学生进一步尊重科学、敬畏科学、热爱科学,真正理解追求真理、不畏权威、孜孜不倦的科学家精神。第二条主线是我国电磁学的发展历程、成绩以及现在的机遇挑战。比如南仁东20多年殚精竭虑,主持建设的具有自主知识产权、世界最大口径、最灵敏射电望远镜"中国天眼"FAST,大大提升我国空间探测能力,为我国火星探测等深空研究奠定重要基础;华为在5G移动通信领域取得世界领先的成就,根据全球著名咨询机构 GlobalData 发布的 2024 年《5G RAN 竞争力评估报告》，华为凭借其领先的产品解决方案和成熟商用案例，自 2019 年以来连续 6 年蝉联冠军；国家在航空航天领域取得的辉煌成就以及在"卡脖子"领域取得的突破等等。一方面以国家艰苦创业的历史和辉煌成就激发学生的民族自豪感和自信心，向默默耕耘、无私奉献、艰苦创业为人民负重前行的科学家学习，另一方面引导学生正确认识国际局势，认识到我们身上肩负的历史使命，树立远大志向，未来投身到科研报国、实业强国的伟大实践中去。

2. 以学生为中心的拓展环节——开发课程思政混合式教学模式

以学生的需求、兴趣为出发点，精心设计课前准备、课堂展示、课后练习各环节，将独立思考、学生讨论、师生交流嵌入其中，改变教师单向输出、学生单向输入的单调模式，加强师生、生生交互，充分激发学生学习的主体意识，调动其积极性、主动性，真正将知识内化于心。

一是课程准备阶段，教师发布课件、课程思政案例及相关思考题、视频等学习资料，要求学生认真预习，写下关于课程思政案例的思考。在这一阶段，鼓励学生自行搜集相关背景材料，提升自主学习能力、拓宽知识面和眼界。二是课堂展示阶段，在教师结合案例深入浅出讲解基本理论，帮助学生强化对理论知识的理解后，专门安排时间作为学生展示时间，主要通过以下几种方式：安排代表阐述对于课前思考题的认识，教师进行点评；分组开展学生讨论，并听取各小组讨论情况或者解答学生疑惑；教师提出更深度的思考题，与学生进行讨论交流。这一阶段注意加强师生间的平等互动交流，增加学生的参与度，更多地让学生真正参与到思想政治学习和思考中来，避免"左耳进、右耳出"的教学困境。三是课后习题阶段，可请学生记录通过学习对于课前思考题有何更深层次的认识，或者结合课程思政案例，自选或根据指定题目制作 PPT 或者视频阐述感悟，也可以布置新的案例或思考题请学生分组讨论并录音提交。总之，通过布置难以"抄袭"的作业，让学生真正思考、真正展现自己。

3. 以成果为导向的考核环节——完善课程思政评价方法

传统课程考核方式，更注重有标注答案的课后作业成绩和考试成绩。该评价体系难以运用到思想政治教育中，因为做题能力不代表思想政治水平和全方位素质。本课程对考核评价体系进行了改革完善，更加聚焦学生学习讨论过程中表现。

OBE 理论认为每个人都能成功，本课程认为只要学生认真思考、学有所获即是成功。因此课程思政表现评分，我们弱化习题作业、期中和期末考试成绩，也不要求课程思政作业有标准答案，而是更为关注过程，关注学生们在课堂讨论、在课程思政作业上是否体现了自己独立思考，是否符合社会主义核心价值观，更为关注学生多元化能力培养，通过表现评定学生自主学习思考能力、沟通协作能力、解决负责问题能力、创新能力、职业素养等。

课程探索了教师评分、学生互评、学生自评的模式。学生通过互评和自评，可以增加思想碰撞，加强互相学习，通过评价他人和自己，更了解自己的不足和优势，并以此调整下一阶段的学习方式。

五、结语

以具体的课程思政案例为载体，串联起本课程的知识点，实现思想政治教育与学科专业教育的相互促进，在实践中被证明是可行的、有效的：一是在大国竞争、关键领域"卡脖子"的国际背景，在我国聚焦高质量发展、各项关键领域不断取得新突破的国内背景下，课程思政案例素材库丰富，容易实现显性教育和隐性教育的有机结合，从而做到在传授专业知识和技能的同时，潜移默化地引领学生的社会主义核心价值观。二是用课程思政案例联系实际，有别于过于理论化、与工程实践联系不够紧密的传统教学范式，容易激发学生学理论、用理论的兴趣，实现思想政治教育和专业知识教育目标、方式的有机统一和同频共振。三是通过课程思政案例不断强化学生胸怀国之大者的家国情怀和自豪于国家伟大成就的民族自豪感，可以用思想政治教育不断激发学生矢志报国的理想信念，强化学习专业知识的内生动力。该课程改革以来，学生反响积极，课堂表现优异，成绩有所提升。

参考文献

[1] 陈真英,彭富平.大学物理课程思政实施策略及实践——以电磁学教学内容为例[J].高教论坛,2022(6):58-60.

[2] 杜宇涵,江雪,袁翔.围绕课程思政优化的电磁学课程教学尝试[J].物理与工程,2022,32(5):179-185.

[3] 赵婉莉,张学新.对分课堂:促进深度学习的本土新型教学模式[J].教育理论与实践,2018(38):47-49.

[4] 孙传猛,杜红棉,李晓,等.融合OBE与PAD理念的智能控制课程教学模式研究[J].高等工程教育研究,2022(1):157-162.

[5] 罗亮,冯立明,张学新.实践OBE教学模式的新抓手:"对分课堂"——以"函数的极值与最值"为例[J].教育教学论坛,2020(28):257-258.

[6] 蔡洋,曹玉凡,张宝玲,等."电磁场与电磁波"的课程思政教学设计[J].电气电子教学学报,2023,45(1):88-90.

致谢

本文获得了北京信息科技大学2023年度教学改革立项资助。

作者简介

赵钰迪,北京信息科技大学信息与通信工程学院,博士,副教授,主要研究方向为感存算融合智能芯片与高能效图像处理算法。

科技创新类

基于STM32的智慧云农业线上平台设计与实现

李林聪　刘亚琴　陈昊然　闫　旭　杨光一

（北京信息科技大学信息与通信工程学院，北京，100101）

摘　要：本设计为基于单片机的检测控制系统，用新型的智能温湿度传感器DHT11，气体传感器MQ-2，光敏传感器主要实现对温度、湿度、二氧化碳浓度、光照强度的检测，经过ULN2003芯片驱动控制部分，采用加湿设备、降温设备控制温湿度的高低，步进电动机控制光照强度，够实时采集农田环境数据，并通过WiFi传输至云服务器，通过移动端应用进行远程监控。App线上销售农副产品，将生产的农副产品进行包装，向用户展示农产品的生长情况、生长状态、产品信息等数据。用户可按需挑选，商户可对农副产品进行销售。App将记录日销售信息，生成销售曲线，供商户查阅并适时调整销售品种、售卖价格等信息。

关键字：传感器；DHT11；单片机；STM32；App。

Design and Implementation of an Intelligent Cloud-Based Agriculture Online Platform Based on STM32

Li Lin-cong　Liu Ya-qin　Cheng Hao-ran　Yan Xu　Yang Guang-yi

Abstract：The design is based on a microcontroller detection and control system, utilizing new intelligent sensors such as the DHT11 for temperature and humidity, the MQ-2 for gas detection, and photosensitive sensors primarily for detecting temperature, humidity, carbon dioxide concentration, and light intensity. Through the ULN2003 chip for driving and control, it manages the humidification and cooling devices to regulate temperature and humidity, while a stepper motor controls the light intensity. Real-time data collection of agricultural environment parameters occurs, transmitted via WiFi to a cloud server, and accessed for remote monitoring through a mobile application. The app facilitates online sales of agricultural products, showcasing the growth status, condition, and relevant information about the produce to users. Users can selectively choose products, while merchants can sell agricultural goods. The app records daily sales information, generating sales curves for merchants to review and adjust their product offerings and selling prices as needed.

Key words：sensor；DHT11；microcontroller；STM32；App.

一、引言

随着科技的不断发展，农业也在不断地向数字化方向发展。为了更好地推动农业科

---

① 项目来源类别：2023年北京市大学生科技创新计划项目

创新,本项目将农业与数字化紧密结合,这不仅可以监测提高农作物的生产效率,实现精准化管理,还可以加快新品种、新技术、新产品的研发。推动科技带动创新,创新引领发展。同时通过虚拟种植等方式向消费者传递农业知识和文化,增强消费者对农业的理解和兴趣,促进城乡经济的共同发展。此外,还可以推出有趣的互动活动,增加用户体验和黏性。

针对智慧农业和线上服务的需求,本项目拟搭建一套面向多群体的农作物跨层次智能传感与决策平台,从而实现对不同需求的精细化、智能化和个性化服务,促进农产品提质增效,进一步提升经营管理的科学性、资源合理分配性。在智能传感层面,在地上检测地下管理;在智能决策层面,农民、商人可实时监测农作物和生长环境、出售情况等,商人按需求做出采购销售、管理等决策;"云种植"用户可体验线上种植之趣;科研人员可收集相关生长数据,供以研究。

二、总体设计

1. 总体设计方案

总体设计如图 1 所示。

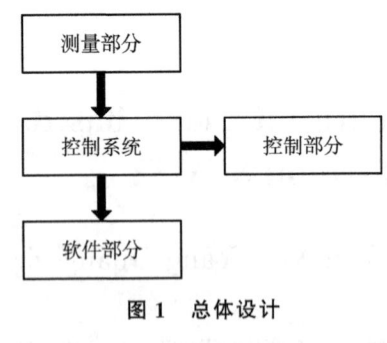

图 1 总体设计

项目研究主要内容:
(1) 传感器测量相关数。
(2) STM32 单片机与传感器通信。基于 STM32 单片机,搭建发送模块电路、传感器模块电路以及 WiFi 模块电路。发送模块主要负责与上位机进行通信和数据传输。
(3) 阈值控制。阈值由 App 直接设置,控制器可自动由 ULN2003 芯片驱动,也接收 App 端手动控制,更加灵活智能。参数超过阈值,控制器开启工作。

(4) 云平台实现数据上传。单片机将收集的数据传感器采集数据主体数据按照特定格式打包成相关协议包,协议包发送到云平台服务器。服务器按接收端按照规则解析协议包,提取数据。

(5) App 线上销售农副产品。将生产的农副产品进行包装,向用户展示农产品的生长情况、生长状态、产品信息等数据。

2. 控制系统

(1) STM32F103C8T6 是一款 STM32F1 系列的微控制器,通常用于嵌入式系统。BLUEPILL 是一个基于 STM32F103C8T6 的开发板,常用于学习和原型设计。以下是 STM32F103C8T6_BLUEPILL 开发板上一些常见的引脚和功能:

① 主要引脚功能

PA0-PA15:通用输入输出引脚(GPIO)。

PB0-PB15:通用输入输出引脚(GPIO)。

PC13-PC15:通用输入输出引脚(GPIO),其中 PC13 通常用于连接板载 LED。

NRST:复位引脚。

BOOT0:启动引脚,用于选择启动模式。

VDD 和 GND:供电正电压和地引脚。

② 时钟和系统引脚

RCC：系统时钟配置相关引脚。

③ 调试和编程引脚

WDIO 和 SWCLK：用于 SWD 调试和编程。

④ 串口通信引脚

TX 和 RX：串口通信引脚，通常用于与计算机或其他设备进行串口通信。

⑤ USB 引脚

USB D+ 和 USB D−：用于 USB 通信。

⑥ 定时器和 PWM 引脚

定时器引脚（如 TIM1、TIM2 等）：用于连接定时器模块的引脚。

PWM 输出引脚：可以连接到外部设备，如电动机或 LED，通过 PWM 调节输出。

⑦ 模拟引脚

ADC 引脚：用于连接模拟传感器或其他模拟设备。

⑧ 其他引脚

SDA 和 SCL：I2C 通信引脚。

MISO，MOSI，SCK：SPI 通信引脚。

STM32F103C8T6 外部引脚图如图 2 所示。

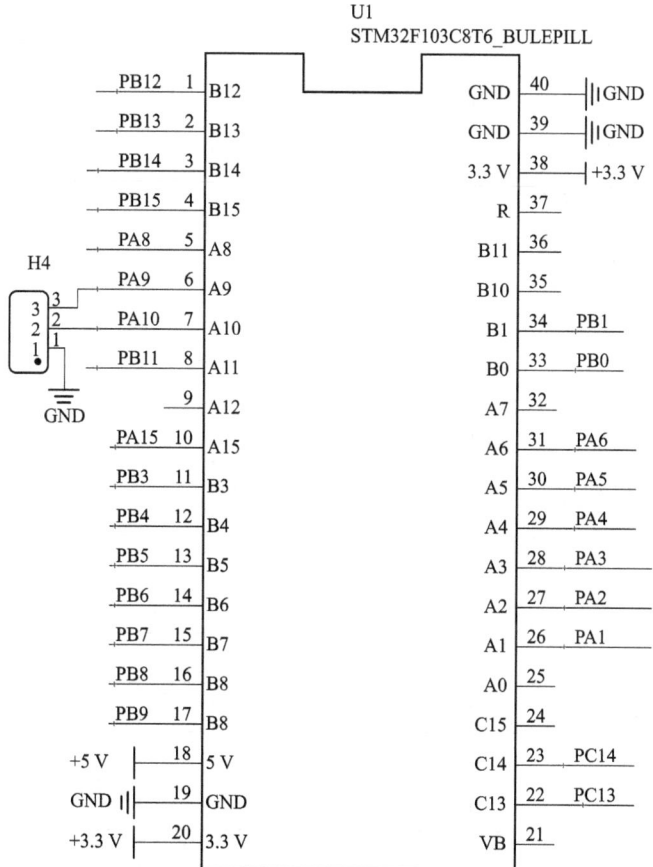

图 2　STM32F103C8T6 外部引脚图

(2) DH11 传感器

DHT11 数字温湿度传感器是一款含有已校准数字信号输出的温湿度复合传感器。它应用专用的数字模块采集技术和温湿度传感技术,确保产品具有极高的可靠性与卓越的长期稳定性。传感器包括一个电阻式感湿元件和一个 NTC 测温元件,并与一个高性能 8 位单片机相连接。因此该产品具有品质卓越、超快响应、抗干扰能力强、性价比极高等优点。每个 DHT11 传感器都在极为精确的湿度校验室中进行校准。校准系数以程序的形式储存在 OTP 内存中,传感器内部在检测信号的处理过程中要调用这些校准系数。单线制串行接口,使系统集成变得简易快捷。超小的体积、极低的功耗,信号传输距离可达 20 m 以上,使其成为各类应用甚至最为苛刻的应用场合的最佳选择。

传感器性能说明如表 1 所示。

表 1 传感器性能说明

参数	条件	min	typ	max	单位
湿度					
分辨率		1	1	1	%RH
			8		bit
重复性			±1		%RH
精度	25 ℃		±4		%RH
	0~50 ℃			±5	%RH
互换性		可完全互换			
量程范围	0 ℃	30		90	%RH
	25 ℃	20		90	%RH
	50 ℃	20		80	%RH
响应时间	1/e(63%)25 ℃,1 m/s 空气	6	10	15	S
迟滞			±1		%RH
长期稳定性	典型值		±1		%RH/yr
温度					
分辨率		1	1	1	℃
		8	8	8	bit
重复性			±1		℃
精度		±1		±2	℃
量程范围		0		50	℃
响应时间	1/e(63%)	6		30	S

DHT11 数字温湿度传感器封装图如图 3 所示。

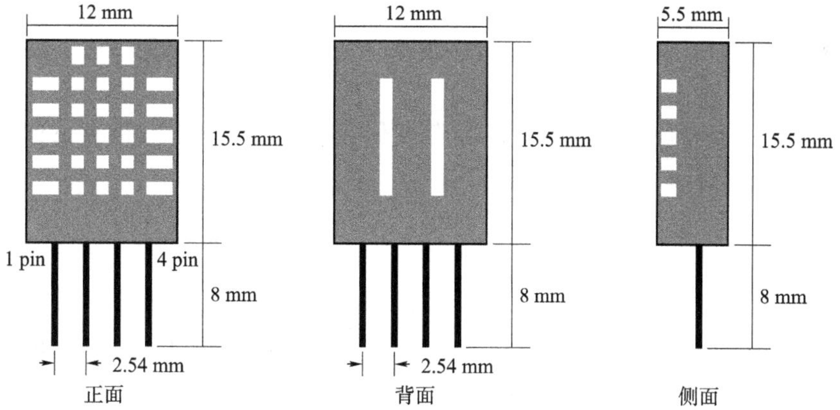

图 3　DHT11 数字温湿度传感器封装图

DHT11 引脚说明表 2 所示。

表 2　DHT11 引脚说明

Pin	名称	注释	Pin	名称	注释
1	VDD	供电 3～5.5 VDC	3	NC	空脚,请悬空
2	DATA	串行数据,单总线	4	GND	接地,电源负极

（3）MQ-2 传感器简介

MQ-2 传感器外观如图 4 所示。

MQ-2 是一种常用的气体传感器,主要用于检测多种可燃气体和烟雾。它是一种半导体传感器,基于金属氧化物半导体（MOS）的工作原理。以下是 MQ-2 气体传感器的一些主要特点和工作原理。

图 4　MQ-2 传感器外观

1）主要特点

① 多气体检测:MQ-2 可以检测多种气体,如二氧化碳、甲烷、丙烷、乙烷等。

② 高灵敏度:对于目标气体的检测,MQ-2 表现出较高的灵敏度,能够在低浓度下进行检测。

③ 简单接口:MQ-2 通常通过一组引脚与微控制器连接,简化了与其他电子设备的集成。

④ 快速响应时间:MQ-2 具有较快的响应时间,能够迅速感知到目标气体的变化。

⑤ 可调节灵敏度:一些 MQ-2 型号具有可调节的灵敏度,使其能够适应不同环境下的应用需求。

2）工作原理

MQ-2 气体传感器基于金属氧化物半导体的工作原理。其基本工作过程如下:

加热元件:MQ-2 内部有一个加热元件,通常是由导电材料构成的线圈。这个元件的作用是加热传感器,使其在特定温度范围内运行。

传感元件：传感元件是由金属氧化物半导体构成的，当加热元件加热时，传感元件的电阻会发生变化。

气体吸附：当目标气体进入 MQ-2 传感器时，它会被传感元件吸附。这个过程改变了传感元件的电阻。

电阻变化检测：通过测量传感元件的电阻变化，可以确定目标气体的存在和浓度。这种电阻变化与被检测气体的种类和浓度成正比。

3．系统设计

（1）硬件设计

本设计的设计电路采用模块化、层次化设计，设计的电路原理图如图 5 所示。

主机与主要部件的选择：根据总体功能和性价比及其运行速度等因素的考虑，选用 STM32F103C8T6_BLUEPILL 开发板满足上面的要求而且设计方便，不需要再存储扩展。

主要元件清单如表 3 所示。

表 3 主要元件清单

序号	名称	型号	数量
1	电路板	电路板	1
2	单片机	stm32	1
3	WiFi 模块	esp8266	1
4	蜂鸣器	MH-FMD	1
5	风扇	5 V 风扇	1
6	水泵	水泵	1
7	步进电动机	步进电动机	1
8	气体传感器	MQ-2	1
9	光敏传感器	光敏传感器	1
10	DHT11	DHT11	1
11	电阻	10 kΩ	5
12	电容	100 nF	10
13	二极管	1N4148	2
14	电阻	2 k	1(PCB 板用)
15	ULN2003	ULN2003	1
16	MOS 管	D4184	2

硬件成品展示如图 6 所示。

本系统控制设备采用风扇，蜂鸣器，水泵，步进电动机作为控制器，当温度过高时开启风扇，湿度过低开启水泵，光照过强开启步进电动机，二氧化碳过高则有蜂鸣器报警。可灵活调节湿度、温度、二氧化碳浓度、光照强度使得蔬菜大棚的环境参数得到控制。

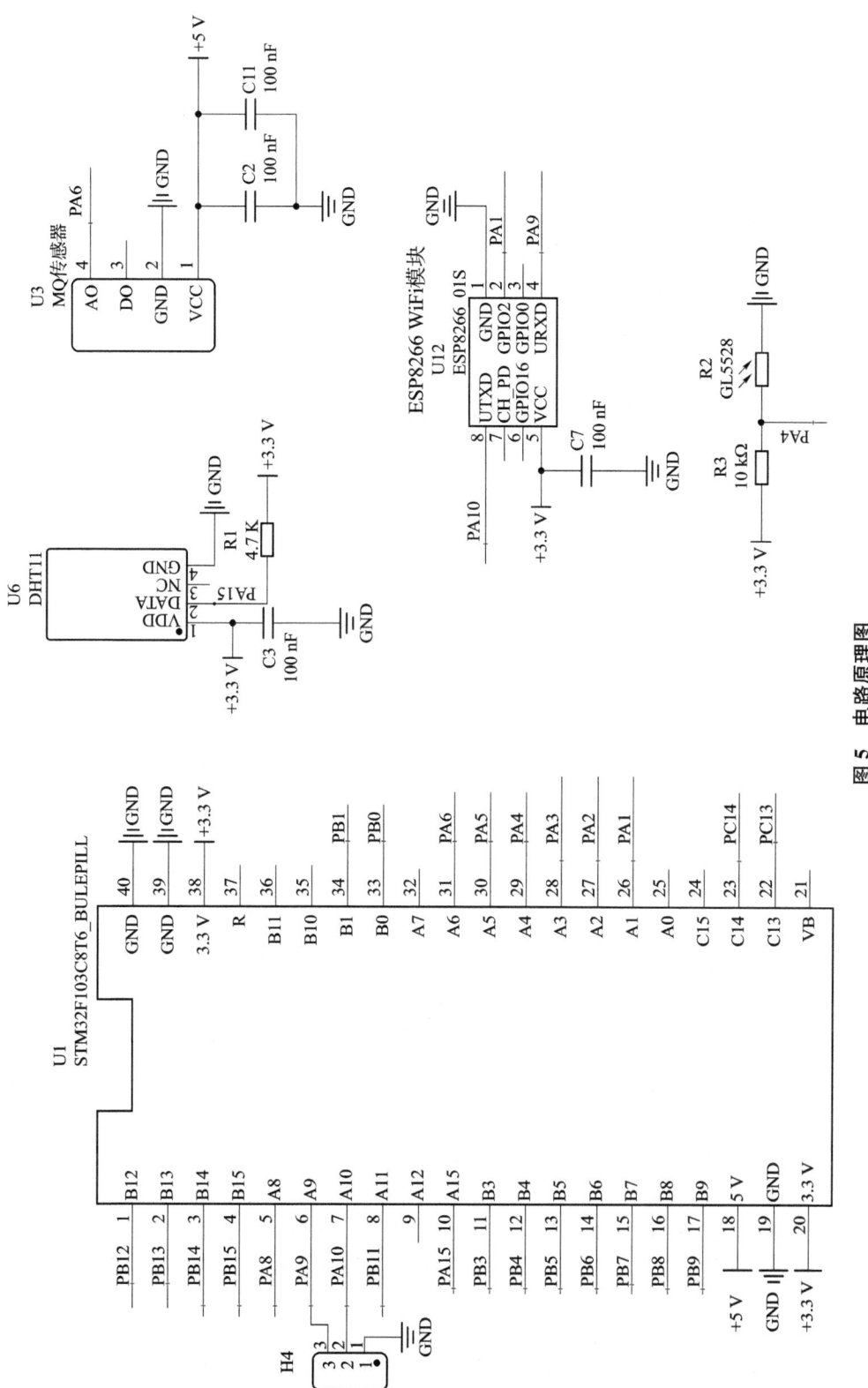

图 5　电路原理图

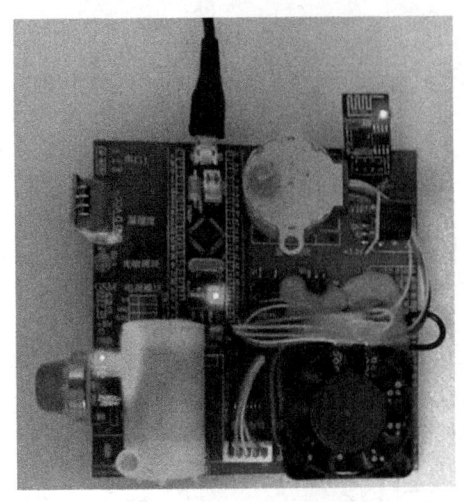

图 6 硬件成品展示

（2）通信部分数据传输通信部分数据传输如图 7 所示。

传感器采集数据将数据和主题等信息按照特定格式打包成 MQTT 协议包，通过 TCP 发送到 MQTT 服务器，MQTT 服务器根据主题信息向订阅了此主题的设备发送 MQTT 协议包，接受按照规则解析协议包，提取数据。

（3）软件设计

系统软件程序基于 Keil Uvsion2 开发平台，采用 C51 语言编写。

移动端 App 由 UNIApp 平台设计，采用 Vue 语言编写。

软件方面，嵌入式固件负责数据采集和处理，WiFi 通信协议确保与云服务器的稳定通信。云平台上建立数据库存储数据，同时提供远程监控和数据分析功能。移动端应用则实现用户友好的界面，通过云服务器获取实时数据和历史数据。

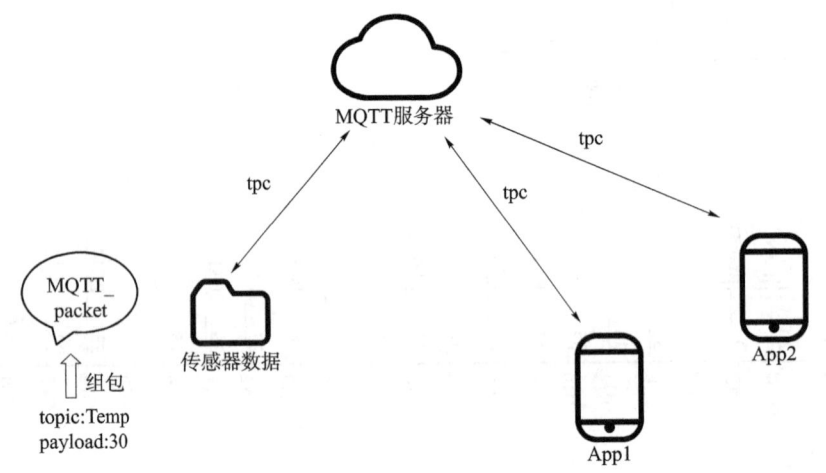

图 7 通信部分数据传输

App 有设计区分进入通道，顾客用户名：user 密码：123456；商家用户名：admin 密码：123456，详情如图 8 所示。

App 端使用顾客的用户名和密码登录进入时，可以查看商品信息，选择商品可进入商品详情页面，页面包括商品对比情况，同时可以看到实时数据包括作物生长温度、湿度、二氧化碳浓度、光照强度。除了作物生长环境参数，App 还记录作物生长时间判断生长情况，提供建议阈值一系列的信息。监控农作物的生长环境，了解作物的质量等，可以为用户提供更优质的选择。

顾客界面如图 9 所示。

App 客户端则提供给商家草莓生长详情，订单情况，销量分析等。

商品管理可以供商家查看在架商品，增加或删除商品种类商家可编辑商品信息除了

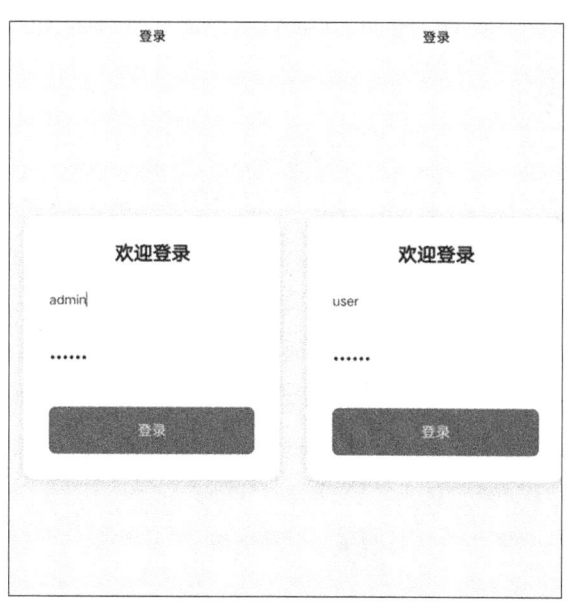

图 8　App 进入通道

图 9　顾客界面

商品基本信息的展示外,商家可编辑商品对比信息,主要为:草莓大小、草莓甜度、草莓口感;商家进入详情页面后如果通过实时数据发现生长环境不适宜等问题,商家可以及时调整农作物生长环境,例如调整温室通风、灌溉水量、施肥时间等,以创造更理想的生长条件。

订单管理界面可以查看订单处理详情,已发货或待发货。

销售量智能分析将结合销售信息进行记录,绘制销售曲线供商户进行参考,商户可根据其对商品信息、商品类型等进行调整。

商家页面如图 10 所示。

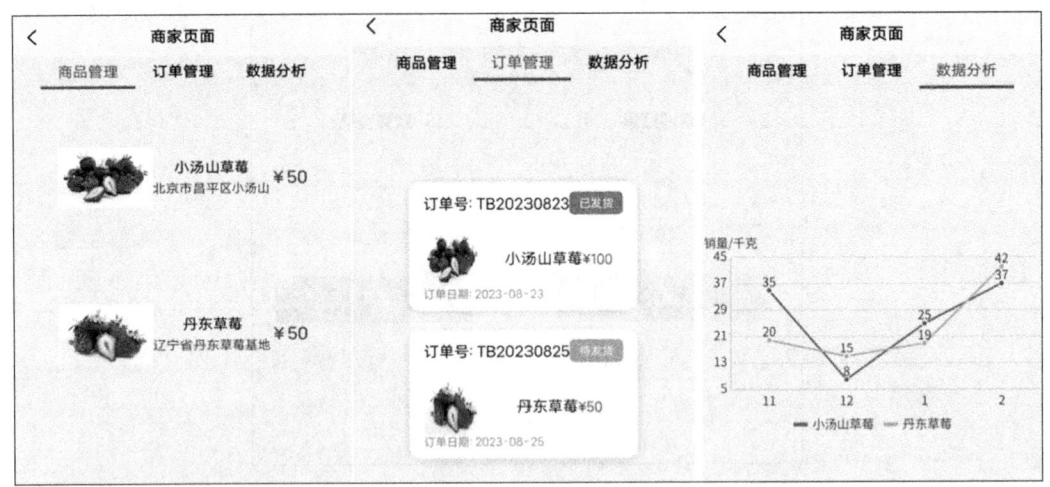

图 10　商家页面

三、项目应用分析

项目已完成计划研究成果,成功开发了一套具有自动化和智能化功能的大棚系统,为植物提供稳定和适宜的生长环境。

系统助力节能减排、智能化管理、数据分析与预测以及农业生产优化。实时监测和自动控制通风、加热、降温设备,实现能源高效利用,减少能源消耗和温室气体排放;自动管理减轻农民劳动强度,预设参数自动调节温湿度,提高管理效率;数据分析与预测提供全面的生长环境信息,帮助农民发现植物生长趋势和规律,预测未来生长情况,精准制定种植计划,优化资源利用,提高产量和品质;监测和控制大棚内参数,准确调节,提高作物生长速度、品质和产量,减少病虫害发生率,优化农业生产。

本项目成功开发为农业领域注入新活力,提高生产效率和品质,为农民带来更多便利和收益。通过智能化管理,农民能更好地掌握大棚种植各环节,实现高效、精准农业生产。

四、总结和展望

本文研究的是基于单片机的检测控制系统,该系统能够即时采集农田环境数据,通过 WiFi 传输至云服务器,并通过移动端线上平台实现远程操作。

在种植方面,线上平台助力种植者实现精准农业管理,提高生产效率和产品质量。通过平台,种植者可以实时获取气象、土壤、作物状况等数据,并进行分析和预测,以制定更科学的种植措施和管理方法。此外,平台还能提供便捷的技术指导和信息支持,有助于优化农业生产。

在商业层面,平台为商人提供丰富的农产品信息和资源,支持其更好地进行采购和销售业务。商人可以在平台上获取各类农产品的市场行情、流行趋势等信息,以做出更明智的决策。通过区块链技术,下游消费者能够追溯产品从种植到销售的全过程,增强对产品的信任和认可,提升市场竞争力。

目前,智慧农业广泛应用于农业生产领域,通过采用新技术实现农业生产的精密化和智能化。未来,我国智慧农业将进一步朝着精细化、智能化和科学化的方向发展,推动农产品的提质增效。总的来说,智慧农业项目在现有的成果之上,通过持续的技术创新和优化,有望在未来实现更高效、精准、环保的农业生产,为农业的可持续发展注入更强的动力。

参考文献

[1] 基于STM32的智慧农业大棚系统设计[J]. 冼进;冼允廷.现代电子技术,2023(4).
[2] 智慧农业监测系统设计[J]. 张志娟;张德凤.农业与技术,2022(20).
[3] 基于物联网的智慧农业数据采集与分析系统的设计与实现[J]. 张桃.农村实用技术,2022(2).

作者简介

李林聪,女,本科生,就读于北京信息科技大学信息与通信工程学院通信2102班。
刘亚琴,女,本科生,就读于北京信息科技大学信息与通信工程学院通信2102班。
陈昊然,男,本科生,就读于北京信息科技大学信息与通信工程学院通信2102班。
闫旭,女,本科生,就读于北京信息科技大学信息与通信工程学院电信2102班。
杨光一,男,本科生,就读于北京信息科技大学计算机学院网工2101班。

基于随机计算的边缘检测系统

霍雅琪　秦依梦　李若妍　王巽璠　张杏卜

(北京信息科技大学信息与通信工程学院,北京,100101)

摘　要:随着科技进步和时代变迁,对图像信息的处理需求和效率要求日益提升。然而,图像处理算法都有其局限性,因此我们需要寻找更加高效的图像处理方式。边缘检测技术在这种情况下应运而生,该技术可以在保留图像核心结构的基础上,大幅度地压缩图像数据,从而最大化的使图像的特征表现出来。相较于传统的二进制计算方式,随机计算模式采用随机比特流进行运算,具有低成本、低功耗和高容错率的特点,能够完成复杂的数值运算。

我们研究的这个项目将随机计算中的算术运算规则引入图像的边缘检测中,形成了一种新的基于随机计算的图像边缘检测系统。此系统不仅能降低噪声对结果的影响,提高边缘识别的精度,而且相较于传统算法,还能大幅度降低运算的硬件成本和功耗。

在具体实践中,我们使用了基于随机计算的运算原理,成功构建了基于 Sobel 算子的图像边缘提取计算模块,并将结果与传统的边缘提取算法进行了仿真对比。

关键词:随机计算;边缘检测;Sobel 算子。

Edge detection system based on random computation

Huo Ya-qi　Qin Yi-meng　Li Ruo-yan　Wang Xun-pan　Zhang Xing-pu

Abstract:With the advancement of technology and the changes of the times, the demand for processing image information and efficiency requirements are increasing. However, image processing algorithms have their limitations, so we need to find more efficient ways of image processing. Edge detection technology came into being in this situation, which can significantly compress image data while retaining the core structure of the image, thus maximizing the expression of image features. Compared to traditional binary computing methods, random computing mode uses random bit streams for operation, which has the characteristics of low cost, low power consumption and high fault tolerance, and can complete complex numerical operations.

The project we studied introduces the arithmetic operation rules in stochastic computing to image edge detection, forming a new image edge detection system based on stochastic computing. This system not only reduces the impact of noise on the results and improves the accuracy of edge recognition, but also significantly reduces the hardware cost and power consumption of operations compared to traditional algorithms.

In specific practice, we used the principle of random computation to successfully construct an image edge extraction module based on the Sobel operator, and compared the results with traditional edge extraction algorithms through simulation.

Keywords:Stochastic Computing; edge detection; Sobel operator.

一、引言

随机计算是一种使用随机二进制比特流进行计算的范式,其中实数由通常按时序实现的随机二进制比特流表示,信息承载在二进制比特流的统计信息上。边缘检测是图像处理和计算机视觉中的一个基本问题,目的是识别数字图像中亮度变化明显的点。

基于随机计算的边缘检测具有良好的抗噪性,适应性强,够适应不同类型和尺度的边缘结构;运算效率要高于传统的边缘检测方法,具有广阔的应用前景。

1. 简介

本项目研究了基于随机计算的图像边缘检测,使用随机计算的算术规则搭建了图片边缘提取中基于 Sobel 算子的计算模块,并将边缘检测结果与传统的边缘提取算法的仿真结果进行了对比。

最终我们发现,基于随机计算的图像边缘检测方法可以有效地降低运算成本和功耗,提高图像边缘识别的精度,并且可以提高图像边缘识别的容错能力。

2. 研究背景与意义

鉴于盲人生活中面临的种种不便,我们希望将边缘检测技术与视网膜技术相结合,从而解决盲人生活中的不便问题,因此我们提出了该项目。

基于随机计算的边缘检测系统与医疗相融合有利于医学影像技术、临床诊断和治疗的发展,也有利于辅助盲人更好地辨别周围环境和识别物体的形状,为他们的生活带来便利。应用于地质领域,能够帮助学者对地震图像进行有效的分析。同时,也有利于降低计算机、手机等电子设备存储图像的成本、提高硬件设备的使用效率。对生产、生活方面有着十分重要的意义。

3. 应用

(1) 边缘检测应用

随着科技迅速发展,图像边缘的识别、储存技术不仅在实验室及科研单位中被广泛应用,而且在医疗、娱乐、地质检测、服装设计、文物保护等方面中,尤其是在手机、计算机等常见电子设备中,也存在着大量应用。

边缘检测技术被应用于计算机视觉的目标检测算法中,通过检测图像中物体的边缘,可以更容易地识别和定位物体。

在医学图像中[1],边缘检测用于检测和分割组织结构,如肿瘤或血管。这对于医生进行诊断和治疗决策非常重要。结合形态学方法进行图像增强的改进 Canny 算子边缘检测医学图像分割算法,能够很好地提取出图像的细节区域,以实现医学图像的有效分割。

在工业检测方面,边缘检测能够用于检测产品的缺陷、测量尺寸和进行质量控制。边缘检测技术可以用于产品质量的自动检测,例如通过图像处理技术对生产线上的产品进行外观缺陷检测、尺寸测量等。这种应用可以大大提高生产线的自动化程度,并提高产品的质量稳定性。通过边缘检测技术能够实时分析生产过程中的各种参数,从而实现对生产过程的精准控制。

此外,边缘检测技术在机器人导航中也被广泛应用,借助此项技术能够实现机器人对于障碍物边缘的识别,选择更加安全的路径。

（2）随机计算应用

传统的乘法和加法计算是通过二进制的移位计算实现的，用二进制表示信息时，位数太多，太烦琐，可读性差；对数据所在位置的要求高，实现起来较为复杂。随机比特流作为计算输入具有计算单元简单、成本低，计算容错性高，计算过程能耗低的优点，可以用简单的逻辑电路实现复杂的算术运算；通过与门执行单极性随机数之间的乘法运算，通过多路复用器实现加法运算。随机计算具有简单、容易实现的优点，它的性能好、容错能力强，通常以高概率产生或接近最佳方案。

随机计算被应用于数值计算、信号处理、神经网络的训练等领域，它作为能够提高芯片能效的方法之一，对于 AI 芯片设计降低能耗的需求来说十分重要，在芯片领域应用的方面有着广阔的发展前景。随机计算与图像处理技术相结合，能够快速实现对图像中像素值的算数运算，其优良的容错性能大幅度降低噪声对于图像边缘检测的干扰，使得对图像的边缘处理更加精细。

4. 发展情况

（1）边缘检测发展

图像边缘检测技术是图像处理和计算机视觉等领域最基本的技术，它的研究已经有了较长的历史，是国内外图像处理领域研究的一个热点。边缘检测的方法可以分为经典的边缘检测方法和新的边缘检测方法，经典的边缘检测方法是对原始图像中像素的某个小领域来构造边缘检测算子；常用的边缘检测方法有 Roberts 算子、Sobel 算子、Prewitt 算子、Laplacian 算子、LOG 算子、Canny 算子等[2]。新的边缘检测的方法有基于小波变换的边缘检测算子的方法、基于数学形态的边缘检测方法和基于模糊理论的边缘检测方法等。虽然到现在已经有了许多相关的方法和理论，但是由于图像本身的复杂性，有效的边缘与噪声均为高频信号容易混淆，光照阴影以及物体表面纹理等因素会造成干扰等原因，使得至今提出的关于边缘检测的方法和理论仍存在不足之处，某些情况下不能够很好地检测出目标物体的边缘。

近年来，传统方法越来越难以满足科研工作者的应用要求。于是，又有人提出了一些新的验边方法。这些新方法利用了新的理论工具来确定图像的轮廓，如基于数学形态学的测量方法、统计控制方法、神经网络检测方法。而由于真实图像中的噪声、物理和光辐射的原因，无法用边缘检测算子有效地确定这些边界，所以可以在必要的时候，提取出多空间范围内的变化性质，兼顾多算子的综合运用也是图像边缘检测的一种趋势。

总的来说，图像边缘检测算法的研究仍然具有广阔的发展前景，在未来几年中，将有更多的研究工作基于该方法进行开展。

（2）随机计算发展

随机计算的最早起源可以追溯到 20 世纪 50 年代，当时冯·诺依曼在随机逻辑方面开展了开创性的工作。然而，这一概念在理论上并未得到充分的发展，实践中也未得到广泛的应用。

在 20 世纪 60 年代期间，随机计算的基本概念逐渐发展起来。随机计算的概念被 Gaines 和 Popelbaum 领导的研究小组首次提出，B.R. Gaines 和 J.H. Andrea 在标准电信实验室上发表文章 Stochastic Computing；同期，德国的 Ted Popplebaum 与 Afuso 和 Esch 一起出版了书籍 Stochastic computing elements and systems。在两个小组的共同努力下，随机计算的概念被不断完善。

但是当时计算机技术的发展相对缓慢与落后,比特长过高的运算难以实现,这对于随机计算的研究发展来说十分不利。到了 20 世纪 70～90 年代,随着晶体管的成本与价格逐渐走低,随机计算的优势逐渐被削弱。

在低密度奇偶校验(LDPC)被普及不久后,随机计算再次兴起,随机计算在 LDPC 解码所涉及的概率算法中的应用促使研究人员重新审视随机计算,不断发掘它的其他作用。随着技术的不断完善和进步,随机计算得到广泛的应用和发展。计算机图形学、机器学习和优化等领域中的随机算法和蒙特卡洛方法取得了显著进展。此外,随机数生成器的质量和效率也有了大幅提升。现如今,随机计算在机器学习、深度学习和量子计算等领域持续发展,在随机神经网络、随机梯度下降算法和遗传算法等技术被广泛研究和应用。

5. 本课题研究目标

针对现有的科技基础与缺陷,本项目致力于将随机计算算法应用到图像的边缘提取技术中去,从而实现减少噪声、提高精度的功能,解决传统边缘提取技术运算成本高、精度低的问题。通过使用随机计算的方法实现和 Sobel 的图像边缘检测的融合,完成主要的程序编译,将程序软件 MATLAB 与之相结合,实现图像边缘提取。再对基于随机计算的边缘检测精度的方法进行优化、研究与提升,实现同传统的边缘检测技术相比较能够拥有更快的运算速度和更好的提取精度,之后将软件与 FPGA 硬件相结合。

6. 本文主要工作

本文介绍了随机计算、边缘检测的应用与发展,对随机计算的原理和特点进行了相关介绍。对于 Sobel 算子的原理以及基于随机计算的边缘检测技术的原理算法进行了详细的介绍。

建立序列生成单元的电路模型,通过对比特流的简单位运算实现复杂的计算,通过使用与运算执行了随机比特流之间的乘法运算,使用 MUX 多路选择器进行加法运算。根据随机计算的需求,使用随机计算的方法实现与 Sobel 的图像边缘检测的融合,编写相应代码并在 MATLAB 中实现对图像边缘的提取。通过设置合适的域值鉴定图像的边缘点,实现了良好的抗噪性。在图像上引入随机性,可以更好地处理具有复杂纹理、噪声或干扰的图像。最终将软件与 FPGA 硬件相结合完成仿真。

二、随机比特流生成器与仿真平台

本项目是在原 sobel 算法基础上,通过使用随机比特流生成器与其算法结合进行图像边缘检测性能的深入研究,探究图像边缘检测精准度与算法复杂度的优化,并且将得出的图像边缘检测系统在 FPGA 硬件系统上验证实现。因此涉及了 Sobel 算法、随机计算、随机数发生器与联合仿真平台的相关原理,它们对项目的实现起到了关键作用,下文将对此逐一进行阐述。

1. 软硬件开发平台介绍

在本节中,将对仿真平台的硬件和软件开发环境进行介绍。本项目使用到的软件有 MATLAB 仿真软件、VIVADO 仿真软件以及 ZYNQ 领航者系列 FPGA 开发板。

MATLAB 是美国 MathWorks 公司出品的商业数学软件,其基本数据单位是矩阵,它的指令表达式与数学、工程中常用的形式十分相似，基于其强大的仿真能力与便捷的代码窗口，我们使用 MATLAB 进行了我们的仿真。

FPGA（Field Programmable Gate Array）现场可编程门阵列，是在硅片上预先设计实现的具有可编程特性的集成电路，它能够按照设计人员的需求配置为指定的电路结构，因此我们选用 FPGA 作为我们的软件支撑。

Vivado 负责将硬件描述语言（Verilog/VHDL）所描述的 SoC 编译、综合、实现，将 FPGA 内部本身无序的各种逻辑资源（如查找表、触发器、RAM 等）配置成为有序的电路，实现 SoC 功能。由于 Vivado 工具专注于集成与专注于实现的特性，我们选择了 Vivado 作为我们的软件开发平台之一。

ZYNQ(Zynq-7000 All Programmable SoC)是 Xilinx 公司推出的全可编程片上系统（All Programmable SoC），集成的是一颗"硬核"处理器，它是硅芯片上专用且经过优化的硬件电路，硬核处理器的优势是它可以获得相对较高的性能。因此我们选用 ZYNQ 作为我们的硬件设备进行硬件部分的边缘检测系统实现。

2. 随机计算基本原理与运算单元介绍

在数字计算领域，随机计算是一项关键的技术，广泛应用于密码学、模拟实验、通信系统等多个领域。本节将深入探讨随机计算的基本原理以及涉及的运算单元，以更好地理解随机计算的内在机制。

（1）随机比特流格式与性质

随机比特流通常以二进制形式表示，但其独特性质超越了简单的 0 和 1。随机计算是将介于 0 到 1 之间的二进制数映射为由 0 和 1 组成的比特序列，其中 1 的出现频率直接对应于随机计算数的大小。基于伯努利大数定律，我们知道概率可以通过频率来表示，因此随机计算数的大小也可以视为序列中 1 所占的比例，或者说每个比特为 1 的概率。

SC(Stochastic Computing)从 20 世纪 60 年代刚引入开始，它的第一个特点是可以使用基础的逻辑门搭建一个成本低的具有算术功能的电路。通过应用随机计算，原本在二进制数下复杂的运算可以通过简单的电路门来实现。SC 的另一个特点是容错能力，尤其是因为由过程变化或宇宙辐射引起的瞬态或软错误。另一个随机计算的优势是其高容错率，在长度为 m 的随机序列中，若发生比特反转，由于单比特翻转所引起的误差仅为 $1/m$。相比之下，在二进制数中若出现错误，可能导致较大的误差。

（2）随机比特流生成器

随机比特流生成器（Random Bitstream Generator）是一种关键的数字电路或算法，用于生成看似无规律、无法预测的比特流。其在信息安全、通信系统、密码学以及模拟随机事件等领域中扮演着重要的角色。其设计和实现旨在确保生成的比特流表现出高度的随机性，不受外部环境的可预测性影响。其中，伪随机数生成器（PRNG）和真随机数生成器（TRNG）是两种常见类型。

随机比特流生成器通常能够生成均匀分布、不相关且不可预测的比特序列，从而在密码学应用中用于生成密钥、初始化向量等关键参数。在通信系统中，随机比特流生成器可用于伪随机序列的生成，以实现数据加密、频谱扩展等功能。

伪随机数生成器 PRNG 是一种基于确定性算法和初始种子（种子值）生成看似随机数列的设备或算法，是一种利用物理过程或者自然现象产生的随机性来生成随机数的设备或算法。PRNG 的输出序列实际上是由一个确定性的算法生成的,只要初始种子相同,生成的序列就是可重复的。掌握 PRNG 的算法、周期性和在数字系统中的应用对于了解其优点和局限性至关重要。

真随机数生成器 TRNG 是一种利用物理过程或者自然现象产生的随机性来生成随机数的设备或算法,它的随机性来源于真实世界的不可预测性,例如量子物理效应、电子噪声、热噪声等。相较之下,TRNG 基于物理过程,如电子噪声、忆阻器件等,产生真正的随机性。

选择使用 TRNG 还是 PRNG 取决于应用的具体要求。在需要高度随机性和不可预测性的情况下,TRNG 可能更合适。而在一般情况下,或者由于性能要求,PRNG 可能更为实用。在某些情况下,还可以采用两者结合的方式,以取得两者的优势。

3. 传统随机数发生器

在这一部分,将回顾传统的随机数发生器,其中包括线性反馈移位寄存器和环形振荡器。详细讨论它们的工作原理、优缺点以及在特定应用中的使用情况。

(1) 线性反馈移位寄存器

线性反馈移位寄存器(LFSR)是一种基于位移寄存器的伪随机数生成器,其核心概念在于通过不断进行位移和异或运算,产生看似随机的序列。首先,LFSR 被初始化为一个特定的种子值,该值决定了生成的伪随机序列的初始状态。在每个时钟周期,LFSR 执行位移操作,其中每个比特的新值是该比特与一些其他特定位置的比特进行异或运算的结果。这个异或操作引入了一定的非线性,使得输出序列呈现出似乎随机的特性。从输出的角度看,可以选择输出寄存器中的一部分比特作为最终的伪随机数。这一过程重复进行,产生一个长序列的伪随机数。

在优点方面,LFSR 具有简单高效、周期性和快速生成的特点。其实现相对简单,可在硬件或软件层面迅速实现。然而,LFSR 也存在一些缺点。首先,由于其线性结构,生成的序列是线性的,缺乏真正的随机性。其次,一旦 LFSR 的状态被推测,后续生成的随机数序列就可以被完全预测。最后,若不慎选择了不适当的反馈规则和种子,可能导致 LFSR 的周期相对较短,降低了其在某些应用中的可用性。

(2) 环形振荡器

环形振荡器(LCG)是另一种常见的伪随机数生成器,其基础是线性同余方程。在 LCG 中,通过递推公式 $X_{n+1} = (a \cdot X_n + c) \mod m$,其中 X_n 表示当前的伪随机数,a、c 和 m 是预先选择的常数,来生成伪随机数。

LCG 在实现上具有简单易用、周期性和生成速度较快的优点。然而,与之相关的缺点包括线性结构可能导致的明显模式,以及在某些统计分析中可能出现的低位相关性。此外,虽然可以选择适当的参数以获得长周期,但其周期长度受到参数选择的限制。

在学术和应用领域,LFSR 和 LCG 等传统随机数生成器的使用受到了一定的限制,特别是在对随机性要求极高的领域。在密码学、模拟实验等领域,更复杂、更安全的随机数生成器算法和结构更为被青睐。这些算法在保障高质量随机性的同时,满足了对安全性和随机性的更严格需求。

4. 基于 FPGA 的随机比特流生成器设计

随机比特流生成器在众多应用领域中扮演着重要的角色,如密码学、模拟实验等。本节旨在详细探讨基于现场可编程门阵列(Field-Programmable Gate Array,FPGA)的随机比特流生成器设计。FPGA作为一种可灵活配置的硬件平台,提供了高度并行的计算能力,使其成为实现复杂算法的理想选择。

当设计基于线性反馈移位寄存器(LFSR)的均匀随机数发生器(RNG)时,我们采用循环移位共享随机数源的方法。LFSR是一种经典的硬件随机数生成器,其基本原理涉及一个寄存器与位移反馈逻辑门的组合,通过在寄存器中进行位移和逻辑运算来生成伪随机序列。我们首先设计LFSR的结构,包括寄存器的位数、反馈多项式以及初始状态。通过选择合适的位数和反馈多项式,我们可以得到较长周期和良好随机性的随机序列。初始状态的选择对于随机性也至关重要,通常可以利用外部环境的噪声或者其他随机数源来初始化LFSR的状态。

为了进一步增加随机性,我们将LFSR的输出通过循环移位的方式共享给多个模块或者多个时钟域。随机数共享模块负责实现随机数的循环移位共享。它可以包括多个接收器模块,每个模块负责接收来自LFSR模块的随机数源,并按照一定的规则进行共享和分发,确保各模块获得同一随机数源的不同部分。这样可以使得每个模块或时钟域都能够获得相同的随机数源,从而增加了系统中随机性的分布性和多样性。在多个模块或时钟域共享随机数源时,确保时钟同步是至关重要的。因此我们通过合适的时钟分频方式确保每个模块在需要随机数时都能够获得一致的随机数源。

5. 本章小结

本章综合了软硬件开发平台及随机计算基本原理的重要内容。首先,我们深入研究了MATLAB、FPGA、Vivado开发软件以及ZYNQ系列芯片的关键作用。MATLAB在数学计算方面的广泛应用,与FPGA和Vivado软件提供的硬件加速和开发环境相结合,为系统提供了高性能的支持,ZYNQ芯片的集成设计则进一步提高了硬件和软件协同工作的效率。此外,随机计算的基本原理及运算单元被深入剖析。我们关注了随机比特流的格式、性质和生成器。随机计算以其创新性的计算范式,通过利用随机性来提高计算性能和结果准确性,为其应用领域带来新的可能性。

最后,我们研究了传统随机数发生器,包括线性反馈移位寄存器环形振荡器和基于FPGA的随机比特流生成器设计。这些经典模型提供了随机数发生的基本理念,而基于FPGA的设计则在硬件层面提供了更高性能和可定制性。

三、设计方案

随机计算的最大优势是简化了算术操作,可以用简单的计算单元降低计算的硬件与能耗开销,例如两数相乘可以使用AND逻辑门来操作,而两数相加可以使用MUX逻辑门来操作。而随机计算的实现关键在于如何通过随机数生成器(Stochastic Number Generator, SNG)高效地产生随机比特流。本章介绍了基于线性反馈移位寄存器(Linear Feedback Shift Register, LFSR)的伪随机数生成器的原理,并于Sobel边缘检测随机电路应用了该器件,以此来实现图像灰度值到随机比特流的转换。

1. 随机数发生器

常用的随机数发生器一般分为两种:真随机数发生器(True Random Number

Generator,TRNG)、伪随机数发生器(Pseudo Random Number Generator,PRNG)。真随机数生成器是通过物理方法模拟自然界中的随机过程,真随机数无法预测且无周期性;而伪随机数发生器是通过数学方法生成和真随机数具有相似统计特征的伪随机数。

(1) 线性反馈移位寄存器

LFSR 是一种常见的数字电路,用于产生伪随机序列。其原理基于移位寄存器和反馈线性函数,它通过将寄存器中的数据进行移位和异或运算,不断生成新的随机数序列。LFSR 由若干个存储元件组成,每个存储元件都能存储一个二进制位。在每个时钟周期中,存储元件中的位向右移动一位,最右边的位会被输出,而最左边的位会接收新的输入,如图 1 所示。反馈线性函数根据存储元件的某些位来计算新输入,并将其应用到最右边的位上。反馈线性函数通常是一个异或逻辑门组成的线性组合,其输入位来自存储元件的某些位,这些位也被称作抽头。抽头被选中以形成一个反馈回路,使得 LFSR 能够产生一个具有良好统计特性的伪随机序列。

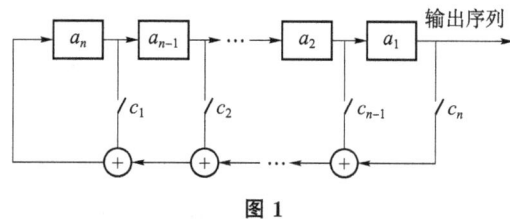

图 1

当 LFSR 达到初始状态时,它将开始生成重复的序列,也就是说,LFSR 是有周期的,这是因为一个 n 级 LFSR 最多只能遍历 2^N-1 种状态。所以 LFSR 的输出序列可以看作是一个周期为 2^N-1 的循环序列,其中 N 为 LPSR 中存储元件的数量。而 LFSR 的周期与其反馈函数有很密切的关系,反馈函数决定了 LFSR 的循环序列。

(2) 基于 LFSR 的伪随机数发生器

本文所使用的伪随机数发生器是基于 LFSR 的伪随机数发生器,如图 2 所示,它是由一个 LFSR 和一个比较器构成的。在本项目中,设置 LFSR 的阶数 N 为 8,令其可以产生 00 000 000~11 111 111 之间的随机数,与图像原始像素值的二进制表示进行比较,若产生的随机数小于原始像素值则为 1,反之则为 0,在生成的随机比特流中,生成"1"的概率为 $px=B/2^k$,生成"0"的概率为 $1-px$。输出的比特流的长度可以设置,长度越长则精度越高,随机比特流中所表示的概率也就越接近原始像素值映射到 0~1 之间的对应的概率值。

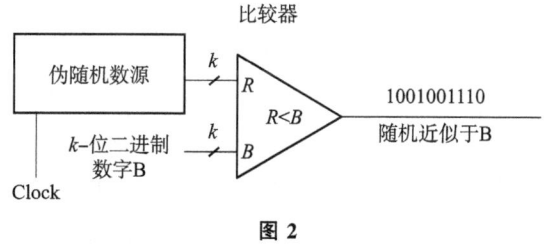

图 2

2. 随机 Sobel 边缘检测电路设计

在计算机视觉和图像处理中,边缘检测技术可以有效地提取图像中的对象特征,通过突出显示图像的边缘,可以使得图像的视觉效果更加清晰,对象特征更加明显。如果能够通过实时的边缘检测电路来生成可以突出图像边缘的图像,那么这项应用便可以在人类生活中的很多方面上都带来极大的便利。比如,在视网膜植入的过程中,如果能够通过实时的边缘检测电路来生成对环境具有高对比度的图像,那么就可以为视力功能弱于常人的人群提供很大的帮助,帮助他们更好地避开障碍物行走,这就可以用于辅助盲人在室内或室外的移动规划。通过检测地面上的边缘和轮廓,盲人可以了解周围环境的结构和形态,从而选择最佳移动路径。其实类似的应用方法还有很多,为了满足这种任务需求,传统的边缘检测电路已经不再满足人们的需要。人们需要设计高效率的随机计算电路来实现边缘检测技术的实时处理。

对于边缘检测的算法研究一直在优化,本文就是基于随机计算的边缘检测算法的研究。对比多种图像边缘检测算法,我们发现,Sobel 边缘检测算法在图像处理和计算机视觉领域被广泛应用,它可以用于图像分割、目标检测、人脸识别等任务。与其他边缘检测方法相比,Sobel 边缘检测算法具有更高的准确性和鲁棒性,并且在处理图像的细节和噪声方面表现更好。这次研究选择的边缘检测算法是就用了 Sobel 的图像边缘检测算法,最终通过将随机计算算法与 Sobel 的图像边缘检测算法相结合得到最终的检测结果。

Sobel 边缘检测算法是一种常用的边缘检测方法,它通过计算图像中每个像素点周围像素的灰度值差异来确定边缘的位置和方向。该算法主要使用两个 3×3 的矩阵,分别用于计算图像在水平和垂直方向的梯度。这些矩阵通常被称为 Sobel 算子模板或卷积核。Sobel 算子模板如图 3 所示。

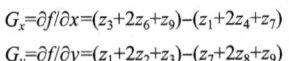

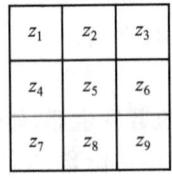 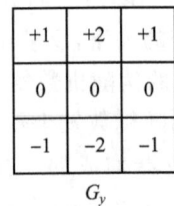

图 3　Sobel 算子模板

$$G = \sqrt{G_x^2} \tag{1}$$

$$G = |G_x| + |G_y| \tag{2}$$

Sobel 边缘检测算法的最终边缘检测结果一般用公式(1)来表示,但是在此次试验中为了提高效率,使用不开平方的公式(2)来表示结果。

Sobel 边缘检测算法的基本原理是,对于每个像素点,它会在其周围的一定区域内计算灰度值的差异。如果这个差异超过一个设定的阈值,那么这个像素点就会被认为是一个边缘点。具体来说,Sobel 算子通过计算图像中每个像素点周围的梯度大小和方向来确定边缘的位置和方向。梯度大小表示图像灰度值变化的强度,而梯度方向表示变化的方向。

图 4 所示为随机计算 Sobel 电路的设计结构,该结构由三部分组成:随机数转换部分、随机边缘检测垂直方向的边缘检测部分和随机边缘检测水平方向的边缘检测部分。如图 3 所示,R 代表像素值,R_x 代表 G_x,R_y 代表 G_y。由于这里的加法运算使用的是 MUX 二选

一选择器，所以需要使用选择信号 R_S。在 z_2、z_4、z_6 和 z_8 位置中的加权值"2"，这些像素与 $R=2/28=1/128$ 相与，$R=1/128$ 是 8 位随机数中的整数"2"。由于最终 MUX 通过 $R_S=1/2$ 能够完成随机比例相加，因此在向左移位 1 位后就能得到原始整数值。使用随机数发生器能产生随机数。在上述定义的 Sobel 算法计算中，需要经过 16 步操作，包括加法和乘法。因此，如果每个随机数都通过专用 LFSR 生成，那么需要 16 个 8 位 LFSR 来产生随机数，然后输入到基于随机计算的 Sobel 边缘检测电路系统中，以完成边缘检测运算。

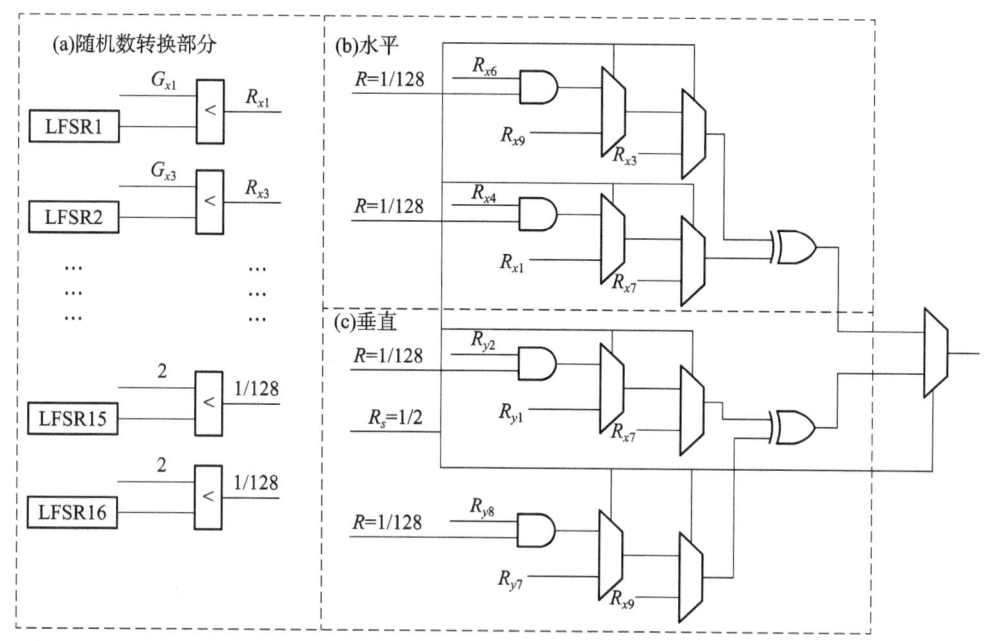

图 4　随机 Sobel 边缘检测电路

3. 本节小结

本节主要介绍了基于 LFSR 的伪随机数发生器的原理及本项目中使用的伪随机数发生器。LFSR 是一种简单高效的伪随机数发生器，一般来说，LFSR 的线性复杂度越大，越不容易破解，但是 LFSR 的线性复杂度也不能太大，否则影响计算速度。另外，还要求 LFSR 生成的序列符合伪随机序列的条件。随后又提出了基于 Sobel 算子的随机计算电路的构建，主要由随机数转换部分、水平边缘检测部分和垂直边缘检测部分三部分组成，随机数转换部分使用 LFSR 为随机数生成器，在边缘检测电路部分用与门表示传统电路的乘法，二选一选择器表示传统电路的加法，从而实现对整个功能的实现。

四、仿真实现

1. 流程图

为了在 MATLAB 中实现图像边缘提取的程序，需要先将图像的像素值转化为随机比特流。接着，通过运用随机计算中的算术运算规则，构建一个用于图像边缘提取的系统。将表示图像像素的随机比特流输入该系统，经过一系列运算后，输出新的比特流。最后，将新的比特流还原为像素值，以用于最终的图像显示。流程图如图 5 所示。

技术路线：

（1）根据序列生成单元里的随机数生成器的运算方法，建立随机数生成器的电路模型；

（2）根据随机计算系统中负责生成随机计算序列的序列生成单元详细框架组成，建立序列生成单元的电路模型；

（3）研究对常规随机计算系统的组成结构的研究，建立整个随机计算系统的电路模型；

（4）根据边缘检测算法的计算窗口需求，设计对应Sobel算子算法实现；

（5）根据随机计算的需求，使用随机计算的方法实现与Sobel的图像边缘检测的融合。

技术路线图如图6所示。

图5 流程图

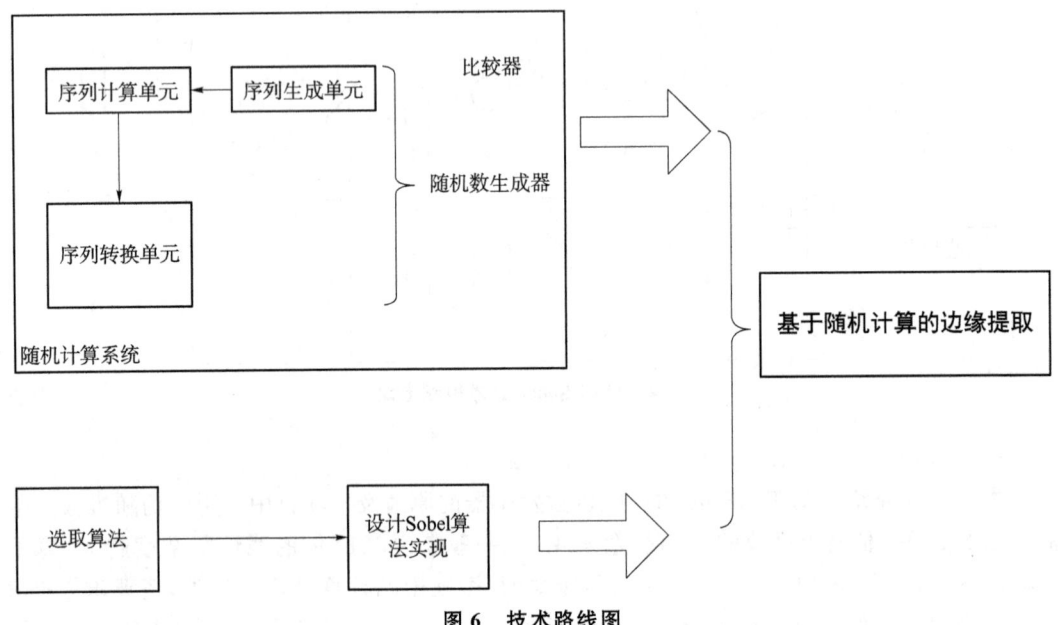

图6 技术路线图

2. 成果展示

（1）仿真结果

在MATLAB软件中，使用同一张图像，通过由传统Sobel算子计算的方法和基于随机计算方法处理计算出的图像相对比，通过查看图像的完整度及计算时间对比，来对比随机计算方法和传统Sobel算子在图像边缘检测方面的优劣，如图7～图9所示。

可以看出基于随机计算方法处理计算出的图像，比传统Sobel算子计算得出的图像对比更加明显，只保留关键信息，对于简单识别的需求更加符合，且随机计算的计算速度比传统计算速度更快。

（2）FPGA输出结果

在FPGA硬件上，输入一张长度和宽度都为400的静态图片，通过观察LCD屏幕是否能准确输出边缘检测图像,来判断其功能的可实现性与完整性。同时也可以看到不同比特流长度对图像边缘检测精度的影响之间的对比,如图10~图12所示。

图 7　原图　　　　　图 8　传统计算结果图　　　　图 9　随机计算结果图

图 10　像素值为随机比特流的灰度值图像与基于随机计算的边缘检测图像

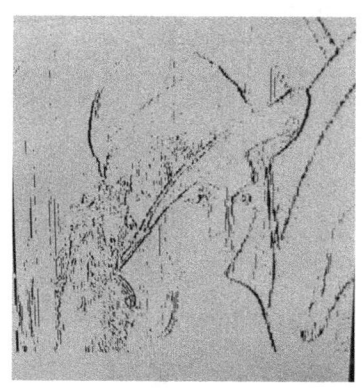

图 11　比特流长度为 32 bit 的边缘检测图像　　　　图 12　比特流长度为 128 bit 的边缘检测图像

可以看到LCD屏幕上能够准确显示出边缘检测的图像,符合对其功能的要求,且可以看到不同比特流长度对图像边缘检测精度的影响,比特流长度越长则输出边缘越清晰完整,精度越高。

3. 本章小结

本章节主要聚焦于基于随机计算的边缘检测系统研究,通过改编Sobel算子,我们提出了相应的算法。为了与传统Sobel算子边缘检测算法进行比较,在MATLAB软件中我们进行了实验。通过实验结果,我们深入探究了不同算法对图像仿真结果的影响。实验结果显示,随机计算方法在提高图像边缘识别精度方面具有显著效果。在FPGA硬件上,我们进行了不同比特流长度对图像边缘检测精度的影响之间的对比。

五、总结

鉴于盲人生活中面临的种种不便,我们希望将边缘检测技术与视网膜技术相结合,从而解决盲人生活中的不便,因此我们提出了该项目。针对现有的科技基础与缺陷,本项目致力于将随机计算算法应用到图像的边缘提取技术中去,从而实现减少噪声、提高精度的功能,解决了传统边缘提取技术运算成本高、精度低的问题。

本文设计了一款基于随机计算改编的Sobel算子的边缘检测系统,改善了Sobel算子传统方法边缘检测下对噪声较为敏感的特点。主要研究内容包括随机计算的原理和优势、边缘检测技术以及Sobel算子的原理和计算方式。最后通过系统设计搭建相关电路,利用仿真软件将传统的算子方式与随机计算方式计算出的图像边缘进行对比再进行评估优化,最终在fpga硬件上得以验证实现。

随着科技的不断进步,图像边缘的识别和储存技术已经广泛应用于各个领域,包括科研、医疗和娱乐等。随着5G时代的到来,物联网和5G通信等技术的快速发展,信息交互变得更加频繁,这也将进一步推动图像处理和图像边缘识别技术的广泛应用。

在这个背景下,对边缘检测的性能提出了更高的要求。人们希望能够以更低的能耗和更精准的方式识别出图像的边缘。基于随机计算的边缘检测系统可以很好地解决这些问题,因此在未来的图像处理领域中将发挥重要作用。

此外,随着时间的推移,我们相信还会出现许多新的科学技术。这些新技术将在不同领域中帮助人们取得更好、更高的发展,改善人们的生活。这也是人们不断发展科学技术的初衷。我们充满期待,相信这样的未来一定会到来。

参考文献

[1] 朱红高.图像边缘检测技术研究现状[J].制造业自动化,2010(1):3.

[2] 徐立,武家敏,杨洋,等.基于改进Canny算子的医学图像分割研究[J].计算机与数字工程,2023,51(2):456-461.

[3] 杜云龙,徐冬冬,陶宏江.基于MATLAB的图像边缘检测算法的研究[J].自动化应用,2023,64(20):181-183.

[4] 马静,梅芳芳,邓坤.基于FPGA的图像处理算法分析[J].通信与信息技术,2023,(3):16-18.

[5] 刘泽皓,王新宇,王媛媛,等.边缘检测算法的对比研究及FPGA的实现[J].计算技术与自动化,2023,42(1):146-152.DOI:10.16339/j.cnki.jsjsyzdh.202301026

作者简介

霍雅琪,女,本科生,就读于北京信息科技大学信息与通信工程学院通信2101班。
秦依梦,女,本科生,就读于北京信息科技大学信息与通信工程学院通信2101班。
李若妍,女,本科生,就读于北京信息科技大学信息与通信工程学院通信2103班。
王巽璠,女,本科生,就读于北京信息科技大学计算机学院网工2102班。
张杏卜,女,本科生,就读于北京信息科技大学信息与通信工程学院物联2201班。

电子斑马线系统设计与实现

覃丹丹　王嘉仪　王淑怡　王啟琰　陈红媛

(北京信息科技大学信息与通信工程学院,北京,100101)

摘　要:本项目针对红绿色盲群体,设计了一款根据不同投影标识分辨红绿灯的电子斑马线。该款斑马线以 Arduino 为控制核心,用颜色传感器识别红绿灯状态,根据识别结果进行不同投影。且投影标识在光线昏暗的地方足够显眼,起到提示行人和车辆的作用,有效避免交通事故的发生。

关键词:红绿色盲;电子斑马线;OpenCV;投影标识。

一、引言

交通安全一直是人们关心重视的一个问题,在距离市中心较为偏远的地方,斑马线在昏暗的光线下不够显眼,加上传统的斑马线会有不同程度的磨损,可能存在一些交通隐患。此外,据 Color Blind Awareness 统计,目前色盲人群约占总人口的 4.5%。由于先天性部分色觉的缺失或后天色觉的受损,色盲人群在日常生活中面临着诸多的不便。色盲群体对于红绿灯信号的辨识能力不如常人,但并非所有的红绿灯都具有声音提示。而本项目拟设计的可替代传统斑马线的电子斑马线使红绿色盲群体不必依靠红绿灯的颜色判断何时通过斑马线,而是凭借行人通行路段区域的投影标识即可轻易判断出过马路的时机。投影斑马线在夜晚也效果明显,能更醒目地提醒车辆和行人通行,帮助行人和城市交管做到生命线和交通线协同并行。

因此研究一款能为夜盲、色弱人群提供明确信号的投影斑马线十分有意义。

二、项目研究方案

1. 基本模型的设计

(1) 主体模型:使用建筑模型材料及贴纸搭建主体马路模型。

(2) 红绿灯:使用 mcookie 套件中红绿黄三色 LED 灯构成红绿灯模块。

(3) 旋转投影:颜色传感器识别红绿灯状态控制舵机带动小型投影仪转动,利用继电器控制投影仪的开关,使投影仪在绿灯一侧开启投影仪投影斑马线,在红灯一侧投影警告标识。投影示意图如图 1 所示。

(4) 摄像头:利用摄像头作为检测行人是否闯红灯的摄像装置。

2. 功能设计

(1) 使用颜色传感器辅助识别红绿灯的 RGB 值,返回的识别结果控制舵机旋转;

(2) 利用舵机及投影灯在行人可通行路段投射电子斑马线,在不可通行路段投射警告标识;

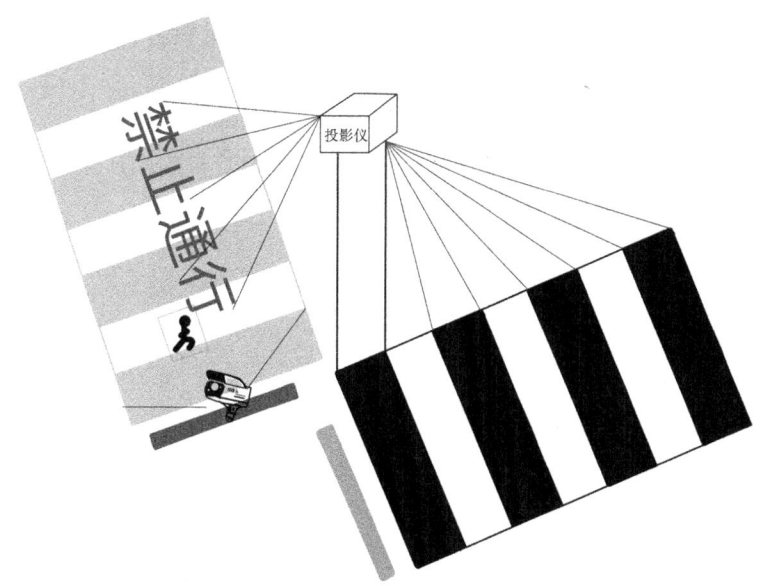

图 1　投影示意图

（3）在 Visual Studio 中搭建 OpenCV 环境进行人体识别，将识别结果通过串口发送信号给 Arduino，让 Arduino 控制继电器打开投影仪投影标识对在斑马线范围内闯红灯的行人做出警告和引导。

功能设计如图 2 所示。

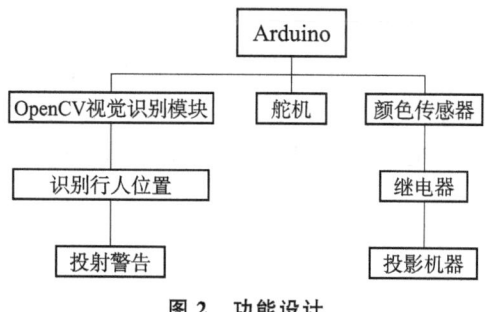

图 2　功能设计

三、研究成果

1. 投影模块

（1）绿灯投影

本款电子斑马线主要应用于岔路口或十字路口。采用 Arduino 作为控制核心，利用颜色传感器辅助识别红绿灯的 RGB 值，返回的识别结果控制舵机旋转——若当前路段为红灯，则控制投影机器旋转到绿灯一侧投影，这样就能有效地减少投影机器的使用数量，降低了投入成本。

模拟红绿灯模块则使用了 mcookie 跑马灯功能来实现。考虑到投影机器持续打开会损耗不少成本,故添加了继电器控制投影机器的开闭。直接根据红绿灯状态控制继电器状态——若当前路段为红灯,关闭投影机器;反之则打开。

(2) 红灯投影

当颜色传感器返回的识别结果是红灯,且 OpenCV 视觉识别模块识别到斑马线区域有人,投射警告标识。投影模块流程图如图 3 所示。

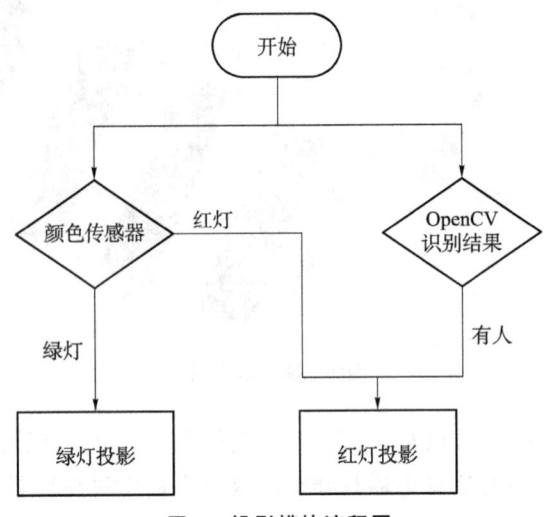

图 3　投影模块流程图

2. OpenCV 视觉识别模块

(1) OpenCV 与 Arduino 的串口通信

OpenCV 与 Arduino 之间采用串口通信的方法来传输数据。在 Visual Studio 中搭建 OpenCV 环境,将目标检测结果通过串口发送信号给 Arduino 控制器,再通过事件函数控制 Arduino UNO 板上连接的继电器等硬件设备。OpenCV 与 Arduino 串口通信示意图如图 4 所示。

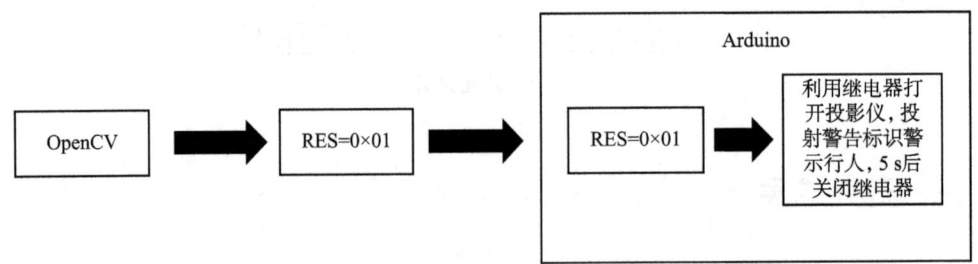

图 4　OpenCV 与 Arduino 串口通信示意图

(2) 目标检测算法

利用 OpenCV 库中的人体检测器,通过摄像头实时捕捉画面,并在画面上识别出人体,然后在检测到的人体周围绘制矩形框进行标注。整个算法具备实时性,可以在不断变化的视频画面中进行人体检测,展示了 OpenCV 库在实时图像处理和计算机视觉领域的应用潜力。目标检测实况截图如图 5 所示。

图 5　目标检测实况截图

四、总结与展望

本项目设计是针对色盲、色弱人群提供明确信号的投影斑马线。在测试过程中，斑马线的投影角度还需要进一步提高，可以通过多角度旋转舵机调整投影仪投影角度使投影出来的斑马线更加清晰明确。此外，投影斑马线的视觉算法还可以优化。通过提高视觉识别的精确度，在车流量较大的十字路口，迅速识别要闯红灯的路人，并投影作出警告，从而保障车辆和行人的安全。

参考文献

[1] 许强强,石臣鹏.城市道路 LED 电子斑马线的设计[J].四川警察学院学报,2021,33(3):47～53.
[2] 陈泽,蔡明懋,高杰,等.车路协同环境下的斑马线安全警示系统[J].青岛理工大学学报,2019,40(5):106～112.

注:本项目由北京信息科技大学 2023 年大学生创新创业训练计划项目资助。

基于 Zigbee 技术的独居老人远程监控系统

北京信息科技大学　郑　浩　杨　京　陈宇航　吴秉松　金奕文

指导教师：赵彦晓

摘　要：随着社会的快速发展，老龄化问题日益突出，独居老人的生活安全和健康状况成为社会关注的焦点。为了有效监控独居老人的生活状况并及时应对紧急情况，提出了一种基于 Zigbee 技术的独居老人远程监控系统。通过采用无线传感器网络，该系统能够实时获取独居老人的生理数据、环境信息，从而实现对其全方位的监控与关怀。

关键词：Zigbee 技术；独居老人；远程监控；无线传感器网络；生理数据。

Monitoring system for the elderly living alone based on Zigbee

Zheng Hao　Yang Jing　Chen Yu-hang　Wu Bing-song　Jin Yi-wen

Abstract：With the rapid development of society, the problem of aging has become increasingly prominent, and the safety and health status of the elderly living alone have become the focus of social attention. In order to effectively monitor the living conditions of the elderly living alone and respond to emergencies in a timely manner, a remote monitoring system for the elderly living alone based on Zigbee technology is proposed. Through the use of wireless sensor network, the system can obtain the physiological data and environmental information of the elderly living alone in real time, so as to achieve all-round monitoring and care for them.

Keywords：Zigbee technology, elderly living alone, remote monitoring, wireless sensor network, physiological data.

一、引言

随着人口老龄化问题的加剧，独居老人的数量逐渐增多。独居老人由于缺乏常规的照料和监护，更容易面临生活安全和健康问题。为了更好地关注和照顾独居老人，远程监控技术成为一种备受关注的解决方案。本研究以 Zigbee 技术为基础，旨在构建一种高效可靠的独居老人远程监控系统，以实现对其生活状况的全面监测。

二、Zigbee 技术在远程监控中的应用

Zigbee 技术作为一种低功耗、短距离无线通信技术，具有通信稳定、成本低廉等优势，逐渐在物联网领域得到广泛应用。在独居老人远程监控系统中，利用 Zigbee 技术搭建无线传感器网络，可以实现对老人身体状况、环境信息的实时采集和传输。

三、系统设计与架构

本系统以独居老人的生理数据、环境信息和活动轨迹为监控对象,设计了相应的传感器节点,包括生命体征监测传感器、环境监测传感器。这些传感器通过 Zigbee 通信协议将数据传输至阿里云,实现对独居老人的全面监控。系统传感器节点如图 1 所示。

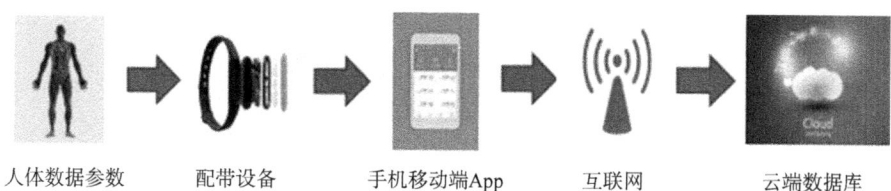

图 1　系统传感器节点

1. 光学心率传感器

光学心率传感器是利用光强的转换,来实现电信号的转换进行控制。可穿戴设备中,常常使用光学传感器来测量给定时间内,流经手腕的血液量。流经手腕的血液量随着心脏的跳动而增加,因为动脉对光的吸收发生了变化,而其他组织对光的吸收基本不变,所以我们将光转换成电信号时,将会得到两种信号,分别是交流信号以及直流信号;从中提取交流信号,便可反映出血流特征。每次心跳间,手腕处的血液循环量会随之发生显著变化;这时传感器通过记录 LED 灯每秒闪烁的次数,就可以计算出佩戴者每分钟的心率。光学心率传感器实物及结构图如图 2 所示。

2. 温度传感器

温度传感器是一种能够感温的仪器,通过对物体的接触,将温度转化输出信号或转变为易于测量和记录的物理参数。温度传感器主要由温度显示器以及温度传感元件两部分构成,其中温度传感元件的作用是用来感知温度,并将其转换为电信号,以便于测量的物理参数;而经过电路处理后,将转换成相应的温度并显示在温度显示器上。不同年龄段的人在不同时间段的生理数据如表 1 所示。

表 1　不同年龄段的人在不同时间段的生理数据

时间	青年人			中年人			老年人		
	心率	体温	血压	心率	体温	血压	心率	体温	血压
上午	80 次/min	36.5 ℃	140/70 mmHg	75 次/min	36.9 ℃	135/75 mmHg	60 次/min	36.4 ℃	130/81 mmHg
下午	86 次/min	36.4 ℃	150/68 mmHg	69 次/min	36.6 ℃	155/76 mmHg	57 次/min	36.7 ℃	158/72 mmHg
晚上	92 次/min	36.4 ℃	155/72 mmHg	80 次/min	36.8 ℃	159/80 mmHg	68 次/min	36.5 ℃	160/84 mmHg

3. 红外脉冲传感器

红外脉冲传感器是一种微压力传感器。在检测动脉脉冲产生的压力变化时,将压力变化转化为电信号,可以更直观地观察和检测;测量仪器接近测量点后,可将脉冲脉动压力过程转换为信号输出,从而显示脉冲的脉动周期和微妙的过程。

红外脉冲传感器实物及结构图如图 3 所示。

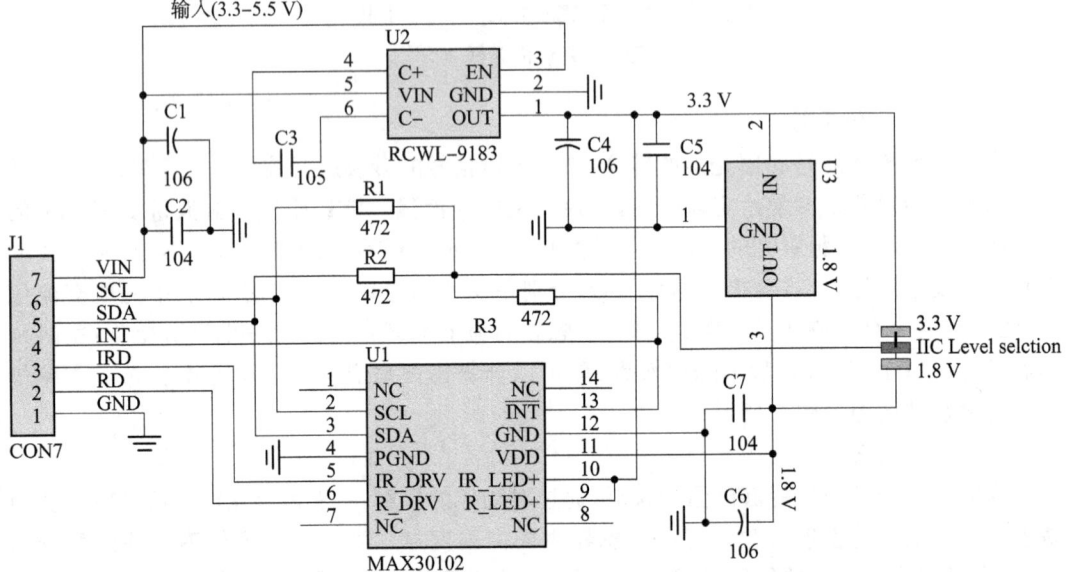

图 2　光学心率传感器实物及结构图

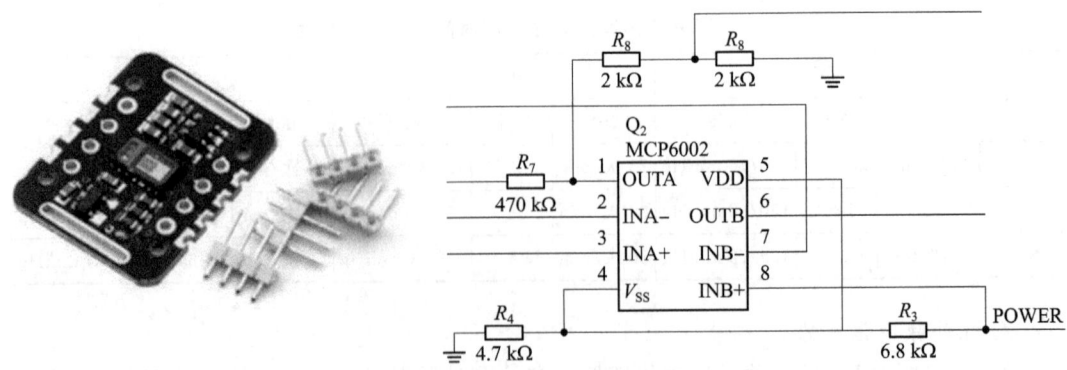

图 3　红外脉冲传感器实物及结构图

四、系统功能与特点

1. 生理数据监测

（1）传感器选择与设计

系统采用多功能生命体征监测传感器，包括心率监测模块、体温传感器等。这些传感器经过精心设计，以确保高精度、低功耗和舒适性，适合老年人长时间佩戴。

（2）数据采集与传输

创建一个实时的环境监测，通过使用烟雾传感器，温度湿度传感器，Zigbee 模块，WiFi 模块 Stm-32。首先连接传感器至 Stm-32 单片机，配置 Zigbee 模块以实现局域网通信。连接 WiFi 模块以上传数据到云端。在阿里云物联网云端配置设备，以接收上传的数据。并且能够存储温湿度和烟雾数据在云端数据库。另外创建网页应用程序，以实时显示数据。设置警报规则，以及时通知用户关键事件。

（3）数据分析与报警

集中控制中心接收到生理数据后，通过预设的阈值和算法进行实时分析。一旦发现异常情况，如心率异常波动或血压超出正常范围，系统将发出警报并及时通知相关医护人员或紧急救援服务，以实现对老人的及时干预。

2. 环境信息监测

（1）传感器选择与布局

系统集成了环境监测传感器，包括温度传感器、湿度传感器和气压传感器。这些传感器分布在老人的居住空间，以全面感知老人所处环境的变化。

（2）数据采集与实时更新

创建一个实时的环境监测，通过使用烟雾传感器，温度湿度传感器，Zigbee 模块，WiFi 模块 Stm-32。首先连接传感器至 Stm-32 单片机，配置 Zigbee 模块以实现局域网通信。连接 WiFi 模块以上传数据到云端。在阿里云物联网云端配置设备，以接收上传的数据。并且能够存储温湿度和烟雾数据在云端数据库。另外创建网页应用程序，以实时显示数据。设置警报规则，以及时通知用户关键事件。

数据采集与实时更新界面如图 4 所示。

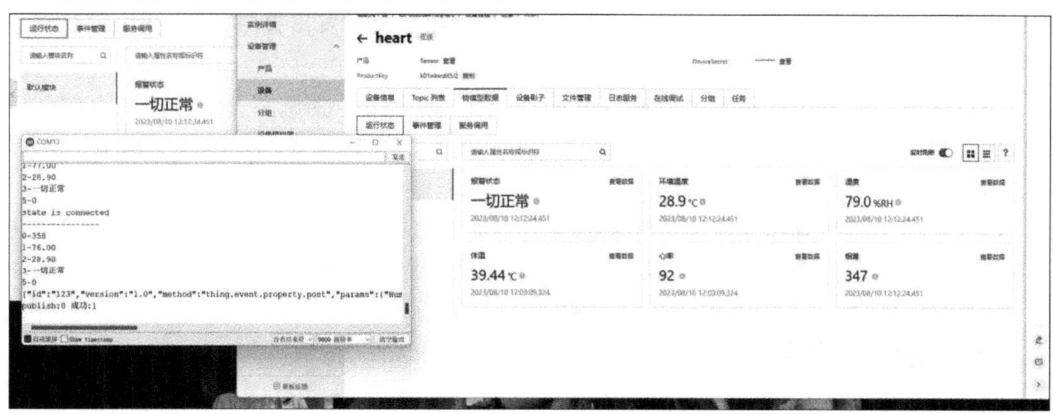

图 4　数据采集与实时更新界面

（3）预警与自动调节

系统设有环境异常预警机制，一旦检测到环境异常（如温度过高或过低），系统将自动发出警报并采取相应措施，如启动空调或通知老人及其家属进行处理。通过以上详细的研究过程，系统能够全面监测独居老人的生理数据和居住环境，实现对老人的及时关爱和紧急处理，提高了系统的可靠性和实用性。预警与自动调节界面如图 5 所示。

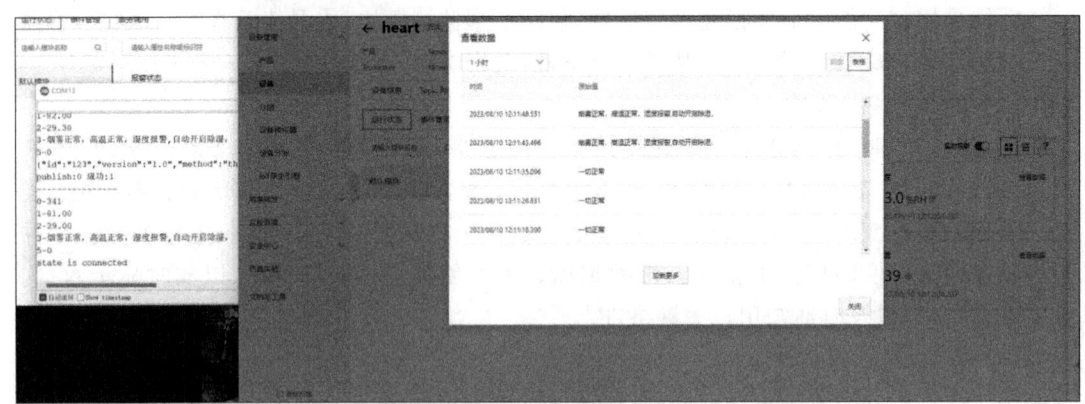

图 5　预警与自动调节界面

五、实验与结果分析

1. 实验设置

我们建立了一个模拟独居老人居住环境的实验室，包括生活区域、卧室、厨房等。在这些区域内，我们布置了生理数据监测传感器和环境监测传感器，以模拟实际使用场景。

2. 数据采集与传输

在实验中，生理数据监测传感器实时采集模拟老人的心率、血压和体温等生理指标，并通过 Zigbee 网络传输至集中控制中心。同时，环境监测传感器定期采集模拟环境的温度、湿度和气压等数据，并将其传输至集中控制中心。

3. 结果分析

系统成功实现了对生理数据和环境信息的实时监测。在正常情况下，系统能够稳定、准确地采集和传输数据。当模拟发生环境异常时，系统能够及时发出警报，并将相关信息传达到阿里云云端，实现了快速响应和紧急处理。

系统在数据传输过程中表现出色，Zigbee 技术的低功耗特性确保了传感器节点的长时间稳定运行。系统的实验结果验证了基于 Zigbee 技术的独居老人远程监控系统在监测精度、实时性和稳定性方面的优越性。

结果证明了该系统在监控和关怀独居老人方面的有效性和实用性。未来的工作可以进一步优化系统的硬件设计和算法，以提升系统的智能化水平和用户体验。

六、结论与展望

本研究构建了一种基于 Zigbee 技术的独居老人远程监控系统，实现了对老人生活状况的全面监测。未来,可以进一步优化系统性能,扩展监测功能,并探索与人工智能等新兴技术的结合,提升系统的智能化水平,为独居老人提供更加全面、贴心的关怀服务。

作者简介

郑浩,男,本科生,就读于北京信息科技大学信息与通信工程学院通信2002班。
杨京,男,本科生,就读于北京信息科技大学信息与通信工程学院通信2002班。
陈宇航,男,本科生,就读于北京信息科技大学信息与通信工程学院通信2003班。
金奕文,男,本科生,就读于北京信息科技大学信息与通信工程学院通信2002班。
吴秉松,男,本科生,就读于北京信息科技大学信息与通信工程学院通信2003班。

基于树莓派的半自动化钓鱼竿设计与实现

郭一宽　李瀚达　张中一　许一迪　王家俊　赵宗民

摘　要：传统钓鱼方式需要钓鱼者全神贯注紧盯鱼漂，长时间的精神集中容易导致疲劳和精力分散，很有可能会错失钓鱼时机。本文设计了一种兼提醒和自动收线于一体的半自动化钓鱼竿，通过结合OpenCV及HSV灰度识别算法实现了鱼漂消失的检测方法，并使用树莓派开发板搭建了鱼竿自动收线控制系统。通过实验验证和测试，基于树莓派的半自动化钓鱼竿系统可以实现鱼漂的识别、鱼漂消失的检测以及自动收线操作。

关键词：OpenCV；灰度识别；鱼漂视觉检测；自动化钓鱼。

一、引言

钓鱼作为一种休闲活动已经被越来越多的人所接受，该项运动不仅要靠丰富的经验，还要保持注意力的集中。长时间紧盯鱼漂，容易造成疲劳和注意力不集中，很有可能会错失钓鱼最佳时机，从而降低钓鱼的成就感和乐趣[1]。尤其是对刚刚入门的钓鱼爱好者来说，钓鱼技术不够娴熟以及注意力不能持续集中，导致多次脱钩，会大大打击其钓鱼的积极性和自信心。所以，有必要设计一款半自动的钓鱼竿来帮助钓鱼入门者提升钓鱼体验。

目前主流的自动化钓鱼竿有基于机械弹簧夹装置的方法、采用嵌入式技术感知传感器状态来判断钓鱼时机的技术以及使用光传感器来探测鱼位置的多种方案。其中，使用机械弹簧夹方案的核心在于其张力机构和挂机机构[2]。其中张力机构是一种用于连接机体销子与立柱连板槽轴的弹簧装置；挂机机构包括以销轴与机体绞连的扳机，与扳机连接的杠杆的右端架在吊架上，扳机与机体上的连板呈齿槽配合。当鱼咬钩时，能及时自动起钓，将鱼钩住。但是该方法钓鱼时需要手动收线，同时由于有钢制成分导致这种鱼线抛不远，过于沉重也容易让它接触到水底。而采用嵌入式技术感知传感器状态的方案则是需要用到三轴陀螺仪，加速度计，磁力计，还有各种检测水温和空气温湿度的传感器[3]。通过鱼咬钩时候传感器参数的变化来判断鱼已经咬钩并收线。该方法每一个模块的设计都十分复杂，传感器也很多，后期维护困难。用探鱼器拍摄的全自动钓鱼方法及钓鱼装置，则是通过探鱼器感光元件接收到光折射后，将光折射信号传送至激光扫描处，运用探鱼器镜头进行激光扫描，设定扫描区域为二维探测画面，获取二维探测画面中的所有鱼群主体，根据感光元件对光信号波长计算，从而实现对每一鱼群进行精准定位[4]。这种钓鱼方式成本较高，适用于大规模捕鱼作业，而且容易受到光照的影响，与水的透明度关系也很大[5]。

为了优化自动化钓鱼的流程，同时改善钓鱼体验，我们提出了一种基于树莓派的半自动化钓鱼方案，通过基于视频的目标检测技术，以鱼漂作为目标，当鱼漂消失在摄像头所拍摄的画面中时，将触发启动电动机实现自动收线。

我们使用鱼漂作为识别的目标主要是便于缩小识别的范围，OpenCV只需要识别特定的颜色便能够运行。对鱼本身进行追踪也更容易捕捉到鱼。由于鱼类在水中行动极其敏捷,难以追踪,若使用摄像头去识别水中的鱼,此方式的短板是无法判断收线时机,也不符合我们设计半自动化钓鱼竿的初衷,我们项目设计的初衷是不再进行人为干预的情况下完成收线,所以设计了这款半自动化钓鱼竿。

二、基于树莓派的半自动钓鱼竿系统设计

本章将对半自动钓鱼竿系统的架构以及各个主要部分进行详细介绍。

1. 系统架构

半自动钓鱼竿系统由硬件电路、软件以及结构三部分组成。其中,硬件电路以树莓派开发板为控制核心,通过外接摄像头采集鱼漂图像,通过内部程序判定,向电动机驱动电路给出启动信号进行收线。软件部分主要在树莓派开发板的处理器内部执行,其应用程序在Linux操作系统上运行,主要包括摄像头驱动程序、显示屏驱动程序、外部GPIO控制程序、基于OpenCV及HSV的鱼漂识别及鱼漂消失判决程序,是本系统控制的核心部分。在结构部分中,通过定制套筒,将渔线轮与电动机轴固定,使得电动机可以带动渔线轮转动,此外还增加了固定装置用于将电动机固定在鱼竿上。系统架构图如图1所示。

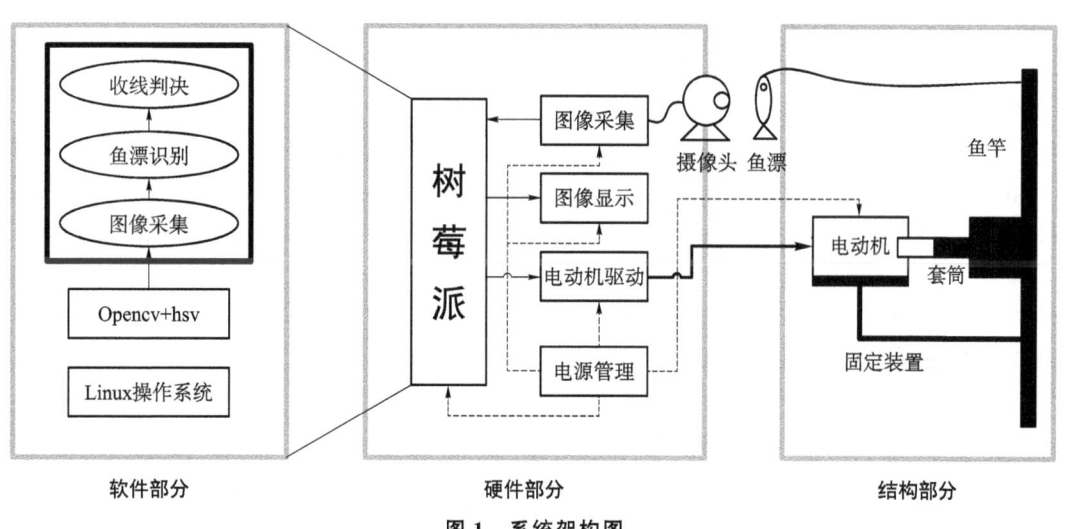

图1 系统架构图

2. 硬件系统

本项目硬件架构由树莓派、图像采集模块、图像显示模块、电动机驱动模块和电源管理模块组成。树莓派是一款基于ARM的微型主板,也是硬件架构的核心模块,负责联调、统领其他各模块运行;图像采集模块使用摄像头采集数据并传送给树莓派,图像处理模块对得到的数据进行变换,使用OpenCV来识别目标(鱼漂)跟踪目标;图像显示模块实现将图像采集模块采集到的数据可视化、辅助钓鱼启动前的鱼漂识别初始化;鱼漂识别和消失判断模块将鱼漂视作目标进行跟踪识别,若发现它在画面中消失便会发出收线信号给树莓派;电动机驱动模块主要负责控制电动机的转动和对程序运转的控制,在收到指令后启动电动机进行收线;电源管理模块实现给各个模块进行供电,如图2所示。装置开始运行后,首先对硬件进行初始化,其次通过摄像头识别鱼漂是否消失,若检测到鱼漂未消失,则一直循环此操

作,直到检测到鱼漂消失。检测到鱼漂消失后,OpenCV 开发环境向树莓派发出钓鱼触发信号,树莓派执行程序启动电动机,将鱼线以内设速度卷起,实现钓鱼自动收杆。若垂钓者继续钓鱼,则重复运行此前全部流程。若垂钓者结束钓鱼,则在所有程序判断为应当终止后,装置运行结束。

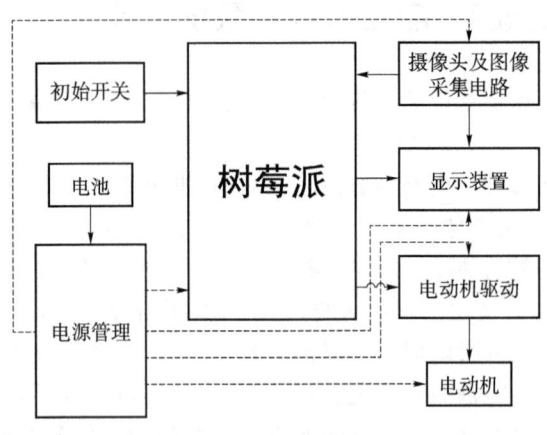

图 2 硬件架构图

在硬件架构中,初始开关控制电路的初始化过程是系统启动的关键步骤,通过这一过程,确保系统各个模块处于正常工作状态。

树莓派搭载 64 位四核 ARM Cortex-A72 处理器,配备 8GB LPDDR4 内存,支持 Raspbian 系统为高性能计算提供支持。集成 Broadcom VideoCore VI 图形处理器,支持 4Kp60 硬件解码和编码,两个 Micro HDMI 端口可同时输出两个 4K 显示。通信方面内置双频 WiFi(2.4 GHz 和 5 GHz)和蓝牙 5.0,提供灵活的无线通信选项。集成千兆以太网端口,确保稳定的有线网络连接。配置一个 USB 3.0 端口和一个 USB 2.0 端口,用于连接外部设备。提供 40 针的通用 GPIO 接口,支持连接各种传感器、执行器和其他外设,扩展性强大。

摄像头及图像采集电路则由 USB 摄像头组成,摄像头通过连续的图像信号捕获场景,将图像以 3 个维度的灰度值保存,每个灰度值代表一个像素。图像采集模块搭载 1080P 高清免驱动 USB 摄像头,可实现自动对焦,支持 2592×1944 分辨率,保证不错过识别过程中每个细节。

显示模块在整个系统中负责将对应像素的灰度值映射为相应的颜色并显示出来,实现图像的可视化。图像显示模块搭载 1920×1080 分辨率的显示屏,刷新率为 60 Hz,采用 IPS 面板技术,覆盖 65% 的 sRGB 色域。高清显示,适用于多种用途。IPS 面板提供更广泛的视角和更准确的颜色表现。接口包括 HDMI 和 USB 供电口。HDMI 提供数字音视频传输,实现显示屏与树莓派的交互。USB 供电口方便连接设备并提供电力支持。这种设计可以减少线缆混乱,提高使用便利性。

电动机驱动模块用于控制电动机的转动,当接收到树莓派发出的收线信号时,按照给出的信号类型精确控制电动机的旋转,实现系统对电动机的精准操作。电动机驱动模块由电动机、电动机驱动两部分组成。搭载直流有刷减速电动机,型号为 WS37GB3525,电压为 12 V,转速为 600 r/min,功率为 30 W,这种电动机工作效率高,适配的驱动模块较为广泛。电动机驱动为 A490 AT 8236 双路驱动模块,采用了超 TB6612 芯片,TB6612 是一种双 H 桥直流电动机驱动器,适用于小功率电动机驱动。可通过PWM(脉冲宽度调制)控制,去调整电动机的转速。具备过电流保护、过温保护等功能,这有助于增加电动机和驱动器的寿命。

电源管理模块在系统中扮演着关键的角色,通过间接控制所有由电源供电的模块,为整个系统提供稳定的电力支持。电源管理模块由Delipow18650户外锂电池组和LM2596降压模块组成,锂电池组用于给树莓派、电动机进行供电,电压为12 V,容量21 000 mAh,配置DC5.5-2.1母座和DC5.5-2.1公头,适用于12 V以内持续工作电流。电源管理中的降压模块起到重要作用,它负责将输入为12 V的电压降低到所需的5 V电压水平,以供给系统各个模块正常运行。LM2596是一种常见的降压稳压模块,输入电压范围为4.5～40 V,输出电压范围为1.25～37 V,可根据用户需求进行调节。最大输出电流约3 A,开关频率约150 kHz,效率最高可达92%。

这一系列的硬件模块协同工作,构建了一个功能平衡稳定的硬件系统。树莓派系统及外围电路如图3所示。

图3 树莓派系统及外围电路

3. 软件部分

软件部分运行于Linux操作系统,包含图像采集模块、基于OpenCV和HSV的鱼漂消失判决模块、电动机驱动模块,各个软件模块工作原理如图4、图5所示。

(1) Linux操作系统介绍

Linux操作系统是一种开源的操作系统,具有高度的自由度和灵活性。此项目使用Raspberry Pi版本,此版本具有支持远程访问和控制功能,预装了各种开发工具和实用程序,方便用户开发。Raspberry Pi预装了Python,支持Python 2、Python 3等多个Python版本。Raspberry Pi支持安装和使用OpenCV库,具有图像处理、计算机视觉、目标检测等功能,便于本项目的实施。

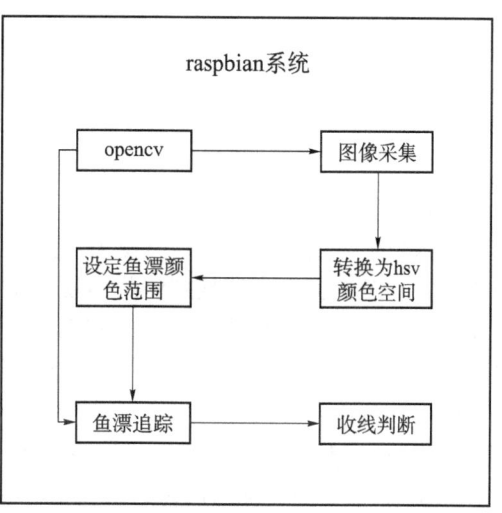

图4 软件架构图

(2) 图像采集的驱动程序和显示驱动程序

图像采集和显示的过程中用到了Python语言中的OpenCV库,先后实现了库文件导入、摄像头管理对象创建和初始化、启动循环监控、图像抓拍、图像窗口显示、等待用户输入、摄像头释放等功能。VideoCapture()表示使用某个相机,括号填入 0 代表使用设备自带相机。Open 函数代表打开摄像头,read 函数代表读取每一帧、release 函数代表释放设备。destroyAllWindows()代表清除所有窗口。使用显示驱动,可以使摄像头的图像显示在树莓派的显示屏上。摄像头原理图如图 6 所示。

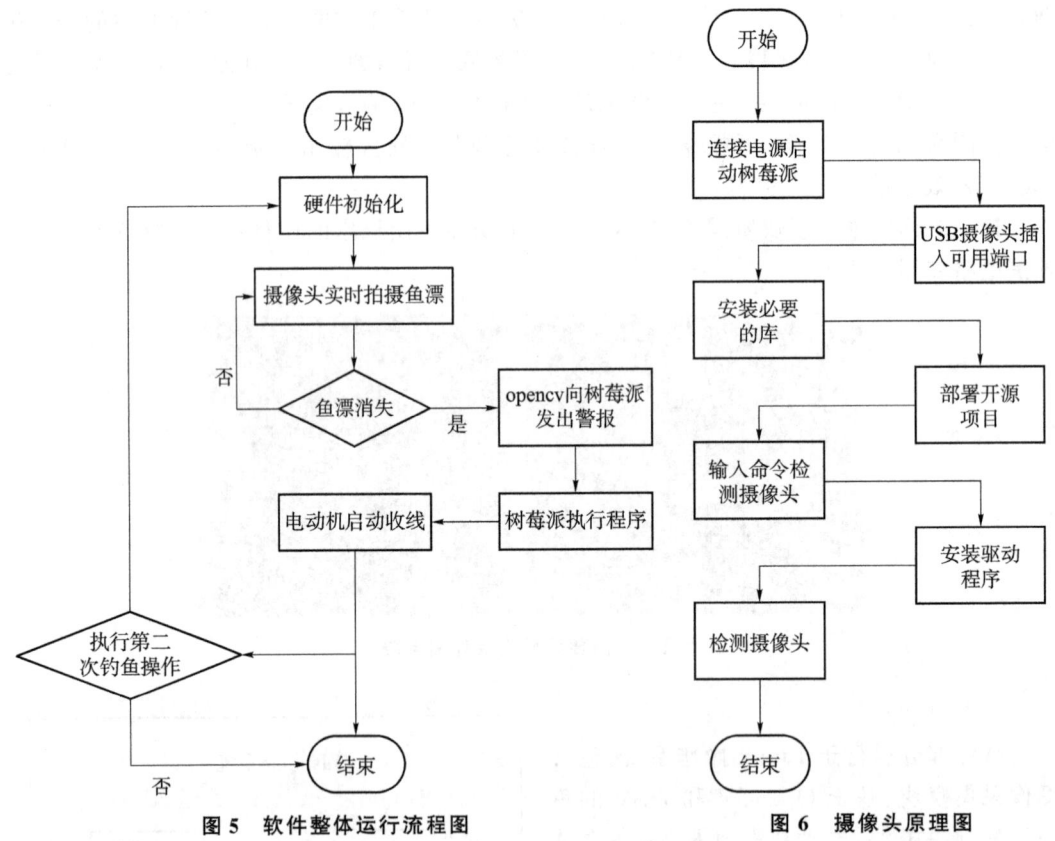

图 5　软件整体运行流程图　　　　　　　图 6　摄像头原理图

(3) 图像采集及图像处理模块

图像采集方面,采用 USB 摄像头,连接到树莓派 USB 接口,摄像头可以发送视频数据给树莓派。对于摄像头捕捉到的物体使用 HSV 模型进行处理时,其颜色参数分别是色调、饱和度和亮度。我们假设(r,g,b)分别是一个颜色的红、绿和蓝坐标,它们的值是在 0 到 1 之间的实数。设 max 是 r、g 和 b 中的最大者,min 是这些值中的最小者。要找到在 HSV 空间中的(h,s,v)值,这里的 h∈[0,360]是角度的色相角,而 s,v ∈[0,1]是饱和度和亮度。我们采用 HSV 色彩空间进行图像处理,实验中使用红色鱼漂进行设计和测试,首先实现目标识别,识别到目标以后树莓派发送收线信号,在程序中可以观察数据流以及它无时无刻地变化来判断成功与否,并使用方框在屏幕中标识出来。

(4) 基于 HSV 的颜色自动识别方法

颜色自动识别模块用到 OpenCV 中的 HSV 功能,实现定位追踪拟合标记以及自动检测目标是否消失的过程。本模块使用 cvtColor()函数将 RGB 转换得到 HSV 颜色模型,确定要检测的颜色的 HSV 阈值,用 inrange() 函数设置掩模,用 bitwise_and()函数过滤出需要的目标。然后用开运算去除噪声点,根据掩模确定物体范围并使用 findContours() 函数提取轮廓,直到获得最大轮廓时开始绘制边框,本模块使用的是椭圆框。由于本设计是检测动态目标,故将上述过程放入循环程序中,每一帧之间间隔为 50 ms。在开关没有被按下时,一旦检测到任何一帧图像的每个像素点都不包含边框的时候,树莓派会接收到收线信号。颜色自动识别方法流程图如图 7 所示。HSV 架构图如图 8 所示。OpenCV 架构图如图 9 所示。

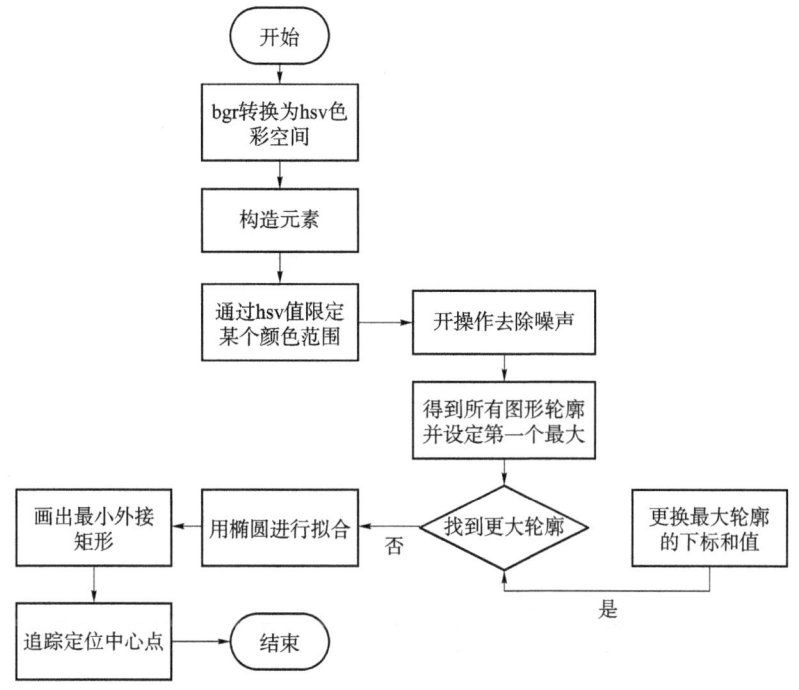

图 7 颜色自动识别方法流程图

(5) 电动机驱动程序

电动机驱动程序使用了 PWM 控制,通过对一系列脉冲的宽度进行调制,来等效地获得所需要波形。通过改变 PWM 信号的占空比来改变直流电动机两端的平均电压,从而实现直流电动机的调速。电路中电感可以抑制电流突变,树莓派向驱动发送高低电平的矩形波,调整到合适的频率,可以让平均波形稳定输出。首先设置输入输出端口,定义两个变量速度和方向。若方向是正,两个 PWM 产生速度差,发生正转,方向为负则反转,启动自动收线。

树莓派使用了 PWM 脉冲宽度调制技术(Pulse Width Modulation)来控制电动机的运行。PWM 通过对一系列脉冲的宽度进行调制,来等效地获得所需要波形(含形状和幅值),频率和占空比是其最为重要的两个参数。

此外,对于直流电动机来说,电动机输出端引脚是高电平,电动机便可转动,但速度是缓慢提升的。当高电平突然转向低电平时,由于电动机中电感设有防止电流突变的功能,电动机不会停止,保持原有转速。电动机的转速为周期内输出的平均电压值,树莓派向驱动发送高低电平的矩形波,调整到合适的频率,可以让平均波形稳定输出。调节占空比,可以调节平均波形幅值的大小,进而控制电动机转速。

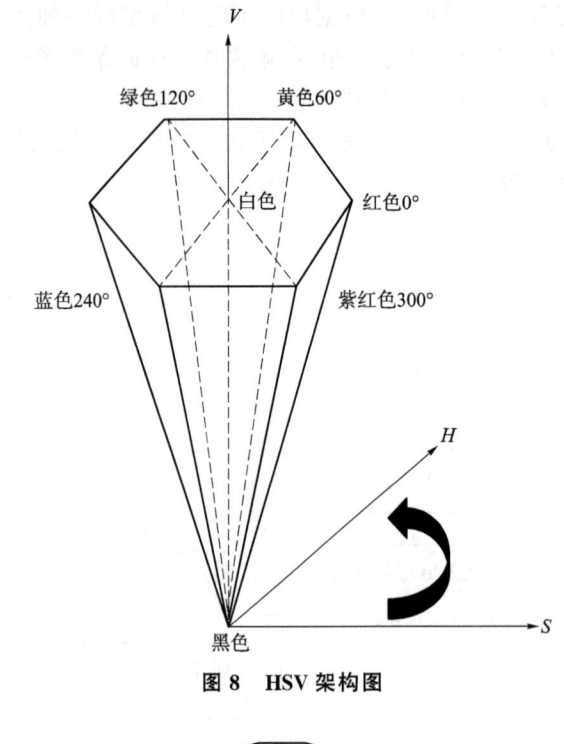

图 8 HSV 架构图

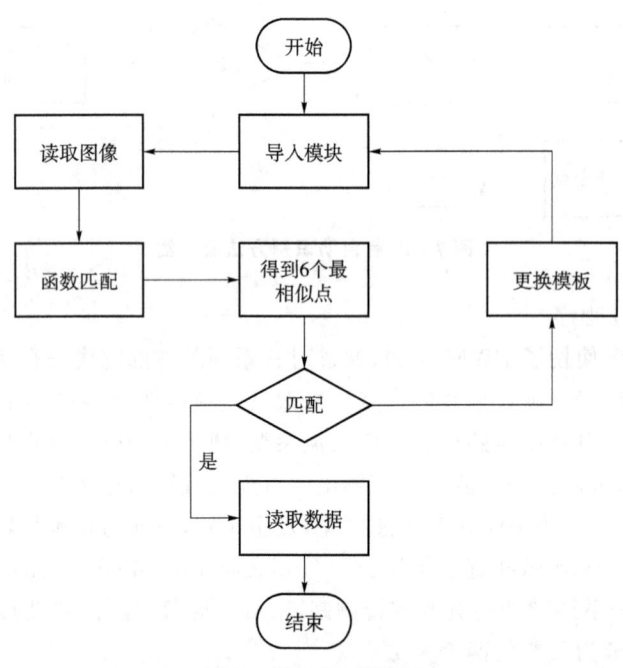

图 9 OpenCV 架构图

代码的核心逻辑是设置两个输入输出端口,并创建两个 PWM 实例,定义两个变量速度和方向,如果方向是正,两个 PWM 产生速度差,发生正转。反之亦然。每隔 0.1 ms 检查开关 1 和开关 2 的状态,拨动开关 1 是总开关,负责钓鱼状态的复位,开关 2 负责手动控制电动机停止转动,如图 10 为电动机控制流程图。

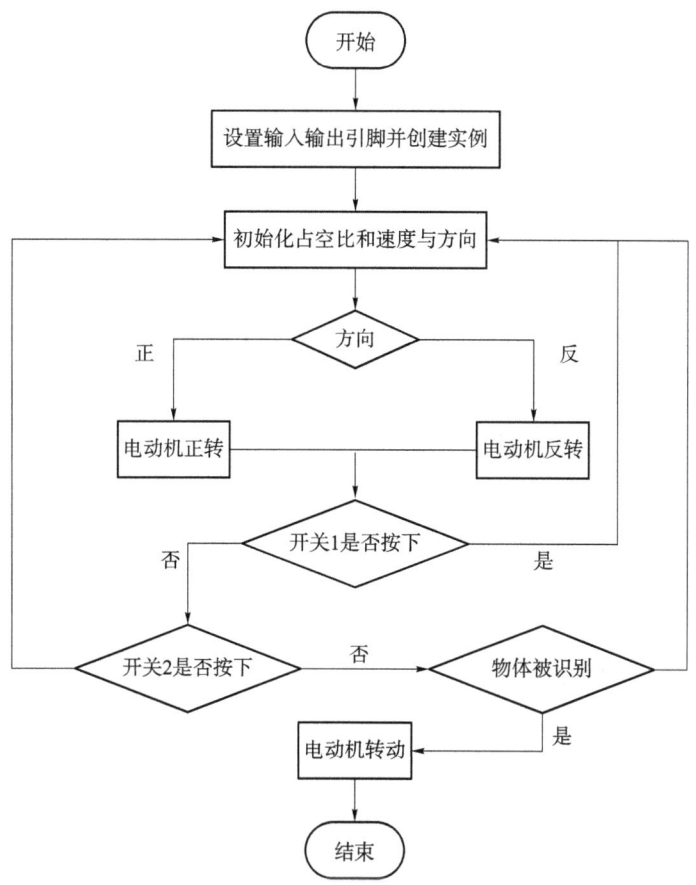

图 10　电动机控制流程图

（6）鱼漂识别和消失判断模块

鱼漂识别和消失的判断用到 OpenCV 中的 HSV 定位追踪拟合并标记的过程。一旦追踪的目标消失再摄像头可视范围内,便会向树莓派发送信号。这时候说明鱼已经咬到了鱼漂诱饵,使得鱼漂在摄像头画面中消失,树莓派接收到信号之后会通过 PWM 的波形改变来驱动电动机的转动自动完成收线工作。我们代码每一帧图像画面都经过颜色空间转换、确定识别的鱼漂颜色范围的数值（我们设定为红色）、提取鱼漂最大轮廓并绘制记录下来、用椭圆去拟合逼近最大轮廓、定位中心点以便追踪,以上作为处理一帧画面的步骤并放入循环中,只要没有按下开关强制停止收线过程,钓鱼竿就并不会停止收线,图 11 为目标（鱼漂）识别和消失判断流程图。

软件整体运行流程图如图 12 所示。

4. 结构部分

结构部分如图 13、图 14 所示,对钓鱼竿进行了结构改造。定制套筒将电动机的转轴与渔轮的手柄进行连接、固定。渔轮上缠绕着绿色的渔线。当电动机转动时带动渔轮转动,实现收线功能。定制支架将电动机尾部与钓鱼竿身部进行连接、固定。支架为电动机提供支力点,确保电动机转动时,不会产生相对运动,对收线工作进行保障。

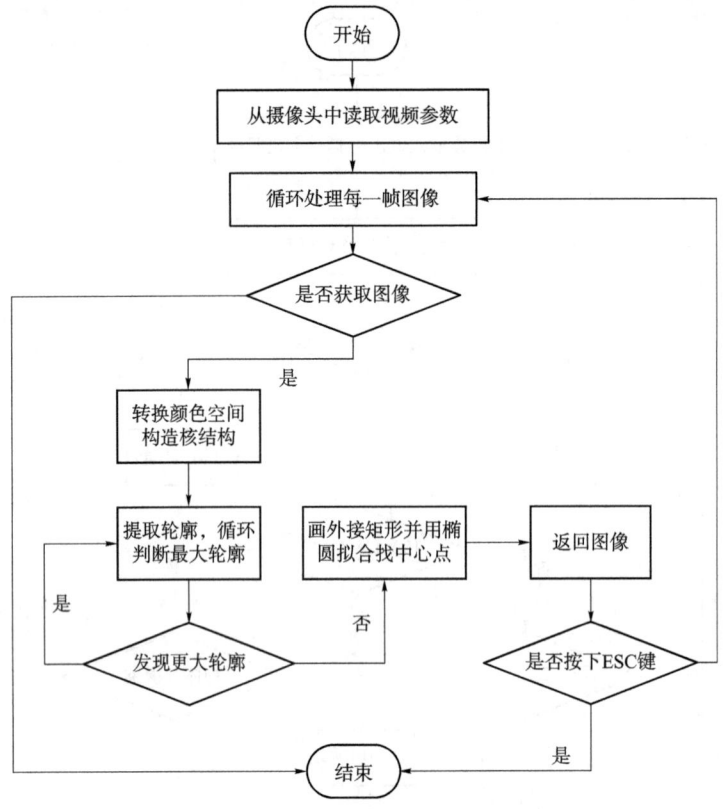

图 11 目标(鱼漂)识别和消失判断流程图

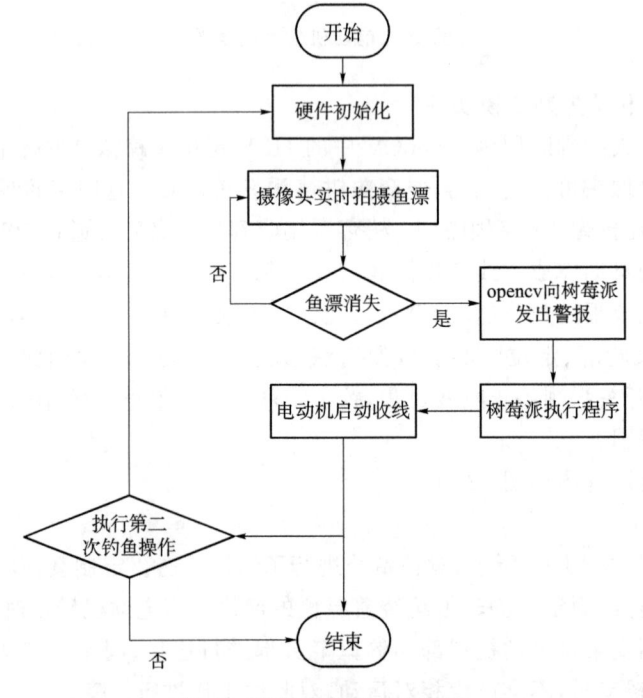

图 12 软件整体运行流程图

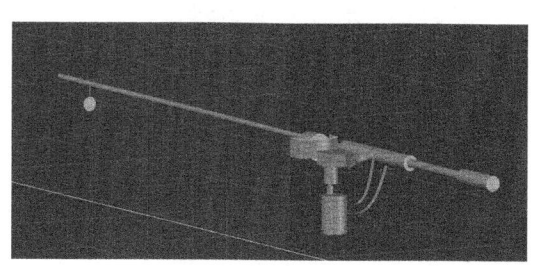

图 13　钓鱼竿 CAD 图

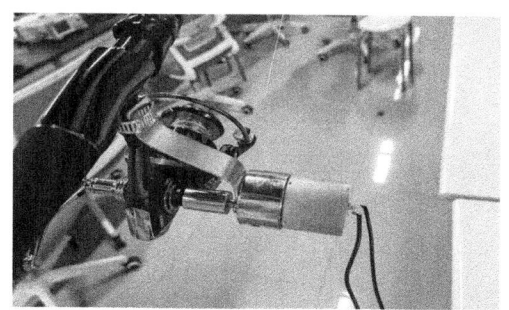

图 14　结构部分实拍图

三、实验验证

1. 实验场景的描述

（1）半自动钓鱼竿系统的搭建

图 15 从左向右分别是蓝色的 12 V 电池、摄像头、中间连接几乎所有外设的树莓派、连接着电动机的钓鱼竿，树莓派右下角的小芯片是电动机驱动。显示屏实时显示摄像头拍摄的图像，右上角是电动机，连接着钓鱼竿渔轮。

图 16 所示为钓鱼竿的鱼漂，包含多种颜色，便于进行目标检测的单一色块识别。

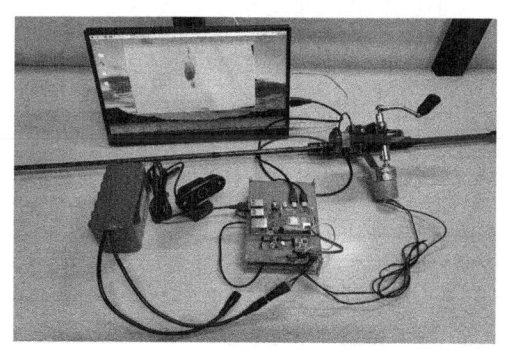

图 15　半自动钓鱼竿系统

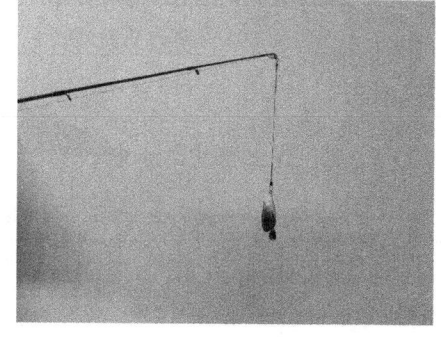

图 16　钓鱼竿鱼漂展示

通过测试鱼漂在不同角度和不同背景颜色下的收线成功率，验证了本系统的功能以及性能。

（2）不同颜色的鱼漂识别

为了测试鱼漂为不同颜色时，所提系统及方法的自动收线成功率，进行了下面的实验（如图 17～图 21 所示）。

本项目将鱼竿呈 45°架起，模拟钓鱼角度，使鱼漂悬浮在背景板上，并固定好摄像头，使摄像头可以清晰拍摄到背景下的鱼漂。由于鱼漂有多种颜色，通过改变鱼漂颜色来测试本系统自动钓鱼的成功率。

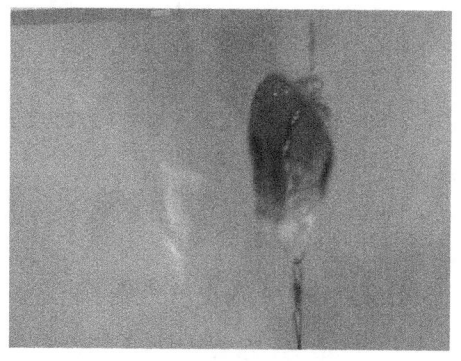

图 17　识别红色部分

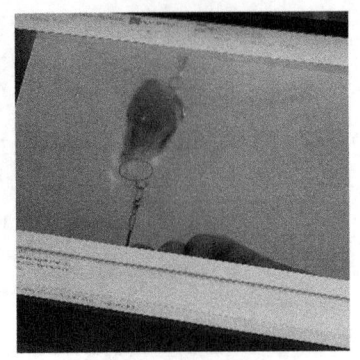
图 18　识别黄色部分

图 19　识别绿色部分

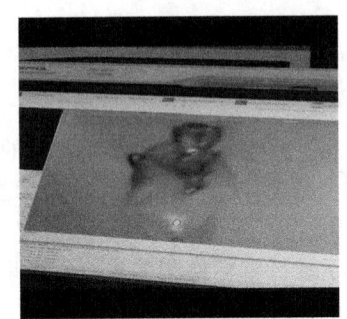
图 20　识别白色部分

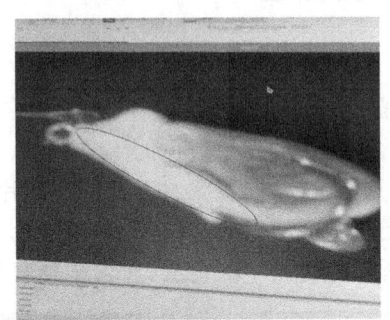
图 21　识别白色部分(黑色背景)

对红、绿、白、黄这 4 种颜色进行识别,分为白色背景和黑色背景这两种情况,每种 100 次,共 500 次实验,实验结果如表 1 所示。

表 1　不同颜色识别的收线成功率

鱼漂颜色	背景颜色	成功次数	总次数	成功率
红	白	85	100	85%
黄	白	53	100	53%
绿	白	76	100	76%
白	白	12	100	12%
白	黑	71	100	71%

红色(85%):在白色背景下,红色表现出较高的识别成功率,显示系统对红色的较好识别能力。

白色(12%):在相同白色背景下,白色的识别成功率较低,由于缺乏对比度导致系统难以有效地识别白色。

黄色(53%):黄色在白色背景下表现为中等的识别成功率,系统对黄色的识别相对稳定,但会受到一些光照或色彩变化的影响。

绿色(76%):绿色在相同背景下显示出较高的成功率,表明系统对绿色物体有较强的识别性能。

白色(黑色背景－71%):在黑色背景下,白色的识别成功率提高至71%,黑色背景有助于提高白色识别的鲁棒性,提供更好的对比度。

综上所述,不同颜色在同一白色背景下的识别性能存在差异,而黑色背景对于白色的识别有正面影响,总的成功率为59.4%。

(3) 不同角度的鱼漂识别

在同一颜色下,对鱼漂不同角度进行测试,5种角度,分别是前面、后面、左面、右面、上面(如图22~图26所示),每个角度100次,共500次实验,实验结果如表2所示。结果表明,系统对鱼漂正面识别成功率较高,背面识别成功率较低,侧面和上面位于平均水平,总成功率达到了62%。

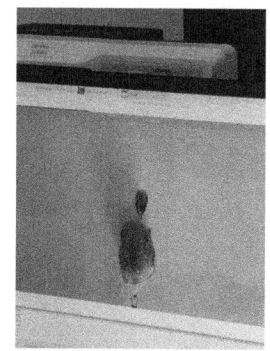  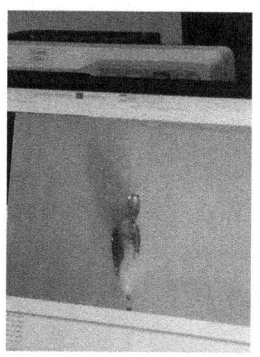

图 22　前方视角　　　　图 23　后方视角　　　　图 24　左方视角

 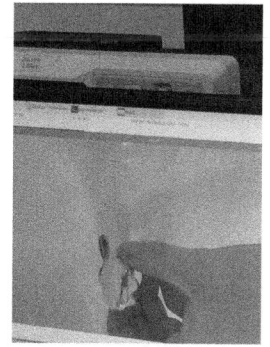

图 25　右方视角　　　　图 26　上方视角

表 2　不同角度下的收线成功率

鱼漂角度	成功次数	总次数	成功率
前	82	100	82%
后	29	100	29%
左	64	100	64%
右	62	100	62%
上	73	100	73%

2. 结论

实验结果表明,系统对于红、绿两种颜色有较好的识别能力,对于黄、白等淡色识别能力较弱;通过更换不同背景可得知,由于缺乏对比,系统对于同色系背景颜色识别能力较弱。系统对鱼漂前面和上面有较好的识别能力,由于缺乏不同色系的色块,系统对于鱼漂背面识别能力较差。

3. 结语

钓鱼是一种需要高度集中注意力,需要一定时间训练的运动。本项目提出并实现了一种基于树莓派实现的自动化钓鱼竿系统,通过目标检测技术,最终实现了自动收线功能。通过大量的测试,本设备在不同颜色条件下的收线成功率为 59.4%,在不同角度下的收线成功率达到 62%,基本可以实现钓鱼的半自动化。本项目后续将继续完善各项功能,对布局进行适当修改,使得最后项目运行的稳定性增加。

参考文献

[1] 王凯,代斌.自动钓鱼器市场可行性研究[J].中国商界(上半月),2010(6):355+351.

[2] 钟业城.一种基于探鱼器拍摄的全自动钓鱼方法及钓鱼装置:CN202210464506.2[P].CN202210464506.2[2023-11-24].

[3] 杭州师范大学.一种基于嵌入式系统的全自动智能鱼竿及其使用方法:CN201711433404.X[P].2020-1-14.

[4] 石岭.自动钓鱼器[J].大众商务,2002(9):45.

[5] 刘焕金.自动钓鱼收线器:CN 201120010726[P][2023-12-3].

国产 FPGA 软件高可靠远程上注模块设计与验证

焦奕珲　高孙林　王继伦　周黎铭　郭析让

指导老师：周士超

（北京信息科技大学信息与通信工程学院，北京，102206）

摘　要：由于受制于远距离空地隔离、工装密闭等物理条件约束，FPGA 配置文件无法通过常规的 JTAG 调试链路加注。因此，需要复用通信数传链路进行 FPGA 软件远程上注。高可靠性是 FPGA 软件远程上注的核心要求，保证 FPGA 设备在加载过程发生错误时仍然能够正常工作是必须解决的问题。针对上述问题，本文的主要成果如下：完成了 FPGA 配置文件的高可靠远程上注与下传验证功能，突破了上下行链路通信控制器设计、配置器件（FLASH）读写控制器设计、软件多重加载模块设计、地面测试验证系统设计等关键技术。

关键词：FPGA；高可靠；远程上注。

Design and verification of high-reliability remote configuration module for domestic FPGA software

Jiao Yi-hui　Gao Sun-lin　Wang Ji-lun　Zhou Li-ming　Guo Xi-rang

Abstract: Due to physical constraints such as long-distance isolation and enclosed equipment, FPGA configuration files cannot be loaded through conventional JTAG debugging links. Therefore, it is necessary to reuse communication data transmission links for FPGA software remote loading. High reliability is a core requirement for FPGA software remote loading, and ensuring that the FPGA device can still function properly in case of loading errors is a crucial problem to solve. In response to the above-mentioned issues, the main achievements of this paper are as follows: the completion of high-reliability remote loading and verification of FPGA configuration files, breakthroughs in key technologies such as uplink and downlink communication control design, configuration device (FLASH) read-write controller design, software multiple loading module design, and ground testing and verification system design.

Key words: FPGA; high-reliability; remote configuration.

一、引言

基于 FPGA 的复杂数字系统具有现场可编程、动态可重构的高灵活性特点，为软件功能的故障诊断与迭代优化升级提供了硬件基础。然而，受空间环境约束（如远距离限制、工装密闭等因素）FPGA 配置文件（软件）无法通过常规的 JTAG 调试链路加注。因此，需要复用通信数传链路进行 FPGA 软件远程上注。

高可靠性是 FPGA 软件远程上注的核心要求。常规的 FPGA 配置文件所占存储空间通常超过 10 MB(Virtex-7 系列可达 30 MB)，而基于 JTAG 调试链路加注单片配置文件所需时间可达小时级。长时间的上注过程中因数传错误引发的系统自启动失败、功能异常在装备生产过程中属于严重质量事故。

针对上述问题，本软件完成了 FPGA 配置文件的高可靠远程上注与下传验证功能，依次突破了上下行链路通信控制器设计、配置器件（FLASH）读写控制器设计、软件多重加载模块设计、地面测试验证系统设计等关键技术，构建了完备的配置文件处理与上注功能验证流程，确保正常远程上注配置文件并被正常自举，提升了 FPGA 软件设计、排故与功能更新的通用性、易用性与可靠性。

二、研究方法

1. 运行环境

本软件的开发环境配置如表 1 所示。需要说明的是，本软件为 FPGA 软件，可直接在 FPGA 芯片中运行，无须软件运行环境。又由于本软件为 FPGA 底层支持软件，为了直观展示改软件功能并便于自测试，需要开发显控台软件发送指令，同时观察指令响应结果。

表 1　软件运行与开发环境配置

软件及设备名称	版本号	部署方案	用途
Windows 操作系统	Windows 10	安装 Windows 10 以上版本	操作系统支撑平台
Vivado	2018.3	单独安装	FPGA 软件开发
Visual Studio	2019	单独安装	显控台软件开发调试 辅助测试 FPGA 软件

2. 研究过程（思路）

FPGA 软件远程更新方案的需求，总结有以下三点：①利用已有的数据通道传输数据；②将更新数据写入存储 FPGA 配置信息的存储器中；③更新 Flash 的过程中，不要影响 FPGA 的正常功能。

首先，上位机通过已有的数据通道 UART 将数据传输给 FPGA，FPGA 接收到数据之后(FPGA 已被配置成一个 Flash 读写控制器)，根据需求发起对 Flash 的读写操作，将需要更新的数据写入 Flash，完成更新。此过程是更新 Flash 的过程，烧录过程中 Flash 只收到 FPGA 的控制。Flash 更新完毕后，在合适的时候让 FPGA 进行重新配置（例如重新上下电），FPGA 会开始主动配置过程，从 Flash 中读取配置数据完成加载。

三、研究内容

1. 基本功能

本软件具备与显控台软件的交互功能、FPGA 配置文件的上下行数传功能、配置器件

(FLASH)读写访问功能、FPGA 配置文件多重加载功能。通过显控台软件与 FPGA 底层支持软件相互配合,构建了完备的配置文件处理与上注功能验证流程,确保正常远程上注配置文件并被正常自举,提升了 FPGA 软件设计、排故与功能更新的通用性、易用性与可靠性。其中,显控台软件界面如图 1 所示。

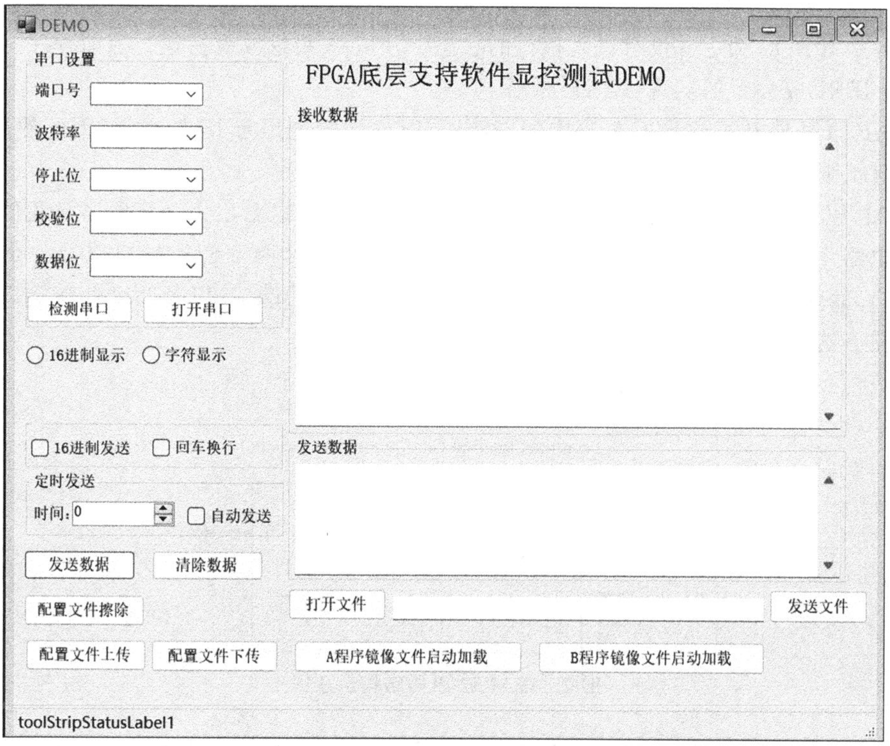

图 1　显控台软件界面

2. 设计关键

(1) 多重配置实现:IPROG 命令

进行多重加载需要 FPGA 对可编程存储器中的更新程序进行自动的读取,而 FPGA 设备作为一个硬件设备,我们需要通过一定的手段让 FPGA 设备明确更新映像程序在可编程存储器当中的具体地址,同时我们也需要告知 FPGA 设备当前是否需要进行更新程序的操作,而不是让多重加载进入一个完全不受控的状态。针对上述需求,本设计在备份映像程序当中添加 Xilinx 公司所提供的特殊加载命令序列 IPROG 并且向设备告知更新程序的所处地址。

The Internal PROGRAM(简称 IPROG)命令序列是 Xilinx 旗下的 FPGA 设备实现多重加载的最重要一环。该命令序列是 PROGRAM_B pin 变化程序的一个子程序,但 IPROG 命令的本质差异在于其不会改变 WBSTAR 寄存器、TIMER 寄存器、BSPI 寄存器和 BOOTSTS 寄存器并在此基础上进行多重配置和错误返回。在 IPROG 命令正确执行的情况下,FPGA 会向可编程存储器发送同步字节,预示着开始进行寄存器的烧写。接下来会向存储器中的 Warm Boot Start Adress 寄存器(以下简称 WBSTAR 寄存器)写入更新程序的起始地址,最后将向寄存器发送 IPROG 的执行命令。在 FPGA 上电之后,FPGA 首先会进入可编程存储器的起始地址，同时 FPGA 会对起始地址的映像文件以及存放更新程序地址的 WBSTAR 寄存器进行检测，当 WBSTAR 寄存器中具有更新程序的地址，并且 IPROG 执行的命令也存在时，FPGA 就会直接跳过后面的指令，并且将 INIT_B 和 DONE 引脚拉低。随后 FPGA 会擦除当前运行的配置信息，之后 INIT_B 端口被拉高。最后使用 WBSTAR 寄存器中所保存的更新程序的地址来重新配置 FPGA。如果 WBSTAR 寄存器当中没有更新程序的地址或者是 IPROG 命令并没有进入执行的状态中，FPGA 将继续保持运行当前程序。

（2）IPROG 命令的实现：ICAP 原语

ICAP 原语是内置于 FPGA 当中的资源，同时使用的过程与 IP 核类似，因此使用 ICAP 原语具有很强的灵活性。

ICAP 原语的使用也具有更加简洁的结构，从图 2 中可以看出 ICAP 原语与我们所学习的数字电路元器件十分相似，分为时钟输入，配置数据输入，两个使能端口以及一个输出信息的端口，而使用过程中重点则是落在如何配置输入总线的端口，以及两个使能端口的开关顺序变化。这样的操作简化，十分有利于提高模块的通用。

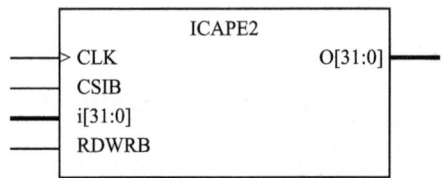

图 2 ICAPE2 原语结构示意图

在 ICAP 原语接收到内部程序状态机的加载命令后，开始进行多重配置，命令的大致顺序如下：

首先将通过 ICAP 向可配置存储器发送同步码，说明即将开始进行配置，随后该原语会先发送一个字节使 WBSTAR 寄存器开始接收数据。紧接着就是向 WBSTAR 寄存器写入我们所设计的需要更新程序在可编程存储器中的开始地址。之后 FPGA 将发送一个字节示意需要执行程序命令，再者发送具体的命令 0000000F 也就是代表着执行 IPROG 命令的指令。在接收到 IPROG 命令以后，FPGA 设备将不会继续读取配置数据当中的后续内容，而是直接开始进行更新程序的加载。

ICAP 原语端口描述：CSIB 端口是整个 ICAP 原语正常工作的使能端口，只有当该端口为低电平时，ICAP 原语才能够生效。I 端口为配置数据输入端口，需要由上文所提到的配置数据中的 8 个 32 位的配置数据按顺序依次输入构成。RDWRB 代表的是 ICAP 原语配置数据读写的使能端口，该端口在高电平时原语为读取状态，在低电平时原语就会转变为写入状态，此时是 ICAP 原语正确的工作状态，在此状态下才能够将上述的配置数据输入 ICAP 原语当中，随之进行后续的多重配置。由上述信息可以得知，对于 ICAP 原语，在依次写入配置信息的过程当中一定是需要 CSIB 于 RDWRB 端口同时处于低电平的状态当中，同时由于需要依次输入 8 个配置信息，所以至少需要 8 个时钟周期的时间使 ICAP 原语保持写入的状态当中。

(3) IPROG 命令的 Fallback 机制

由于环境的干扰,可能会导致对 ICAP 原语输入的配置数据发生输入顺序上的改变,或是数据中的某几位产生误码,使模块无法正常工作。此外,模块外部控制器的误触发也很有可能导致系统处于不可控的状态。

针对上述问题,本次设计采用了 IPROG 命令的 Fallback 机制,能够在更新发生错误时退回至备份程序。IPROG 命令的 Fallback 机制会在以下 4 种情况下触发:

① ID Code 错误:使用的配置文件的存储器型号或是芯片型号与当前涉笔不相符合。

② CRC 错误:在 FPGA 接收配置数据后,FPGA 会对数据进行校验,如果最终的校验结果与目标不一致会发生 CRC 错误。

③ Watchdog 超时:当配置失败后,FPGA 会连续 3 次继续尝试进行配置,如果无法在规定时间内配置成功,就会触发该错误。

④ 地址越界:提供给 ICAP 原语的配置文件中的地址信息超出了当前存储器的最大地址,就会发生溢出,使地址回归到零地址,产生错误。

原语退回机制的触发将使 FPGA 自动引导至零地址的备份程序,或是在 ICAP 原语中设定的备份程序地址。同时,多重配置模块并不会就此锁死,仍然可以继续尝试进行多重加载操作,并且重复上述步骤。当 FPGA 在系统中起到十分关键的作用,尤其是在卫星中使用时,该机制可以保证 FPGA 在外界大量干扰的前提下,保证 FPGA 至少有一个可执行程序被正确配置,确保设备的使用过程是可靠的。

(4) 多重加载模块设计

本软件的多重加载功能利用 The Internal PROGRAM(以下简称 IPROG)命令序列保存目标镜像文件的相关信息,以 Xilinx FPGA 提供的 ICAP 原语为基本结构进行模块的搭建。多重加载模块的用户层访问接口被封装为 IP 核的 IO 口,显控台软件可以作为主设备发送指令进行多重加载模块的启停。指令主要包含:①镜像文件选择。②镜像文件加载。

1) 镜像文件选择

接收到主设备的选择指令后,根据用户选择的镜像文件,调用预设好的对应 IPROG 命令(在该命令中包含了目标镜像文件的 FLASH 地址以及多重加载所需要的同步字),并且自动进行位反转操作,等待多重加载模块的调用。

2) 镜像文件加载

接收到主设备的指令后启动多重加载模块,读取设定好的 IPROG 命令,根据 IPROG 命令的内容从存储器的指定地址读取目标镜像文件,接着进行目标镜像文件的启动,在镜像文件运行后将软件版本号回传至显控软件进行显示。

多重加载控制逻辑:本软件的多重加载控制逻辑主要包含:①镜像文件读取。②镜像文件更新。

1) 镜像文件读取的控制逻辑

由于在多重加载的应用场景下,用户通常需要在两个以上的镜像文件当中进行选择,以减少进行远程传输的次数,同时也能够给用户提供更多的选择,更好地满足用户的实际需求,镜像文件读取的控制逻辑原理如下:

• 对于根据多重加载所需生成 IPROG 命令的过程,根据用户需求的镜像文件数目定义对应数量 8×32 的二维数组 con_data，以存放调用多重加载模块所需要的 8 条 32 位 IPROG 命令，其中第 5 条 IPROG 命令代表的是目标镜像文件所在的存储地址，需要根据用户需求以及烧写镜像文件的大小进行对应的修改。在编辑好 IPROG 命令后，需要对命令进行每 8 位为一次的位反转操作，作为最终需要输入多重加载模块的命令。

• 对于 IPROG 命令写入 ICAP 原语的过程，定义一个运行标志位 busy_flag，当接收到启动指令后置位为 1。定义两个使能变量 csib、rdwrb，当 csib 信号为 0，且 busy_flag 为 1 时多重加载模块开始工作，当 rdwrb 信号处于低电平时开始向 ICAP 原语写入 IPROG 命令。定义一个计数器变量 cnt，计数对象为用户时钟上升沿个数，当 cnt 计数到 7 时置位多重加载有效标记变量 icap_done 为 1，置位 busy_flag 标志为 0，表示所有的 IPROG 命令都进行了写入，这种冗余设计可以提升模块的抗干扰能力。

2）镜像文件更新的控制逻辑

• 对于模块进入多重加载状态的过程，在 IPROG 命令全部输入 ICAP 后，模块首先将确认接收命令中同步字的正确性，然后读取命令中对 ICAP 的指令项，以确认该原语将进入多重加载状态，紧接着模块将根据命令中的地址项在 FLASH 的对应地址上搜寻用户上传的镜像文件。

对于镜像文件加载的过程，存在以下两种情况：①镜像文件加载成功，当目标地址存在镜像文件且能够正确运行时，FPGA 在不重启的状态将持续运行该镜像文件，并且返回镜像文件对应的版本号；②镜像文件加载失败，当目标地址不存在镜像文件或是镜像文件无法运行时将触发 Fallback 机制，ICAP 原语会将存储器 0 地址的镜像文件作为默认文件，触发 Fallback 机制后，ICAP 会自动读取默认镜像，从而确保多重加载失败后设备不会锁死，能够保持基本的工作状态，一定程度上降低远程加载时可能存在的风险。

3. 镜像程序

本次设计一共准备了 2 个比特流文件，分别为 A 程序与 B 程序。A 程序具体功能为点亮 1、3 号灯（常亮），B 程序具体功能为点亮 2、4 号灯（常亮）。将两个比特流文件合成一个 BIN 文件，上位机通过已有的数据通道 UART 将 AB 合并的 BIN 文件传输给 FPGA 烧录 FLASH 后，重新上下电。板载 LED 亮起 1、3 号灯（这时默认加载 A 程序镜像文件），可以通过单击显控台界面的 A 程序镜像文件启动加载或 B 程序镜像文件启动加载两个按钮来实现 A、B 程序之间的切换。

四、总结

本软件上下传耗时过长（约为 30 分钟）。通过对问题分析，认为是上位机 USB 驱动软件不完善。逐字节响应，实时性较差。本次设计中上下传比特率为 1 Mbit/s，理论耗时约 5 分钟，所以排除波特率过低的问题。从事实的角度来看，压力测试（回环）5M 正常而 10M 异常。本次设计设置 SPI 总线接口为 50M 串行时钟，排除 SPI 读写速率过慢的问题。改进措施：非 FPGA 底层支持软件的功能性局限，不做改进。

A-B 软件状态查验功能尚不具备。显控软件无法查看软件版本号，当前该项目通过应用层程序电灯可视化区分 A-B 程序自举。潜在影响：如果应用层软件不再是电灯程序，不能准确判断 A-B 程序是否自举成功（运行的到底是哪个程序）。改进措施：AB 程序内置软件版本号。FPGA底层支持软件增设状态查询指令接收与解析逻辑,并将预设的软件版本号信息通过UART链路回传,供显控软件回读。但当前的电灯验证已经能够证明多重加载功能的正确性,因此本项目暂时不做修改。针对后续新项目需求再做更改。

参考文献

[1] OcnD_zhu FPGA 远程更新设计的需求分析[EB/OL] http：// www.elecfans.com/pld/2193337.html

[2] 周琼,周鹏.单核FPGA系统的可靠性远程升级设计[J].中国新通信,2018,20(2):47-49.

[3] 宋凯林,黄峰,谢明辉.一种FPGA的远程在线加载和更新系统设计[J].单片机与嵌入式系统应用,2020,20(10):7-10.

无人机音频信号检测

程伯韬　杨　博　台向东　翟艺凯　贺雨晨

指导老师：姚媛媛

（北京信息科技大学信息与通信工程学院，北京 100000）

摘　要：介绍了一种新型的无人机检测软件的设计与实现。通过对环境声音的采样、滤波、频谱变换以及能量计算比较等过程，能够实时监测并准确判断周围环境中是否存在无人机飞行的情况。旨在保护公民隐私，防止无人机偷窥和偷拍行为。通过详细的技术分析与测试评估，展现了其设计思路、实现方法及其效能。

关键词：无人机；音频信号处理；隐私保护；频谱变换。

Drone audio signal detection

Cheng Bo-tao　Yang Bo　Tai Xiang-dong　Zhai Yi-kai　He Yu-chen

Adviser：Yao Yuan-yuan

Abstract：This paper introduces the design and implementation of a new UAV detection software. Through the process of sampling, filtering, spectrum transformation and energy calculation and comparison of environmental sound, it can monitor and accurately judge whether there is a UAV flight in the surrounding environment in real time. It is designed to protect citizens' privacy and prevent drone snooping and candid photography. Through detailed technical analysis, testing and evaluation, the design idea, implementation method and efficiency are demonstrated.

Key words：UAV；Audio signal processing；Privacy protection；Spectral transformation.

一、引言

近年来，无人机技术迅猛发展，从无人机产业规模和市场容量方面来看，近几年来我国无人机产量迅速增长，到 2020 年，仅民用无人机产业年产值已经突破 600 亿元，出货量超过 500 万台。其在农业、测绘、物流等领域的应用日益广泛。然而，根据［来源］的研究，无人机在城市和居民区的不当使用，如在无许可的情况下飞越私人领地，已经导致多起隐私侵权事件。

随着无人机技术的快速发展和广泛应用，无人机的潜在隐私和安全问题也日益引人关注。特别是在城市和居民区，无人机的不当使用可能会侵犯个人隐私，引起社会公众的担忧。从实际案例中可以看出，无人机被用于窥探居民区、拍摄私人信息、监视商业活动等行为，这些行为不仅有违法之嫌，还严重侵犯了个人隐私权。

为了解决这一问题,我们进行了深入的研究,并提出了一种基于音频信号处理的无人机检测软件。该软件可以普及到普通家庭,通过分析环境中的声音信号,实时监测并警示无人机的存在。同时,该软件还可以作为安全监控的辅助手段,为保护个人隐私安全提供技术支持。

具体而言,该软件利用音频信号处理技术,通过对环境中的声音信号进行实时分析,识别出无人机发出的独特噪声信号,从而判断无人机是否存在。该软件可以与各种设备配合使用,如智能手机、智能音箱等,方便快捷地实现无人机监测功能。同时,该软件还可以通过设置警报方式来提醒用户无人机的存在,如发送手机短信、发出声音警报等。

总之,基于音频信号处理的无人机检测软件是一种易于使用且有效的无人机监测工具。它可以帮助公众提高对潜在隐私威胁的防范意识,也可以作为安全监控的辅助手段,为保护个人隐私安全提供技术支持。我们希望,这款软件将在未来得到较为广泛的应用和推广。

二、设计方法

本研究的核心在于开发一款能够准确识别无人机特有声音的软件。为此,我们采用了先进的音频信号处理技术。首先,软件通过内置或外接麦克风对环境声音进行实时采样。采样的声音数据首先经过数字滤波器,以去除不必要的频率成分,如常见的环境噪声。紧接着,我们采用频谱变换技术,如快速傅里叶变换(FFT),将声音信号从时域转换到频域,便于分析各频率成分的能量。在能量计算环节,我们对特定频率段(如无人机常见的螺旋桨声音频率段)的能量进行监测和比较。当这些频率段的能量超过预设的门限值,并且持续时间超过1.5 s时,软件将认定周围环境中可能存在无人机。此外,为了提高软件的准确性和实用性,我们在设计中特别考虑了如何减少误报率,例如通过对声音强度门限和能量比率进行精确的调整。识别无人机特有声音的软件界面如图1所示。

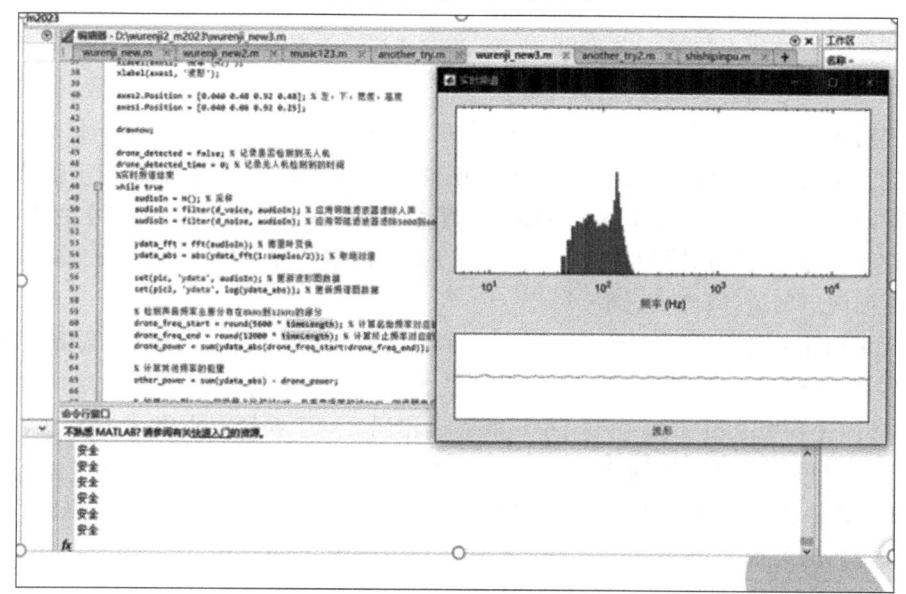

图1 识别无人机特有声音的软件

三、创新点

本软件的主要创新之处在于其独特的声音处理策略和报警机制。我们的软件通过独特的算法筛选出与无人机螺旋桨特有频率相关的声音信号,同时有效抑制了人类语音和日常环境噪声的干扰。这种策略显著提高了系统对无人机噪声的识别精度。为了有效区分无人机的声音和日常环境声,我们的程序专门滤除了大部分人说话的声音,同时保留了特定的低频(50～80 Hz)和高频(6 000 Hz 以上)部分。这样的设计不仅减少了对正常通话的干扰,还增强了对无人机特有频率段的识别能力。此外,我们还设计了一种基于时间间隔的报警机制。当软件连续多次(如两次)在短时间内(如4.5 s内)检测到可能存在无人机时,才会触发报警,这样可以有效减少误报,提高用户体验。无人机音频检测如图2所示。

图 2 无人机音频检测

四、技术关键

本软件的关键技术包括声音采样、滤波、频谱变换以及能量计算比较等过程。声音采样是获取环境声音数据的基础,我们采用高质量的麦克风和高采样率,以保证数据的准确性。滤波是去除噪声和无关频率成分的关键步骤,我们设计了特定的滤波器,以优化对无人机声音的识别。频谱变换是将声音信号从时域转换到频域的重要工具,我们采用了快速傅里叶变换(FFT),以便于分析各频率成分的能量。能量计算比较是判断无人机存在的核心环节,我们设定了合理的能量门限和持续时间门限,以提高识别的准确性。此外,我们还设计了报警提醒时间间隔阈值,以减少误报。

在收集到无人机开始和结束音频信号之后,首先构造出对应的无人机时域信号,在得到时域信号,为得到相应的频域信号,我们采用了MATLAB辅助DSP实现基2时域抽取法FFT,在选择过程中FFT的输出与DFT的输出相同,但运算量要小得多。因此采用DSP实现FFT,可进行信号高速的实时处理。在具有强大数值计算和图形、图像显示能力的MATLAB软件的辅助下实现FFT,缩短设计周期,验证结果,大大提高设计效率。

假设输入时域信号为 $x(n)$,其转换后的频域信号为 $X(n)$,则

$$X(k) = \sum_{M=0}^{(N/2-1)} x_1(m) W_{N/2}^{mk} + W_N^k \sum_{M=0}^{(N/2-1)} x_2(m) W_{N/2}^{mk} \quad (k=0,1,\cdots,N-1)$$

便是基 2 时域抽取法 FFT 的结果，它是把长度的序列一分为二，将点 DFT 表示成为两个 $N/2$ 点 DFT 的线性组合。然后再把 $N/2$ 点 DFT 一分为二，表示为两个 $N/4$ 点的 DFT。如此重复下去，直至分解成两点 DFT 的运算，两点 DFT 实际上只是加减运算。这就是基 2 时域抽取 FFT 算法的原理。

五、测试与评估

在软件开发完成后，我们进行了详细的测试和评估。我们在多种环境下，如室内、室外、嘈杂、安静等环境中，对多种型号的无人机进行了测试。测试结果显示，我们的软件对环境声音中无人机音频的识别准确率达 80% 及以上，表现出良好的稳定性和鲁棒性。此外，我们的软件可以脱离 MATLAB 软件独立运行，适用于 Windows、Linux 等多种操作系统，具有良好的兼容性和便携性。识别无人机声音程序流程图如图 3 所示。

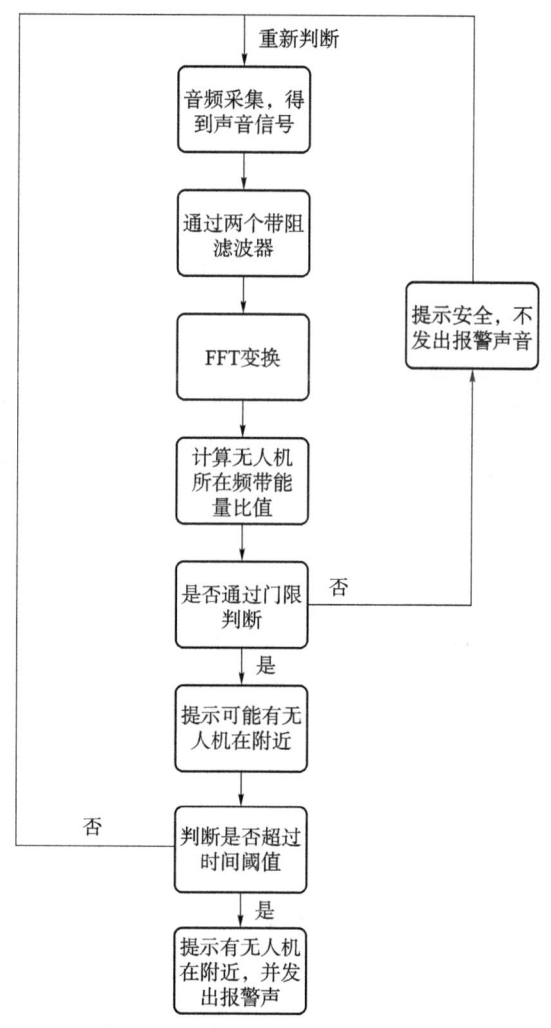

图 3　识别无人机声音程序流程图

六、科学性和先进性

1. 科学性

从程序层面出发，我们的代码逻辑清晰、各部分承担的功能明确，且可以通过MATLAB的编译，其中的很多参数(如能量占比、声音强度门限、持续时间门限以及报警提醒时间间隔阈值等)均可修改以更好地适应环境需求。

2. 先进性

目前市面上的无人机反制装置都是通过雷达等技术进行设计的，且多面向于军工，设备尺寸大且不好安装，不具有廉价、易获取的特点，无法满足普通公民对无人机偷拍检测和发现的需求。

而我们设计的这个软件，很好地满足了廉价和易获取的特点，普通人安装这个软件和安装其他普通的常用的软件流程几乎一致，操作十分简单，也并不需要专业人员帮助来使用。安装后只需要单击进入并单击界面上的检测按钮，便能开始检测。且用户在家中正常说话聊天也并不会影响到无人机的检测，用户可以直接把计算机放在靠近窗户的位置，然后随便做自己想做的事。当有无人机在附近飞行时，计算机自会发出报警声来提醒用户。

七、结论

介绍了一种基于音频信号处理的无人机检测软件的设计与实现。软件通过对环境声音的采样、滤波、频谱变换以及能量计算比较等过程，能够实时监测并准确判断周围环境中是否存在无人机飞行的情况。该软件的设计目的是为了保护公民隐私，防止无人机偷窥和偷拍行为。通过详细的技术分析与测试评估，我们证明了该软件的有效性和实用性。我们期望这款软件能够为公众提供一个简单、有效的无人机检测工具，帮助人们更好地保护自己的隐私安全。

参考文献

[1] 刘贤明.无人战斗机的目标识别与跟踪[J].电子世界,2014,(12):203-204.

[2] 李大健,刘慧霞,张清,等.多特征的UAV快速目标识别算法仿真[J].火力与指挥控制,2012,(3):35-38.

[3] 管鲁阳,鲍明,李晓东.基于简化耳蜗模型的车辆声信号特征提取算法[J].声学技术,2007,26(5):227-228.

[4] 郭小莉,黄钉劲,阮照军.MATLAB辅助DSP实现基2时域抽取法FFT[J].机电产品开发与创新,2008,25(5):134.

[5] 樊巍.航空界代表委员提出战略提案:中国无人机未来如何"发力"[N].环球时报,2023-3-13.

作者简介

程伯韬,男,本科生,就读于北京信息科技大学信息与通信工程学院通信2101班。

杨博,男,本科生,就读于北京信息科技大学信息与通信工程学院通信2101班。

台向东,男,本科生,就读于北京信息科技大学信息与通信工程学院通信2101班。

翟艺凯,男,本科生,就读于北京信息科技大学信息与通信工程学院通信2101班。
贺雨晨,男,本科生,就读于北京信息科技大学信息与通信工程学院通信2101班。
姚媛媛,女,副教授,北京信息科技大学通信学院教师,长期从事信息通信类专业的教学与科研。

附录
部分代码:

```
% 提醒用户可能有无人机在附近
If drone_power/(drone_power + other_power)>0.3&&20*log10(max(ydata_abs)) > 5 && 20*log10(max(ydata_abs)) < 41
if ~drone_detected
drone_detected = true;
drone_detected_time = tic;                  % 开始计时
elseif toc(drone_detected_time) > 1.5 %
if toc(last_alert_time) < alert_interval
% 如果距离上次提醒的时间过短,则发出报警声
fs = 44100;                                 % 采样率
t = 0:1/fs:2.5;                             % 生成2.5秒的时间向量
f1 = 440;                                   % 主旋律频率
f2 = 220;                                   % 和声频率
y = sin(2*pi*f1*t) + sin(2*pi*f2*t);        % 生成主旋律和和声
sound(y, fs);                               % 播放声音
end
disp('可能有无人机在附近');
last_alert_time = tic;                      % 更新上次提醒的时间
drone_detected = false;                     % 重置无人机检测状态
end
else
disp('安全');
drone_detected = false;                     % 如果不满足条件,则重置无人机检测状态
```

基于 RGBD 和 Canny 算子边缘检测法的病毒消杀机器人系统设计

赵诗萱　王　鑫　武向宇　王欣蕊　张淞棋　黄艳玲

（北京信息科技大学信息与通信工程学院,北京,100029）

摘　要：针对疫情防控时期多种病毒以周围环境为媒介进行快速传播,人类无法准确检测并进行针对性消除的问题,本文设计了能够自助检测病毒种类并消杀的机器人系统。该系统运用 Gmapping 算法、A* 算法实现机器人自主巡路,利用点云水平面计算技术、二维码定位机械臂位姿技术对机器人进行实时定位,并在胶体金病毒检测技术与单目相机识别技术帮助下识别准确病毒种类,实现病毒消杀机器人从寻路采样到识别病毒种类进行消杀的一体化自助处理。

关键词：自动导航；点云分割；图像处理；环境监测；病毒消杀。

Design of virus killing robot system

Zhao Shi-xuan　Wang Xin　Wu Xiang-yu　Wang Xin-rui
Zhang Song-qi　Huang Yan-ling

Abstract: In view of the problem that many viruses spread rapidly through the surrounding environment in the epidemic era, and humans cannot accurately detect and eliminate them, this paper designed a robot system that can self-detect virus types and eliminate them. The system uses Gmapping algorithm and A* algorithm to realize autonomous patrol of the robot, uses point cloud water plane computing technology and two-dimensional code positioning robot arm pose technology to locate the robot in real time, and identifies the exact virus type with the help of colloidal gold virus detection technology and monocular camera recognition technology. The virus elimination robot can realize the integrated self-service processing from wayfinding sampling to identifying virus types.

Key words: automatic navigation; Point cloud segmentation; Image processing; Environmental monitoring; Virus elimination.

一、引言

在新冠疫情防控初期,由于防疫系统尚未完善,导致新冠病毒快速传播,给人类带来了严重的灾难。加之病毒的不断变异,至今仍没有完全预防新冠病毒的特效药品。因此,在人员密集、交叉感染风险较高的区域,进行病毒监测和定期消杀显得至关重要。

---

① 项目来源类别：北京信息科技大学 2023 年教改项目 2023JGYB17。

由于传统人工消毒方式工作效率较低且感染风险概率较高,因此越来越多的非接触式病毒消杀机器人在病毒监控中发挥了作用。例如,丹麦一家 UVD 机器人公司研发的一款消毒防疫机器人采用紫外线消毒的方式,将外灯管搭载在自动移动底盘系统上,同时采用激光雷达传感器、陀螺仪和里程计等,既实现了自主导航、又做到了避障以及自动充电等功能。与此同时,国内市场也出现了许多消毒机器人,如优艾智合消毒机器人,通过在移动平台上配备紫外线消杀管,实现远程控制病毒消杀。但现有产品均存在未进行准确病毒监测而是选择直接消杀,不具备针对病毒存在区域进行强化消灭的功能,产生病毒残留隐患。这些产品病毒消杀的判定因素与消杀范围更多是依靠人为因素决定,误判与消杀不到位的风险依旧存在。

基于此,结合国内外研究现状及现今病毒消杀的部分缺点,我们设计了一款可以自主监测病毒并进行消杀的病毒消杀机器人,综合运用多源传感器融合技术、智能路径规划技术、点云水平面计算技术、二维码定位机械臂位姿技术、胶体金病毒检测技术[1]与单目相机识别技术等方式,实现病毒消杀机器人从寻路采样到识别病毒种类进行消杀的一体化自动处理。从而提高病毒消杀效率,进一步降低人员接触带来的疫病传播风险,为实现无人/少人环境进行自主消杀奠定基础。

二、系统总体架构设计

本文利用分布式、模块化的思想对系统进行总体设计,最终确定系统总体设计方案如图 1 所示。病毒消杀机器人以 Jetson Nano 作为上位机控制核心,外部搭载智能巡航、机器定位与病毒检测、病毒消杀四大主要模块[2],通过不同模块内部的技术算法支撑机器人完成病毒检测消杀的核心目标。图 1 为系统总体设计方案。

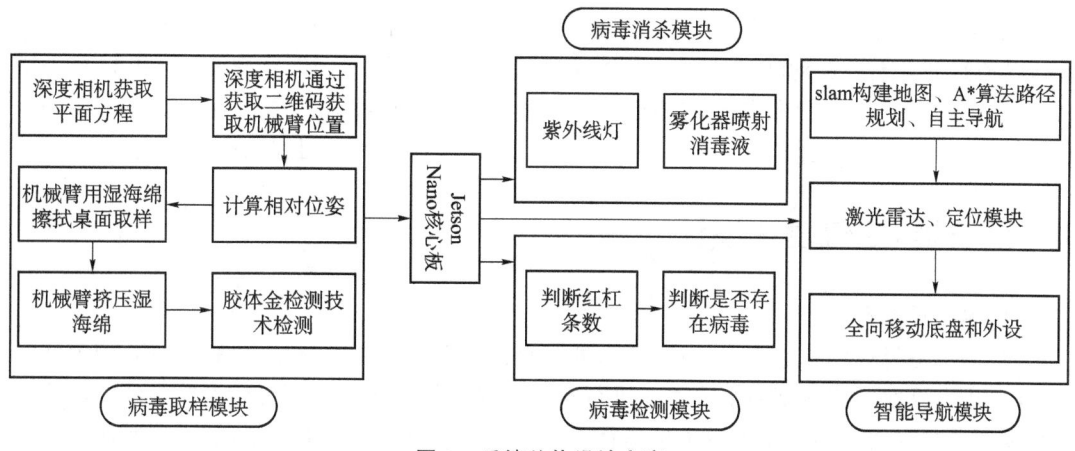

图 1 系统总体设计方案

智能导航模块:运用 SLAM 技术构建地图,通过 A* 算法进行路径规划。同时,该模块借助多种传感器(如超声波传感器、视觉传感器等)确保机器人能够自动识别并规避障碍。

机器定位模块:运用点云计算与切割获取稳定的水平面,同时通过二维码储存的位置信息获取机械臂的精准位姿,定位机械臂并使其达到准确的采样位置。

病毒监测模块：利用机械臂进行病毒样本采集，并采用胶体金病毒检测技术进行分析。最后，通过单目相机识别技术判断病毒具体危害情况。

病毒消杀模块：使用PWM控制紫外线灯和雾化器进行病毒消杀。紫外线灯具有高效、广谱、环保等优点，能够杀灭细菌和病毒等微生物。雾化器则可以将消杀剂均匀地喷洒到空间中，对空气和表面进行全面消杀。

三、智能巡航模块设计

智能导航模块采用Gmapping算法构建地图[3]（图2为Gmapping算法构建的地图，图3为相应的建图现实环境），通过A*算法实现最短路径规划，底盘选择三轮全向移动底盘，在底盘上装载超声波传感器、激光雷达等，运用多源传感器融合技术实现自主避障。

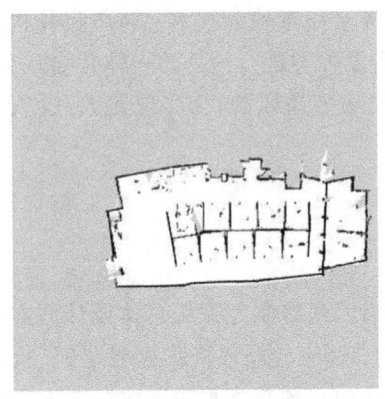 

图2　Gmapping算法构建的地图　　　　图3　相应的建图现实环境

消杀机器人进行定点巡航，到达指定的位置进行监测和消杀。本系统设置好PID算法，以控制机器人的运动和定位。在消杀机器人的定点巡航中，PID算法可以帮助机器人精确地到达指定的位置，并保持稳定的运动状态。而在消杀机器人的路径规划中，A*算法可以帮助机器人找到从起点到目标点的最短路径，从而减少行驶时间和能源消耗。

四、机器定位模块设计

1. 水平面定位

在进行路径规划到达特定位置点后，进行桌面病毒取样。以办公室场景为例，相关问题可以简化为提取一定高度的水平面。进行水平面提取的方法是计算每个点的局部曲面法向量，桌面点对应的局部曲面法向量是垂直向上的。本系统采用的算法原理是：设要取样的点为P点，先计算P点附近的两个切向量，则P点的局部法向量可由这两个切向量的叉积得到。算法流程如下：

（1）根据采集的深度图像得到3D点云图，设z_0是摄像头的z坐标，f是摄像头的焦距，d是P点的深度值，(u,v)是P点的像素坐标，(u_0,v_0)是光轴中心的像素坐标，则有：

$$x = \frac{d}{f} \times (u - u_0) \tag{1}$$

$$y = d \tag{2}$$

$$z = z_0 - \frac{d}{f} \times (v - v_0) \tag{3}$$

(2)采用的是中心差商公式,切向量 t_x 和 t_y 可利用 P 点的相邻像素计算得到。

(3) P 点局部法向量估计。

$$\boldsymbol{n} = \boldsymbol{t}_x \times \boldsymbol{t}_y \tag{4}$$

接下来对采集到的深度图转换获得的实际 3D 点云数据进行滤波处理。为了降低滤波时边缘信息的损失率,采用先计算切向量,再对切向量的各个分向量进行滤波平滑处理。2 个切向量的分量共产生 6 个灰度图像,为了避免直接平滑滤波时选定滤波窗口尺寸的麻烦和需进行大量计算的问题,采用计算积分图像的方法完成平滑滤波。

灰度积分图像每个点 (x,y) 的值等于原图像该点上侧和左侧所有像素点的灰度值之和。图 4 为灰度积分图像示意图,以下为计算公式:

$$(x,y) = \sum_{a \leqslant x, b \leqslant y} i(a,b) \tag{5}$$

$i(a,b)$ 表示原图像的灰度值。

利用积分图像,图 5(矩形区域灰度积分和计算图像)所示任意矩形区域灰度值之和可以由 4 个顶点的灰度积分图像值来计算。

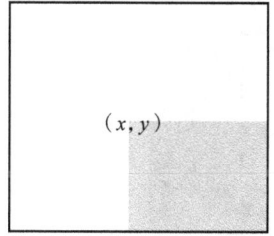 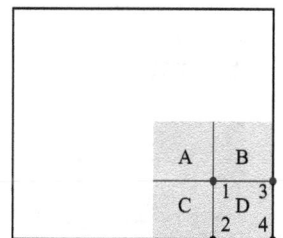

图 4　灰度积分图像示意图　　图 5　矩形区域灰度图积分和计算图像

计算公式为

$$D = ii(4) - ii(3) - ii(2) + ii(1) \tag{6}$$

采用积分图像技术,能够方便计算任意尺度矩形区域内原图像灰度值之和。

基于上述算法,提取水平面可分为以下两个流程:

(1)首先是通过点云计算时的局部向量法将可能存在的水平面点进行细致分割,并通过计算法向量与垂直向量的夹角使得切割保持精准。而在本文中我们使用了法向量 z 轴的方向向量分量进行阈值分割,当超出设定的阈值就判定此点位属于可能存在的水平面点,这么做的好处是简化了计算流程,更好地提高了运算速率,帮助小车完成判定。

(2)其次我们将可能存在的水平面点对 z 轴进行投影,将 z 轴同样分割成不同区域,若相邻两段中心的距离低于所给定阈值便将其合并为同一聚类。之后去掉点云较少的聚类,对剩余聚类采用采集水平面,消除孤立点的方式,从而计算水平面的凸包。在进行完以上操作后,我们便获得了水平面的高度与水平面在 xy 平面内的范围等重要数据,这些信息将为小车提取周围环境病毒提供重要的数据基础[4]。以下为提取水平面的主要过程图:

图 6 为原始图像,图 7 为滤波处理后的图像,图 8 为提取到水平面后的图像。

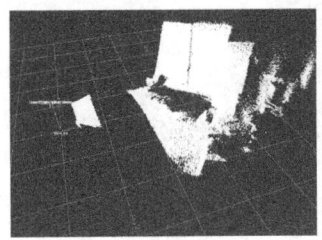 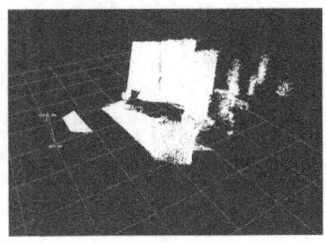 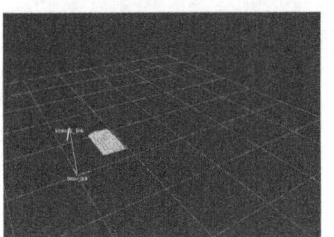

图6　原始图像　　　　图7　滤波处理后的图像　　　　图8　水平面提取图像

2. 机械臂定位

在使小车到达指定水平面后,还需要确定机械臂具体位置来精准控制其进行采样。利用二维码存储绝对位置信息的优点,在机械臂上粘贴可供识别定位位置的二维码,通过深度相机识别来判断相机与机械臂之间的相对定位,从而获取机械臂的精准位置。(粘贴二维码的机械臂如图9所示)

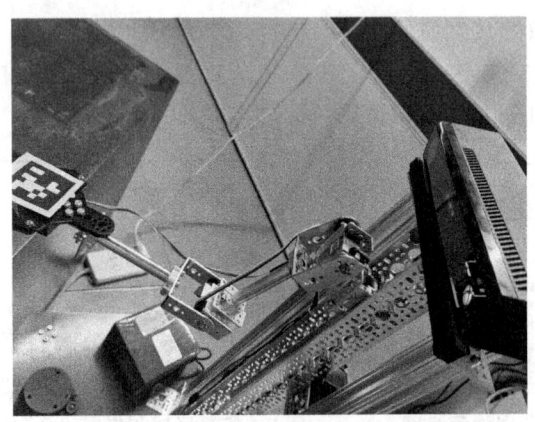

图9　机械臂

深度相机获取二维码图像后,采用移位去尾法、双边滤波法以及Canny算子边缘检测法等进行图像的识别。在预处理的图像灰度化处理阶段运用移位去尾的算法,以加快计算速度。采用精度为7 bits的RGB来加快计算速度,其逻辑表达式为

$$\mathrm{Gray} = (R \cdot 38 + G \cdot 75 + B \cdot 15) \gg 7 \tag{7}$$

运用双线性插值降采样,在原图经降采样后的图像中重新插入像素点P,点P的值$f(x,y)$通过与邻近的4个像素点$Q_{11}(x_1,y_1)$ $Q_{21}(x_2,y_1)$ $Q_{12}(x_1,y_2)$ $Q_{22}(x_2,y_2)$的值来获得,首先沿着x轴的方向进行线性插值,得到$f(R_1)$处的数值,$f(R_1)$、$f(R_2)$的计算公式如下:

$$f(R_1) \approx \frac{x_2-x}{x_2-x_1}f(Q_{11}) + \frac{x-x_1}{x_2-x_1}f(Q_{21}) \tag{8}$$

$$f(R_2) \approx \frac{x_2-x}{x_2-x_1}f(Q_{12}) + \frac{x-x_1}{x_2-x_1}f(Q_{22}) \tag{9}$$

沿y轴方向进行插值,得到点P像素值,公式如下:

$$f(x,y) \approx \frac{y_2-y}{y_2-y_1}f(R_1) + \frac{y-y_1}{y_2-y_1}f(R_2) \tag{10}$$

即可计算出降采样处理后目标点 P 像素值 $f(x,y)$。

为了增强灰度图对比度,结合直方图均衡化的方法得到的图像的灰度级 r 的累计分布函数公式为

$$s = T(r) = (L-1)\int_0^r p_r(\omega)\mathrm{d}\omega \tag{11}$$

式中,ω 为积分假变量;s 为灰度变量;r 为图像的灰度级,$p_r(r)$、$p_r(s)$ 分别为 r 和 s 的概率密度函数。

接下来对图像进行平滑去噪,运用双边滤波器,并结合图像的空间邻近度和像素值相似度保留需要的二维码图像特征,将其他的图像特征减弱,则得到像素公式为

$$g(i,j) = \frac{\sum_{k,l} f(k,l)\omega(i,j,k,l)}{\sum_{k,l}\omega(i,j,k,l)} \tag{12}$$

式中,$\omega(i,j,k,l)$ 表示为加权系数;$f(k,l)$ 为原图像;$g(i,j)$ 为输出图像。其中定义域核表示如下:

$$d(i,j,k,l) = \exp\left(-\frac{(i-k)^2+(j-l)^2}{2\delta_d^2}\right) \tag{13}$$

令 $M = -\dfrac{(i-k)^2+(j-l)^2}{2\delta_d^2}$,值域核表示为

$$r(i,j,k,l) = \exp\left(-\frac{\|f(i,j)-f(k,l)\|^2}{2\delta_r^2}\right) \tag{14}$$

设 $N = \left(-\dfrac{\|f(i,j)-f(k,l)\|^2}{2\delta_r^2}\right)$,则有

$$\omega(i,j,k,l)、\omega(i,j,k,l) = \exp(MN) \tag{15}$$

平滑去噪后,运用 Canny 算子来寻找图像边缘,为了估计每一点的边缘强度和方向,应计算得到图像梯度幅度值 S 和梯度方向 a,计算公式为

$$S = \sqrt{S_x^2 + S_y^2} \tag{16}$$

$$a = \arctan\left(\frac{S_x}{S_y}\right) \tag{17}$$

式中,S_x 为作用于 x 轴方向上的卷积阵列,具体如下:

$$S_x = \begin{bmatrix} -1 & 0 & 1 \\ -2 & 0 & 2 \\ -1 & 0 & 1 \end{bmatrix}$$

而 S_y 为作用于 y 轴方向上的卷积阵列,如下:

$$S_y = \begin{bmatrix} 1 & 2 & 1 \\ 0 & 0 & 0 \\ -1 & -2 & -1 \end{bmatrix}$$

通过非极大值抑制操作对得到的梯度进行处理,然后采用高低阈值处理连接边缘,非边缘像素点是小于低阈值的像素点,大于高阈值的则为边缘像素点,若像素点处于两者之间,且其与大于高阈值的边缘像素点相邻,那么也归为边缘像素点。

经过 Canny 算子处理后,检测出图像四边形的真实边缘,接下来连接真实边缘并检测线段。将图像中梯度大小和方向相似的像素点集中在一起提取边缘;将梯度的方向作为基准方向,按基准方向来搜索运用最小二乘法拟合成的线段,采用迭代的方式依次以每条线段作为起始单位,按照顺时针方向和二维查找表来寻找与此线段最近的线段,同时拟合成封闭多边形,在遍历完所有线段后,通过阈值设置检测四边形,把四边形作为目标图像。图 10 为识别到四边形二维码图像的仿真结果图。

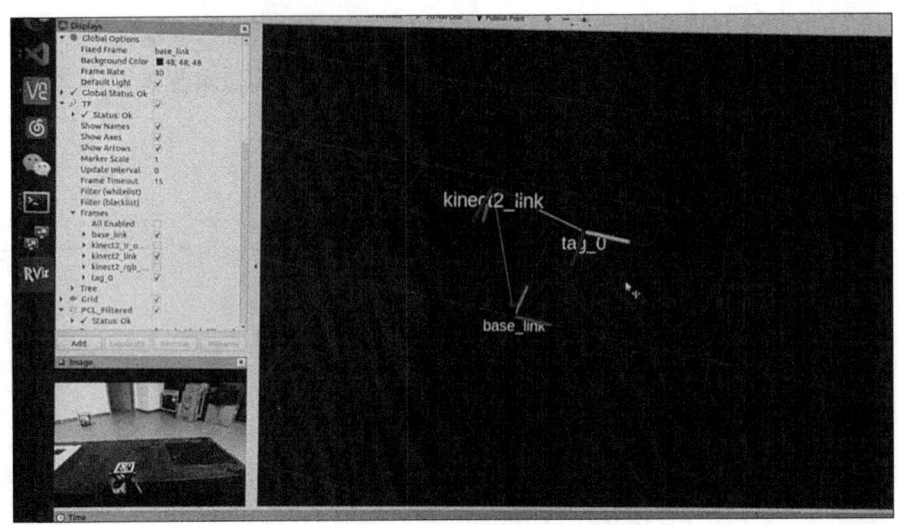

图 10　rviz 仿真图

此时已经找到了二维码的 4 个顶点的坐标。

在获得二维码的 4 个特征点 $T_1(x_1,y_1)$、$T_2(x_2,y_2)$、$T_3(x_3,y_3)$、$T_4(x_4,y_4)$ 后,由特征点的单应性可以求解它们的位姿。平面定义方程是:

$$(x,y,z)n^T + d = 0 \tag{18}$$

式中,平面方程的法向量为 n,平面方程的常数项为 d。

相机的坐标为已知量,进行坐标变换、带入平面方程和特征点等操作后,得到关系式:

$$RK^{-1}T = K^{-1}P - R\frac{nt^T}{d}K^{-1}P \tag{19}$$

式中,R 为二维码预想相对于相机的旋转矩阵;t 为二维码到相机的平移向量。然后将 4 个特征点代入,并与各自的标准位姿进行匹配,即可求解出当前机械臂相对于相机的旋转矩阵和平移向量[5]。

至此,相机获分别确定了水平面和机械臂的位置,进而可以得到水平面和机械臂的相对位置,以利于进行病毒监测。机械臂携带棉花球对桌面进行病毒采样,棉花球具有弹性,因此误差在合理范围内。

五、病毒检测模块设计

确定机械臂与水平面的相对位置后,机械臂携带湿海绵对周围环境进行采样,并将样本滴入胶体金溶剂中进行检测。最终通过相机判断检测结果为阴性或阳性，从而确定周围环境是否有待测病毒。周围环境较复杂时，运用多次测量与换位测量的方法来提高实验的准确性。

出现病毒检测结果后，运用单目相机拍摄红色条纹图像来判断是否存在病毒污染情况，此过程中采用图像增强技术来提高图像质量和清晰度。拍摄图像后，通过图像处理技术对图像进行处理和识别。首先，运用颜色阈值法来识别红色区域。这种方法是通过比较每个像素的 RGB 值与预设的红色阈值来实现的。如果像素的 RGB 值大于预设的阈值，则认为该像素属于红色区域，否则不属于红色区域。通过这种方法，可以将红色区域从其他颜色中分离出来。在分离出红色区域后，需要对红色区域进行计数，以确定红色条纹的数量。使用形态学运算来消除噪声和小的红色条纹，并使用连通组件分析来查找和计数大的红色条纹。红色条纹数为二则证明该处存在病毒污染情况，需要进行病毒消杀。

六、病毒消杀模块设计

当检测到特定区域存在病毒时，通过控制系统生成一个 PWM 信号，并将其输入到紫外线灯的控制电路中。通过调节 PWM 信号的占空比，将紫外线灯的亮度调节到适当的水平，以确保其在短时间内能够有效地消杀病毒，还可以根据需要设置紫外线灯的工作时间和工作模式，以满足不同场景下的消毒需求。同时，使用雾化器将消毒剂雾化成微小的粒子，分散到空气中。这个过程不仅可以确保消毒剂能够均匀地覆盖需要消毒的区域，还可以通过让微粒长时间悬浮在空气中，从而有效地杀死空气中的病毒和细菌。

七、总结

在指定的测试场地中，病毒消杀机器人成功地完成了地图构建，并按照预设的路径实现了自主导航和避障。当机器人抵达计算后的取样地点时，其机械臂能够进行精确的样本采集，进而对病毒样本进行检测。当检测到病毒存在后，消杀机器人会立即启动病毒消杀程序，通过调节紫外线灯与控制消杀雾化器开关来对周围环境进行消杀。

参考文献

[1] 朱辉煌,曹中森,曹家铭,等.新型冠状病毒胶体金检测卡产品的性能评估[A].生物技术,2023,33(4):476-481.

[2] 赵文文,王海峰,朱君,等.猪舍消杀巡检机器人系统设计与试验[J].农业机械学报,2022,53(2):270-277.

[3] 李全峰,吴海波,陈江,等.基于激光雷达与 RGB-D 相机融合 Gmapping 建图研究[A].激光与光电子学进展,2023,60(12):1228003-1~1228003-8.

[4] 张奇志,周亚丽.基于 kimect 的物体抓取场景认知[J].北京信息科技大学学报,2012,27(5):11-16.

[5] 焦传佳,江明.基于 AprilTag 图像识别的移动机器人定位研究[J].电子测量与仪器学报,2022,35(1):110-119.

作者简介

赵诗萱,女,本科生,就读于北京信息科技大学信息与通信工程学院电信2202班。

王鑫,女,副教授,研究生导师,北京信息科技大学信息与通信工程学院物联网工程系教师。

武向宇,男,本科生,就读于北京信息科技大学信息与通信工程学院物联2201班。

王欣蕊,女,本科生,就读于北京信息科技大学信息与通信工程学院电信2202班。

张淞棋,女,本科生,就读于北京信息科技大学信息与通信工程学院电信2202班。

黄艳玲,女,本科生,就读于北京信息科技大学信息与通信工程学院电信2202班。

智能视觉分拣机械臂的实现

安豫儿　杨淏楠　王茹斌　赵　鑫　陈紫滢　王馨怡　张月霞

摘　要：智能视觉机械臂能够实现自动化生产、推动产业升级等，因此研究智能视觉机械臂具有非常广泛的应用前景。但是现阶段的机械臂功能还比较局限，对于运动中的物体自主识别功能稍有欠缺，尤其对于动态物体的抓取只是针对提前计算好的距离、位置等进行参数设置进而实现抓取。针对此问题，本文提出了一种智能视觉分拣机械臂。主要实现了对运动物体的识别、坐标定位、坐标转换、运动预测与抓取几部分功能。首先对机械臂摄像机捕捉到的图像进行图像处理，引入canny算法，canny算法来进行对目标物体的边缘识别并通过对识别到的轮廓进行中心点定位来代替目标物体的中心。其次，在进行下阶段工作前通过矩阵运算实现世界坐标的转换，实现相机坐标到直接坐标的转换并传给机械臂。最后，机械臂在物体不断运动的过程中通过不同时间摄像头捕捉到的目标位置判断下一时间物体的位置并对其进行抓取。实验结果表明本文提出的机械臂能够精准定位目标物体的坐标位置，并且能够精准预测物体的运动位置对其进行抓取。

关键词：图像处理；坐标转换；机械臂。

Design and implementation of intelligent visual sorting manipulator

Abstract: With the improvement of people's quality of life, the logistics industry is gradually emerging, and the public's shopping method has gradually changed from offline purchase to online purchase, so technological innovation in the logistics industry is indispensable. The design concept of the intelligent visual sorting robotic arm is mainly for the application in the field of intelligent sorting in the logistics industry, the application of the robotic arm in the sorting work of logistics is very extensive, and the intelligent visual sorting robotic arm can independently identify, locate and grasp the object. In addition, the realization of the intelligent visual sorting manipulator is not only limited to allowing objects to be identified in the process of conveying them one by one, but also can still accurately identify and locate multiple objects when they appear at the same time, which can save more time and be more convenient.

Keywords: Image processing; Coordinate conversion; Robotic arm.

一、引言

随着计算机技术和传感器技术的不断发展，机械臂在各个领域的应用不断增加，例如工业生产、智能医疗、军事应用等。其中，智能视觉机械臂具有能够实现自动化生产、提高制造精度、推动产业升级、引领科技创新潮流、促进跨科学研究等优点。但是现阶段工业流水线应用的分拣机械臂功能还比较局限，因为各个参数，例如物体的运动速度，机械臂抓取的位置等都是提前设置好的，并且分拣机械臂只能在固定的时间以及位置对目标物体进行抓取。因此，研究智能视觉机械臂对机械臂的推广具有重要意义。

21世纪开始，机械臂逐渐实现智能化自主控制，应用领域继续不断扩展。近年来，许多高校开展了机械臂控制的相关实验研究。王倩男[1]等以 Ros 机器人系统平台为依托，设计了机械臂在线实验系统，可远程控制机械臂，并结合视频监控和实验数据读取来完成相关实验。杨杨[2]等运用 MATLAB 软件，设计图形用户界面实现机械臂各功能模块的仿真运行，形象地演示机械臂的原理。随着计算机深度学习技术的发展，机械臂的运动控制开始与机器视觉相结合。杨亮[3]等将视觉伺服添加进机械臂控制系统，通过摄像头采集图像信息，控制机械臂完成目标物体的抓取。郝丽[4]等以 Dobot 机械臂为主体，设计了视觉辅助的机械臂抓取实验台，可以完成目标物的抓取及搬运任务。在深度学习开始兴起于计算机视觉领域之后，基于该技术的目标检测和图像分割方法大幅提高了当时最优成绩。深度学习使用学习的方法获取目标特征，并且能够在训练过程中进行重复获取，因此在特殊环境下，相比传统检测方式得到更广泛的应用。Watson[5]等人提出了一种以深度学习为基础的机器人抓取系统方案。系统通过监督的方式训练卷积神经网络，使得机器人能够在 1.8 s 内完成抓取检测，60 s 内完成抓取和移动任务。Teng[6]等人对通道关系采用深度卷积和点卷积进行建模，对每个像素的抓取质量值进行参数化，并通过此方法输出预测抓取框，成功提高了抓取框的精度。Lenz[7]等人提出一种类似于二阶段目标检测的策略应用于机械臂抓取领域，该方法通过在图像上使用滑动窗口选取候选区域，使用一个速度较快且结构较小的网络对这些区域进行初步评分。然后，高分候选区域将被输入到另一个神经网络中，以获得更精确的预测结果并达到最佳效果。Redmon[8]等人将卷积神经网络（CNN）用于机械臂抓取系统。系统通过输出一个五维向量来直接回归抓取位姿，另外，系统中添加了物体分类模块，通过识别物体类别来确定合适的抓取方式。

智能视觉分拣机械臂打破了传统分拣机械臂的局限性，为了实现物流行业分拣方面的全自动智能化，设计了本项目研究的智能视觉机械臂。智能视觉机械臂的主要功能体现于在动态环境下对目标物体的识别、中心点定位、运动预测以及抓取。

二、系统分析

1. 系统可行性分析

在功能设计方面，用 Ros 系统为机械臂提供图像处理和计算机视觉库，其次，利用 Ros 系统的导航功能帮助机械臂进行全局路径规划和局部避障规划。此外，Ros 系统的参数服务器和消息传递机制也应用到了机械臂的目标定位中，参数服务器可以存储和共享机械臂的参数配置。

本文提出了一种智能视觉机械臂，实现了对目标物体的识别，坐标定位、坐标转换、运动预测与抓取几部分功能。首先对导入的目标物体图像进行边缘提取，并对其轮廓进行中心点定位来代替物体中心点。其次对定位到的相机坐标通过矩阵运算转换成世界坐标方便机械臂抓取。然后对目标物体的运动进行计算并预测实时抓取的位置。最后在前期工作都准备完成后，机械臂实施抓取。

2. 系统功能分析

首先能完成智能物品识别功能，该功能通过对于目标物体的识别，并对其中心点的坐标进行定位来实现。其次,在完成中心点定位后能够与机械臂建立连接,通过矩阵运算能够进行世界坐标的转换,再通过对目标物体的运动分析完成智慧分拣中的抓取功能。

三、系统设计

1. 整体设计

智能视觉分拣机械臂是在 JetMax 机械臂的基础上添加自定义的目标定位识别定位系统,实现机械臂分拣全自动化,智能化。具体实现流程如图 1 所示,通过相机标定获取图像,对获取的图像进行滤波、去噪等一系列操作,然后进行边缘识别寻找目标物体边缘轮廓,确定目标物体中心点世界坐标,进行坐标的转换,最后主控制器接收信号施行抓取动作。

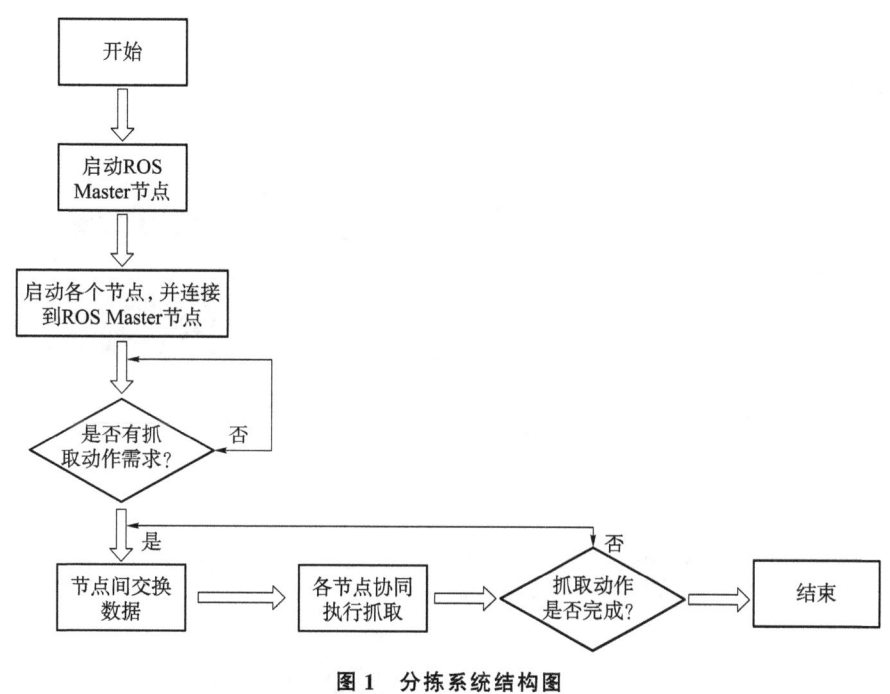

图 1　分拣系统结构图

2. 软件设计

（1）Ros 系统

机械臂在实施抓取动作时,个结点间的通信是基于 TCP/IP 协议通过 ROS 的 Master 节点实现的。每个节点都有一个独立的 IP 地址和端口号,可以通过 TCP 协议进行点对点通信。通过这种方式,机械臂中的各个节点可以在不直接通信的情况下,通过 ROS Master 和 TCP/IP 协议实现相互之间的通信和数据交换,从而协同完成机械臂的指定抓取动作,如图 2 所示。

（2）坐标定位

目标定位模块主要是通过对于图像的处理实现来完成定位功能。目标定位流程图如图 3 所示。

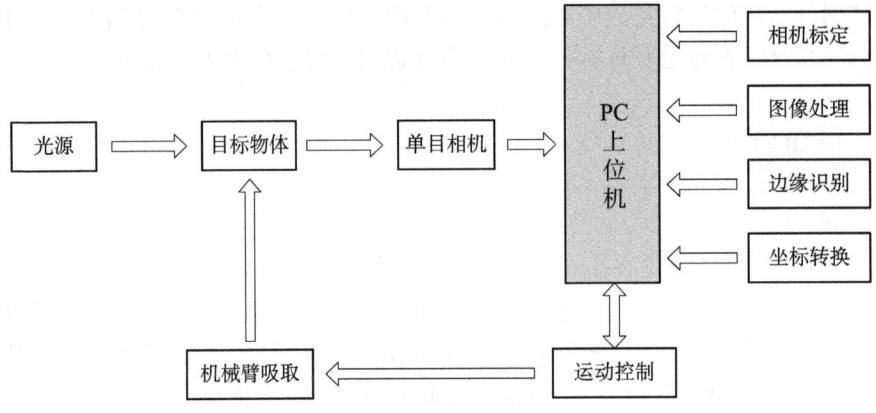

图 2　各节点间通信施行抓取流程图

机械臂摄像头开机时首先获取背景图，然后获取当前帧的包含需要识别的目标物体的图像。相机获取背景图如图 4 所示。目标物体灰度图如图 5 所示。

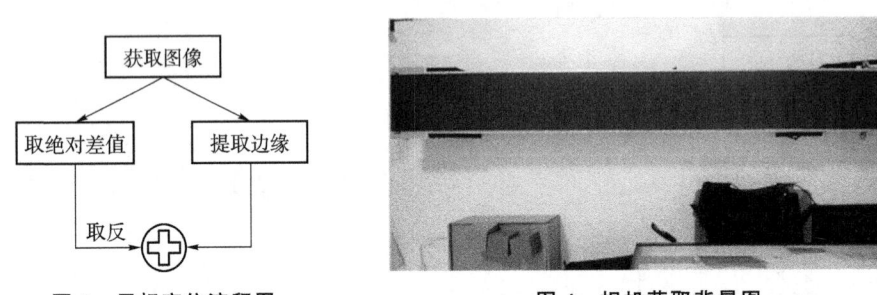

图 3　目标定位流程图　　　　图 4　相机获取背景图

图 5　目标物体灰度图

将获取到的背景图与需要处理的目标图像进行做差取绝对值，拿到区别图像。同时对目标图像进行边缘检测与提取。边缘检测结果图如图 6 所示。背景与目标区别图像如图 7 所示。

将上述得到的两个图像进行或非运算得到目标物体的轮廓图。然后通过定位轮廓的中点来确定目标物体的中点。具体实现包括：创建一个向量"contours"，用于存储对象的轮廓信息。使用轮廓检测函数，找到合并后图像的所有轮廓，并将它们存储在"contours"中。再创建一个向量"filtered Contours"，用于存储筛选后的轮廓中心点坐标。遍历轮廓并筛选：创建一个空向量，用于存储筛选后的对象中心点坐标。使用 for 循环遍历"contours"向量，

图 6　边缘检测结果图

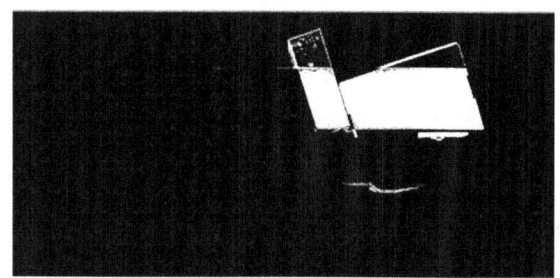

图 7　背景与目标区别图像

该向量包含了所有通过边缘检测和对象合并检测到的对象的轮廓。在循环中,每次迭代都会处理一个轮廓,它被存储在变量 contour 中。计算当前轮廓的面积,这个面积是轮廓所包围的对象的面积。进行条件筛选:检查当前轮廓的面积是否大于给定的阈值_contour_MinSize。面积大于给定阈值的轮廓被保留。在输入图像_contour 上绘制一个圆圈,标记当前轮廓的中心点。最后,返回 filtered Contours 向量,其中包含了所有满足条件的对象中心点坐标。目标中心点定位图如图 8 所示。

图 8　目标中心点定位图

（3）坐标转换

相机与机械臂使连接在一起的,所以需要引入机械臂的平移向量和旋转向量来确定相机的位置坐标,然后将相机坐标变换成世界坐标,这个变换过程是通过矩阵运算实现的。坐标转换代码图如图 9 所示。

```python
def camera_to_world(cam_mtx, r, t, img_points):
    inv_k = np.asmatrix(cam_mtx).I
    r_mat = np.zeros((3, 3), dtype=np.float64)
    cv2.Rodrigues(r, r_mat)
    # invR * T
    inv_r = np.asmatrix(r_mat).I   # 3*3
    transPlaneToCam = np.dot(inv_r, np.asmatrix(t))   # 3*3 dot 3*1 = 3*1
    world_pt = []
    coords = np.zeros((3, 1), dtype=np.float64)
    for img_pt in img_points:
        coords[0][0] = img_pt[0][0]
        coords[1][0] = img_pt[0][1]
        coords[2][0] = 1.0
        worldPtCam = np.dot(inv_k, coords)   # 3*3 dot 3*1 = 3*1
        # [x,y,1] * invR
        worldPtPlane = np.dot(inv_r, worldPtCam)   # 3*3 dot 3*1 = 3*1
        # zc
        scale = transPlaneToCam[2][0] / worldPtPlane[2][0]
        # zc * [x,y,1] * invR
        scale_worldPtPlane = np.multiply(scale, worldPtPlane)
        # [X,Y,Z]=zc*[x,y,1]*invR - invR*T
        worldPtPlaneReproject = np.asmatrix(scale_worldPtPlane) - np.asmatrix(transPlaneToCam)   # 3*1 dot 1*3 = 3*3
        pt = np.zeros((3, 1), dtype=np.float64)
        pt[0][0] = worldPtPlaneReproject[0][0]
        pt[1][0] = worldPtPlaneReproject[1][0]
        pt[2][0] = 0
        world_pt.append(pt.T.tolist())
    return world_pt
```

图 9 坐标转换代码图

四、系统测试

通过高清晰度摄像头和机器视觉算法，机械臂可以识别并分类各种形状和颜色的物体。同时视觉反馈帮助机械臂确定要抓取的物体位置、大小、形状等信息。视觉反馈还帮助机械臂进行精确的姿态调整和稳定。在抓取和移动物品时，机械臂需要根据物品的位置、大小、形状等信息来调整自身的姿态，以确保抓取和移动的稳定性。完成识别特定目标的智能视觉算法的开发，达到计划要求。通过 YOLOVv5 深度学习模型检测与识别多个物体，并通过 canny 算法，边缘检测，区分多个物体，完成精准识别。坐标转换后坐标定位图如图 10 所示。机械臂吸取目标物体如图 11 所示。

图 10 坐标转换后坐标定位图

图 11 机械臂吸取目标物体

五、总结

本文设计了一种智能视觉分拣机械臂,使机械臂能够自主地对目标物体进行识别,中心定位,提取坐标并进行转换,预测物体的运动轨迹并进行抓取。首先,在软件功能实现部分,在图像处理方面引入了canny算法来进行对目标物体的边缘识别。通过canny算法进行边缘识别,能够对两个物体间的微小缝隙进行膨胀放大,从而减小了识别误差。其次,在识别到目标物体的相机坐标后通过矩阵运算进行世界坐标的转换,使机械臂后续能够实现抓取动作。最后通过获取目标物体在相机下某两帧的图像,对其中心点坐标进行做差,再根据机械臂的位置与得到的差值进行相加计算就能够得到目标物体即将到达的位置,进而对其进行抓取。实验结果表明机械臂能够成功实现预设功能,机械臂对于目标物体的坐标定位准确,并且能够精准预测物体的运动位置对其进行抓取。

参考文献

[1] 王倩男,何文辉,赵颖.基于ROS的机械臂在线实验系统设计[J].实验技术与管理,2022,39(4):163-167+177.DOI:10.16791/j.cnki.sjg.2022.4.31.

[2] 杨杨,竹晨曦,魏祥森,等.基于MATLAB的柔性机械臂控制教学演示平台[J].泰州职业技术学院学报,2018,18(3):47-50.

[3] 杨亮,郭志军,李文生,等.基于视觉伺服的桌面型机械臂创新实验平台研制[J].实验技术与管理,2018,35(5):92-94+101.DOI:10.16791/j.cnki.sjg.2018.5.24.

[4] 郝丽,冷春涛,武书昆,等.视觉辅助的机械臂智能抓取实验教学平台开发[J].实验室研究与探索,2021,40(1):152-156+217.DOI:10.19927/j.cnki.syyt.2021.1.32.

[5] Watson J, Hughes J, lida F. Real-world, real-time robotic grasping withconvolutional neural networks[C]// Towards Autonomous Robotic Systems:18thAnnual Conference,TAROS 2017,Guildford, UK, July 19-21, 2017Proceedings 18. Springer International Publishing, 2017:617-626.

[6] Teng Y, Gao P. Generative robotic grasping using depthwise separable Proceedings 18. Springer International Publishing, 2017:617-626. Annual Conference, TAROS 2017, Guildford, UK, July 19-21, 2017, convolutional neural networks[C]// Towards Autonomous Robotic Systems:18th

[7] Lenz I, Lee H, Saxena A. Deep learning for detecting robotic grasps[J]. The convolution[J]. Computers & Electrical Engineering,2021,94:107318.

[8] Redmon J, Angelova A. Real-time grasp detection using convolutional neural International Journal of Robotics Research,2015,34(4-5):705-724.

基于 CNN 模型的毫米波雷达姿态识别技术研究[①]

宋伯钦　李月琴　安凤旭　王　丰　胡彦君　贾　朔

(北京信息科技大学信息与通信工程学院,北京,102299)

摘　要:本项目基于深度卷积神经网络模型开展毫米波雷达姿态识别技术的研究。主要针对居家养老场景中老人跌倒等活动检测和隐私保护难以平衡的问题,对毫米波雷达采集的人体生物信息数据进行处理和分类,最终实现对目标的姿态识别。首先对雷达数据进行采集和预处理,获得输入图像集,然后通过 CNN 模型进行训练并对模型进行优化设计,最后将训练好的模型用于测试数据识别人体姿态。

实验结果表明,该 CNN 模型能够正确区分常见的跌倒、坐、走和躺下 4 种人体姿态,该方法所达到的最高识别准确率为 94％。该研究提供了一种智能化的毫米波雷达姿态识别方法,结果具有较高的准确性和有效性,能够提高毫米波雷达姿态识别的精度和效率,对于居家养老应用前景具有一定的意义。

关键字:毫米波雷达;卷积神经网络;数据预处理;姿态识别。

Research on attitude recognition technology of millimeter wave rader based on CNN model

Song bo-qin　Li yue-qin　An feng-xu　Wang feng　Hu yan-jun　Jia shuo

Abstract:This project is based on deep convolutional neural network model to carry out the research of millimeter wave radar attitude recognition technology. Aiming at the difficult balance between activity detection and privacy protection of elderly people falling down and other activities in the home care scene, the human biological information data collected by millimeter wave radar is processed and classified, and finally the attitude recognition of the target is realized. First of all, the radar data is collected and preprocessed to obtain the input image set, and then the CNN model is trained and optimized for the model design. Finally, the trained model is used to identify the human body pose with the test data.

The experimental results show that the CNN model can correctly distinguish four common postures: falling, sitting, walking and lying down, and the highest recognition accuracy of the method is 94％. This study provides an intelligent MMwave radar attitude recognition method, and the results have high accuracy and effectiveness, which can improve the accuracy and efficiency of MMwave radar attitude recognition, and has certain significance for the application prospect of home care for the elderly.

Key words:Millimeter wave radar;Convolutional neural network;Data preprocessing;Attitude recognition.

[①] 项目来源类别:2023 年大学生创新创业训练计划项目

一、引言

随着生活质量与医疗水平的提高,我国老龄人口在不断增加。国家在"十四五"时期,提出了"互联网＋"模式,规划了"互联网＋医疗健康""互联网＋护理服务""互联网＋康养服务"等服务建设。因此,发展养老产业并提升其信息化/智能化水平需求日益迫切。智慧养老是一个迎合人口老龄化趋势的发展方向,旨在运用先进的技术手段提供更好的养老服务。

智慧养老通常借助多种传感器进行老人健康数据的采集和分析。其中,对人体姿态的捕捉和识别,有助于判断老年人的活动情况。目前采集人体姿态数据的设备主要有可穿戴式和非接触式两种。然而,可穿戴设备通常存在体感不佳、部分用户不习惯佩戴,操作复杂、有一定使用门槛等问题[1]。而现有的一些无接触监护手段,如采用智能摄像头、WiFi、红外等设备,则存在隐私性欠缺、探测精度较低的问题。

毫米波雷达技术通过发射和接收毫米波信号,并且分析接收到的反射信号来获取目标物体的位置、速度、形状等信息。相比于其他传感器,毫米波雷达具有体积小、质量轻和空间分辨率高、探测范围大、探测精度高、穿透力强[2]、不受光照和天气条件限制、隐私性强[3]等诸多优势。因此,将其用于人体姿态信息的采集具有独特优势。同时,结合人工智能技术还可以对雷达采集的信号进行自动特征提取,从而实现智能化处理,快速准确获取目标特征信息并完成姿态识别分类任务。然而,传统的人体姿态智能分类方法在复杂环境下存在一定的局限性,这些方法通常基于手工设计的特征提取和机器学习算法,需要依赖领域专家的经验和先验知识,并且对于不同的姿态和动作需要重新设计和调整特征提取和分类器,此外,传统算法在对人体姿态和行为特征进行处理时,往往会因为噪声的干扰以及视角变化受到影响[4],在应对复杂环境、多样化的姿态和动作时存在一定的困难。因此,需要探索新的方法来提高姿态分类的准确度和鲁棒性。

深度学习算法在自主学习和特征提取方面具有出色的表现[5],基于深度学习的方法在人体姿态分类中展现出了强大的潜力,特别是卷积神经网络(CNN)模型[6],目前,研究人员已经提出利用CNN模型对基于人体骨架图的姿态识别的算法开发[7],以及基于CNN模型对高清摄像头的实时视频数据,实现提取人体关键点并结合分类器进行的人体姿态识别[8],通过自动学习特征表示和端到端的训练方式,能够从原始数据中提取高层次的抽象特征,并具有较强的泛化能力。因此,本项目采用CNN模型从毫米波雷达数据中提取有效的特征,从而实现对人体不同姿态的准确分类。该研究利用深度学习算法提高毫米波雷达的信号处理能力,可以广泛用于高精度生物目标检测、跟踪和识别等应用。

二、基于CNN模型的毫米波雷达姿态识别原理

本项目原理整体流程图如图1所示,首先采用毫米波雷达采集数据,并保存到本地,然后对数据进行预处理,将雷达输出数据转换为适用于CNN神经网络的二维图形作为输入的数据集,利用制作的数据集对CNN模型进行训练和测试,得到姿态识别的结果。

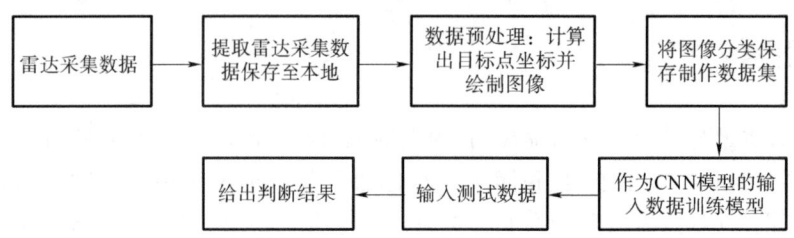

图 1　CNN 模型的姿态识别原理流程图

1. 姿态数据集的获取及预处理方法

(1) 人体姿态数据采集

本项目采用 TI 公司的 IWR6843AOP 毫米波雷达,工作频率范围为 60 GHz～64 GHz,尺寸是 70 mm×60 mm,能够实现高分辨率、高精度的目标检测和跟踪,提供准确的目标信息。

采集的姿态有 4 种,分别为跌倒、坐、走、躺下。为了避免干扰,采集过程中保持房间内仅有一人,雷达高度控制在 1.5 m 左右,人与雷达距离为 2～3 m,如图 2 所示。其中躺下的姿态为从站立在床边或走至床边后躺下的过程。对不同姿态的数据均截取 15～30 s。

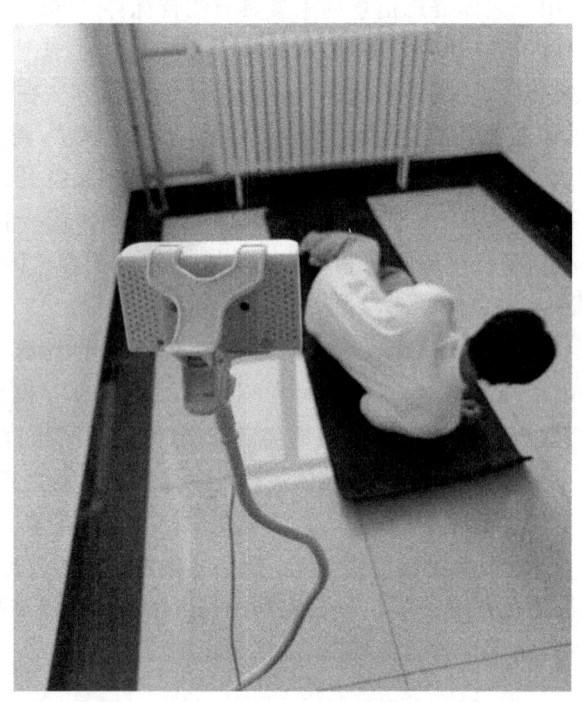

图 2　雷达实测场景图

我们使用该雷达采集各类姿态后下载对应时间段的雷达数据并保存为 CSV 格式文件,所包含的雷达数据内容为 SNR、range、azimuth、Doppler 和 elevation,具体定义如下:

SNR:信噪比,是雷达接收到的信号功率与噪声功率之比,用来衡量雷达接收到的信号质量。

Range:距离,是雷达与目标之间的水平距离,通常用来表示目标距离雷达的远近。

Azimuth:方位角,是雷达与目标之间的水平角度,通常用来表示目标相对于雷达的方向。

Doppler:多普勒效应,是由于目标相对于雷达运动而导致雷达接收到的信号频率发生变化。可以通过测量信号的频率变化来判断目标的运动状态。

Elevation:俯仰角,是雷达与目标之间的垂直角度,通常用来表示目标相对于雷达的高度。

(2) 数据预处理方法

随后使用 MATLAB 程序对数据进行预处理。为了得到更精准的距离信息,我们需要考虑实际信号在传播过程中会受到噪声的影响,信号的强度会被削弱。为了准确地计算目标点到雷达的距离,需要考虑信噪比(SNR),即信号与噪声的比值。根据雷达的测距公式,可以计算出目标点到雷达的距离 R:

$$R = \text{range}/\text{sqrt}(\text{SNR}) \tag{1}$$

接下来,根据雷达测角公式可以计算目标点在球坐标系中的角度和在直角坐标系中的坐标,方向角及俯仰角关系如图 3 所示。

首先,将方位角和俯仰角转换为角度:

$$\text{azimuth} = \text{azimuth}(\text{rad}) \times (180/\pi) \tag{2}$$

将俯仰角转换为角度:

$$\text{elevation} = \text{elevation}(\text{rad}) \times (180/\pi) \tag{3}$$

计算角度 θ:角度 θ 表示目标点与雷达的连线与 Z 轴正方向的夹角。

$$\theta = \pi/2 - \text{elevation} \tag{4}$$

计算角度 φ:

角度 φ 表示目标点与 X 轴正方向的投影与 $X-Y$ 平面的夹角。

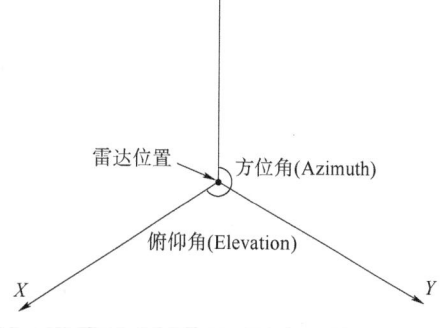

图 3 方向角及俯仰角示意图

$$\varphi = \text{azimuth} \tag{5}$$

根据球坐标系和直角坐标系之间的转换关系,计算目标点的 XYZ 坐标:

$$X = R \times \sin(\theta) \times \cos(\varphi) \tag{6}$$

$$Y = R \times \sin(\theta) \times \sin(\varphi) \tag{7}$$

$$Z = R \times \cos(\theta) \tag{8}$$

式中,X、Y、Z 分别表示目标点在直角坐标系中的坐标,R 是目标点到雷达的距离。

对 XYZ 采用不同的绘图表示,可以得到 3 种数据预处理结果如图 4~图 6 所示。

其中,图 4 帧和高度图中展示了转换坐标系后高度随时间变化的情况,着重突出高度变化所映射的姿态变化。例如跌倒时高度的快速下降等。

图 5 帧和不同维度投影图展示出了目标点三维的投影随时间变化的变化。这里可以给出更多信息量,在依据高度做判断之余可以依据更多其他维度的数据进行综合判断,但是不同维度无法区分权重。例如在判断跌倒姿态时 XY 轴的位置变化权重应远低于 Z 轴高度变化权重,但绘制在一起无法区分权重,可能存在一定误差。

图 6 中我们将目标点依据转换坐标系后的坐标绘制在三维空间中。使用颜色来区分时间顺序,根据时间顺序标定为从蓝色到红色不同的颜色。这样处理的图像在主观上更容易理解,可以更好地展示目标点变化趋势。

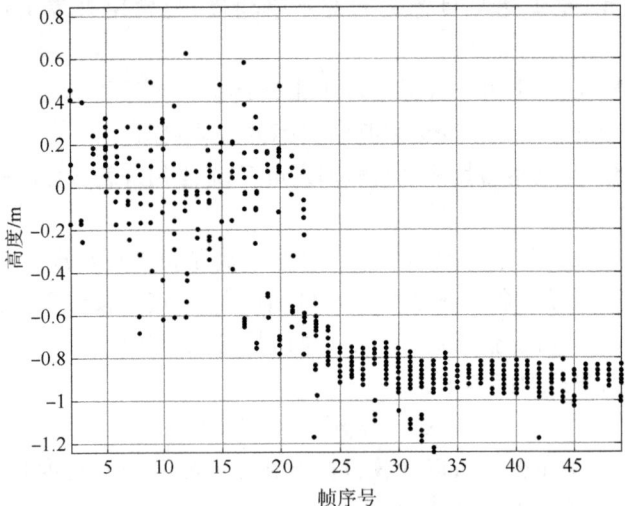

图 4　帧和高度图

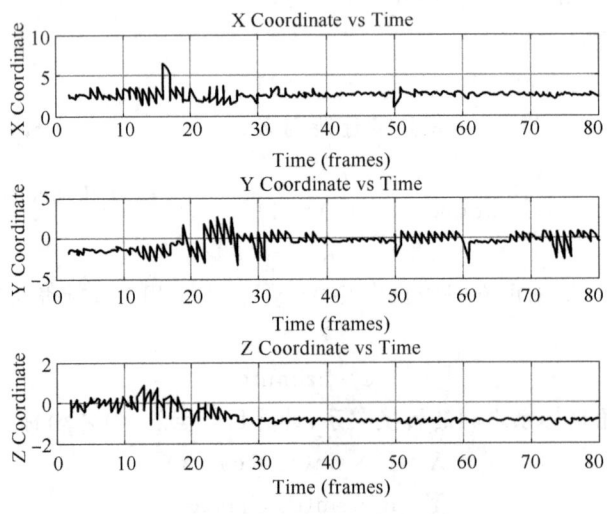

图 5　帧和不同维度投影图

考虑到 CNN 模型适用于二维图像的识别,因此本项目中我们采用第一种数据类型,即帧和高度图作为输入数据集。其中,训练集和验证集划分比例为 80% 和 20%。

2. CNN 姿态估计模型

卷积神经网络是一种前馈神经网络,主要由卷积层,池化层,全连接层构成。其中,卷积层是特征提取层,主要作用为对输入的二维数据做卷积操作。可以将卷积核看作一种滑窗,在输入数据上滑动,卷积核作用在对应数据上进行相乘相加操作,然后在输入数据上依据步长向下滑动。特征图计算公式如下:

$$N = \frac{(W-F+2P)}{S+1} \quad (9)$$

式中,N 为输出大小,W 为输入大小,F 为卷积核大小,P 为填充值的大小,S 为步长大小。

池化层的主要作用是对输入数据进行下采样,减少数据的维度并保留重要的特征,减少

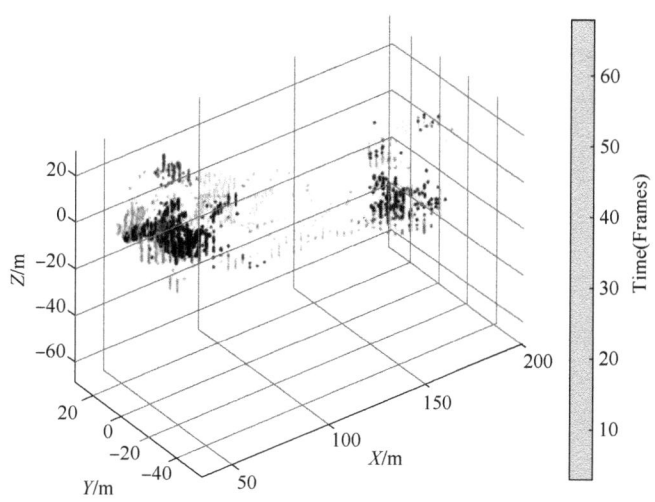

图 6　点云在三维空间的图像

模型中参数的数量,提高计算效率,并可以一定程度上防止过拟合现象的出现。通常有两种池化方式:最大池化和平均池化。其中,最大池化是指在池化操作中选择窗口内的最大值作为输出。它可以保留图像的边缘特征和纹理信息,对于图像分类等任务十分有效。而平均池化是指在池化操作中计算窗口内元素的平均值作为输出。这可以降低图像的噪声,并且保留图像的整体特征。

全连接层的工作内容是连接前一层的所有神经元与当前层的所有神经元,通过学习参数来对输入信号进行加权和变换。每个输入神经元与当前层中的每个神经元都有连接。假设上一层有 n 个神经元,当前层有 m 个神经元,那么全连接层的权重矩阵就是一个大小为 $m \times n$ 的矩阵。对于输入 x 来说,经过全连接层后的输出可以表示为:$y = Wx + b$(W 为权重矩阵,b 为偏置向量)。然后可以通过非线性激活函数(比如 ReLU、Sigmoid 等)对输出进行非线性变换,得到最终的输出结果。与传统的机器学习方法相比,卷积神经网络模型具有更加优秀地识别数据的功能,并且特征提取方式更加简单,能够通过自身对特征的提取来进行识别和分类,从而实现更好的效果[9]。

在本项目中,设置了 4 个卷积层,各层卷积核个数分别为 32、64、128、256。卷积核尺寸设为 4×4,较大的感受野有助于处理预处理后的坐标图。池化层设为 4 层,尺寸为 3×3。模型中采用 dropout 正则化,丢弃率在前 4 个卷积及池化层后设置为 0.25,在全连接层后设置为 0.5。激活函数采用 Leakyrelu 函数,Leakyrelu 函数在输入小于 0 时,与普通的 Relu 函数相比,不将梯度简单地归为 0,而是能够产生非零梯度[10],目的是缓解梯度消失问题,支持稀疏激活,提高模型的鲁棒性,从而提高深度神经网络的性能和训练效果。在训练和测试中,数据批次大小设为 16。

三、实验结果和分析

1. 不同训练轮数的准确度结果

实验中,将训练轮数从 12 轮增加到 100 轮,并记录不同训练轮数下的训练准确度,得到的结果如图 7 和图 8 所示。从图中结果可以看出,在训练轮数为 12 轮时,准确率为 0.84。随着轮数的增加,准确率获得一定提升,之后趋于稳定。经过 40 轮的训练后,该模型达到了 0.94 的准确率。这里的准确率是指模型正确分类的样本数量占全部样本数量的比值。

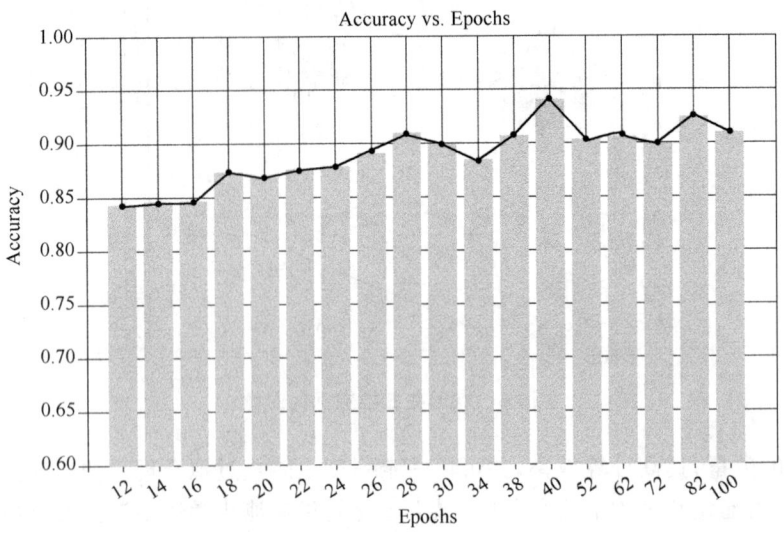

图 7　不同轮数准确度统计图

2. 混淆矩阵

尽管基于深度学习的人体姿态识别技术不断涌现,但在实际识别过程中,仍然会出现相似动作混淆的情况,以及会受到其他外部因素的干扰,从而导致出现误判的情况[11]。混淆矩阵是一个二维矩阵,它的行表示实际类别,列表示预测类别。混淆矩阵的每个元素表示在预测过程中被正确或错误分类的样本数量。通过混淆矩阵中的相似度测量[12],可以用来计算多个分类评估指标,以帮助评估分类模型的性能和效果。在最终调优后的模型参数下得到的训练集及测试集混淆矩阵如图 8 和图 9 所示。从结果可以看出,多轮训练后,模型可以精准地区分各个姿态,没有发生误判。将训练好的模型用于测试,也基本上能够做出正确判断,误判发生的情况主要有:1 例将跌倒判断成坐,2 例将躺下预测为坐,2 例将坐误判为跌倒。

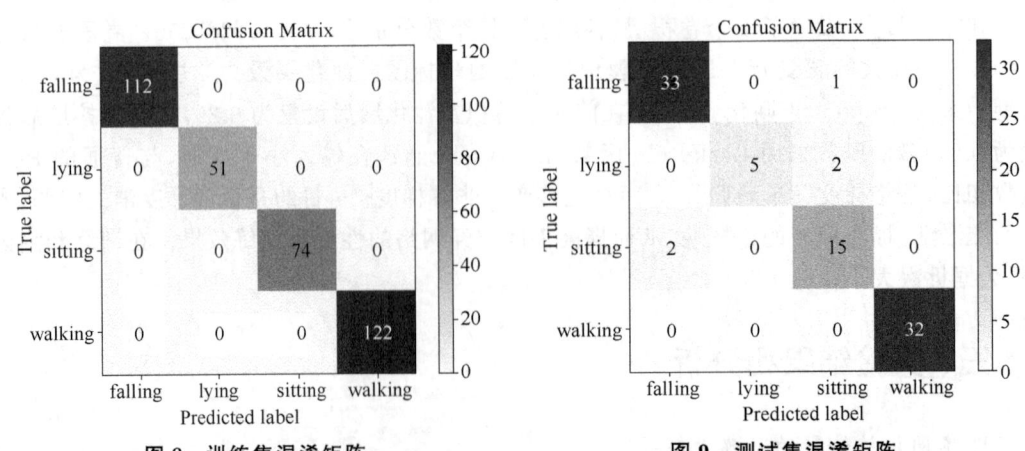

图 8　训练集混淆矩阵　　　　　　图 9　测试集混淆矩阵

3. 学习曲线

学习曲线是一种能够直观表达深度学习算法与实际归类情况关系的拟合曲线。在深度学习中,训练过程可以看作是不断调整拟合学习曲线的过程。然而,学习曲线的拟合调整不仅取决于算法本身的能力,还受到训练数据的影响。因此,通过适当选择训练数据和调整深度学习算法,可以改善学习曲线的拟合效果,提升模型对数据的分类准确性[13]。我们通过改变数据集大小并记录不同数据集尺寸下的训练和测试准确率来评估模型的性能,得到的学习曲线如图10所示。从图中可以看出,训练集的准确率在一开始就相对较高(96%),然后在第二个数据点上升到98%,并保持在这个水平上。在最后一个数据点上,准确率又降低到96%。这种情况可能暗示着模型在学习过程中出现了一些波动,但整体上仍然表现良好。而测试集的准确率开始比训练集低一些,在第一个数据点时约为81%。然后在后续数据点上升,分别达到83%、85%、90%,最后达到94%的准确率。这个结果表明该CNN模型能够适应新的数据并有较好的泛化能力,即在未见过的数据上表现出相对较高的准确率。

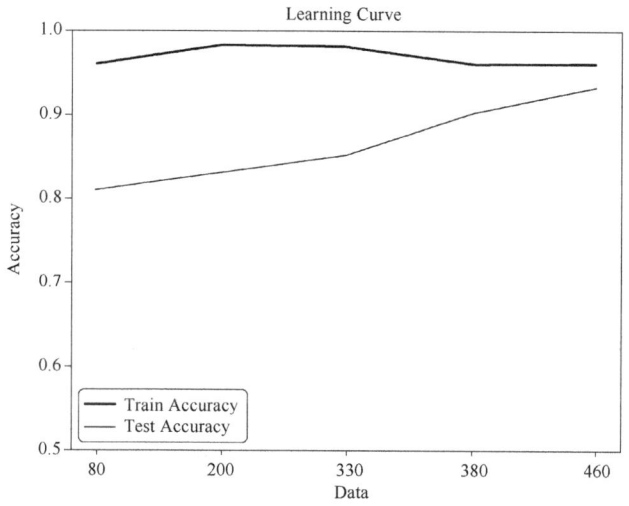

图 10 训练集及测试集学习曲线

4. 与传统跌倒识别算法的对比

本项目中我们还对比了传统的跌倒识别算法。传统跌倒识别算法原理是通过毫米波雷达实时提取人体上的4个坐标点的位置数据,用于描述用户的运动和姿势,进行跌倒检测。由于跌倒事件通常伴随着急速改变的加速度,即身体突然加速或减速的情况,所以可以利用计算加速度的算法来判断跌倒。大致步骤如下:

(1) 定义计算加速度的函数,根据坐标数据计算加速度。

(2) 定义计算加速度变化率的函数,根据加速度列表计算加速度变化率。

(3) 定义处理数据文件的函数,读取传感器数据文件并调用上述函数计算加速度和加速度变化率。

(4) 设置阈值,用于判断是否发生跌倒事件。

(5) 遍历数据文件夹中的所有文件,调用处理数据文件的函数进行处理,并判断是否发生跌倒事件。

通过如上步骤,传统算法准确率最终达到0.87。因此,本项目的CNN神经网络算法的准确率与之相比具有一定优势。

四、总结与展望

本项目研究的是采用 CNN 神经网络模型对毫米波雷达采集的人体生物学数据进行姿态识别,从而判断人体活动,进而应用于智慧养老等场景中。通过模型的优化设计,最终 4 种姿态识别准确率能够达到较高水平。

从实验结果来看,当前准确率仍有持续优化空间,在判断过程中仍有错判等情况出现,可能原因是数据集采集时仍存在一定干扰因素,以及输入信息要素单一。此外,输入数据是帧和高度图,在实际情况中忽略了 XY 轴的位置变化,虽选取了最有代表性数据,但判断信息不够全面,因此需要对数据预处理方式进一步优化。接下来还会尝试使用其他深度学习模型,探索更高效的算法。

参考文献

[1] Wang D, Yoo S, Cho S H. Experimental comparison of IR-UWB radar and FMCW radar for vital signs[J]. Sensors, 2020, 20(22): 6695.
[2] 龚伟.基于毫米波雷达的人数统计、姿态识别及跟踪系统的设计和实现[D].华中科技大学,2020.
[3] Chen B, Qiao S, Zhao J, et al. A security awareness and protection system for 5G smart healthcare based on zero-trust architecture[J]. IEEE Internet of Things Journal, 2021, 8(13): 10248-10263.
[4] 郑胜昌.基于机器学习的行人姿态估计及识别的算法研究[D].山东大学,2019.
[5] 李润顺.基于深度学习的三维目标识别算法研究[D].大连理工大学,2017.
[6] LeCun Y, Botou L, Bengio Y, et al. Gradient-based learning applied to document recognition. Procedings of the IEEE, 1998,86(11):2278-2324.
[7] 沈祥培.人体姿态识别算法研究及其应用[D].江南大学,2021.
[8] 金玮,孟君,黄宇飞,等.基于 CNN 和高速通信技术的医用人体姿态识别方法[J].微型电脑应用,2022,38(7):20-22+26.
[9] 周义凯,王宇,赵勇飞,等.基于 CNN 的人体姿态识别[J].计算机与现代化,2019,(2):49-54+92.
[10] 付海超.基于卷积神经网络的图像去噪算法研究[D].安徽理工大学,2023.
[11] 李岳.基于深度学习的人体姿态识别方法研究[D].沈阳理工大学,2020.
[12] 王玉坤,高炜欣,汤楠,等.基于模糊模式识别的人体姿态识别[J].计算机工程与设计,2016,37(6):1621-1625.
[13] 刘晓瞳.基于深度学习的分类预测方法研究及应用[D].东南大学,2018.

作者简介

宋伯钦,男,本科生,就读于北京信息科技大学信息与通信工程学院物联 2101 班。
李月琴,女,博士,北京信息科技大学信息与通信工程学院讲师,从事物联网工程专业的教学工作,研究方向为人工智能信号处理。
安凤旭,男,本科生,就读于北京信息科技大学信息与通信工程学院物联 2101 班。
王丰,男,本科生,就读于北京信息科技大学信息与通信工程学院物联 2101 班。
胡彦君,男,本科生,就读于北京信息科技大学信息与通信工程学院物联 2101 班。
贾朔,男,本科生,就读于北京信息科技大学信息与通信工程学院物联 2101 班。

基于 TensorRT 的 YOLOv5s 算法改进的交通标志目标检测

胡钰欣[1]　王邵轩[1]　宣建烽[2]　陈鹏旭[1]　张月霞[3]　张思宇[4]

(1. 北京信息科技大学 通信工程学院,北京 100192;2. 北京信息科技大学 电信工程学院,北京 100192;3. 北京信息科技大学 现代测控技术教育部重点实验室,北京 100192;4. 北京信息科技大学 信息与通信系统信息产业部重点实验室,北京 100192)

摘　要:在交通场景中,无人驾驶车具有良好的视觉感知技术尤为重要,只有及时检测到车辆周围的交通标志、障碍物等驾驶环境信息,才能进行车辆的行驶路径规划。针对现有 YOLOv4 等普通深度学习算法在道路目标检测速度慢、精度不满足实际需求等缺陷,提出在 Jetson Nano 平台利用 TensorRT 加速 YOLOv5s 算法,实现无人驾驶车在模拟的交通场景下高效、准确地进行目标检测。首先,基于 YOLOv5s 框架来获得交通标志目标检测模型;其次,利用 TensorRT 加速框架,对所得模型进行算法执行优化,加速模型推理过程,为模型在有限硬件及算力资源的边缘设备平台部署提供模型基础;最后,基于 Jetson Nano 边缘设备进行模型本地化部署,实现交通标志的在线精准目标检测。实验表明,相比普通的 YOLOv4 算法,具有更快的检测速度,平均一帧图像检测用时 100 ms,且交通标志的平均准确率也更高,达到 92.8%,且识别效果稳定,具有一定的实际应用价值。

关键词:交通标志检测;无人驾驶;TensorRT;YOLOv5s;Jetson Nano。

Improved YOLOv5s algorithm based on TensorRT for traffic Sign object detection

Hu Yu-xin[1]　Wang Shao-xuan[1]　Xuan Jian-feng[2]　Chen Peng-xu[1]　Zhang Yue-xia[3]　Zhang Si-yu[4]

Abstract:In traffic scenarios, it is particularly important for autonomous vehicles to have good visual perception technology. Only by timely detecting traffic signs, obstacles, pedestrians and other driving environment information around the vehicle can the vehicle's driving path planning be carried out. In response to the shortcomings of existing ordinary deep learning algorithms such as YOLOv4 in road target detection, such as slow speed and accuracy that does not meet practical needs, this paper proposes to use TensorRT to accelerate the YOLOv5s algorithm on the Jetson Nano platform to achieve efficient and accurate target detection for autonomous vehicles in simulated traffic scenarios. Firstly, based on the YOLOv5s framework, obtain a traffic sign target detection model; Secondly, using the TensorRT acceleration framework, the algorithm execution optimization of the obtained model is carried out to accelerate the model inference process, providing a model foundation for the deployment of the model on edge device platforms with limited hardware and computing resources; Finally, based on the Jetson Nano edge device, the model is localized and deployed to achieve accurate online target detection of traffic signs. The experiment shows that compared to the ordinary YOLOv4 algorithm, it has a faster detection speed, an average frame detection time of 100ms, and the average accuracy of traffic signs is also higher, reaching 92.8%. The recognition effect is stable, and it has certain practical application value.

Keywords: traffic sign detection; driverless; TensorRT; YOLOv5s; Jetson Nano.

一、引言

随着社会的发展和科技的进步，人们对汽车的使用需求逐渐增多，汽车的数量逐年攀升[1]。随之带来的城市交通拥堵、驾驶事故频发等现象不断加剧，给社会和人们的日常生活带来了不便和麻烦。因此，无人驾驶技术应运而生，为缓解甚至解决交通拥堵及交通安全等问题具有很大的促进作用[2]。无人驾驶汽车在公路运行的首要任务就是能准确识别交通标志，按照交通标志安全驾驶[3]，所以对交通标志的检测与识别成为研究无人驾驶技术的热门话题。但基于现有的普通深度学习算法，该技术仍然存在着目标检测速率较慢、识别精度受到光线等环境影响较大等问题。因此，对于研究并改进交通场景下目标识别和检测算法有着重要的意义。

目前目标检测领域研究方法主要分为两大类，一是基于传统手工特征的目标检测算法，二是基于深度学习的目标检测算法。传统交通标志识别算法的核心关注点在于特征提取和分类。主要是对色彩空间进行分割，根据交通标志的形状和边缘，通过特征提取方法获取关键信息，随后通过分类器实现交通标志的分类识别[4]。以往研究中，王斌等[5]通过融合LBP、HOG和Gist三种特征提取法，通过主成分分析（PCA）进行数据降维，进而采用支持向量机（SVM）[6]完成目标的训练和识别，从而提升了分类的准确度。然而，该方法在某些交通标志类别的识别上存在较低的准确率。王雁等[7]通过提取图像的Zernike不变矩特征，结合支持向量机（SVM）完成对交通标志的识别，有效提高了在复杂环境中的识别率。尽管取得了显著进展，但该方法的前期工作量较大，操作相对复杂。梁敏健等[8]采用HOG-Gabor特征融合法获取特征向量，并通过Softmax分类器实现对目标的识别，成功提高了对目标的正确识别率。然而，该方法的鲁棒性相对较低。虽然传统交通标志检测算法在准确率方面取得了不断增加的趋势，但仍存在计算量较大、操作复杂等缺陷。

近年来，随着卷积神经网络（CNN）的发展，基于深度学习的目标检测算法表现优异，交通标志的检测也由原来的传统机器学习方法转为深度学习方法。目前基于深度学习的目标检测算法主要分为两类，一类是以 R-CNN 系列为代表的双阶段目标检测算法，另一类是以 SSD 系列、RFBNet、RetinaNet、YOLO[9] 系列为代表的单阶段目标检测算法。双阶段算法速度与单阶段算法相比较慢，但是精度一般更高；单阶段算法消耗算力少，可以实现更高的检测速度。单阶段目标检测算法以 YOLO 系列最为经典。在交通标志的识别中，江金洪等[10]在 YOLOv3 的基础上将卷积过程分解为深度卷积和逐点卷积两部分，实现通道内卷积与通道间卷积之间的分离，并使用 GIOU 损失函数替换原损失函数提升了 YOLOv3 检测识别交通标志的性能，提高了检测精度，改善实时性较差等问题，但检测速度仍有待提高；邓天民等[11]通过改进 Darknet53 网络结构减少迭代时前向推理的计算，使 YOLOv3 在检测识别交通标志使的精度和检测速度提高,但训练得到的模型较大,不适合用于实际的项目中。Bochkovskiy[12]等在前人基础上,选择CSPDarknet53作为主干网络,并在网络中加入了加权残差连接、自对抗训练等算法,进一步优化了模型的识别精度,提出了YOLOv4,但网络层数的增加使得YOLOv4体积十分庞大,达到244 MB,对算力的要求也更高[13]。YOLOv5是在YOLOv3、YOLOv4算法基础上不断创新的产物,该算法最大的特点就是适用于移动端、模型小以及速度快。YOLOv5包括YOLOv5n、YOLOv5s、YOLOv5m、YOLOv5l和YOLOv5x这5个模型,模型大小依次递增,可以根据场景选择合适大小的模型。其中YOLOv5s的体积大小只有14 MB,非常适合应用于嵌入式设备场景上的部署检测。综合考虑模型大小、检测速度以及计算量等因素,选用YOLOv5s作为本文研究的基准模型[14]。

在实际应用中对于训练好的各种模型,需要进行进一步的加速才能部署于生产或应用环境中。TensorRT是一款由NVIDIA推出的高性能深度学习推理SDK,它包含深度学习推理优化器和运行环境,能够为深度学习推理应用提供低延迟和高吞吐量的部署推理,提高模型推理速度。其内部基于CUDA编程,提供丰富的C＋＋接口与Python接口。TensorRT可以在NVIDIA产品上运行,适用于无人驾驶平台的推理加速[15],符合本文在嵌入式系统上的部署要求。

本文提出一种在Jetson Nano平台利用TensorRT加速YOLOv5s算法,基于YOLOv5s框架来获得交通标志目标检测模型,并利用TensorRT框架加速模型推理过程,有效降低训练好的神经网络的延迟,提高吞吐量[16],使模型可以在Jetson Nano设备进行本地化部署,实现交通标志的在线精准目标检测。实验表明,本文的算法相比普通的YOLOv4算法,具有更快的检测速度和更高的平均准确率,平均一帧图像检测用时100 ms,平均准确率均值(Mean Average Precision,MAP)达到92.8％,且识别效果稳定,满足交通标志目标检测的准确率和实时性要求。

1. 模型方法

本文采用基于YOLOv5s目标检测框架,结合标注数据集样本训练模型,实现交通标志识别。利用TensorRT进行模型优化及与加速,实现Jetson Nano边缘设备平台下的移动端模型部署,实现实时交通标志精准目标检测[17],如图1所示。

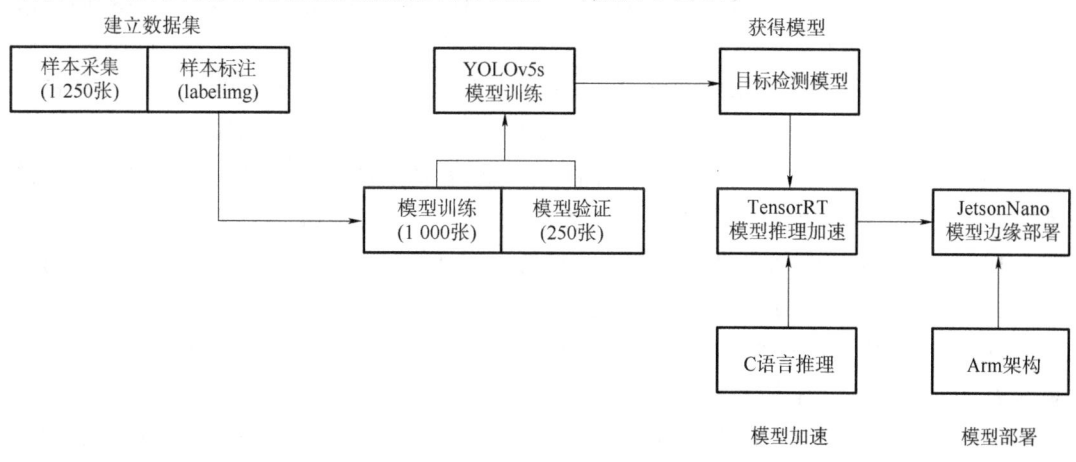

图1　实验总体模型框架

(1) YOLOv5s 模型框架

YOLOv5s 网络结构如图 2 所示。一般目标检测网络主要由骨干网络(Backbone)、瓶部(Neck)、检测头(Head)三部分组成。

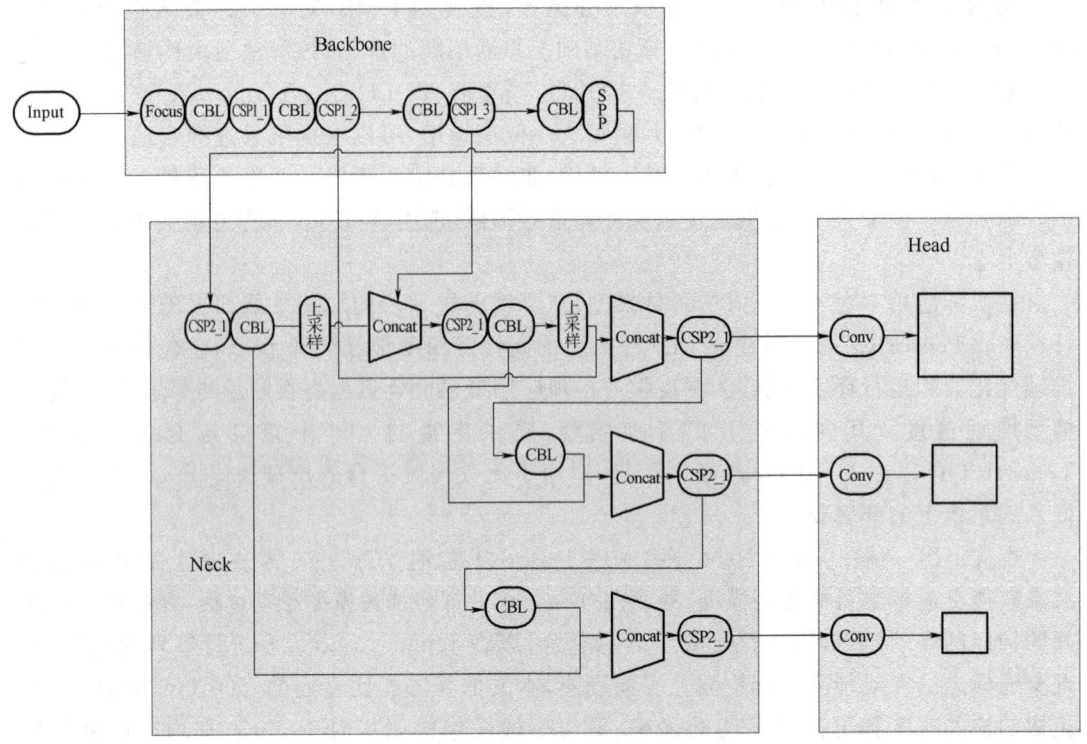

图 2　YOLOv5s 网络结构

1) Backbone 主要负责从输入网络的图像中提取必要的特征信息。YOLOv5s 的 Backbone 主要使用 CSPDarkNet 和 SPP 结构。前者借鉴了 CSPNet 的设计,解决了在大型卷积神经网络中 Backbone 网络优化过程中出现的梯度信息重复问题,将梯度的变化从始至终地集成到特征图中,从而减少了模型的参数量和浮点运算次数(Floating-point Operations Per second,FLOPs)。这种优化有助于保持模型的推理速度和准确率,同时减小了模型的大小。

2) Neck 是目标检测网络中承上启下的关键环节,其对 Backbone 提取出来的特征进行再加工及合理利用,从而提高网络的性能。YOLOv5s 的 Neck 与 YOLOv4 类似,同样采用了 FPN 和 PAN 的结构。它们通过融合图像中高层和低层的特征信息来提高目标检测的效果,特别是对小目标的检测效果有所改善。在 YOLOv5s 中,FPN 结构后添加了一个自底向上的路径增强结构,用于构建低层和高层特征信息之间的相互融合的桥梁,使高层特征获得了低层特征所具备的丰富的位置信息。

3) Head 主要用于实现最后的目标分类和定位功能。YOLOv5s 采用多尺度的目标检测方法,它的 Head 共有 3 个分支,对输入网络的图片进行 32 倍下采样、16 倍下采样、8 倍下采样得到 3 个尺度的特征图,分别负责检测大目标、中目标、小目标。实现交通标志的精准目标检测[18]。

(2) TensorRT 模型优化

TensorRT 现已支持 TensorFlow、Caffe、Mxnet、Pytorch 等深度学习框架,将 TensorRT 和 NVIDIA 的 GPU 相结合,能在绝大多数框架中进行快速、高效的部署推理。

深度学习模型的优化方法有很多种,如模型权重量化、模型权重稀疏、模型通道剪枝等这些方法一般是在训练阶段实现优化的。而 TensorRT 是对已经训练好的模型进行优化,通过优化网络计算图提高模型效率。TensorRT 对神经网络模型的优化主要以:层与张量融合、数据精度校准、内核自动调优、动态张量显存和多流执行五种方式。其中,层与张量融合和数据精度校准在推理加速中起到了主要作用。

使用 TensorRT 加速神经网络计算流程如图 3 所示。①首先将神经网络结构以及网络中各层权重输入 TensorRT 中以重建神经网络;②然后,TensorRT 会使用优化器对神经网络计算进行加速,此过程优化器会尝试各种不同的优化策略,所以需要耗费一定的时间。优化器对神经网络优化完成后会输出一个推理引擎;③将数据输入此推理引擎即可得到神经网络的计算结果。

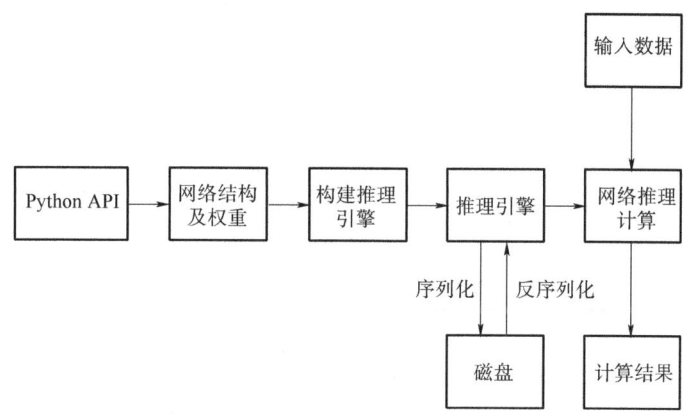

图 3 使用 TensorRT 加速神经网络计算流程

由于 TensorRT 通过优化器构建推理引擎的时间较长,所以构建完成的推理引擎可以经过序列化后存储在计算平台的存储介质中,下次使用时直接从存储介质中读取并反序列化为推理引擎即可,不需要每次使用都通过优化器产生推理引擎。

(3) Jetson Nano 平台模型部署

基于图像样本训练所得到目标检测模型的边缘设备部署,实现本地化运算,是实现交通标志识别与分类的实时检测、完成模型产业化的重要环节。本文选择 Jetson Nano 平台进行模型部署,硬件设备图如图 4 所示。

软件方面,其包含 40 余个深度学习、计算机视觉等的加速库,可用于进行程序运行加速,并且还包含有最新版本的 CUDA、cuDNN、TensorRT 和完整版桌面 Linux 操作系统,满足目标检测模型边缘部署要求。虽然 Jetson Nano 平台具有丰富的硬件与软件资源,但其算力与高性能 GPU 相比相差较大。在 Jetson Nano 上运行交通标志识别与分类检测模型时,其推理速度严重受限,无法达到实时性要求,因此本文采用 TensorRT 对所得 YOLOv5s 模型推理过程进行加速,以提升检测速度,然后基于 Jetson Nano 进行模型部署,实现交通标志的实时目标检测。

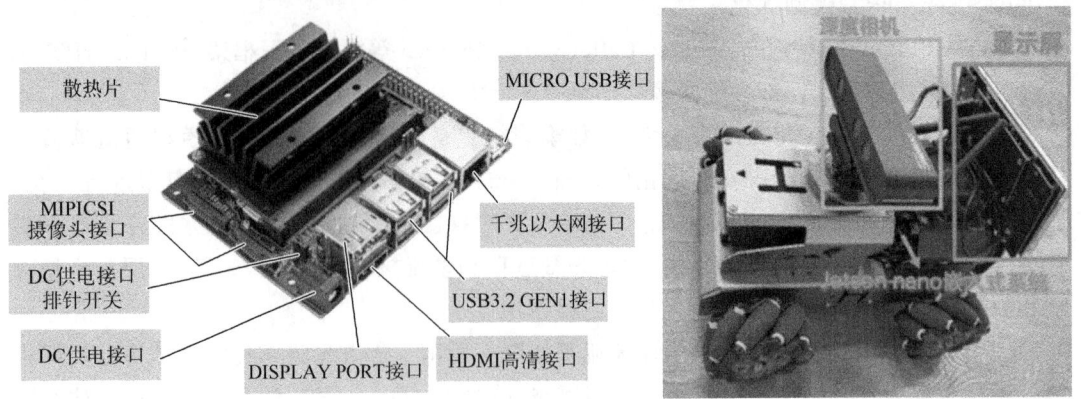

图 4 Jetson Nano 设备展示图

(4)评价指标

本次研究采用平均准确率均值(mAP)评估模型的准确率。mAP 是所有类别 AP 的平均值,mAP 越大说明网络识别物体的准确度越高。计算公式分别为

$$\mathrm{mAP} = \frac{1}{n}\sum_{k=1}^{n} J(P,r)_k \quad (1)$$

式中,$J(P,r)_k$ 为平均精度函数,即类别编号为 k 时精准率(Precision)和召回率(Recall)所构成的 P-r 曲线的面积。精准率(Precision)和召回率(Recall)的计算公式为

$$\mathrm{Precision} = \frac{\mathrm{TP}}{\mathrm{TP}+\mathrm{FP}} \quad (2)$$

$$\mathrm{Recall} = \frac{\mathrm{TP}}{\mathrm{TP}+\mathrm{FN}} \quad (3)$$

式中,TP 代表正样本且被正确检测为正样本的数量,TN 代表负样本且被正确测为负样本的数量,FP 代表负样本且被错误检测为正样本的数量,FN 代表正样本且被错误检测为负样本的数量。

采用 FPS 评估模型的识别速度。FPS 为每秒检测识别的图片数,FPS 值越大说明网络处理图片的速度越快,所用的时间越短。

2. 数据集处理

本文使用自拍图片素材作为数据集进行训练,如图 5 所示。拍摄收集的图片为常见的 5 类交通标志道具,分别为直行、右转、停车、红色红绿灯和绿色红绿灯。为提高模型可靠性,选择从不同的距离、旋转角度和倾斜角度进行拍摄,单个种类的图片数量为 250 张,共采集了 1 250 张图片。为了降低后续的标注和训练所需的性能,将图片分辨率修改为 640×480。使用 labelimg 软件对图像进行标定,框出图像中我们需要训练的内容,如图 6 所示。将数据的格式修改后,对数据集进行切分,按 80%:20%的比例随机分配成训练集和测试集。

3. 实验与结果分析

本文使用 NVIDIA RTX 3060 6G 型号 GPU 对数据集进行模型训练,获得精度较高的模型后使用 TensorRT 框架进行优化加速,最后配置到 Jetson Nano 上来进行实时交通标志检测实验。

先对 YOLOv4 和 YOLOv5s 在同一配置下进行训练和验证,主要测试其检测准确度和

图 5　数据集图像

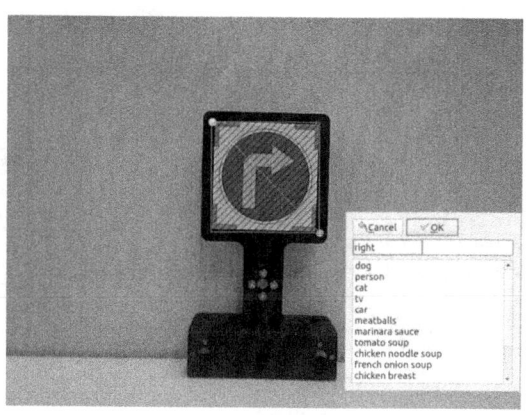

图 6　标注图像过程

速度,结果如表 1 所示。从表 1 可以看出,在检测准确性和速度上,未经 TensorRT 加速的 YOLOv5s 都要优于 YOLOv4,其中 YOLOv5s 的 FPS 大约是 YOLOv4 的 3.4 倍。

表 1　实验评估结果

模型	mAP/%	FPS
YOLOv4（未加速）	91.4	0.8
YOLOv5s（未加速）	93.6	2.7
YOLOv5s（加速后）	92.8	10

采用 TensorRT 框架对 YOLOv5s 进行优化加速后,再部署到 Jetson nano 上,测得加速后模型的检测速度得到大幅度提升,平均检测时间缩短至 100 ms,与未加速模型相比检测速度提升了 3.7 倍。而经 TensorRT 加速后模型平均准确率 mAP 仅仅下降了 0.8%,由此可以看出,采用 TensorRT 进行模型加速可在保持检测准确度的基础上大幅度提高推理速度。因此,本文通过高性能 GPU 利用大量数据样本进行 YOLOv5s 模型训练,获得高准确度检测模型,然后利用 TensorRT 框架进行模型优化及加速,并将其部署到 Jetson Nano 设备中进行本

地化运算,可以实现交通标志的精准实时目标检测。

检测效果如图7、图8和图9所示,可以看出,经TensorRT加速前后目标检测的性能和定位结果基本一致,故本文方法将模型部署为TensorRT不会影响其检测精度[19]。

图7　原图

图8　未经TensorRT加速检测效果

图9　TensorRT加速后检测效果

4. 结束语

本文对5类常见的交通标志道具的图像样本进行采集、标注与制作数据集。利用YOLOv4和YOLOv5s对交通标志数据集进行模型训练,获得交通标志道具的精准目标检测模型,部署到Jetson Nano设备进行目标检测。通过对实验数据的分析,发现在检测准确性和速度上,YOLOv5s都要优于YOLOv4,并且YOLOv5s的FPS大约是YOLOv4的3.4倍,在检测速度上有明显优势。此外,YOLOv5s还有模型参数量小,对硬件部署设备要求低等优点。因此选择了YOLOv5s算法作为基准模型。

针对Jetson Nano设备算力与高性能GPU相比相差较大,推理速度严重受限,无法达到实时性要求的问题,采用NVIDIA公司的高性能深度学习推理优化器TensorRT对所得YOLOv5s模型推理过程进行加速,提升检测速度,然后再在Jetson Nano设备上进行模型部署。通过实验测得基于TensorRT加速后YOLOv5s模型的检测速度得到大幅度提升,平均检测时间缩短至100 ms,与未加速模型相比检测速度提升了3.7倍。而其mAP仅仅下降了0.8%,即检测准确度几乎不受影响,最终可以实现交通标志的精准实时目标检测,具有一定的实际应用价值。

参考文献

[1] 2022年全国机动车和驾驶人统计分析[J].公安研究,2023(2):95-96.

[2] 崔翔宇.用于无人驾驶环境感知的多任务神经网络算法研究[D].青岛大学,2022(3).

[3] 章羽,罗素云.基于轻量化YOLOv5s的交通标志检测研究[J].农业装备与车辆工程,2023,61(10):130-135.

[4] 吕禾丰,陆华才.基于YOLOv5算法的交通标志识别技术研究[J].电子测量与仪,2021,35(10):137-144.

[5] 王斌,常发亮,刘春生.基于多特征融合的交通标志分类[J].山东大学学报(工学版),2016,46(4):34-40+53.

[6] LIN C F, WANG S D. Fuzzy support vector machines[J]. IEEE Transactions on Neural Networks,2002,13(2):464-471.

[7] 王雁,穆春阳,马行.基于Zernike不变矩与SVM的交通标志的识别[J].公路交通科技,2015,32(12):128-132.

[8] 梁敏健,崔啸宇,宋青松,等.基于HOG-Gabor特征融合与Softmax分类器的交通标志识别方法[J].交通运输工程学报,2017,17(3):151-158.

[9] REDMON J, DIVVALA S, GIRSHICK R, et al. You only look once: Unified, real-time object detection[C]. Proceedings of the IEEE Conference on Computer Vision and Pattern Recognition, 2016:779-788.

[10] 江金洪,鲍胜利,史文旭,等.基于YOLO v3算法改进的交通标志识别算法[J].计算机应用,2020,40(8):2472-2478.

[11] 邓天民,周臻浩,方芳,等.改进YOLOv3的交通标志检测方法研究[J].计算机工程与应用,2020,56(20):28-35.

[12] BOCHKOVSKIY A, WANG C Y, LIAO H Y M. YOLOv4: optimal speed and accuracy of object detection[J]. ArXiv Preprint ArXiv,2004.

[13] 胡天鑫,邓超,马俊杰,等.方程式赛车ROS平台下基于TensorRT的YOLOv5算法改进[J].农业装备与车辆工程,2023,61(5):14-19.

[14] 徐栋.基于深度学习的电动车头盔佩戴检测系统的设计与实现[D].南京邮电大学,2023(2).

[15] 王倩.基于深度学习的道路场景多目标检测方法研究[D].河北工业大学,2023(2).

[16] 武奇.基于深度神经网络InSAR相位解缠方法的研究与实现[D].桂林电子科技大学,2023(2).

[17] 宋彧嬛,马占军,李宜诺.基于计算机视觉的海滩垃圾识别模型的研究[J].科技资讯,2023,21(21):37-41.1672-3791.2305-5042-2640.

[18]　尹昱航.基于特征融合的交通场景目标检测方法研究[D].大连理工大学,2022(1).
[19]　王程鹏.机动车尾气目标快速检测算法研究与硬件部署[D].中国科学技术大学,2021(8).

作者简介
胡钰欣,女,本科生,就读于北京信息科技大学信息与通信工程学院通信2101班。
王邵轩,男,本科生,就读于北京信息科技大学信息与通信工程学院通信2201班。
宣建烽,男,本科生,就读于北京信息科技大学信息与通信工程学院电信2202班。
陈鹏旭,男,本科生,就读于北京信息科技大学信息与通信工程学院通信2101班。

基金项目
2023年度北京信息科技大学大学生创新创业训练计划项目资助,项目编号:202311232145。

基于节点域——图频域联合分析方法的异常节点的检测和定位[1]

李圆菊　姚彦鑫　莫叶凡　雷毅飞　李　昊　潘喆妍

（北京信息科技大学信息与通信工程学院，北京，100101）

摘　要：本课题针对海面及海下无线传感器网络中异常节点检测及定位问题，针对传感器节点储能有限、监测环境复杂和节点本身遭受外界攻击等异常情况进行了研究。采用了节点域-图频域联合分析方法，箱线图阈值判断方法及匹配筛选方法，首先建立了无线传感器数据的图信号模型，并在预处理模块提取高频分量，考虑到数据量庞大且节点众多，引入局部处理模块通过遍历节点的方式进行阈值判断，从而筛选出疑似异常点，最后，启动匹配筛选模块确定和定位异常节点，并将其剔除，以获取准确可靠的无线传感器数据。

研究结果表明，通过异常节点检测定位算法，可以实现80%以上传感器的自设异常节点的成功检测，对于多个传感器数据组成的子图信号，实现了接近90%的异常节点检测率。本研究对解决渔业、海上科研行业数据采集困难，数据再采集成本高的问题具有重要的指导意义。

关键字：渔业；海上科研；无线传感器；异常检测；图频域转换。

Detection and localization of abnormal nodes Based on joint node-domain-graph-frequency-domain analysis method

Li Yuan-ju　Yao Yan-xin　Mo Ye-fan　Lei Yi-fei　Li Hao　Pan Zhe-yan

Abstract：In this paper, we addresses anomaly detection and localization in wireless sensor networks both on the sea surface and underwater. It focuses on challenges such as limited sensor node energy storage, complex monitoring environments, and external attacks. The approach involves a joint analysis in the node domain and graph frequency domain, employing boxplot thresholding and matching filtering methods. Initially, a graph signal model for wireless sensor data is established, with high-frequency components extracted in the preprocessing module. To handle the large data volume and numerous nodes, a local processing module iteratively traverses nodes for threshold judgment, filtering out suspected anomalous points. Finally, the matching filtering module confirms and locates anomalous nodes, ensuring accurate and reliable wireless sensor data.

Simulation results show that through the anomaly detection and localization algorithm can successfully detect over 80% of self-induced anomalous nodes in sensors. For subgraph signals comprising multiple sensor data, the algorithm achieves a nearly 90% detection rate for anomalous nodes. This study provides crucial guidance for addressing data collection challenges in the fisheries and maritime research industries, particularly the difficulties and high costs associated with data recollection.

Key words：Fisheries; marine scientific research; wireless sensors; anomaly detection; graph-frequency domain conversion.

一、引言

随着我国海面及海上无线传感器技术的高速发展,无线传感器已成为海上数据获取的主要途径。然而,随着无线传感器网络(WSNs)面临的安全威胁日益多样化和有针对性,在传感器数据网络中存在一些与整体数据偏离较大的异常数据,难以通过直接观察检测。于是,我们需要对无线传感器采集到的数据进行分析和处理,筛选出其中的异常节点。如何设计合适的网络异常节点故障检测和定位方法,提高传感器网络中数据的准确性,成为渔业发展和海上科研项目可靠数据获取的首要问题。

本课题研究的场景是海上无线传感器网络中异常节点的检测和定位,2011年,Miao X等人[1]特别讨论了 WSNs 中异常检测技术发展的几个关键设计原则,针对有无先验条件分别介绍了最先进的检测技术并进行了评估和比较。2015 年,Ge Y 等人[2]介绍了一种完全分布式的通用异常检测(GAD)方案,该方案使用图论,并利用物理过程的时空相关性进行通用大规模 NISSs 的实时异常检测。2019 年,马文钰[3]针对节点位置信息未知的无线传感器网络,对其 k-覆盖空洞检测算法进行了深入研究。分别基于相邻节点间的距离信息和节点间连通信息,提出了两种 k-覆盖空洞检测算法,并通过仿真分析了所提算法的性能。

本课题在前人研究的基础上,同时考虑单个和多个异常节点出现的情况,提出了一种利用节点于和图频域结方法对传感器网络得到的信号进行异常检测和定位,解决渔业、海上科研行业数据采集困难,数据再采集成本高的问题,使得 80% 以上的异常节点被检测出来,提升渔业气象数据准确性,使得渔民更准确评估捕鱼时间地点及频率等,极大降低出海成本的同时,可以准确地发现可能存在的风险和危险情况,提供及时的预警和提示,从而保障渔业资源的可持续发展和人民生命财产的安全。

二、基本模型建立

1. 系统整体模型设计

项目先收集目前已有的无线传感器数据集,接下来对收集到的数据进行完整性判断,如若数据不齐全,将利用无线传感器辅助收集数据,在收集数据完整的前提下,我们将利用 4 个模块进行节点处理,各处理模块如图 1 所示。

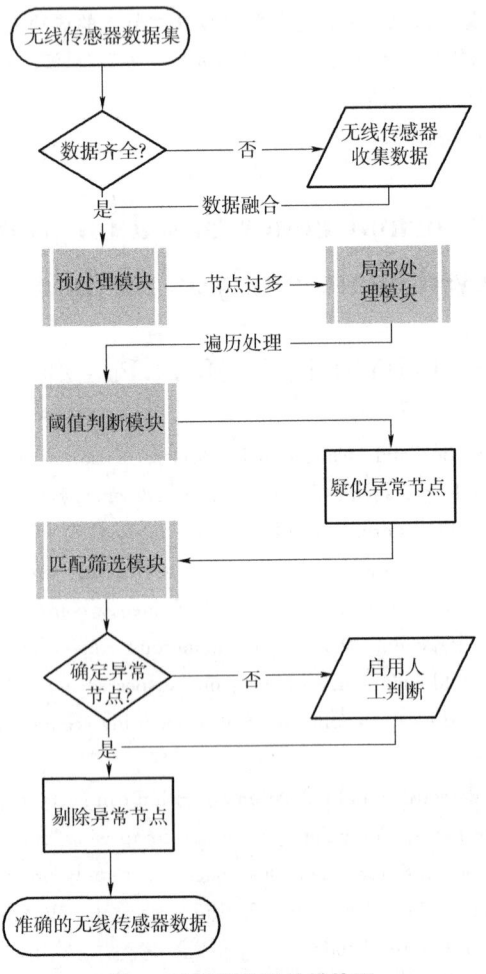

图 1 系统整体设计模块图

针对获取到的完整数据集,经过 4 个主要模块对各节点的具体数据进行处理。具体来说,我们首先在预处理模块提取出高频分量,由于数据量巨大、节点过多,我们将添加局部处理模块以便于通过遍历节点的方式进行阈值判断,在阈值判断后可筛选出疑似异常点,最后,我们将启动匹配筛选模块进行异常节点的确定和定位,在确定异常点后将其剔除,便可获得准确的无线传感器数据。

2. 预处理模块设计

预处理模块的作用是整理不同的无线传感器网络数据并对其进行频谱分析,使得相关图信号更方便后续异常检测。

预处理模块的处理如图 2 所示,将由无线传感器收集到的相关图信号进行处理后,得到信号在节点域的图像,接着通过图傅里叶变换的方法,得到信号在频谱域上的图像,由于信号中的异常节点会导致高频分量增大,所以需要用高通滤波处理的方法来提取高频分量,得到图高频信号在节点域-图频域的对比图,从而定位检测出异常节点。

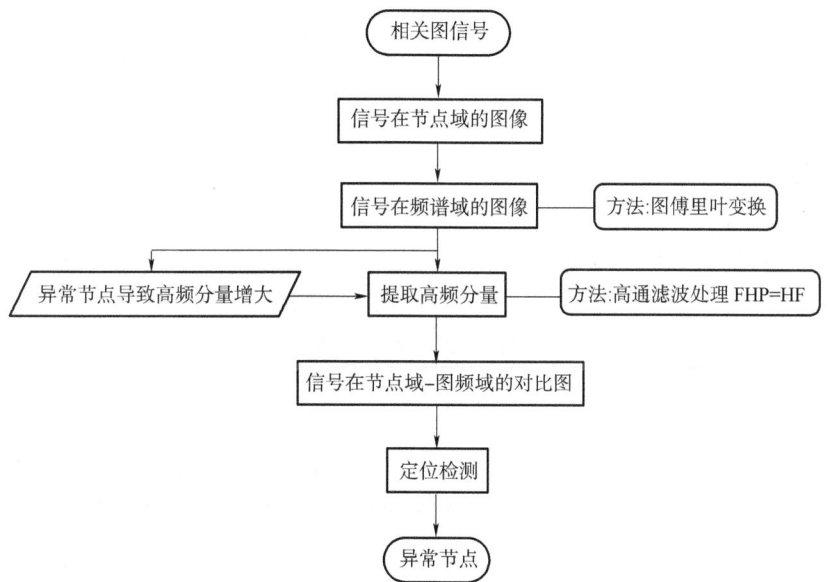

图 2 预处理模块架构图

首先,我们要对获取到的整个无线传感器数据进行预处理。这一步包括对图信号进行高通滤波处理。网络中的相邻节点通常具有相似的信号值,因此主要具有低频信号特征。完整图信号模型中异常节点的存在会影响网络图信号模型的信号平滑,导致高频成分增加。为了得到图像中的高频分量,本研究采用了固定图像滤波器 H,该滤波器的设计基于式(1),其等同于聚合邻居操作算子。通过 H 与 F 的矩阵向量乘法如式(2),可以实现滤波操作,从而达到高通滤波的目的。

$$H = \frac{L}{2} \tag{1}$$

$$F^{HP} = HF \tag{2}$$

在进行高通滤波处理后,我们需要对增加或减少给定映射信号频谱中各个频率成分的强度。同理,如果图信号网络中存在异常节点,如果图信号包含异常节点,那么经过高通滤波器处理后,信号的高频部分会出现异常波峰。反之,如果图信号不含异常节点,则通过高通滤波器处理后不会出现异常波峰。

3. 局部处理模块设计

虽然传统方法能够过滤包含异常节点的图形信号,但当网络中的传感器节点数量较多时,很难计算描述网络拓扑结构的拉普拉斯矩阵的逆,而且计算整个图形信号的傅里叶变换的效率也会降低。因此,我们如图 3 所示,采用局部处理的方式来处理经过预处理的高频图信号,以提高计算效率。

通过选取网络每个节点,以及与它相邻节点[4],构成各个子图模型。在将各个子图转换为对应的图矩阵后遍历图矩阵,通过变换子图信号构成拉普拉斯矩阵,再对矩阵进行特征值分解,得到特征矩阵(特征值矩阵,特征向量矩阵),对特征矩阵进行傅里叶变化,得到图频谱矩阵,然后选取子图中的特定图频率 K,用 argmax 函数,去对比每一时刻频率分量,得到子图 $K(\max)$,通过逆傅里叶变化,找到在特定图频率上的子图信号分量。

由于该模块需要得到如图 4 所示的拉普拉斯矩阵才能进行后续变化,而拉普拉斯矩阵变化步骤较多,操作较为复杂,以下将举例对该矩阵求解步骤进行详细说明。

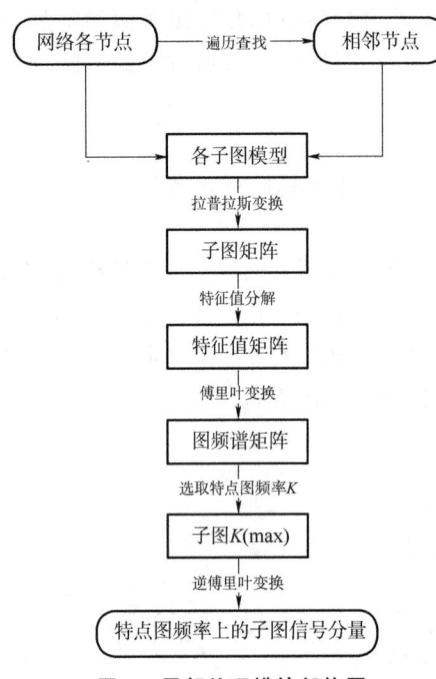

图 3　局部处理模块架构图

(1) 子图信号权矩阵

首先,建立一个示例子图信号模型 $Gi=(Vi, E, W)$ 如图 9 所示,在该模型中,Vi 为第 i 个子图模型中节点的集合,E 为第 i 个子图模型中边的集合。而判断点与点是否相连的矩阵则为权矩阵,在模型中用 W 表示,矩阵的第一行表示第一个点是否与其他点相连,该点与其他点相连则记为 1,不想连则记为 0,此处需要注意点与自己本身不算相连,得到权矩阵 W 如图 5 所示。

$$\Delta(\mathcal{G}) = \begin{pmatrix} d(v_1) & 0 & \cdots & 0 \\ 0 & d(v_2) & \cdots & 0 \\ \vdots & \vdots & & \vdots \\ 0 & 0 & \cdots & d(v_n) \end{pmatrix} \quad \begin{pmatrix} 0 & 1 & 0 & 0 & 0 \\ 1 & 0 & 1 & 0 & 1 \\ 0 & 1 & 0 & 1 & 1 \\ 0 & 0 & 1 & 0 & 1 \\ 0 & 1 & 1 & 1 & 0 \end{pmatrix}$$

图 4　子图信号拉普拉斯矩阵　　图 5　子图信号权矩阵

(2) 子图信号度矩阵

其次,我们需要计算图信号模型的度矩阵。如图 6 所示,度矩阵是一个对角阵,其中对角线上的元素表示每个顶点的度。顶点的度表示与该顶点相关联的点的数量。在无向图中,顶点的度等于与顶点相连的边的数目;而在有向图中,顶点 Vi 的度被分为出度和入度,即从顶点 Vi 出去的有向边的数量和进入顶点 Vi 的有向边的数量。

(3) 图拉普拉斯矩阵

拉普拉斯矩阵是一个半定矩阵,并且其特征值中 0 出现的次数对应着图的连通区域的个数。最小特征值为 0,这是因为拉普拉斯矩阵的每一行的和都为 0。而最小的非零特征值则表示了图的代数连通度。该示例中的拉普拉斯矩阵如图 7 所示。

$$\begin{pmatrix} 1 & 0 & 0 & 0 & 0 \\ 0 & 3 & 0 & 0 & 0 \\ 0 & 0 & 3 & 0 & 0 \\ 0 & 0 & 0 & 2 & 0 \\ 0 & 0 & 0 & 0 & 3 \end{pmatrix} \qquad \begin{pmatrix} 1 & -1 & 0 & 0 & 0 \\ -1 & 3 & -1 & 0 & -1 \\ 0 & -1 & 3 & -1 & -1 \\ 0 & 0 & -1 & 2 & -1 \\ 0 & -1 & -1 & -1 & 3 \end{pmatrix}$$

图 6　子图信号权矩阵　　　　图 7　子图信号权矩阵

4. 阈值判断模块设计

模块三为阈值判断模块如图 8 所示,在该模块中通过遍历各子图信号分量可绘制箱型图。通过箱型图可筛选出子图信号中的温和异常值[5],从而判断出异常子图。将这些异常子图中的中心节点提取出来,最终得到异常节点集合。

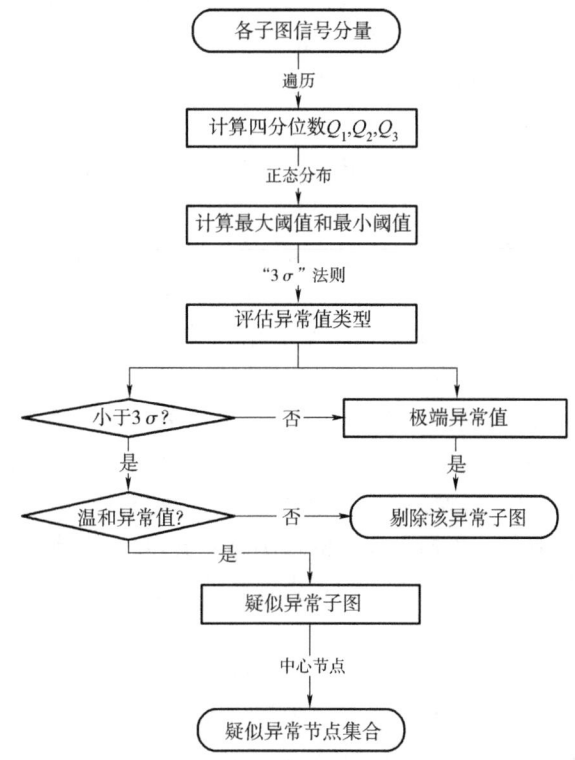

图 8　阈值判断模块流程图

异常值判断的前提就是需要确定异常值的范围,所以需要进行阈值判断工作,首先对各子图信号分量进行遍历,对数据进行处理运算,得到上四分位数 Q_1 位置 $(N+1)/4$,中位数 Q_2 位置 $(N+1)/2$ 及下四分位数 Q_3 位置 $(N+1)/4*3$。

如图 9 所示,通过四分数及中位数位置可绘出箱型图(又名盒须图)模型,我们在图中可以看到的这两个 T 形的盒须就是内限。上面的 T 形线段所延伸到的极远处，是 $Q_3+1.5\text{IQR}$，（其中，$\text{IQR}=Q_3-Q_1$）与剔除异常值后的极大值两者取较小者，下面的 T 形线段所延伸到的极远处，是 $Q_1+1.5\text{IQR}$ 与剔除异常值后的极小值两者取较大者。

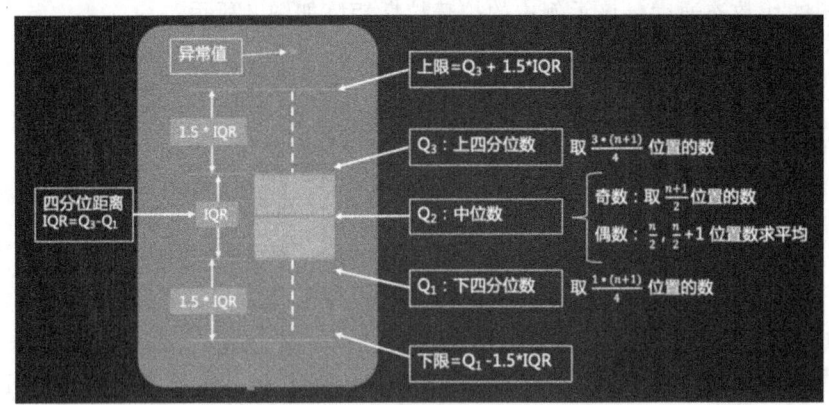

图 9　箱型图表示阈值选取情况

同理，可以得到箱型图的外限，外限与内限的计算方法是相同的，唯一不同的是：上面的 T 形线段所延伸到的极远处，是 $Q_3+3\text{IQR}$（其中，$\text{IQR}=Q_3-Q_1$）与剔除异常值后的极大值两者取较小者，下面的 T 形线段所延伸到的极远处，是 $Q_3-3\text{IQR}$ 与剔除异常值后的极小值两者取较大者。

在确定箱型图的内限和外限后，对于第 i 个节点 p 的阈值上下限，可以通过式（3）和式（4）的运算，可以计算出最小阈值 $\Theta_{\min,i(p)}$ 和最大阈值 $\Theta_{\max,i(p)}$。

$$\Theta_{\min,i(p)}=Q_{1,i(p)}-\sigma[Q_{2,i(p)}-Q_{1,i(p)}] \tag{3}$$

$$\Theta_{\max,i(p)}=Q_{2,i(p)}+\sigma[Q_{2,i(p)}-Q_{1,i(p)}] \tag{4}$$

对于超出最小阈值和最大阈值的情况，该算法会将位于这个范围内的信号节点判断为可疑的异常节点。一般来说，当参数 σ 设为 1.5 时，筛选出的偏差变为较小偏差，当 σ 设为 3 时，筛选出的偏差变为极端偏差。在本研究的算法模拟中，参数 σ 的值大于 1.5，因此算法筛选出的是温和异常值，对异常值的容忍度更低，有助于更加准确地确定异常值。

在遍历 i 个节点的过程中，如果第 i 个子图中任意两个节点 p 接收到的当前信号均小于该两个节点的临界值或大于该两个节点的最小临界值，则认为该子图 Gi 为子图的可疑图集，并进一步过滤 Gi 子图的中心节点。满足查询条件的子图的中心节点被记录为可疑节点的集合 VA。

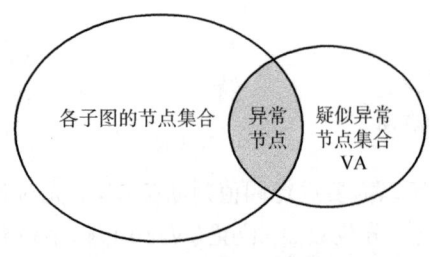

图 10　匹配筛选模块示意图

5. 匹配筛选模块设计

模块四为匹配筛选模块如图 10 所示，在该模块中算法会将疑似异常节点和各子图的节点进行匹配，求其交集，如若两者间交集为空集，则不存在异常节点，如若该集节点集不为空集，则认为该集合中的元素为异常节点，该异常节点被定位后将在前端输出，之后算法筛除集合中的异常节点，得到准确的无线传感器数据。

在以上模块中,也许会出现阈值判断的异常点恰好为最小阈值或最大阈值点,以及匹配筛选两个集合相同的情况,出现这样比较极端的情况算法无法准确判断,则转为人工匹配,由匹配算法给出匹配度最高的若干结果,需要的结果数可以根据情况作为超参数进行人工调整,保证结果的准确性。

三、案例分析

在数据处理时,将grib2转换为nc文件处理,在Windows上python读取grib2文件,由于数据非常庞大且结果众多,此处选择一定范围和时间的模式数据(指依据当地历史数据)进行验证,此处我们选择经度(70.00°~71.82°)纬度(58.18°~60.00°),空间分辨率0.03×0.03,位于0时区时间,2021年1月1日0时~2021年12月15日21时,时间分辨率为3小时,将数据创建空间和时间的网格坐标,用meshgrid函数对空间和时间坐标进行网格化如图11所示,将其转换为一种可以利用空间和时间信息进行分析的格式,以便进行后续的处理。

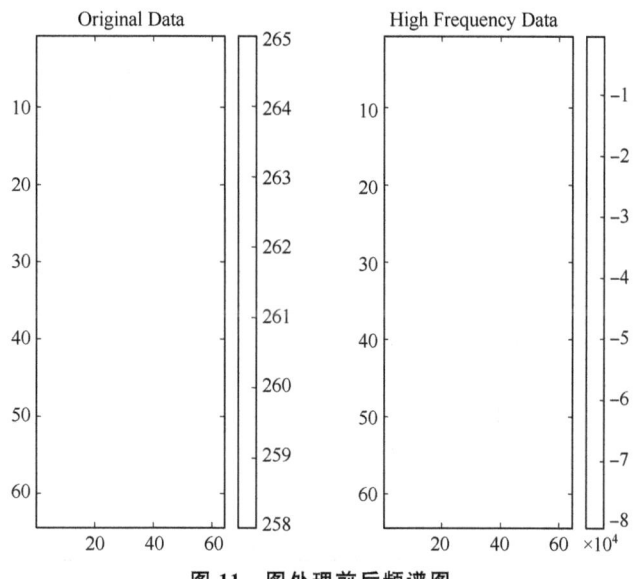

图11 图处理前后频谱图

我们进行了4种不同的异常情况下的实验仿真。其中,第一类是只有单个传感器节点受到外部的干扰或者轻微损坏,存在偏离正常值的信号值,在此次仿真中,我们增大原来的正常信号进行异常检测。第二类也是单个节点由于轻微的异常无法工作,当时此处我们设置的异常为传感器未检测到数据。即时刻的信号值设置为零。而第三四类则是这两种异常的前提下更符合实际的情况,即5个节点同时受到影响的情况。根据这4种设置的异常标准,我们运行了所有可能的异常检测情况,并统计成功检测和定位的次数,然后计算检测率(DR)和定位成功率(OPR)。

在测试过程中,我们对参数进行了不同取值的测试,总共进行了50 000次实验。检测率(DR)表示成功检测的比例,而定位成功率(OPR)表示成功定位异常节点的比例。具体的检测结果如表1~表4所示。

表 1　无线传感器网络 1 月的异常检测数据

2021010115000					
单个传感器节点的信号值增大			5 个传感器节点信号值增大		
alpha	DR	OPR	alpha	DR	OPR
1.5	100	31.29	1.5	100	85.74
3	100	30.81	3	100	85.90
单个节点信号值为零			5 个传感器节点信号值为零		
alpha	DR	OPR	alpha	DR	OPR
1.5	100	31.15	1.5	100	85.72
3	100	31.32	3	100	85.83

表 2　无线传感器网络 4 月的典型异常检测数据

2021010409000					
单个传感器节点的信号值增大			5 个传感器节点信号值增大		
alpha	DR	OPR	alpha	DR	OPR
1.5	100	29.57	1.5	100	83.94
3	100	29.58	3	100	83.98
单个节点信号值为零			5 个传感器节点信号值为零		
alpha	DR	OPR	alpha	DR	OPR
1.5	100	29.81	1.5	100	83.87
3	100	29.79	3	100	84.01

表 3　无线传感器网络 6 月的典型异常检测数据

2021010612000					
单个传感器节点的信号值增大			5 个传感器节点信号值增大		
alpha	DR	OPR	alpha	DR	OPR
1.5	100	36.21	1.5	100	90.37
3	100	35.93	3	100	90.21
单个节点信号值为零			5 个传感器节点信号值为零		
alpha	DR	OPR	alpha	DR	OPR
1.5	100	36.05	1.5	100	90.18
3	100	35.96	3	100	90.37

表 4　无线传感器网络 10 月的典型异常检测数据

2021011018000

单个传感器节点的信号值增大			5 个传感器节点信号值增大		
alpha	DR	OPR	alpha	DR	OPR
1.5	100	29.55	1.5	100	84.27
3	100	29.63	3	100	83.97
单个节点信号值为零			5 个传感器节点信号值为零		
alpha	DR	OPR	alpha	DR	OPR
1.5	100	29.37	1.5	100	84.04
3	100	29.70	3	100	83.92

我们可以看到不同月份数据分布不同，因而检测率也略有差异，此处选择当月平均检测率分析检测结果，当参数值设置为 1.5 和 3 时，算法能够达到较好的效果，无论是单个传感器还是多个传感器节点的异常信号变化，都能够准确的检测出来，但是其异常节点的定位却差别较大。单个传感器节点出现异常时，其定位力普遍较低，而当多个传感器出现异常时，其定位率较高，普遍在 80% 以上，甚至能达到 90%，该结果能达成我们设计算法的预期结果。

四、总结和展望

本项目研究的是针对海上渔业和科研中无线传感器节点的检测和定位。由于传感器节点部署于海面或者海上，环境较为恶劣且无人值守，节点出现故障频率较高，因而提出了一种无须人工实地检查则可对异常数据进行检测和定位的方法。在此篇论文中，我们对收集整理的数据使用节点域-图频域相结合的方法，对无线传感器传输的数据进行异常节点检测和定位。最终实现 80% 以上的自设异常节点可以实现准确的检测和定位；在无须人工干预进行对应的前提下，使得无线传感器数据的准确率达到 90% 以上。

本课题只对静态的无线传感器数据做了模拟分析，并未研究概率动态变化下该算法对于异常节点的检测能力。同时，本课题中采用的错误概率是依据现实人为设定的，实际中应用中的异常节点出现概率并没有如此确定的规律性。这是下一步研究的重点。

由于运算能力有限，将图信号转换为各个子图模型遍历处理，既提高了检测速率，又降低了算法复杂度，优化了算法运行效率。但同时也使得单个异常节点检测的检测和定位表现的不是非常准确。下一步需要将各子图再进行进一步划分，这样基本可以保证单个异常节点检测率提高，更符合实际情况。

下一步研究的重点，是将无线传感器的检测和定位与现实数据相结合，对不同种类的数据集进行数据的整合和处理，在大量显示数据中挖掘出个其他因素的影响，从而使得异常节点的检测更为准确。同时，如何实现这些数据更加快速准确检测和定位仍是未来的研究方向。

参考文献

[1] Miao X, Song H, Biming T, Sazia P, et al. Anomaly detection in wireless sensor networks: A survey[J]. Journal of Network and Computer Applications, 2011, 34(4): 1302-1325.

[2] Po-Yu Chen, Shusen Yang, Julie A. McCann. Distributed Real-Time Anomaly Detection in Networked Industrial Sensing Systems[J]. IEEE Transactions on Industrial Electronics, 2015, 62(6): 3832-3842.

[3] 马文钰. 无线传感器网络 k-覆盖空洞检测算法研究[D]. 东南大学, 2020.

[4] 陈新颜. 基于邻居协作的无线传感器网络故障检机制[D]. 北京邮电大学, 2015.

[5] 金仁成, 李应琛, 马远, 等. WSNS 中基于箱线图的误差自校正定位算法[J]. 单片机与嵌入式系统应用, 2017, 17(7): 28-33.

作者简介

李圆菊, 女, 本科生, 就读于北京信息科技大学信息与通信工程学院电信 2102 班。

姚彦鑫, 女, 教授, 研究生导师, 北京信息科技大学信息与通信工程学院, 主要研究方向为通信与节能通信网络、压缩感知与智能信号处理。

莫叶凡, 男, 本科生, 就读于北京信息科技大学信息与通信工程学院电信 2103 班。

雷毅飞, 男, 本科生, 就读于北京信息科技大学信息与通信工程学院电信 2101 班。

李昊, 男, 本科生, 就读于北京信息科技大学信息与通信工程学院电信 2101 班。

潘喆妍, 女, 本科生, 就读于北京信息科技大学信息与通信工程学院电信 2103 班。

智能家居控制系统

陈朗言　李振华　来佳杭　杨可心　苑　帅　聂祺昊

(北京信息科技大学信息与通信工程学院,北京,100101)

摘　要:本课题旨在利用嵌入式系统开发和物联网技术,应用于智能家居的自主控制特点,实现下雨自动关窗、天黑自动开灯等功能。通过整合多种传感器模块和功能模块,利用 Arduino 控制板来收集环境数据,并根据这些数据做出相应的决策和控制操作。预期的目标是通过水滴检测模块实时监测环境中的雨水情况,当检测到下雨时,Arduino 控制板通过舵机模块自动关窗。同时,利用光敏传感器收集环境光强数据,通过比较光强与设定阈值,判断是否为夜晚,并控制 LED 灯模块自动开关。通过此方法,可以实现智能化的家居控制,提高生活的便利性和舒适度。

关键字:嵌入式开发;智能家居;物联网。

Smart home control system

Chen Lang-yan　Li Zhen-hua　Lai Jia-hang　Yang Ke-xin
Yuan Shuai　Nie Qi-hao

Abstract:This topic aims to use embedded system development and Internet of Things technology to apply the autonomous control characteristics of smart home, and realize the functions of automatically closing the window when it rains and automatically turning on the light when it gets dark. By integrating a variety of sensor modules and function modules, the Arduino control board is used to collect environmental data and make corresponding decisions and control operations based on these data. The expected goal is to monitor rain in the environment in real time through the water drop detection module, and when rain is detected, the Arduino control board automatically closes the window through the steering gear module. At the same time, the light sensor is used to collect the ambient light intensity data, determine whether it is night by comparing the light intensity and setting the threshold, and control the automatic switch of the LED light module. Through this method, intelligent home control can be realized, and the convenience and comfort of life can be improved.

Key words:Embedded development; Smart home; Internet of Things.

一、引言

智能家居技术是一种基于物联网、嵌入式系统和人工智能等技术的新兴领域,其应用正引起越来越多的人的关注。目前,人们越来越关心家庭安全、舒适性和能源管理等问题,因

---

① 项目来源类别:2023 年北京市大学生科技创新计划项目

此智能家居控制系统逐渐成为普通家庭的热门话题。随着技术的发展,传统的家居设备控制系统已经不能满足人们的需求。人们需要一个集成多种传感器、智能判断、自动控制为一体的智能家居控制系统来满足他们对生活质量的需求。

本文的研究目的是利用嵌入式系统和物联网技术开发智能家居自主控制系统,实现智能化的家居控制。本文的研究理由在于智能家居控制系统在提高家庭生活舒适度、安全性及节能管理方面具有广泛的应用价值。同时,现有的智能家居控制系统大多需要人为干预,而本文所提出的智能家居控制系统是一种自主控制系统,可以对环境变化做出相应的自主决策和控制操作,具有更高的智能化和自助化程度。

近几年,智能家居技术已经得到了快速的发展,并取得了丰硕的成果,如图像识别和智能音响等。在家庭自动化控制领域,也出现了不少有代表性的研究,如基于机器学习的温度控制系统、基于语音识别的家庭控制系统等。然而,这些系统的自主决策和控制能力仍有局限性,无法实现细粒度。

控制和多种信号的实时响应。因此,本文的研究具有很高的研究价值和应用前景。

本文的创新点在于利用物联网技术和嵌入式系统集成多种传感器模块和功能模块,实现智能化的家居控制。通过对环境数据的实时监测和分析,系统可以自主做出决策和控制操作,提高家庭生活的自助化和智能化程度。本文的预期结果是实现一个具有自主控制特点的智能家居控制系统,可以实现下雨自动关窗、天黑自动开灯等功能,提高生活的便利性和舒适度。这对智能家居应用、绿色节能和智能化家居领域的研究都具有很高的实践意义和理论价值。

二、系统方案

1. 系统设计方案

本系统硬件组成框图如图 1 所示。本课题基于嵌入式系统开发和物联网技术的综合应用,分析智能家居自主控制特点,实现下雨自动关窗、天黑自动开灯等功能,利用 Arduino 环境实现家居智能化控制。

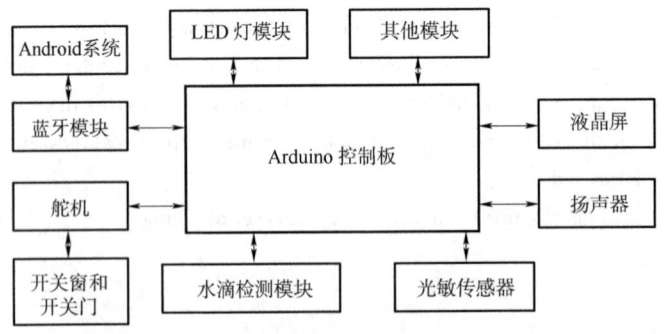

图 1 硬件组成框图

本系统中,硬件组成是通过 Arduino 控制板将多种功能模块集成,包括水滴检测模块、光敏传感器等传感器模块、LED 灯模块、舵机等,实现通过传感器对环境进行监测,将数据反馈给控制中心后,控制中心再通过得到的数据进行决策并让功能模块执行任务。

由于Arduino跨平台、开发简单、开源开放的特点,在便捷灵活的同时可以方便实现二次开发,选择了Arduino作为本系统的开发环境。软件可使用Arduino C等多种语言进行编程,通过编写算法烧录到控制板实现智能家居系统的基本功能,算法中包括对传感器的数据收集和对功能模块的控制。

2. 硬件设计

(1) 蓝牙模块

如图2所示,DX-BT24 5.1蓝牙模块是为智能无线数据传输而打造,采用英国DAILOG公司14531芯片,配置256 KB空间,遵循V5.1 BLE蓝牙规范。支持AT指令,用户可根据需要更改串口波特率、设备名称等参数,使用灵活。本模块支持UART接口,并支持蓝牙串口透传,具有成本低、体积小、功耗低、收发灵敏性高等优点,只需配备少许的外围元件就能实现其强大功能。在实验中,我们默认把蓝牙模块当做从机,手机当做主机。实验中我们在手机上安装对应的App,在App上连接蓝牙模块,然后通过手机App控制智能家居的各元器件实现相应的功能和效果。

图2 DX-BT24 5.1蓝牙模块

(2) 气体传感器

如图3所示,气体传感器(MQ-2)可用于家庭用气体泄漏报警器、工业用可燃气体报警器以及便携式气体检测仪器,适宜于液化气、苯、烷、酒精、氢气、烟雾等的探测,被广泛运用到各种消防报警系统中。故因此,气体传感器(MQ-2)可以准确来说是一个多种气体探测器,同时还具有灵敏度高、响应快、稳定性好、寿命长、驱动电路简单等优点。气体传感器(MQ-2)检测可燃气体与烟雾的浓度范围是300~10 000 ppm,对天然气、液化石油气等烟雾有很高的灵敏度,尤其对烷类烟雾更为敏感。在使用之前必须加热一段时间,这样输出的电阻和电压较准确。但是加热电压不宜过高,否则会导致内部的信号线熔断。模拟气体(MQ-2)传感器属于二氧化锡半导体气敏材料,属于表面离子式N型半导体。处于200~300 ℃时,二氧化锡吸附空气中的氧,形成氧的负离子吸附,使半导体中的电子密度减少,从而使其电阻值增加。当与空气中可燃气体和烟雾接触时,如果晶粒间界处的势垒收到烟雾的调至而变化,就会引起表面导电率的变化。利用这一点就可以获得烟雾或可燃气体存在的信息,空气中烟雾或可燃气体的浓度越大,导电率越大,输出电阻越低,则输出的模拟信号就越大。此外,通过旋转电位器可以调整气体传感器(MQ-2)灵敏度。上电后,传感器上的一个指示灯亮绿灯,并且还可以调节蓝色的正方体电位器,使模块上另一个指示灯介于不亮与亮之间的临界点时,灵敏度最高。

(3) 舵机

当我们在制作智能家居时,经常会将舵机和门、窗等固定在一起。这样,我们就可以利

图 3　气体传感器

用舵机转动,带动门、窗等开或关,从而起到家居生活的智能化功能。在这课程中我们着重介绍下智能家居套件中的舵机的原理和使用方法。舵机是一种位置伺服的驱动器,主要是由外壳、电路板、无核心电动机、齿轮与位置检测器所构成。与电动机不同,我们一般控制电动机的转速和方向。而舵机更多的是控制指定的角度。常用的舵机可旋转的角度范围是 $0°$ 到 $180°$。舵机引线为 3 线,分别用棕、红、橙 3 种颜色进行区分,舵机品牌和生产厂家不同,会有些许差异,使用之前需查看资料。我们使用的是最常见的舵机,棕、红、橙分别对应"电源负极,电源正极,控制信号"。舵机的伺服系统由可变宽度的脉冲来进行控制,橙色的控制线是用来传送脉冲的。一般而言,PWM 控制舵机的基准信号周期为 20 ms(50 Hz),理论上脉宽应在 1 ms 到 2 ms 之间,对应控制舵机角度是 $0°\sim 180°$。

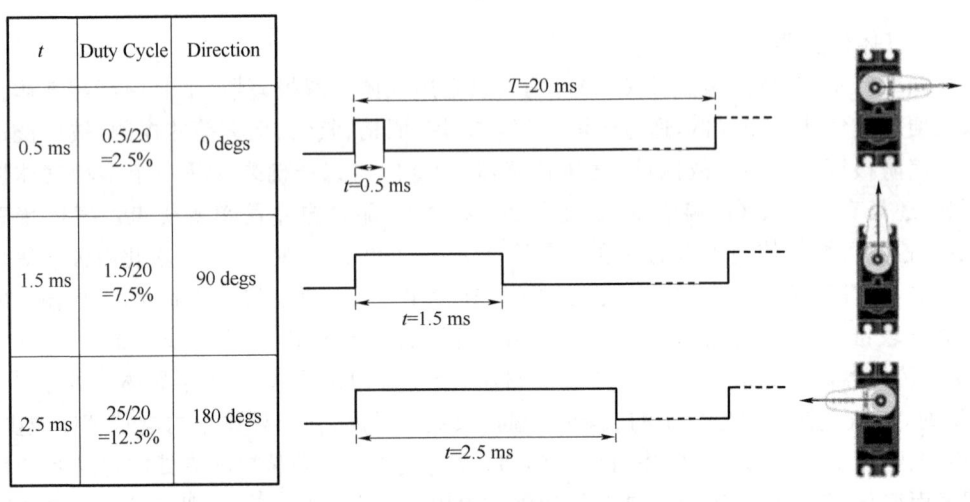

图 4　PWM 控制舵机

（4）光敏传感器

KeyesDIY 光敏电阻传感器,这是一个常用的光敏电阻传感器,它主要采用光敏电阻元件。该电阻元件电阻大小随着光照强度的变化而变化,该传感器就是利用光敏电阻元件这一特性,搭建电路将电阻变化转换为电压变化。光敏电阻传感器可以模拟人对环境光线的强度的判断,可广泛应用于各种光控电路,如对灯光的控制、调节等场合,也可用于光控开关。实验中,我们将传感器信号端(S端)输入到 Arduino 系列单片机的模拟口,感知模拟值的变化,在串口监视器上显示出对应的模拟值,当小于某个值时点亮 LED 灯。

如图 5 所示,Keyes I2C 1602LCD 模块是可以显示 2 行,每行 16 个字符的液晶显示器模块。液晶显示器显示蓝底白字,自带 I2C 通信模块,使用时只需连接单片机 I2C 通信接口,大大节约了单片机资源。最初的 1602LCD 需要 7 个 IO 端口来启动和运行,而 KeyesI2C1602LCD 模块内置 Arduino IIC/I2C 接口,节省了 5 个 IO 端口。和 Arduino 液晶库文件兼容,用起来很简单。LCD 非常适合打印数据和显示数字。可以显示 32 个字符 (16x2)。在 KeyesI2C1602LCD 模块的背面有一个蓝色的电位器,可以转动电位器来调整对比度。连接时请注意,LCD 的 GND 和 VCC 不能接反,否则会损坏 LCD。

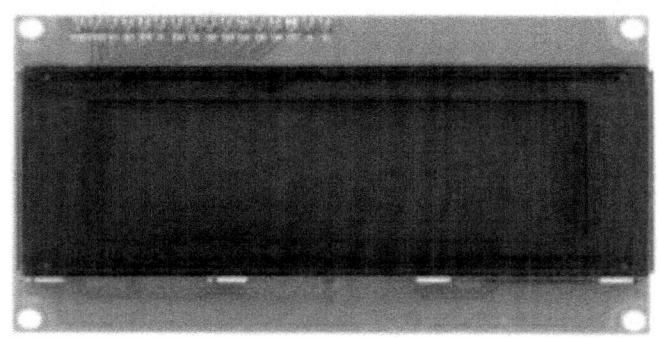

图 5　1602LCD 模块

三、功能实现

通过蓝牙模块实现手机 App 与智能家居设备的连接。用户可以通过 App 对相关智能家居设备进行控制,如开灯、关窗等。在 Arduino 端,需要编写蓝牙通信代码,接收来自 App 的控制指令,并执行相应的操作。使用 MQ2 气体传感器监测煤气浓度。当传感器检测到煤气泄漏时,通过 Arduino 控制蜂鸣器发出警报声音。警报的触发条件为当传感器数据数值大于 700 时(使用打火机气体测试),并且当数值小于 100 时停止发声。通过水滴传感器检测雨水的大小,当检测数值大于 800 时,通过 Arduino 控制接在引脚 10 的舵机转动 120°,从而关闭窗户。当水滴传感器检测数值小于 800 时,舵机转到零度,窗户关闭。利用光敏传感器监测光线强度,当光线强度小于 300 并且人体红外传感器检测到有人时,通过 Arduino 控制 RGB 灯亮红色。在其他情况下,熄灭 RGB 灯。这可以通过编程实现,根据传感器数据和人体红外传感器的信号来控制 RGB 灯的亮灭。在门上搭建一个密码输入系统,包括 1602LCD 显示屏和两个按钮。使用舵机控制门锁。用户通过按下按钮 1 输入密码(例如:.--.-.),LCD 屏幕显示输入的密码。在 Arduino 代码中,需要编写逻辑来识别输入的密码是否正确,如果正确则控制舵机 1 打开门锁。

四、总结与期望

在本次智能家居控制系统的开发过程中,我们成功实现了基于 Arduino 的多种智能功能,包括蓝牙远程控制、煤气泄漏监测、雨水感应窗户关闭、光线感应灯光控制以及密码门锁系统。这些功能的实现为智能家居系统的发展提供了新的思路和技术支持,为用户提供了更加便捷、安全、舒适的居家体验。

在未来的研究中,可以进一步优化系统的稳定性和可靠性,提高传感器的检测精度和灵敏度,以更好地适应不同环境下的使用需求。同时,我们也可以考虑引入更多的智能家居设备,如智能插座、温湿度传感器等,构建更加全面和智能化的居家控制系统。

尚待解决的问题包括系统的安全性和隐私保护,在智能家居系统中,用户的个人信息和居家环境数据需要得到有效的保护和管理。此外,智能家居系统的节能环保特性也是未来研究的方向之一,通过优化控制算法和能源管理手段,实现对能源的更加有效利用。

总的来说,本次研究为智能家居控制系统的发展提供了新的思路和技术支持,同时也提出了未来研究的建议和展望,希望能够为智能家居领域的发展贡献一份力量。

参考文献

[1] 蒋志伟.基于ARM嵌入式智能家居系统的设计与实现[D].河北工业大学,2015.
[2] 翟倩,肖金,陆兴华,等.智能家居系统用户体验的研究[J].工程技术研究,2020;5(17):251-17.
[3] 冯浩洋,潘峰,杨雨瑶,等.一种智能家居控制系统:CN113835348B[P].2021-9-17.

作者简介

陈朗言,男,本科生,就读于北京信息科技大学信息与通信工程学院物联2101班。
来佳杭,男,本科生,就读于北京信息科技大学信息与通信工程学院物联2101班。
李振华,男,吉林省长春市,博士研究生,讲师。研究领域智慧感知与控制。
杨可心,女,本科生,就读于北京信息科技大学信息与通信工程学院物联2101班。
苑帅,男,本科生,就读于北京信息科技大学信息与通信工程学院电信2101班。
聂祺昊,男,本科生,就读于北京信息科技大学信息与通信工程学院物联2001班。

分布式环境监测平台

李舰飞　周富余

（北京信息科技大学信息与通信工程学院，北京，100101）

摘　要：本课题针对传统环境监测方式的局限性，研发并设计了一个分布式环境监测平台，旨在通过先进技术实现高效、低成本的小范围环境数据采集。平台由多种传感器、GPS模块、NB-IoT通信模块和微信小程序构成，传感器能够高精度获取温度、湿度、空气质量等环境参数，并通过主控板接收和NB-IoT模块上传至云端服务器。微信小程序负责数据处理和展示，用户可以随时查询环境信息，并获得旅行、穿衣等建议。

模拟结果表明，该平台能够实现环保部门对小范围数据的实时监测和云端传输，为环境保护提供重要数据支持。同时，平台为个人用户提供便捷的景点信息查询和推荐服务，帮助用户更好规划和享受旅行。总体而言，该平台在减少环境监测成本、实现小范围环境监测任务和提供旅游建议方面具有重要意义。

关键字：环境监测；碳中和；NB-IoT；MQTT协议；百度云服务器。

Distributed monitoring platform

Li Jiang-fei　Zhou Fu-yu

Abstract：This project addresses the limitations of traditional environmental monitoring methods and develops and designs a distributed environmental monitoring platform, aiming to achieve efficient and low-cost small-scale environmental data collection through advanced technology. The platform consists of multiple sensors, GPS modules, NB IoT communication modules, and WeChat mini programs. The sensors can accurately obtain environmental parameters such as temperature, humidity, and air quality, and upload them to the cloud server through the main control board and NB IoT modules. The WeChat mini program is responsible for data processing and display, and users can query environmental information at any time and obtain travel, clothing and other suggestions.

The simulation results show that the platform can achieve real-time monitoring and cloud transmission of small-scale data by environmental protection departments, providing important data support for environmental protection. At the same time, the platform provides convenient scenic spot information inquiry and recommendation services for individual users, helping them better plan and enjoy their travels. Overall, the platform is of great significance in reducing environmental monitoring costs, achieving small-scale environmental monitoring tasks, and providing tourism recommendations.

Key words：Environment monitoring；Carbon neutrality；NB-IoT；MQTT protocol；Baidu Cloud Server.

---

① 项目来源类别：2024年北京市大学生创新训练计划项目。

一、引言

在当今社会,环境保护已经成为全球性的热点议题。人们越来越意识到环境问题的严重性,以及环境保护对于人类生存和发展的重要性。环境监测在这一过程中发挥着不可或缺的作用,为环保决策提供科学依据,推动环境治理工作向着更加精细化和智能化的方向发展。在我国碳中和的背景下,通过监测数据的及时反馈和分析,能够更好地了解环境变化的趋势和规律,及时采取有效的措施来保护环境,确保可持续发展。传统环境监测方法在大范围内进行,若要实现小范围的环境监测,部署成本较高且效率较低。此类监测系统其无线通信方式 4G 和 WLAN 存在成本高、功耗大的问题,而蓝牙和 WiFi 覆盖范围有限、传输距离短等问题[1,2]。

为解决这些问题,本文提出采用 NB-IoT 技术进行通信,并结合 GPS 模块,使设备能在一个地区内的多个点位进行部署。NB-IoT(低功耗广域网,LPWAN)能为物联网设备提供覆盖范围更广的连接。基于蜂窝网络技术,NB-IoT 可部署在现有移动网络基础设施上,从而更容易实现全国范围内的覆盖。相较于传统环境监测系统所采用的通信方式,NB-IoT 在覆盖范围和传输距离上具有显著优势。此外,NB-IoT 采用低功耗连接,传输频率较低,可降低设备在长时间运行过程中的能耗。结合 GPS 定位模块,本设计能在长距离上完成多个小范围的长时间环境监测任务。这不仅扩大了通信距离和覆盖范围,还降低了设备的功耗和成本。

二、分布式环境监测平台的整体设计

本文设计的分布式环境监测平台集成了传感器技术、物联网方案、小程序开发,主要由数据采集终端、物联网智能网、百度云服务器和微信小程序构建,功能丰富,精度可靠,满足环境监测目的的需求,如图 1 所示。如平台在进行环境监测的任务时,首先通过多种传感器进行环境数据的采集,包括 PM2.5、温度、湿度、O_2、CO_2、紫外线强度、噪声指数,主控版通过 NB-IoT 技术传输数据至云服务器,用户即可在小程序上在线查看实时环境数据或出行推荐信息[3,4]。

三、硬件设计

根据相关功能的需求、功耗以及成本考虑,硬件设计包主要包含主控板设计、环境数据采集设计、GPS 定位设计、通信模块设计[5]。

(1)主控板设计:主控板采用单片机嵌入式开发,选择的芯片类型为 GD32 系列的芯片,该类芯片拥有多个定时器、I2C 等外设,具备较大的 Flash 储存器和 SRAM,支持复杂的程序和数据处理,采用了低功耗设计,十分适用本课题设计的分布式环境监测平台的便携性特点。

(2)GPS 定位设计:GPS 定位模块本课题采用的是 UBLOX NEO-6M 模块,体积小巧,性能优异,自带板载天线,减少了外部天线安装成本,并且自带可充电后备电池,可以掉电保

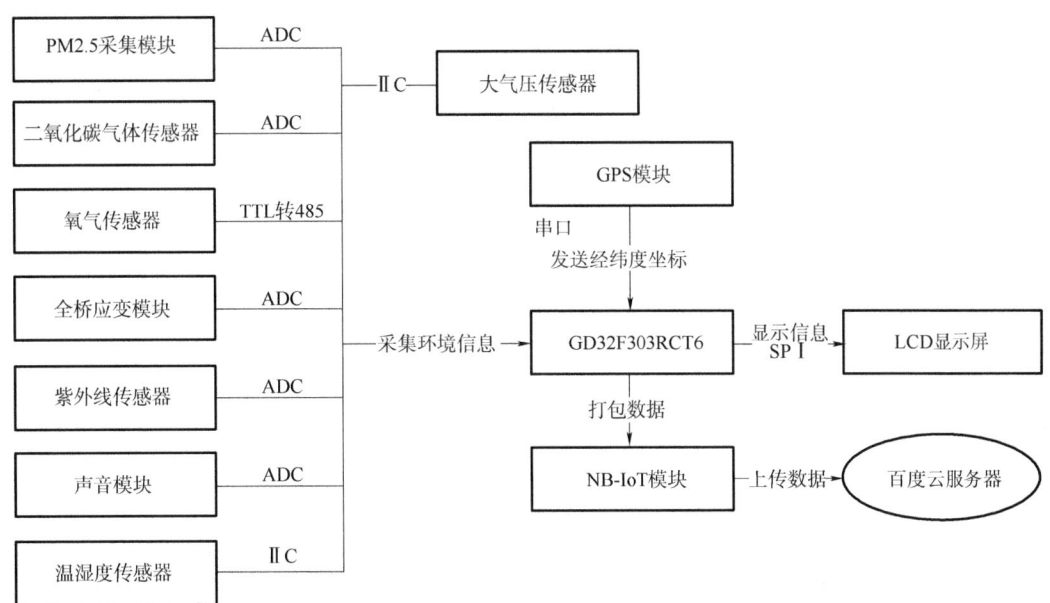

图 1 整体设计

存星历数据,在主电源断开后,后备电池可以维持半小时左右的 GPS 星历数据的保存,以支持温启动或是热启动,从而实现快速定位。图 2 所示为 GPS 获取经纬度的换算方法。

```
15:16:50  $GPGSV,4,1,15,01,37,172,08,03,41,030,32,06,18,042,35,07,50,324,27*78
15:16:50  $GPGSV,4,2,15,08,17,323,35,09,13,322,35,11,65,168,21,13,37,234,13*71
15:16:50  $GPGSV,4,3,15,16,24,070,18,19,61,013,38,20,01,180,,23,22,199,19*71
15:16:50  $GPGSV,4,4,15,27,27,036,32,28,07,302,35,32,00,148,*46
15:16:50  $GPGLL,2318.13307,N,11319.72036,E,151650.00,A,A*6A
```

假设你获取到的上面 GPS 输出的数据。

　　N　　2318.13307　　　纬度
　　E　　11319.72036　　经度

将其转换为度(°)分(′)秒(″)

纬度 = 2318.13307 / 100 = 23°
　　　2318.13307 % 100 = 18′
　　　0.13307 * 60 = 7.984″

经度 = 11319.72036 / 100 = 113°
　　　11319.72036 % 100 = 19′
　　　0.72036 * 60 = 43.2216″

图 2 GPS 坐标转换

(3) 环境数据采集设计:在环境数据采集过程中,传感器模块作为硬件设计的重要部分,其作用至关重要。环境数据采集设计如图 3 所示,其重要性不言而喻。这不仅直接影响着数据的准确性和可靠性,更是后续数据分析与应用能否发挥预期效果的关键。在硬件设计环节,传感器模块的选择与布局更是环境数据采集设计中的重中之重。首先,需要关注环境中对人体影响较大且常见的信息,如空气质量(PM2.5)、温湿度、紫外线、大气压等。当这些因素处于不正常水平时,例如空气质量较差,会影响人体呼吸系统。此外,还需考虑维持生态环境的主要因素,包括温湿度、空气质量(PM2.5)等。综合以上因素,本设计选用的传感器涵盖了温湿度、紫外线、大气压、空气质量(O_2、CO_2、PM2.5)等方面,如表1所示[6]。

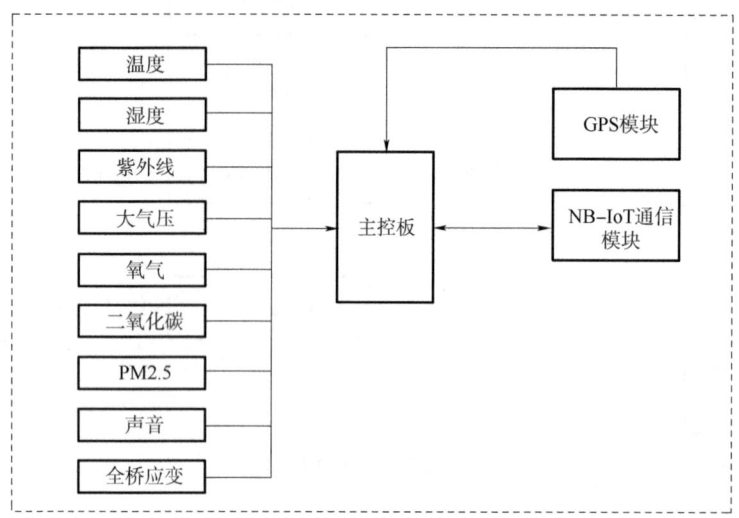

图 3　数据采集

表 1　传感器技术指标

测量参数	有效监测范围	分辨率	单位
温度	$-20\sim60$	0.1	℃
湿度	$5\sim95$	0.1	%RH
PM2.5	$0\sim700$	1	$\mu g/m^3$
紫外线	$200\sim370$	1	nm
CO_2	$0\sim10\,000$	1	ppm
O_2	$0\sim30$	0.1	%
大气压	$3\times10^4\sim11\times10^4$	0.06	Pa

(4)通信模块设计:NB-IoT 模块是一种先进的通信技术,为物联网设备提供稳定、高效、低功耗的通信解决方案。相较于传统技术,NB-IoT 具备广泛覆盖、低功耗、大量连接支持和低成本等优势。这些特性使得它在物联网项目中成为理想选择,能够确保设备间信息传输畅通无阻,并保证设备长时间稳定运行。同时,采用 AT 指令控制,与单片机通过串口方式交换命令与数据,使得集成和控制更为简单。

四、软件设计

在软件设计方面,采用微信开发者工具开发微信小程序,小程序是一种新的开放能力,客户可以快速使用小程序获得所需服务。小程序可以在微信内被便捷地获取和传播,同时对传感器的数据也有较强的处理能力,给客户提供良好的服务体验。本平台的数据传输使用基于 NB-IoT 模块的 MQTT 协议。NB-IoT 模块使用 AT 指令可以与百度智能云平台 Incorrect 物联网核心套件进行数据交互,代码实现过程中,创建 STM32F103 的 RT-Thread 操作系统的实验代码,STM32F103 控制器与 NB-IoT 模块使用串口进行通信。STM32F103 发送 MQTT 相关的 AT 指令,发送与接收数据的接口是基于博创智联公司提供的 RT-Thread 操作系统 AT 组件完成的。

软件整体设计包括程序设计和云端服务器的部署和收发。本课题的软件设计充分考虑了客户需求、技术实现和数据传输等多个方面,图 4 所示为小程序系统的整体流程,下面将根据流程图详细阐述程序设计的主要环节。

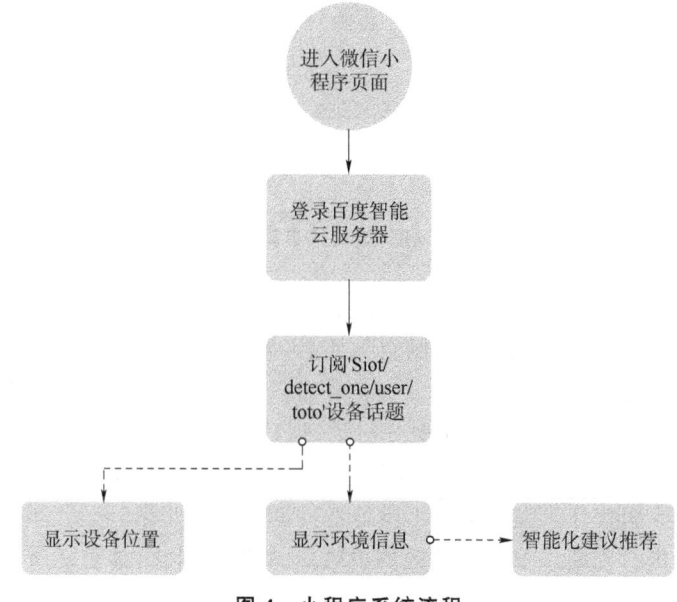

图 4 小程序系统流程

RT-Thread 操作系统的 STM32F103 控制器,通过与 NB-IoT 模块的串口通信,接收来自小程序的指令与数据。与此同时,STM32F103 控制器负责将采集到的数据,采用 MQTT 协议传输至百度智能云平台 Incorrect 物联网核心套件。数据传输完成后,百度智能云平台 Incorrect 物联网核心套件对接收到的信息进行处理与分析。根据分析结果,平台生成相应指令或数据,并通过 NB-IoT 模块与 STM32F103 控制器发送至小程序。小程序在接收到来自服务器的指令或数据后,根据预设逻辑进行相应处理,并将结果展示给用户。从而使用户在小程序中体验到便捷服务。除了基本的数据传输与处理功能,还为小程序设计了诸如用户行为分析、个性化推荐等高级功能。这些功能旨在提升用户体验。

(1)小程序的程序设计:小程序的编程理念始于友好性,整个程序界面整合了空气质量数据、设备与用户定位信息、各类传感器提供的精确数据,以及基于传感器数据所开发的个人推荐算法生成的智能化推荐内容。无论是环境监测部门或是个人用户,均可在小程序中获取所需数据。其中,本设计基于传感器数据变化开发了智能化推荐算法,通过这一算法,智能化推荐内容应运而生,为用户提供更加精准、个性化的服务,它能调取百度地图 API,精准定位用户和设备的地理位置,用户可根据地图上的图标了解到与自己距离相邻的设备位置的环境信息,如图 5 所示。

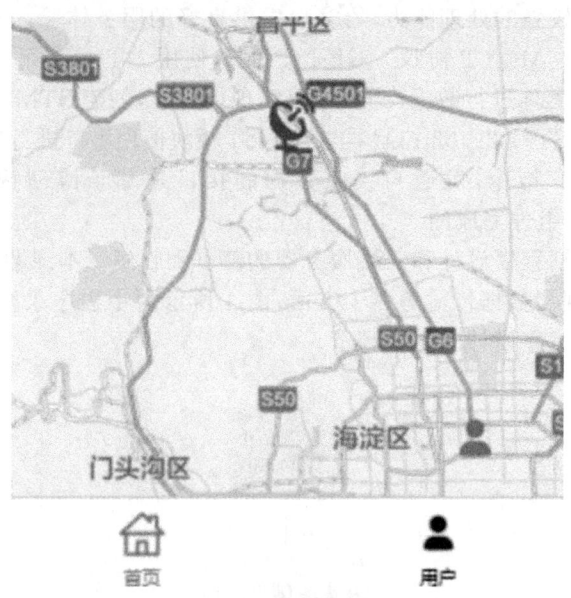

图 5 小程序地图（地图来自微信自带端口）

小程序会根据传感器数据为个人用户提供科学性的出行、穿衣等建议。比如，在环境监测领域，小程序可以根据用户所在地区的空气质量、温度、湿度等数据，为用户提供合适的口罩建议、出行建议、运动建议、穿衣建议、防晒建议。出行建议主要是根据温度、湿度、PM2.5、紫外线的数据进行判断推荐如表2所示；运动建议是根据温度、湿度、紫外线、O_2 的数据给出合理化推荐，如表3所示；穿衣建议主要通过温度数据给出合理性建议，如表4所示；防晒推荐主要根据紫外线强度来给出出行的防晒建议，如表5所示；口罩建议主要通过空气质量（PM2.5进行判断），根据该地区的 PM2.5 的浓度对比，如表6所示。

表 2 出行推荐

温度（℃）	10＜温度＜30	温度＞=30 或温度＜=10
湿度（%）	40＜湿度＜70	湿度＞=70 或湿度＜=40
紫外线	紫外线＜=9	紫外线＞9
PM2.5（μg/m³）	PM2.5＜50	PM2.5＞50
出行推荐	推荐	不推荐

表 3 运动推荐

温度（℃）	10＜温度＜25	温度＞=25 或温度＜=10	温度＜6 或温度＞30
湿度（%）	40＜湿度＜80	湿度＞30 或湿度＜70	湿度＜20 或湿度＞80
紫外线	紫外线＜=9	9＜紫外线＜=11	紫外线＞11
O_2 浓度（%）	19＜O_2＜23.5	15＜O_2＜=19	O_2＜15
运动推荐	适宜	一般	不适宜

表 4　穿衣建议

温度（℃）	推荐	温度（℃）	推荐
6＜温度＜15	秋冬装	温度＞24	夏装
温度＜=6	冬装	24＝＜温度	春秋装

表 5　防晒建议

紫外线指数	建议（SPF 为防晒用品的防晒指数）
0＝＜紫外线＜=4	无需防晒用品
4＜紫外线＜6	SPF5-10
6＜紫外线＜8	SPF10-30
8＜紫外线＜10	SPF30-50
10＜紫外线	SPF50＋

表 6　口罩建议

PM2.5（μg/m³）	推荐	空气质量显示
＜35	出门呼吸新鲜空气吧	优
35＝＜PM2.5＜75	今天空气还不错	良
75＝＜PM2.5＜115	建议敏感人群佩戴好口罩	轻度污染
115＝＜PM2.5＜150	出行佩戴好口罩	中度污染
150＝＜PM2.5＜250	减少出行，佩戴口罩和墨镜	严重污染
250＝＜PM2.5	尽量不出行，佩戴墨镜和口罩	重度污染

（2）考虑到数据面对群体复杂，用户数量大，因此本系统云端服务器决定使用百度智能云（https://login.bce.baidu.com/），其物联网 IT Core 服务相较于普通服务器技术成熟，安全性好，稳定性强，注册简单。

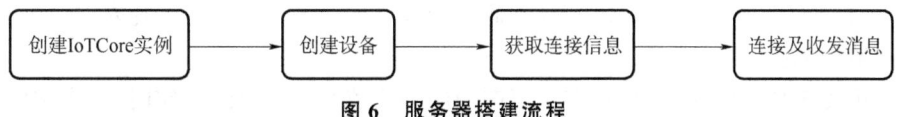

图 6　服务器搭建流程

本系统的数据传输使用基于 NB-IoT 模块的 MQTT 协议。NB-IoT 模块使用 AT 指令可以与百度智能云平台 Incorrect 物联网核心套件进行数据交互，代码实现过程中，创建 STM32F103 的 RT-Thread 操作系统的实验代码，STM32F103 控制器与 NB-IoT 模块使用串口进行通信。STM32F103 发送 MQTT 相关的 AT 指令，发送与接收数据的接口是基于博创智联公司提供的 RT-Thread 操作系统 AT 组件完成的。MQTT 是基于代理服务器发布/订阅范式的通信协议，有开放、简单、轻量和易于实现等特点。MQTT 最大的优势在于，可以以极少的代码和有限的网络带宽，为远程设备连接提供实时可靠的消息服务。

五、测试结果

为了增强分布式环境监测平台的数据可靠性,使用设备分别在早中晚不同环境下对环境信息进行采集,进行人工比对,如表7所示。

表7 实测数据

	早上室内	早上室外	中午室内	中午室外	晚上室内	晚上室外
当日天气	阴		小雨		阴	
温度(℃)	21.8	18	20.3	17	25.1	22.6
湿度(%)	51	61	47	82	46	49
CO_2(ppm)	1023	1097	758	447	994	887
O_2(%)	15.8	16.6	15.7	15.9	17.2	17.9
紫外线	2	4	6	8	3	4
PM2.5($\mu g/m^3$)	7	25	2	42	3	34
噪声指数(负数为比较安静的环境)	-11	-10	-12	-14	-15	2
大气压(Pa)	100.89	101.23	100.14	101.2	100.7	100.92
出行推荐	推荐	推荐	推荐	不推荐	推荐	推荐
运动推荐	推荐	推荐	推荐	不推荐	一般	一般
穿衣	春秋装	春秋装	春秋装	春秋装	夏装	春秋装
防晒	SPF5-10	SPF5-10	SPF5-10	SPF10-15	SPF5-10	SPF5-10
空气质量	优	优	优	优	优	优
口罩建议	出门呼吸新鲜空气吧	出门呼吸新鲜空气吧	出门呼吸新鲜空气吧	出门呼吸新鲜空气吧	出门呼吸新鲜空气吧	出门呼吸新鲜空气吧

基于不同点位、多种环境和时间条件下实时采集的数据进行分析,本平台数据准确性高、持续性强,设计的推荐算法能适应不同时间和环境下的数据变化,根据数据提供合理的出行、运动、穿衣、防晒和口罩建议。经与同时期官方天气预报平台进行比对,平台给出的建议与实际情况相符。

相较于传统环境监测,本平台在小范围内的环境监测具有更强的实时性,大幅降低人工成本。传统监测任务易受人为因素影响,数据可靠性和准确性较低。而分布式环境监测平台在多个预设点位进行监测,并通过人工比对提高数据可靠性和准确性。并且在向用户提供数据时,以广大公众为对象,而不仅限于环境监管部门。

然而,需要注意的是,该平台仍然存在一些问题,比如人工比对的过程可能会引入主观因素,进而影响数据的准确性。此外,对于某些环境参数(如紫外线、PM2.5等),可能需要更高精度的传感器来进行监测。

六、结论

本文设计的环境监测平台由硬件系统和微信小程序两部分组成,其中硬件系统包括多种传感器、GPS模块和NB-IoT通信模块,能够实时采集环境数据并上传至云端服务器,而微信小程序则负责接收、处理和展示这些数据。在设计中充分考虑了实际应用的需求,选择了高精度稳定的传感器,并采用了覆盖广、功耗低、成本低的NB-IoT通信模块,以适应长时间稳定运行的需求。同时,结合GPS模块实现了环境监测点的定位,提供更直观的数据来源和分布情况。

通过大量实地测试数据验证了平台的可行性和有效性。长期的数据采集和分析显示,本文设计的平台能够准确地采集环境数据,并实时将其上传至云端服务器。这些数据为环保部门和个人用户提供了可靠的支持,帮助用户及时了解和应对环境变化。总体而言,本平台在技术方法和实验结论方面达到了预期。未来,将继续优化产品功能和服务,引入更多类型的传感器,改进用户体验,实现智能预警与管理,以实现平台的可持续发展和更广泛的应用前景。

参考文献

[1] 梁毅恒.生态环境监测及环保技术研究[J].黑龙江环境通报,2024,37(5):157-159.

[2] 张钰蜀.基于低碳背景下的环境监测与保护分析[J].皮革制作与环保科技,2024,5(4):39-41.DOI:10.20025/j.cnki.CN10-1679.2024-4-13.

[3] 陈小利,黄戌霞,林静.LoRa和NB-IoT通信技术在环境监测中的应用[J].电子技术,2023,52(1):16-18.

[4] 苏兴龙.基于NB-IoT技术的环境监测系统优化设计[J].粘接,2024,51(3):185-188.

[5] 陈镱,王绍源,陈清华.基于无线传感网络的实时环境监测系统的设计与实现[J].仪表技术与传感器,2018,(9):79-83.

[6] 张来洪,关海伟,鲁兴,等.基于ESP32的环境监测系统的设计与实现[J].物联网技术,2024,14(5):27-30+36.DOI:10.16667/j.issn.2095-1302.2024.5.8.

作者简介

李舰飞,男,本科生,就读于北京信息科技大学信息与通信工程学院电信2201班。

周富余,男,本科生,就读于北京信息科技大学信息与通信工程学院电信2303班。

基于STM32单片机的水质检测分析仪的设计

王子砚 徐庆燚 丁帅 韩聪 倪海天

(北京信息科技大学信息与通信工程学院,北京,100101)

摘 要:针对当前水质监测技术的局限性和需求,本研究设计并开发了一个基于STM32的水质监测系统。该系统采用先进技术,旨在实现高效、低成本的小范围水质数据采集与监控。系统主要由STM32微控制器、PH传感器、温度传感器、浊度传感器、溶解氧传感器以及通信模块构成。系统通过各种传感器实时、高精度地获取水体的pH值、温度、浊度和溶解氧等关键参数,由STM32微控制器进行接收和初步处理,随后通过ESP8266通信模块实时上传至云端服务器,确保数据可被远程实时查看。

模拟和实际测试结果表明,该系统能够实现对小范围水质的实时监测和数据上传,为水质管理部门提供及时、准确的数据支持,促进水资源保护和管理。同时,该系统也为公众提供了便捷的水质信息查询服务,有助于提升公众对水质问题的关注度和环保意识。基于STM32的水质监测系统在降低水质监测成本、实现小范围水质监测任务以及提供用户友好的信息服务方面具有重要意义,为水资源保护和管理提供了一种新的有效手段。

关键词:STM32F103单片机;水质检测;WiFi传输;云平台监测。

Design of a Water Quality Analyzer Based on STM32 Microcontroller

Abstract: Aiming at the limitations and needs of current water quality monitoring technology, this research designs and develops a water quality monitoring system based on STM32. This system employs advanced technology, aiming to achieve efficient and low-cost data collection and monitoring of water quality in a small range. The system mainly consists of an STM32 microcontroller, PH sensor, temperature sensor, turbidity sensor, dissolved oxygen sensor, and a communication module.

The working principle of the system is to acquire key parameters of the water body, such as PH value, temperature, turbidity, and dissolved oxygen, in real-time and with high precision through various sensors. These data are received and initially processed by the STM32 microcontroller, and then uploaded to the cloud server through the ESP8266 communication module in real-time, ensuring the real-time nature and remote access capability of the data.

The results of simulation and practical tests show that the system can achieve real-time monitoring and data uploading of water quality in a small range, providing timely and accurate data support for water quality management departments, promoting water resource protection and management. At the same time, the system also provides convenient water quality information query services for the public, helping to raise public awareness and environmental awareness about water quality issues. The water quality monitoring system based on STM32 is of great significance in reducing water quality monitoring costs, achieving small-scale water quality monitoring tasks, and providing user-friendly information services, providing a new and effective means for water resource protection and management.

Keywords: Turbidity; PH; STM32F103 Microcontroller; DS18B20 Temperature Sensor; WiFi.

一、引言

水是人类生产和生活中必不可少的资源,在工业、农业、居民生活中都是极为重要的。然而,近些年来,中国的水环境污染问题越来越严重。水体污染主要来源于工业废水、农业废水、生活污水及其他等。无论城市生活污水和工业废水还是农村用水都危害着人们的健康,当前我国水污染状况已十分普遍,且有越来越严重的趋势,水污染治理工作任重道远。

水资源的保护成为一项重要的工程,水质监测在环境检测中是不可或缺的一环,精确、及早、全方位地反映出水质质量状况和发展趋向,为水环境管理、污染源控制、城市生态规划提供科学依据,在整个水环境保护、水污染控制和水环境健康维护中起到了重要作用。水质监测是控制水污染的重要手段。通过专业的数据比较和问题分析,我们可以充分了解水污染源、水污染现状、扩张速度和可能造成的危害,为水污染控制提供数据和经验,帮助专业人员做出正确判断,从而设计和制定合理的治理方案,最终有效改善水质,减少环境污染,保护生态环境,促进生态文明建设。

许多年以来我国的环境监理工作一直采用传统的环境水质监测工作主要以人工现场采样、实验室仪器分析为主。20 世纪时,我国的水质检测仪器主要依靠进口国外,对于该方面的技术研究较少。近年来,水质自动监测技术在许多国家地表水监测中得到了广泛的应用,我国的水质自动监测站的建设也取得了较大的进展。但是,还没有可普遍应用于基层水环境在线监测与数据远程传输、处理的水质监测完备平台在国内产出。并且,近年发展起来的各式数据传输网络大多数是上下环境监测部门之间的数据传输,基于基层水质的实时采集监测与水质分析系统环节还很薄弱。

为解决这些问题,本文提出基于 STM32 单片机的水质检测分析仪,硬件部分为单片机与传感器的选型,并设计电子电路图。根据电子电路图对所有材料的焊接组成一个整体的系统。软件部分采用 Keil uVIsion 平台,使用 C 语言对系统的整体设计并进行编译。编译成功后通过 STLINK-T2 烧录进单片机,以实现对硬件部分的控制。可以有效监测水质的参数变化,并将数据同步到云平台上进行后续分析。相较于传统水质监测仪器,不仅不受空间限制,有效减少了人力、物力、财力的消耗。

二、系统整体设计方案

系统结构分为硬件部分与软件部分。硬件部分为单片机与传感器的选型,并设计电子电路图。根据电子电路图对所有材料的焊接组成一个整体的系统。软件部分采用 Keil uVIsion 平台,使用 C 语言对系统的整体设计并进行编译。编译成功后通过 STLINK-T2 烧录进单片机,以实现对硬件部分的控制。

1. 整体系统架构

本次总体设计是以 STM32F103 为主控板、外接温度、pH 值、溶解氧、浊度传感器,通过 WiFi 模块上传至云平台,通过网页远程查看数据和历史记录,设置阈值,超限后通过蜂鸣器进行报警。采用频率特性较好的 STM32F103 单片机为主控板,是因为浊度传感器需要较高的效应频率将硅光电池采集到的光信号转换成电信号并将信号放大。浊度传感器采集的数据与 pH 模块采集的酸碱度数据再通过 A/D 转换器转换成数字信号传入单片机[1]。DS18B20 温度传感器采集此时的温度数据上传到单片机。DO 电极通过特定化学反应实现对溶液中氧气的含量和变化的测定获得溶解氧数据上传到单片机。单片机会对各项数据处理并在 OLED 屏幕上显示。按键用于设置 pH 值、温度、浊度和溶解氧的报警提示范围。最后通过 WiFi 模块 ESP8266 将数据传输到云平台。

2. 设计硬件框图

系统硬件结构框图如图 1 所示。

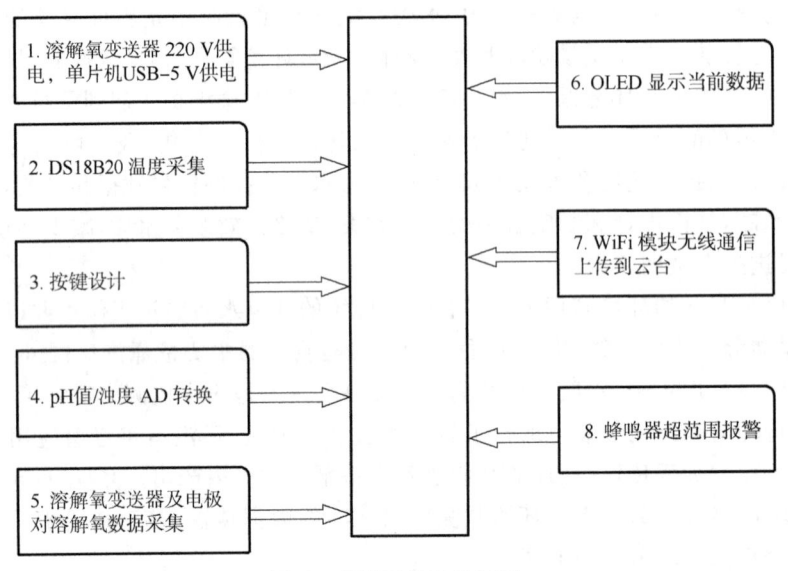

图 1　系统硬件结构框图

（1）为单片机主控芯片以及周围电路原件提供稳定电源。

（2）通过 DS18B20 温度传感器检测当前水温并将水下温度数据传输到单片机。

（3）通过按键设置检测数据的报警范围。

（4）pH 值浊度转换的作用是将时间连续、幅值也连续的模拟量转换为时间离散、幅值也离散的数字信号。

（5）电极通过氧化原因反应来测氧气浓度。当发生氧化还原反应时会产生电流，电流与氧气成正比，测量电流可确定水中氧气浓度。溶解氧变送器将从电极中得来的信号转换成数字信号传输到单片机。

（6）单片机电路是程序控制的中心，它把计算机的各种功能电路都集成在一块芯片上，主要包括中央处理器 CPU、程序存储器 ROM、数据存储器 RAM、输入/输出接口电路及计时、分频、扫描、定时、时间设定等电路，ROM 内已固化了操作程序，单片机根据输入指令和检测信号，调出内部相应的操作程序，通过电路处理后，输出各种电路控制信号，自动完成程序操作过程。

（7）液晶显示电路具备低功耗、无电磁辐射、价格低廉、使用寿命长的优点，可将各项数据及按键操作显示。

（8）把当前的数据通过 WiFi 模块进行无线传输到服务器云平台在 PC 端显示。

（9）如果检测的各项数据数值不再预定范围内，蜂鸣器会报警提醒。

三、系统硬件设计

本系统的硬件主要由主控模块、水质浊度采集模块、pH 值、温度传感器、OLED、按键设置、蜂鸣器声光报警、液晶显示模块、WiFi 串口通信模块、电源模块和单片机等组成。

1. 主控模块

单片机是一种集成电路芯片。它采用超大规模集成电路技术,将具有数据处理能力的中央处理器(CPU)、随机存储器(RAM)、只读存储器(ROM)、多种 I/O 口和中断系统、定时器/计数器等功能(可能还包括显示驱动电路、脉宽调制电路、模拟多路转换器、A/D 转换器等电路)集成到一块硅片上,构成了一个小而完善的微型计算机系统。单片机最小系统框如图 2 所示。

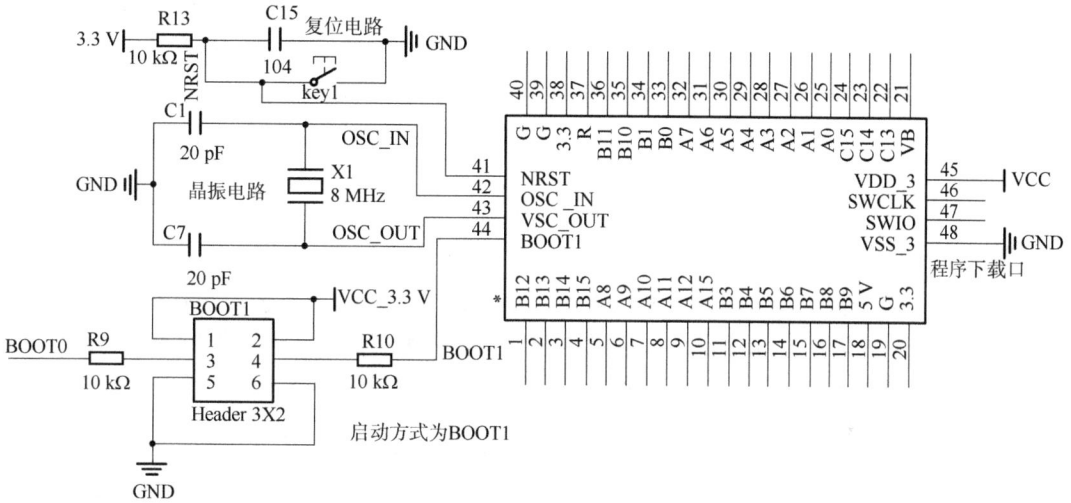

图 2　单片机最小系统框

STM32 实物图如图 3 所示。

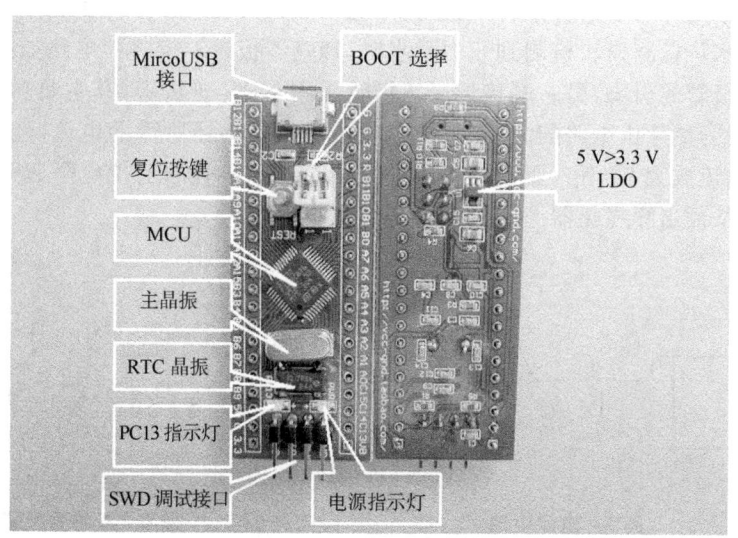

图 3　STM32 实物图

2. 按键控制电路

单片机的按键控制电路主要涉及按键的输入和单片机对按键信号的检测和响应。单片机的按键控制电路如果是由 3 个微动开关并联组成的配置下,任何一个微动开关被按下,都会导致该输入端口的电平状态改变,从而触发单片机的中断或响应。3 个微动开关的其中一端(通常是公共端)连接到单片机的某个 I/O 端口上,而另一端(通常是动作端)连接到电源或地线。由于它们是并联连接的,因此任何一个开关的动作都会影响到该 I/O 端口的电平状态。当按键张开是 I/O 端口属于高电平,按下按键后,I/O 端口由高电平置为低电平,并且返换一个低电平信号给单片机,由于机械式微动开关在按下和释放时可能会产生抖动,因此单片机在检测到电平变化后,需要实施去抖动算法,以避免误判为多次按键。(一般手动按下按键然后释放,按键两片金属膜接触的时间大约为 50 ms,按键松开到稳定的时间为 5~10 ms。)因此,如果在首次检测到按键被按下后延时 20 ms 左右再次检测,即可确认是否真的有按键被按下,从而消除按键抖动造成的错误识别。按键电路如图 4 所示。

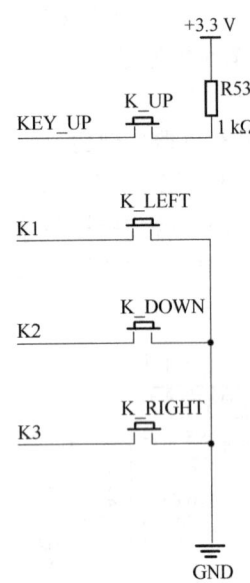

图 4　按键电路图

3. 电源电路

单片机的电源采用直流 5 V 供电,电源模块包括一个 3 脚的电源座子和 6 脚的电源开关。电源座子用于连接外部的电源插头,电源开关用于控制整个单片机的电路开和关。电源座子的 2 口引脚接地,3 口引脚仅仅起到固定的作用,没有特殊的用处,1 口引脚连接到电源开关的 3 口引脚,电源开关的 1、3 口引脚和 4、6 口引脚的作用相同,用于电源的正极输出。电源开关的 2、5 口引脚作为单片机的接地引脚,在使用时采取相对的选择,即选择 1、3 口引脚作为输出,那么就要选择 5 口引脚作为接地引脚,选择 4、6 引脚作为输出端口,2 口引脚则作为接地引脚。电源电路如图 5 所示。

4. 报警电路

报警模块采用蜂鸣器进行报警,当检测到温度较低、滴速低于下限或者高于上限时,蜂鸣器报警。当水位检测模块检测到瓶中无水时,蜂鸣器报警。蜂鸣器电路如图 6 所示,蜂鸣器一端连接三极管的引脚,另一端接地。三极管采用 NPN 三极管,其主要功能是放大电流和电平特性,因为单片机电路的电路非常小,无法提供蜂鸣器所需的电流,经过三极管放大驱动电流后,电流放大 200 倍,驱动蜂鸣器报警。同时三极管的上拉电阻起到限流的作用,防止电流过大从而击穿蜂鸣器[5]。报警电路如图 6 所示。

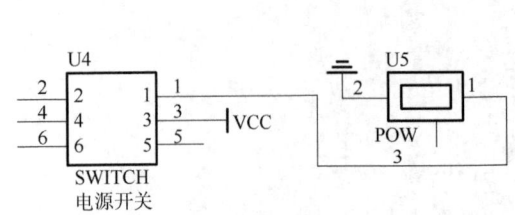

图 5　电源电路

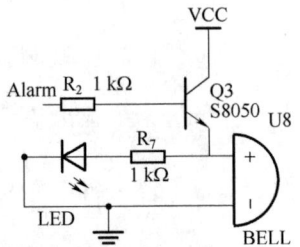

图 6　蜂鸣器报警电路

5. OLED 液晶显示模块

有机发光显示器是一种新型发光和显示器件。OLED 实质上是一个薄膜器件,即在阳极和阴极之间夹多层有机薄膜组成的稳定的绿色有机薄膜电致发光器件。当有电流通过时,这些有机材料就会发光。OLED 使用普通的矩阵交叉屏,OLED 位于交叉排列的阳极和阴极中间,通过对阳极和阴极组合的选通,可以控制每一个 OLED 的点亮。由于 OLED 属于电流型器件,显示器的亮度可用电流来控制。

液晶显示模块电路如图所示,P5 是一个 4 孔的排针,专门供 OLED 液晶显示屏使用,5 V 是指接的 5 V 电压;显示屏的 SCL 引脚连接的是单片机的 B6 引脚,通过 SCL 引脚传输串行时钟数据;SDA 引脚连接的是单片机的 B7 引脚,通过 SDA 引脚传输串行数据。液晶显示模块如图 7 所示。

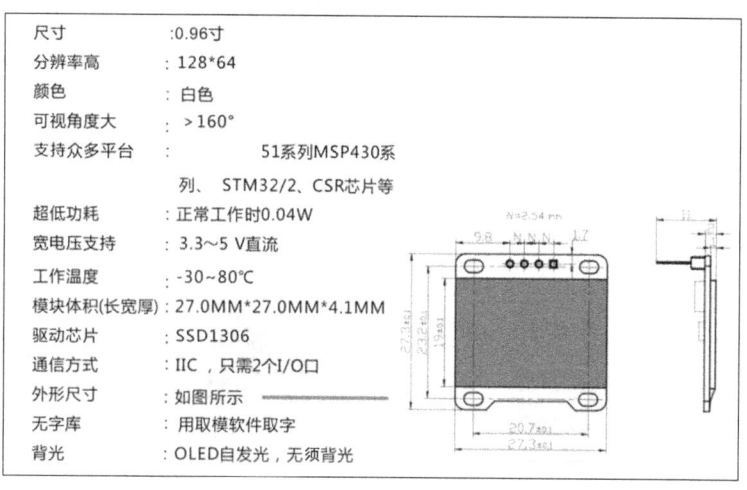

图 7 液晶显示模块

本模块具有接电路简单、使用方便、高亮度、高对比度、宽视角、响应速度快、温度范围宽、低功耗的特点。

6. 温度传感器模块

温度传感器采用 DS18B20,DS18B20 是一款数字温度传感器,与传统的温度传感器不同,其输出的是数字信号,可以直接传说给单片机,显示在 LCD1602 液晶屏上。

DS18B20 温度传感器模块具有多种优势,①高精度:DS18B20 的温度测量精度较高,通常可达到±0.5 ℃,在-10 ℃到+85 ℃范围内误差为±0.4°。这种高精度使得它在需要精确温度测量的应用中表现出色。②数字输出:DS18B20 输出的是数字信号,这使得它在与微处理器连接时更为方便,无须进行复杂的模数转换。同时,数字输出还提高了抗干扰能力,使得测量结果更为稳定可靠。③单总线接口:DS18B20 采用单总线接口与微处理器连接,仅需要一条口线即可实现双向通信。这种接口方式不仅简化了电路设计,降低了硬件成本,还提高了系统的可靠性和抗干扰能力。④低功耗:DS18B20 在工作时的功耗非常低,通常在几微瓦级别。这使得它非常适合于电池供电或对功耗要求较高的场合。⑤测温范围宽:DS18B20 的测温范围可达-55 ℃到+125 ℃,这使得它能够适应各种极端温度环境。基于以上的优势,所以本次设计选择该温度传感器。

温度传感器 DS18B20 主要是用来进行温度检测,其检测原理是低温度系数晶振和高温度系数晶振分别发送脉冲信号给计数器 1 和计数器 2,温度寄存器和计数器 1 设定一个基数值,并根据脉冲信号进行减法计算,之后计数器 2 进行计数。从而得出温度寄存器中准确的数值。

DS18B20 采用 3 脚 TO-92 封装,形如三极管,同时也有 8 脚 SOIC 封装,还有 6 脚的 TSOC 封装。测温范围为 -55~+125℃,在 -10~85℃ 范围内,精度为 ±0.5℃。每一个 DS18B20 芯片的 ROM 中存放了一个 64 位 ID 号:前 8 位是产品类型编号,随后 48 位是该器件的自身序号,最后 8 位是前面 56 位的循环冗余校验码。因为一条总线上可以同时挂接多个 DS18B20 传感器,因此可以实现多点测温系统。DS18B20 结构如图 8 所示。

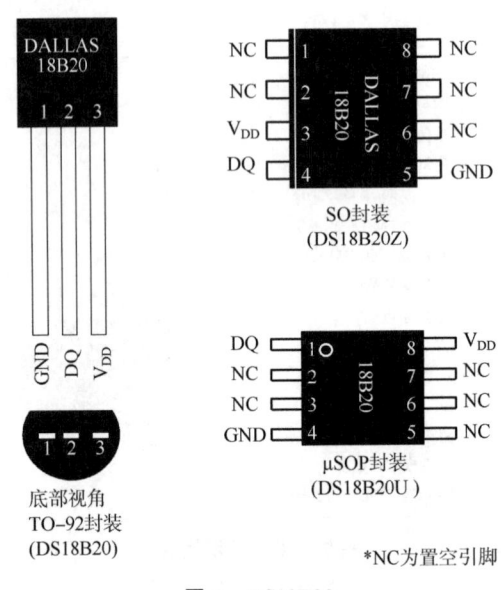

图 8 DS18B20

7. 浊度采集模块

浊度传感器在水质监测中扮演着至关重要的角色,其通过检测水的透光度来衡量水质的浊度,当水质中的浊度越高时,浊度传感器输出的电压值就越大[3]。这个采集到的电压信息是模拟量,需要通过 STM32 单片机进行模数转换(ADC,模拟到数字转换器)以转换为数字量,并在显示屏上显示出来。

本设计选择了红外浊度传感器,因为它采用了双光束红外散射光光度计检测技术。这种技术不仅具有优异的重复性和稳定性,而且 LED 发出的近红外光不受色度影响,因此可以准确测定浊度值,无论水样的颜色如何。此外,红外浊度传感器还具备数字化输出的特点,具有强大的抗干扰能力和远距离传输能力,使得它可以方便地与其他设备进行集成和组网,增强了系统的灵活性和可扩展性。

在实际操作中,当浊度传感器检测到当前水质的浊度数据后,它会输出一个模拟电压值。这个模拟电压值随后被传输到 STM32 单片机的 ADC 引脚。在 ADC 进行初始化后,它会开始逐位读取这个模拟电压值,并将其转换为数字量。通过适当的换算,这个数字量可以被进一步转换为当前的电压值,从而精确地反映出水质中的浊度。

综上所述,本设计通过选用红外浊度传感器和STM32单片机,实现了对水质浊度的准确、稳定且方便的监测。这种监测方法不仅提高了水质监测的效率和精度,而且为水质管理和控制提供了有力的支持。浊度传感器的结构如图9所示。

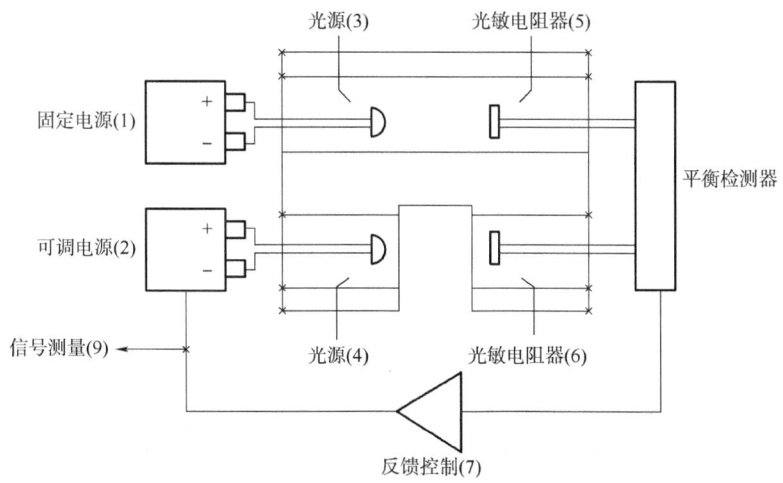

图9　浊度传感器的结构图

8. pH 传感器模块

水体的pH值直接影响其中生物的生活环境。例如,一些水生生物对pH值的变化非常敏感,过酸或过碱的环境都可能对它们的生存造成威胁。因此,测量pH值有助于了解水体是否适合这些生物的生存。水体pH值的变化还可以反映环境污染或生态破坏的情况。例如,酸性废水排放会导致水体pH值下降,这可能对水生生态造成严重影响。通过定期监测水体pH值,可以及时发现环境问题并采取相应的治理措施。在很多工业领域检测溶液pH值都是其中的重要环节[6]。

本次设计选择的是E-201-C型PH复合电极传感器BNC接口进行连接使用。pH探头内部原理图10所示。

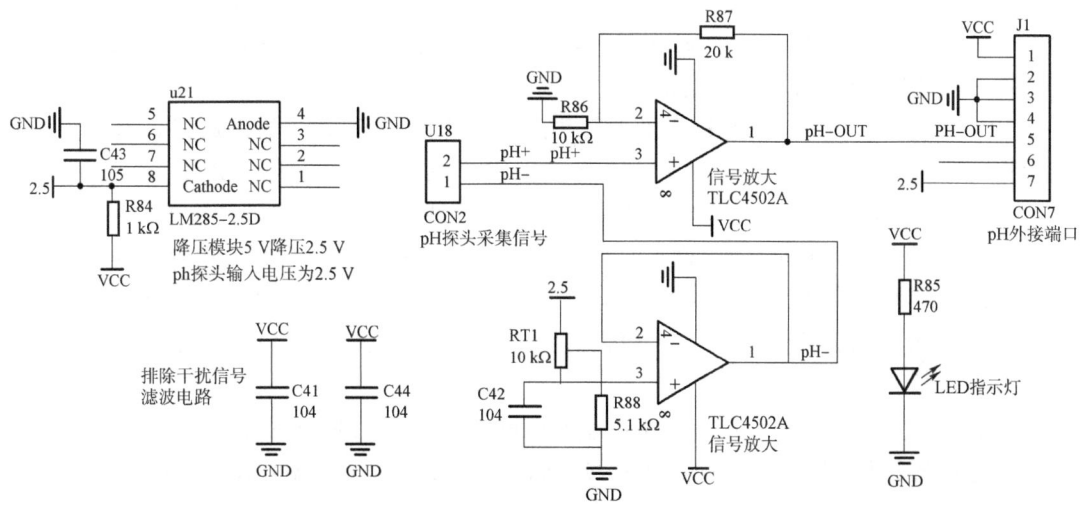

图10　pH探头内部原理图

该 pH 值传感器的本质是比较内部和外部的电位差,输出一个较小的电压信号,通过放大电路放大该信号,进行检测。

此外该模块还有上述 DS18B20 温度检测传感器接口,可以连接一个防水的 DS18B20,进行检测被测溶液的温度,通过补偿运算,减少温度对 pH 值测量结果的影响以提高测量准确度。

测量公式:$pH = V * X + Y$。

式中,pH 是配置的标准的缓冲溶液的标准值,(用于校准 pH 值)V 是指电压值,X 指电压系数,Y 是函数变化系数。

通过找到 pH 值所对应的电压值的几组关系,可以得出如下关系:

$$Y = -5.9647 * X + 22.255$$

pH 传感器连接电路图和实物如图 11 所示。

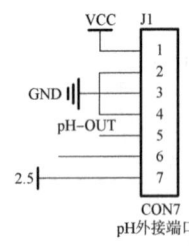
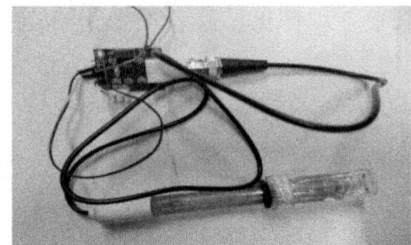

图 11 pH 传感器连接电路图和实物图

9. WiFi 无线传输电路

云平台我们主要是通过 ESP8266 模块来和服务器进行搭建,首先市场上有很多云平台服务器,需要把当前的数据从单片机上把数据传输给 EPS8266,ESP8266 模块进行数据的收发。

EPS8266 模块分为 3 种模式:AP 热点模式、STA 模式、AP+STA 模块。

ESP8266 支持 3 种 WiFi 模式:STA 模式、AP 模式和 STA+AP 模式。其中 STA 模式是将 ESP8266 作为一个 WiFi 的客户端连接到一个现有的 WiFi 网络,AP 模式是将 ESP8266 作为一个 WiFi 热点使其他设备可以连接到它,STA+AP 模式是指将 ESP8266 同时作为 WiFi 客户端和 WiFi 热点。

AP 热点模式:使用路由器和手机进行热点进行连接,这种方式的优点就是速度快,接受数据处理性能好,缺点是传输距离比较近 10 m 之外信号很容易中断导致数据无法传输。

STA 模式:类似于无线终端,sta 本身并不接受无线的接入,它可以连接到 AP,优点是传输的距离非常远,不限制距离;缺点是数据可能会受到网络干扰,数据延迟等限制。

在该项目中采用的就是 STA 模式,首先启动 EPS8266 模块为发送数据做准备,然后设置 ESP8266 发送数据的模式为 STA 模式,设置 WiFi 模块连接热点密码和端口,然后就可以连接服务器了。

现需要把 ESP8266 模块已经开始传输数据进行解析,然后通过图像页面进行展示。

首先登录云平台服务器 https://www.wztdzmcu.com。进行创建图表,如图 12、图 13 所示。

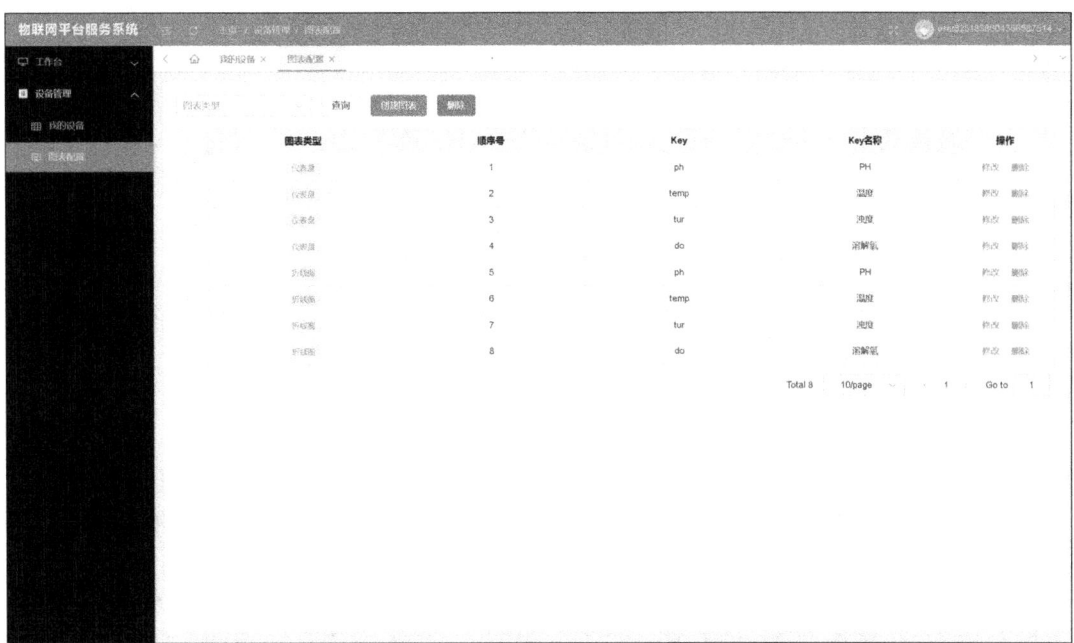

图 12　云平台用户操作界面

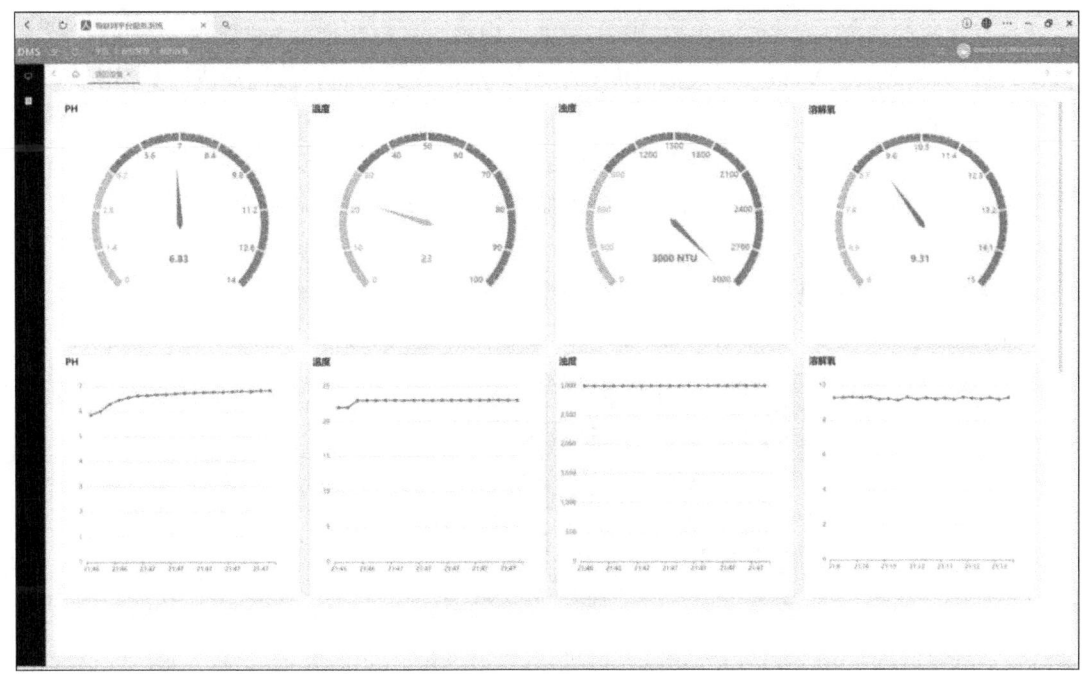

图 13　云平台数据显示界面

10. 溶解氧传感器

本电极是用原电池的原理测定水中氧的变化,其原理是 DO 电极测定原理是由贵金属,如白金、金或银构成阴极;由铅或锡构成阳极。在电解质如 KCl 或醋酸铅存在下便形成

$PbCl_2$ 或 $Pb(AcO)_2$。原电池型电极特点无须外加电压。当外界氧分子透过薄膜进入电极内相到达阴极的三相界面时,产生下式反应:

银阴极被还原:$O_2 + 2H_2O + 4e \to 4OH^-$

铅阳极被氧化:$2Pb + 2KOH + 4OH^- - 4e \to 2KHPbO_2 + 2H_2O$

氧在银阴极上被还原为氢氧根离子,并同时向外电路获得电子;铅阳极被氢氧化钾溶液腐蚀,生成铅酸氢钾,同时向外电路输出电子。接通外电路之后,其值与溶氧浓度成正比。以此测定溶液中氧气的含量和变化。

DOLE6211 原电池溶氧传感器为高稳性传感器,重复性好,响应时间短,抗干扰强,残余电流低,不需要换透气膜,也不需要更换电解液。

溶解氧 DO_value 由 DO_V(溶解氧电压值)、DO_Table(溶解氧校准表)、V_saturation(饱和电压值)、线性插值决定。

DO_V(溶解氧电压值):

这是从 ADC 或其他传感器读取的电压值,它代表了溶解氧的浓度所对应的电压。

DO_Table(溶解氧校准表):

这是一个包含 41 个元素的数组,每个元素对应于一个温度下的校准值。这个表用于将电压值转换为溶解氧的浓度值。在 DO_Value_Conversion() 函数中,DO_Table[temperature_c] 被用来获取当前温度下的校准值。

V_saturation(饱和电压值):

这是在当前温度下的饱和电压值,用于校准电压到溶解氧浓度的转换。它基于两个校准点(CAL1_V 和 CAL2_V,以及对应的温度 CAL1_T 和 CAL2_T)进行线性插值计算得出。

线性插值:

在 V_saturation 的计算中,使用了线性插值方法来根据两个已知校准点估计当前温度下的饱和电压值。这种插值方法基于两个校准点之间的线性关系。

关系式为:

DO_value = DO_V * DO_Table[temperature_c] / V_saturation

连接到单片机如图 14 所示。

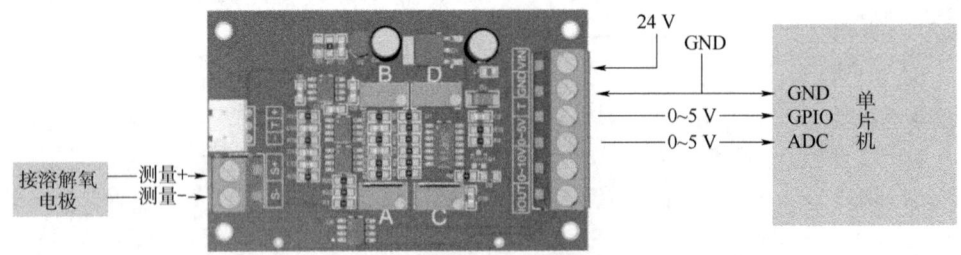

图 14 变送器连接单片机

四、系统软件设计

本课题采用模块设计,各模块完成对应的功能,主控芯片对各项信号进行处理及数据显示。

本系统主要采用 C 语言编程,以 Keil uVision 为开发环境。系统程序主要由主程序、A/D 转换子程序、液晶显示子程序、串口发送和接收子程序等部分组成。其中,系统的主程序设计主要完成系统初始化、中断优先级设定以及调用各模块程序,即主要实现各模块程序的链接[4]。

1. 主程序设计

主函数首先对所有外部元器件及内部寄存器初始化,再根据是否有复位按键进行复位操作,之后进入子程序。

主函数初始化内容:

STM32 单片机配置引脚;

延时函数初始化;

IIC 初始化;

AD 初始化 I/O 口获取浊度 pH 值溶解氧值;

OLED 液晶初始化;

WiFi 初始化;

按键引脚初始化;

DS18B20 初始化;

DS18B20 获取当前温度;

按键设置当前参数;

OLED 液晶屏显示当前信息和参数;

判断参数是否在范围内,蜂鸣器报警。

系统程序流程如图 15 所示。

2. 液晶屏显示参数子程序设计

若使液晶显示屏正常工作,首先写入命令控制字,然后写入需要显示的数据。写入命令控制字之前,需用指令来查看液晶是否正在工作。如果正在工作,等待液晶发出工作完成信号,再写入控制字和数据。液晶显示模块程序流程图如图 16 所示。

3. DS18B20 温度采集传感器子程序设计

子程序首先会对 I/O 初始化,然后对 DS18B20 进行操作复位操作。等待 DS18B20 响应读取当前温度数据然后进行数据转换再上传到单片机。最后单片机会将数据送到 OLED 显示屏上显示。温度采集子程序流程如图 17 所示。

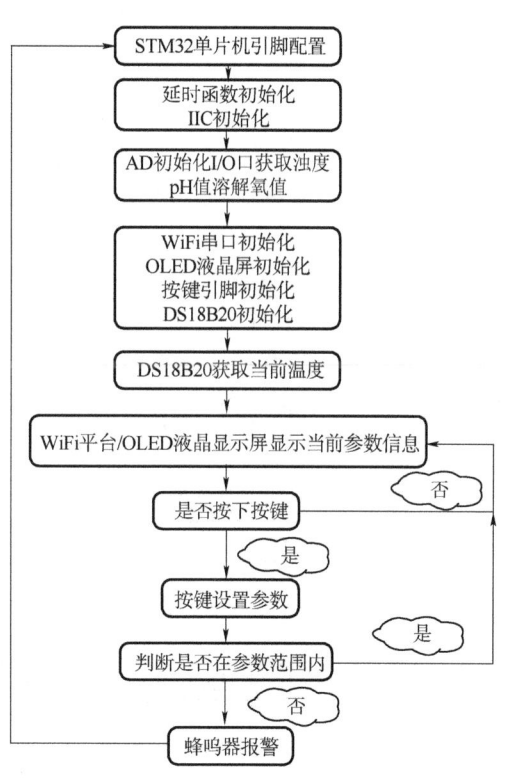

图 15 系统程序流程图

4. 按键设置程序设计

按键电路在单片机有 4 个并联的引脚,具备设置温度、pH 值、溶解氧值、浊度报警范围的功能。按键会检测低电平信号,主程序中按键检测到低电平,单片机会产生信号中断跳入子程序。3 个按键的功能分别为加、减、确定。在主程序中加入了延时函数进行防抖避免产生误差。按键设置程序流程如图 18 所示。

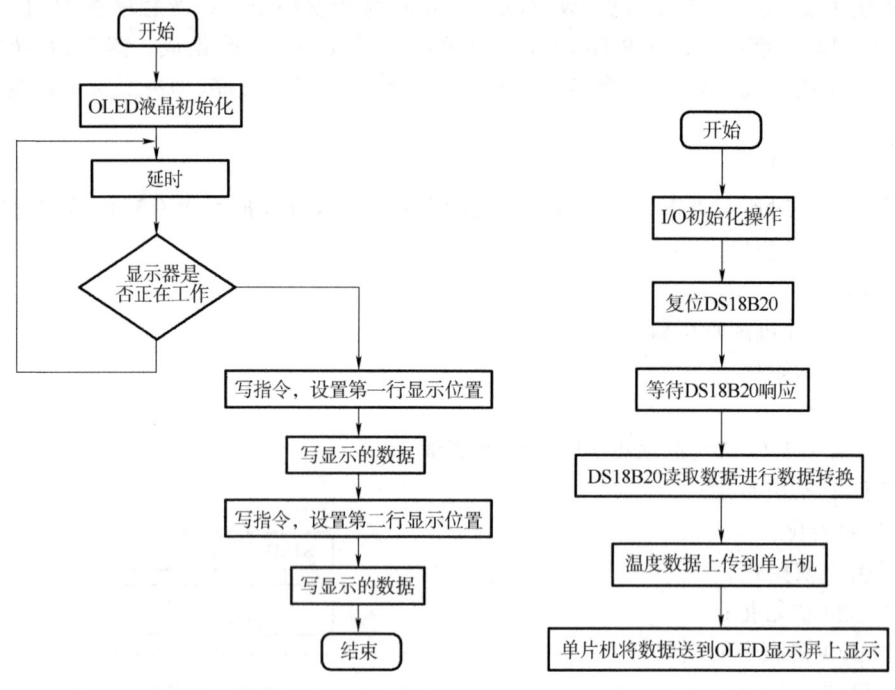

图 16　液晶显示模块程序设计流程图　　图 17　温度采集子程序流程图

5. 蜂鸣器报警程序设计

主程序执行后，程序会一直检测参数数值是否在报警范围内，如果不在会触发子程序报警提醒。蜂鸣器报警程序流程如图 19 所示。

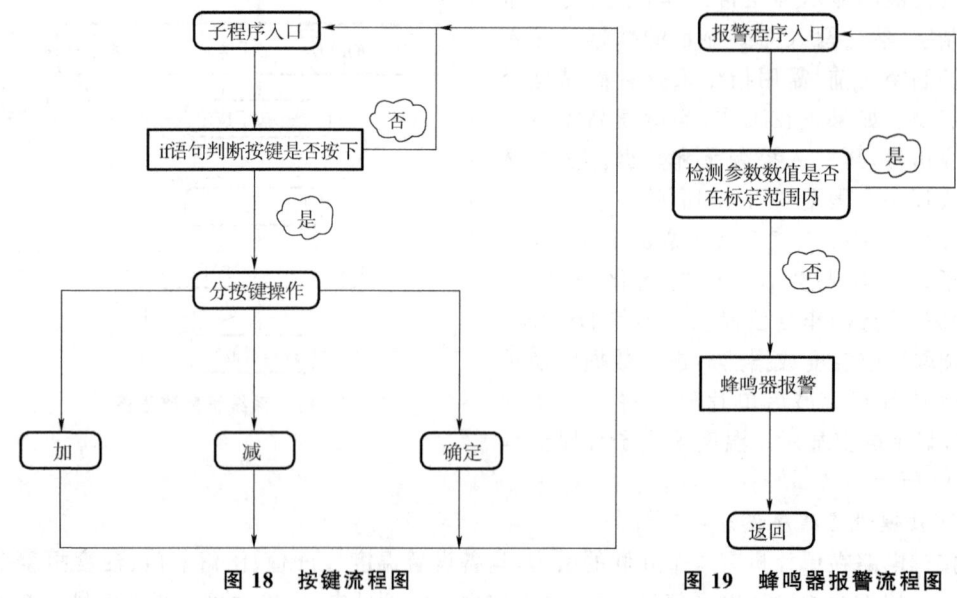

图 18　按键流程图　　图 19　蜂鸣器报警流程图

6. pH 值/浊度数据采集程序设计

pH 值或者是浊度模块都是通过单片机内部 AD 进行转换，当 pH 值或者是浊度采集到

当前的数据后,把模拟量传输给单片机内部进行处理,进行初始化后,选择数据通道为 0,然后进行读取数据,进行一位一位读取,把当前读取的信息转换为数字量,换算成当前的电压值。先配置 STM32 单片机引脚,AD 读取当前数据 ad_value_temp = Read_AD(0),将读取转换后的数据从最高位依次输出。(D7~D0)for(i=0;i<8;i++){dat ≪ = 1;dat=dat≪1,把 dat 左移 1 位得到的值给 dat;dat |= ADDO;//按位或后赋值.ndat=0;//记录 D0,继续读取反序的数据(从 D1 到 D7)ADCLK=1;//拉高时钟端_nop_();_nop_();ADCLK=0;//拉低时钟端形成一次时钟脉冲 if(ADDO==1 ndat |= 0x80;}ADCS=1;//拉高 CS 端,结束转换 ADCLK=0;//拉低 CLK 端 ADDI=1;//拉高数据端,回到初始状态。pH 值/浊度流程如图 20 所示。

7. 溶解氧数据采集程序设计

将电压值转换为字符串并存储在 V_disbuff 数组中,然后根据温度值和预先设定的校准参数,计算出饱和溶解氧的电压值 V_saturation。根据当前电压值 DO_V、温度值和预先设定的溶解氧表格 DO_Table,计算出溶解氧浓度 DO_value。对溶解氧浓度进行范围限制,确保其在 0 到 20 000 μg/L 之间。最后返回 DO_value。溶解氧流程如图 21 所示。

8. WiFi 无线通信程序设计

本次无线通信设计采用 ESP8266 模块,利用热点模式,通过跟单片机进行串口通信对应相应的 AT 指令集便可以进行对数据无线传输。波特率设置为 115200,3.0~3.6 V 供电,峰值输出为 20DBM,峰值电流为 240 mA。连接 3.3V1!Aasse,GND TXD RXD 与单片机进行通信,并且云平台会接受到 WiFi 发出的数据信息[1,2]。

首先初始化波特率为 115200 . uart1_Init(115200),ESP8266_SendCmd("AT+RST\r\n\r")启动 ESP8266 开始工作;配置 WiFi 模式为 STA 模式 ESP8266_SendCmd("AT+CWMODE=1\r\n"),ESP8266_SendCmd("AT+CWMODE=1\r\n");设置 WiFi 名称和密码;ESP8266_SendCmd(AT+CIPSTART="TCP","110.42.216.96",6002\r\n)。

通过串口把指令发送出去,接入服务器进行数据传输。WiFi 无线通信流程如图 22 所示。

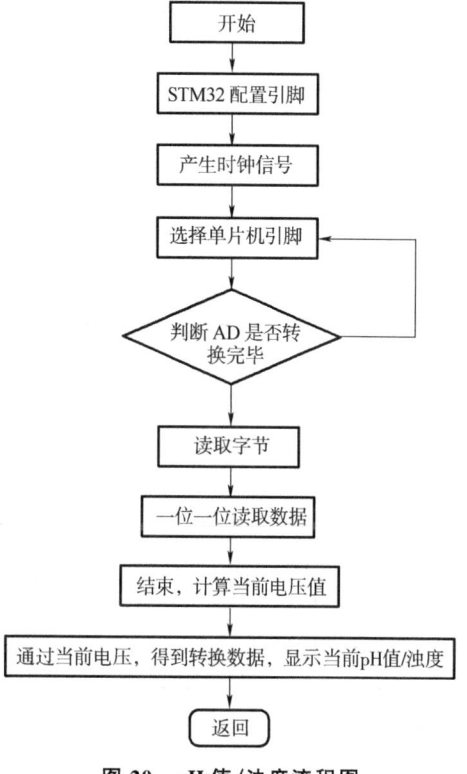

图 20 pH 值/浊度流程图

五、数据监测与分析

本次实验测试了一天里早中晚湖水、自来水以及可口可乐、雪碧的温度、浊度、pH 值、溶解氧。测试地点均为室内,光线较暗。可乐与雪碧冰镇后取出。浊度大于 3 000 超限报警。测试结果如表 1 所示。

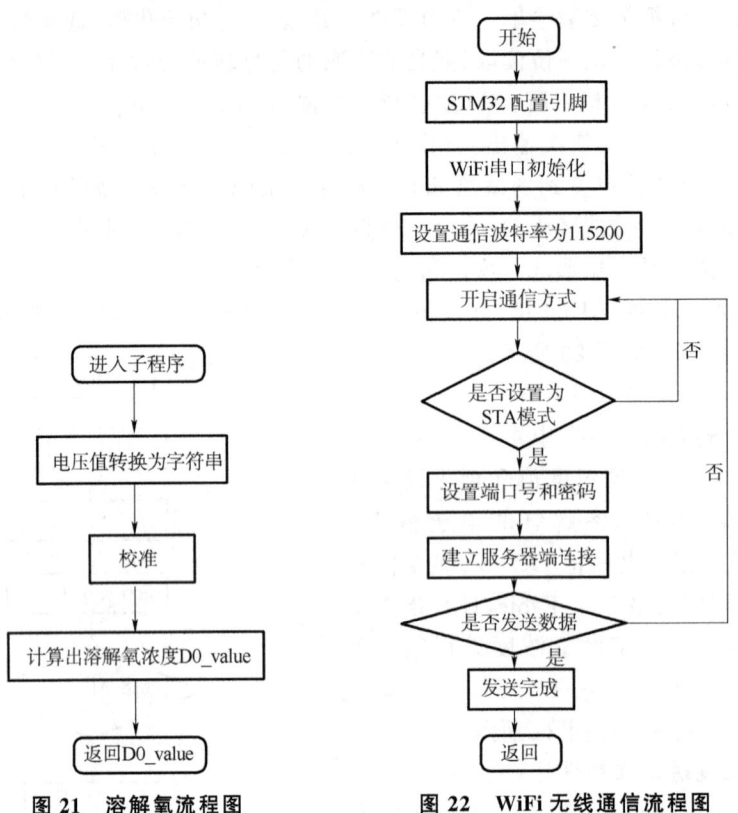

图 21 溶解氧流程图　　图 22 WiFi 无线通信流程图

表 1 样本测试结果

	湖水上层	湖水底层	自来水	冰镇可乐	冰镇雪碧
温度 ℃	24	24	23	15	15
浊度 NTU	2 780	超限	2 705	超限	2 661
pH vmol/L	7.55	7.59	7.61	5.59	5.57
溶解氧 mg/L	9.31	9.19	9.23	9.2	9.21

观察表中数据可知：

（1）湖水上层与湖水底层对比，上层浊度低于下层浊度，湖水上层溶解氧比湖面底层溶解氧高，其余无明显差异。上层浊度高于下层可能是因为上层受到较少的悬浮颗粒物或浮游生物的影响，而下层则更容易受到沉积物的影响。上层溶解氧较低层高可能表明上层水体中的氧气含量较底层更多，这可能受到大气氧气直接补充的影响或者底层氧气消耗较为剧烈的影响。通过这种对比，可以更好地了解湖泊水体的分层水质特征，有助于科学规划水质改善与保护措施。

（2）自来水跟湖水上层对比，自来水浊度相比于湖水上层浊度较低，自来水溶解氧低于湖水上层，其余无明显差异。自来水与湖水底层对比，自来水浊度相比于湖水底层浊度较低，其余无明显差异。自来水是经过处理和净化的，因此浊度较低，悬浮颗粒物、微生物和其他杂质较少。与湖水上层和底层相比，自来水的水质可能更为清洁和透明。与湖水底层相比,自来水的溶解氧含量较低。这可能是因为自来水在处理过程中接触到空气较少,所以含氧量较低。而湖水底层通常容易受到生物分解等因素的影响,导致溶解氧含量较高。通过这种对比,可以更好地了解自来水与湖水不同层的水质特征,以及水体来源、处理过程和环境条件对水质的影响。这有助于提高对水资源的管理和保护意识,促进水资源的可持续利用。

（3）冰镇可乐与冰镇雪碧对比,可乐浊度高于雪碧浊度,其余无明显差异。浊度的不同可能源于它们的配方和成分组成有所不同。

云平台数据展示如图 23 所示。

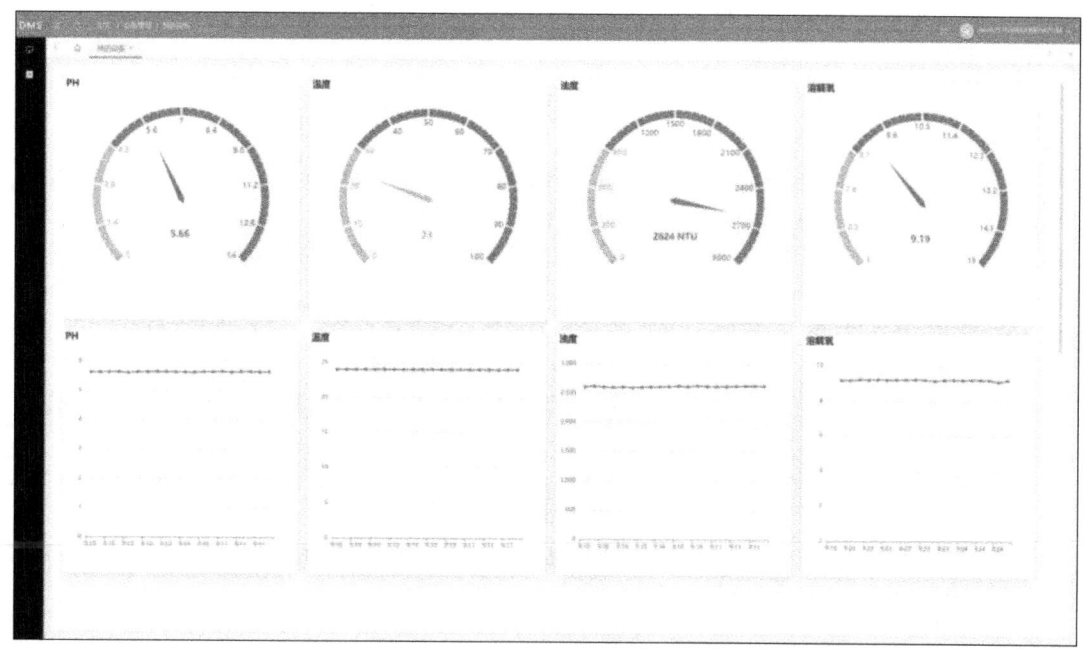

图 23　云平台数据展示图

测试结果均为电子器件测量较为准确。对日常生活中所接触到的水进行检测以了解水体的质量状况,预测未来变化。实验中湖水底层与冰镇可乐出现超限蜂鸣器警报,未出现数据跨度较大。

六、总结

本次设计的基于 STM32 的水质监测系统,成功实现了对水体中 pH 值、温度、浊度和溶解氧等关键参数的实时监测与数据传输。该系统由硬件系统和云平台两部分组成,硬件系统集成了 STM32 微控制器、高精度传感器以及低功耗的 ESP8266 通信模块,确保了数据的准确性和实时性。

在硬件设计方面,选用了性能稳定、精度高的传感器,确保了对水质参数的精确测量。采用的 ESP8266 通信模块,实现了数据的远程传输和云端存储,为数据分析和应用提供了基础。此外,系统还具备低功耗特性,能够满足长时间稳定运行的需求。

在软件方面,开发了用于监测数据的云平台,用于接收、处理和展示从单片机获取的水质数据。用户可以通过手机随时随地查看水质情况,获取实时的水质信息。云平台的设计充分考虑了用户体验,界面简洁明了,操作便捷。

通过实际测试,我们验证了该系统的可行性和有效性。系统能够准确采集水质数据,并通过网络实时上传至云平台。长期运行的数据显示,系统稳定可靠,为水质监测和管理提供了有力支持。

基于STM32的水质监测系统在水质监测领域具有广阔的应用前景。该系统不仅提高了水质监测的效率和准确性,还为环保部门和个人用户提供了便捷的数据查询和决策支持。未来,我们将继续优化系统性能,引入更多类型的传感器,丰富数据监测内容,同时改进用户体验,实现更智能的水质监测和管理。

参考文献

[1] 邓洁,王守峰,黄孝平,等. 基于STM32的水质在线检测系统设计[J]. 电子制作,2023,31(18):7-10+19. DOI:10.16589/j.cnki.cn11-3571/tn.2023.18.018.

[2] 周治江. 基于STM32的赣江水质远程监测系统设计与实现[D]. 南昌大学,2022. DOI:10.27232/d.cnki.gnchu.2022.001784.

[3] 王刚,赵嘉威,周军. 基于STM32的多参数水质监测系统设计[J]. 工程技术研究,2021,6(10):215-216. DOI:10.19537/j.cnki.2096-2789.2021.10.099.

[4] 林华,邵中祥,周芝杰,等. 基于STM32的智能水质监测系统设计[J]. 洛阳理工学院学报(自然科学版),2020,30(3):58-63.

[5] 杨杰,李贤良,高丽,等. 基于STM32F103的水质监测预警系统设计[J]. 电子测试,2019,(11):30-32+13. DOI:10.16520/j.cnki.1000-8519.2019.11.008.

[6] 刘海,杨慧中. 一种智能在线pH检测仪[J]. 江南大学学报(自然科学版),2012,11(2):173-177.

作者简介

王子砚,男,本科生,就读于北京信息科技大学信息与通信工程学院电信2302班。

徐庆燚,男,本科生,就读于北京信息科技大学计算机学院计科2201班。

丁帅,男,本科生,就读于北京信息科技大学信息与通信工程学院电信类2301班。

韩聪,男,本科生,就读于北京信息科技大学信息与通信工程学院电信类2301班。

倪海天,男,本科生,就读于北京信息科技大学信息与通信工程学院电信类2301班。

基于 Arduino 的车辆盲区智能监测系统

李瀚文　芦艺晨　王祖圆　刘天宇

（北京信息科技大学信息与通信工程学院，北京，100101）

摘　要：由于驾驶员视线受限，车辆盲区经常引发交通惨剧。本项目创新性地开发了一个盲区智能保护系统。根据复杂的道路状况、车型及驾驶员身高，系统能够通过建模能生成个性化的 360°盲区范围，有效降低误报。运用高精度传感技术、图像处理手段和人工智能算法，实时捕捉并分析车辆周边动态。一旦生物体进入盲区，系统将立即通过声光信号提醒驾驶员和行人，极大提升行车安全，预防事故发生，守护每一次出行安全。

关键词：个性化建模；传感技术；声光提醒。

Based on Borche's embedded intelligent protection system for vehicle blind spots

Li Han-wen　Lu Yi-chen　Wang Zu-yuan　Liu Tian-yu

Abstract：Due to the driver's limited vision, the vehicle's blind spot often leads to traffic tragedy. This project innovatively developed a blind spot intelligent protection system. Based on complex road conditions, vehicle type and driver height, the system can generate personalized 360-degree blind spot images through modeling, effectively reducing false alarms. High-precision sensing technology, image processing methods and artificial intelligence algorithms are used to capture and analyze the dynamics around the vehicle in real time. Once the organism enters the blind spot, the system will immediately alert the driver and pedestrians through sound and light signals, which greatly improves driving safety, prevents accidents, and protects the safety of every trip.

Keywords：personalized modeling；sensing technology；Sound and light reminders.

一、引言

随着现代社会交通密度的增加和道路上车辆数量的增长，盲区事故成了一个严重的安全隐患。车辆盲区是指驾驶员在正常操作车辆时无法直接看到的区域，这些区域通常位于车辆侧面和后方，在变道或者倒车时容易造成事故，尤其是对行人和其他车辆的安全构成潜在威胁。盲区事故是造成车辆事故和人身伤害的主要原因之一。在提升车辆安全性和减少事故发生率的背景下，开发盲区智能保护系统成为一项迫切的需求。随着传感器技术、图像处理算法和嵌入式系统性能的提升，实现有效的盲区检测和预警变得可行和实际。汽车制造商和消费

---

① 项目来源类别：2024 年北京市大学生科技创新计划项目。

者对安全驾驶辅助系统的需求不断增长,盲区智能保护系统作为其中重要的一环,已成为市场上备受关注的产品。许多国家和地区对车辆安全标准提出了更高的要求,包括对盲区检测和预警系统的要求,这促使了相关技术的研发和应用。此外,现代软硬件开源电子平台和传感器技术的发展,为实现高效的盲区保护系统提供了技术支持和实现可能性。

截至目前,国内外一些汽车企业和研究机构已经将车辆盲区监测技术应用到实际的汽车产品中。一些高端车型已经配备,为驾驶员提供更安全的驾驶体验,但依然存在一些问题:①盲区监测应用主要集中在某些特定车型上,且监测不能实现全覆盖,尤其是大货车和大型客车,由于其总体质量很大,导致其制动距离要比一般小型汽车的距离长,目前很少配备盲区监测系统。②目前的盲区监测未考虑到不同驾驶员身高的影响。③在复杂交通环境和恶劣天气条件下,现有的车辆盲区智能保护系统可能面临识别精度不高的问题。例如,大雨、雾霾等情况下传感器的准确性可能会受到影响,导致障碍物识别不清晰。

综上所述,本文提出一个盲区智能监测通用的解决方案,通过对不同车型和驾驶员身高建模,计算出车辆360°全角度盲区范围,再利用高精度传感器、图像处理和人工智能技术,实现车辆周围环境的动态实时监测。当盲区内有生物体出现时通过声光报警及时警示驾驶员和行人,旨在提高车辆行驶的安全性,解决车辆盲区带来的安全隐患,为广大驾驶员提供更安全的出行保障,避免交通事故的发生。

二、盲区监测系统方案设计

1. 系统需求分析

通过对现有盲区监测方案及其不足的调研分析,得到以下系统需求:
(1) 车辆周围360°全方位盲区监测。
(2) 根据不同车型以及驾驶员的身高设定盲区以及传感器的布置,降低误报概率。
(3) 根据天气变化预测能见度等因素对盲区范围的影响。
(4) 若检测到盲区有生命体则提供简单有效的声光提醒。

2. 方案设计

车辆盲区智能监测系统的技术路线如图1所示。系统主要由以下几个部分组成:首先是传感器采集单元,它负责收集车辆周围的环境信息,包括温度、光线等;其次是AI判断天气情况模块,可以根据传感器的数据智能分析天气状况;再次是人体感应传感器,用于检测车辆周围是否存在生命体;最后是超声波和热感器,它们可以探测到车辆周围的障碍物。

当车辆启动时,系统会自动开启,开始采集环境信息。如果系统检测到车辆周围存在生命体或障碍物,它会立即发出警报,提醒驾驶员注意安全。此外,系统还可以根据天气情况调整报警阈值,确保在各种天气条件下都能有效工作。

在硬件方面,系统选用了Arduino开源硬件平台作为控制板,使用了光照强度传感器、温湿度传感器、红外测距传感器、超声波测距传感器、串口WiFi等。软件方面则根据复杂的道路状况、车型及驾驶员身高,使用blender建模软件确定车辆个性化的360°盲区范围,有效降低误报。使用C和Python编程,运用高精度传感技术、图像处理手段和人工智能算法,保证在天气变化的情况下也能实时捕捉并分析车辆周边动态。一旦检测到车辆盲区内出现生命体,及时采用声音和灯光等执行器进行报警,提醒驾驶员和行人,进而更早地规避,避免造成事故。

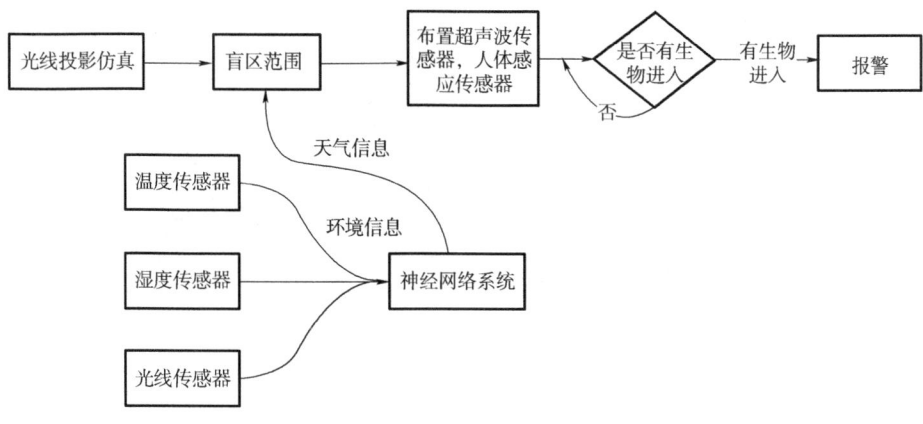

图 1　系统方案结构图

三、盲区检测建模

由于不同的车型和驾驶员身高的不同,驾驶员所看到的视野盲区也是不一样的。首先使用 blender 软件对车辆和司机进行建模勾画出 360°全盲区范围。

1. 构建车辆盲区

Blender 软件建模车辆盲区的方法是通过获取车辆模型和驾驶员视点信息来建立车辆盲区模型的技术。基本原理是利用计算机图形学的方法,通过分析驾驶员的视野范围来确定盲区的分布和大小。车辆盲区建模的基本过程为:

(1) 建立准确的车辆三维模型。
(2) 设定驾驶员的视点位置和视野范围。
(3) 使用几何体标识盲区区域。
(4) 通过渲染和分析生成盲区图像。

相比较于其他建模软件,Blender 不仅开源且功能强大,能灵活调整模型细节和视点位置,并实时渲染高质量的盲区图像,计算量较小且精度较高,建模流程如图 2 所示。通过扫描 3 种不同车型,对其进行建模测试,如图 3~图 5 所示。

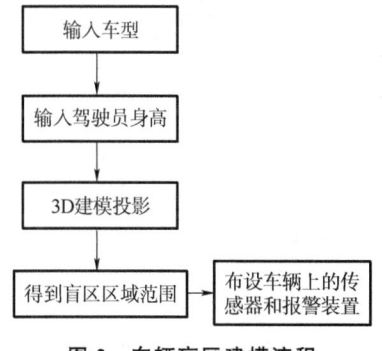

图 2　车辆盲区建模流程

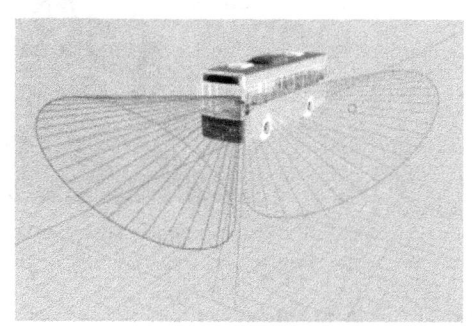

图 3　公交车盲区建模

图 4　大卡车盲区建模　　　　　　　图 5　面包车盲区建模

2. 决策树分类算法

对于车辆盲区系统中的决策树分类算法,其工作原理类似于蒙特卡洛定位方法的一部分。决策树分类算法利用车辆周围传感器信息(如雷达或摄像头数据)来判断车辆当前所处的环境或可能的动作。算法通过构建一棵决策树,每个节点代表一个属性测试,根据测试结果将数据分割成不同的类别或决策路径。

在这种算法中,每个决策树节点都模拟了一个特定的环境或障碍物检测情况,与实际观测到的传感器数据进行对比,从而为每个可能状态或动作分配一个概率。随后,根据生成的概率来调整决策树的结构或路径,以增强预测的准确性。随着算法的迭代,决策树的不同路径会逐渐趋于一致,从而确定车辆可能的行为或环境。所以决策树分类算法通过不断的传感器信息对比和路径调整,最终推测出车辆在盲区中的确切状态或行为。

四、系统实现

本系统主板采用 Arduino 作为控制板搭配红外测距传感器、超声波测距传感器、光照强度传感器、温湿度传感器进行监测,声、光执行器进行报警。系统实物图及传感器监测数据如图 6 所示,工作流程图如图 7 所示。

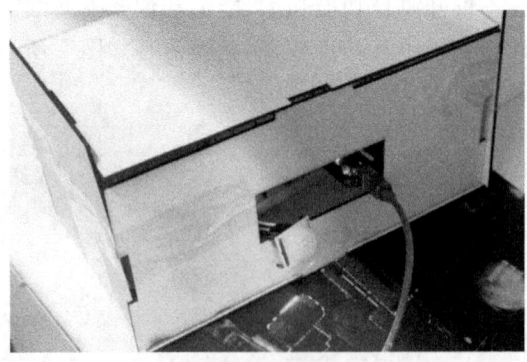

图 6　系统实物图及传感器监测数据

1. 多传感器融合

在车辆盲区检测系统中,单一传感器往往难以应对复杂多变的路况,因此本文提出多传感器融合系统,提供更全面和准确的盲区检测数据,从而提升系统的整体性能。

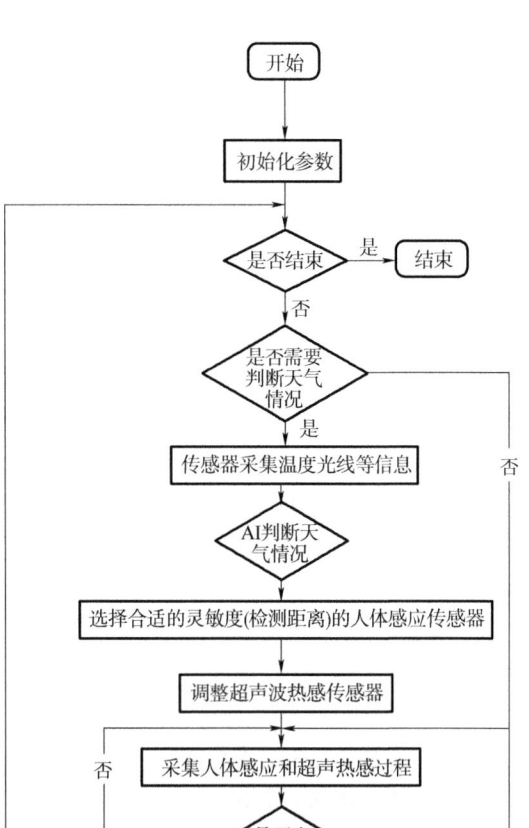

图 7 车辆盲区监测工作流程

(1) 传感器融合

红外线传感器价格便宜,能够在光线不足的环境下,如夜间或隧道内,有效地检测前方障碍物,但在雨雾天气和强光干扰下的性能可能会受到影响。相较之下,毫米波雷达传感器具有更长的探测距离,并且能够穿透雨雾等恶劣天气条件,提供稳定的检测结果。将两者融合,可以有效弥补单一传感器的不足。

毫米波雷达传感器擅长中长距离的检测,适合高速行驶中的障碍物预警。而超声波传感器则在近距离检测中表现优异,尤其适用于低速行驶或停车时的障碍物探测,具有高精度和低成本的特点,但其探测范围有限。将两者融合,可以实现远近距离的全覆盖检测,使系统能够根据不同的行驶状态和环境条件,动态调整检测策略,提供更智能和精准的盲区监测。

(2) 数据融合与情境感知

为了充分利用多传感器融合提供的丰富信息,本文采用了神经网络技术进行数据处理和决策,以便从多源数据中提取特征并进行综合判断,形成统一的环境感知模型。系统可以实时评估当前环境条件,并根据具体情况进行适应性调整。例如,在夜间或光线不足的情况下,系统会增强超声波传感器的权重,确保能够准确识别前方障碍物;在雨雾天气或烟雾浓度较高的环境中,系统会提高毫米波雷达的探测能力,以保证检测结果的可靠性。同时,声音传感器也会根据环境噪声的变化,动态调整其灵敏度,以避免误报和漏报。这种情境感知与适应性调整是系统具有智能自适应能力,可以在不同的驾驶场景下保持最佳性能,不仅提高了盲区检测的准确性和鲁棒性,还增强了系统在复杂环境下的适应能力。

2. 灯光报警系统

声光报警系统作为直观的反馈装置,可以将复杂的环境信息以直观、全面的方式展示给驾驶员,提升驾驶员对周围环境的感知和理解能力。LED 声光报警为驾驶员提供即时的可视化反馈。在不同情境下,LED 灯光会显示不同颜色和闪烁频率,以传达特定信息。例如,当系统检测到前方有障碍物时,LED 灯光可能会闪烁红色警示,提醒驾驶员及时刹车。声音提示可以实现良好的人车交互体验,以便驾驶员和行人更直观地了解车辆周围环境的变化,及时作出反应。

五、总结与展望

本文设计实现了车辆盲区监测系统,通过精确的个性化盲区建模,配合多传感器布设实现不同车型的车辆盲区的检测和精准识别,利用数据融合和人工智能技术实现复杂道路环境,以及殊天气情况下的情境感知与自适应调整,给司机和行人提供直观的车内反馈和外部警示,保障了各种车型在复杂环境下的出行安全,具有很大的市场应用前景。

参考文献

[1] 李想,张德兆,秦建军.汽车盲区检测技术研究进展[J].汽车工程,2013,35(8):649-654.
[2] 孟银阔,刘江涛,龚佑祥,等.基于超声波的汽车盲区检测[J].现代信息科技,2023,7(6):168-171.
[3] 高鹏.奥迪 Q6 安全与驾驶辅助系统剖析(三)[J].汽车维修技师,2023(10):20-22.

作者简介

李瀚文,男,本科生,就读于北京信息科技大学信息与通信工程物联 2302 班。
芦艺晨,男,本科生,就读于北京信息科技大学信息与通信工程物联 2302 班。
王祖圆,男,本科生,就读于北京信息科技大学信息与通信工程通信 2301 班。
刘天宇,男,本科生,就读于北京信息科技大学信息与通信工程通信 2301 班。

毕业设计类

光通信 IM/DD 系统中非线性效应均衡算法设计与实现

陈立巍

(北京信息科技大学信息与通信工程学院,北京,100101)

摘　要：近年来,随着社会的信息化和互联网的飞速发展,尤其是云计算、大数据、元宇宙等这些对数据处理量极大的业务提出,公众和企业对光纤传输网络的需求日益增加,特别是在网络容量和传输速度方面,提出了更大、更快的要求。为了满足上述要求,基于强度调制/直接检测(Intensity Modulation/Direct Detection,IM/DD)的短距离光纤通信网络系统技术因其结构较为简单、耗能低、价格适宜等特点已被广泛应用以解决数据中心光互连以及光纤接入网这两个重要组成部分对容量和传输速率的要求。然而,更高速率和更广泛的覆盖距离在为该技术带来了显著的优势同时也逐渐暴露出了弊端。其中,器件的非线性效应导致的系统非线性损伤问题严重抑制了系统传输的稳定性。

为了应对系统传输稳定性问题,基于强度调制/直接检测的非线性均衡算法已成为科研界关注的焦点。本文旨在深入研究 IM/DD 光纤传输系统中所需的非线性均衡技术,并针对给定的数据类型,设计并编写相应的算法以实现有效的均衡处理,验证设计的算法的可行性。

关键字：光纤通信；强度调制/直接检测；非线性效应；均衡算法。

Design and implementation of nonlinear effect equalization algorithm in optical communication IM/DD system

Chen Li-wei

Abstract: In recent years, with the rapid development of social informatization and the Internet, especially cloud computing, big data, meta-universe and other businesses that have a large amount of data processing, the public and enterprises have an increasing demand for optical fiber transmission networks, especially in terms of network capacity and transmission speed, putting forward greater and faster requirements. In order to meet the above requirements, Based on Intensity Modulation/Direct Detection (IM/DD) short-distance optical fiber communication network system technology has been widely used to solve the capacity and transmission rate requirements of two important components of data center optical interconnection and optical fiber access network because of its simple structure, low energy consumption and reasonable price. However, higher speeds and wider coverage distances bring significant advantages to the technology while gradually exposing its drawbacks. Among them, the nonlinear damage caused by the nonlinear effect of the device seriously inhibits the stability of the system transmission.

In order to deal with the problem of system transmission stability, nonlinear equalization algorithm

---

① 项目来源类别。

based on intensity modulation/direct detection has become the focus of scientific research. This paper aims to deeply study the nonlinear equalization technology required in IM/DD optical fiber transmission system, and design and compile corresponding algorithms for the given data type to achieve effective equalization processing, and verify the feasibility of the designed algorithm.

Key words：Optical fiber communication；Intensity modulation/direct detection；Nonlinear effect；Equalization algorithm.

一、概述

1. 研究背景

当置身于一个迅速发展的数字化时代，不难发现，每一个瞬息万变的时刻都在描绘着一幅宏伟的画卷，都预示着人类即将步入一个崭新的亿兆数据时代。随着物联网、流媒体、大数据等技术的迅猛发展，全球的网络需求如同洪流般汹涌澎湃。根据英国市场研究公司 Omdia 的权威统计，从 2018 年至 2024 年，全球数据流量预计将以惊人的 28.7% 的复合年增长率持续飙升。前几年，华为公司发布的《智慧世界 2030》报告为从业人员描绘了一个充满无限可能的未来。同时，这份报告还特别指出，工业互联网、卫星宽带互联网、认知网络以及住行合一等网络领域在未来将成为网络应用与发展的重要舞台。上述这些领域的发展不仅将极大地推动网络技术的进步，更将为人类社会的综合发展带来机遇。

市场调研发现，强度调制/直接检测（IM/DD）系统和相干检测系统两大类传输系统目前瓜分了光纤通信系统大部分的市场。图 1 所示为业界在不同的应用场景中将如何选择 IM/DD 系统或相干系统。这两种系统各具特点，IM/DD 系统简单易用，适用于一些特定场景；而相干系统则普遍应用于需求更高的传输速率并且适合需要高信号传输距离的场合。

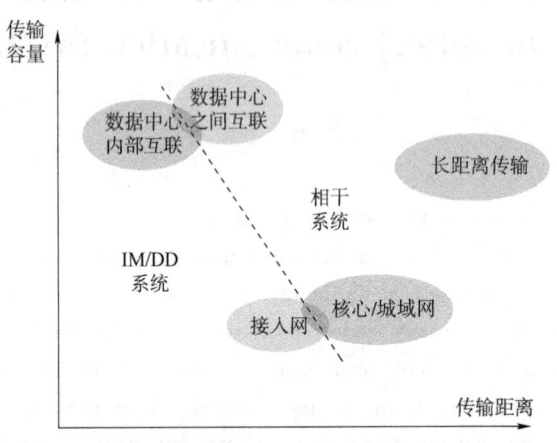

图 1　IM/DD 系统和相干系统不同场景分布图

近年来，光纤接入网已经成为短距离光纤传输的典型应用场景。据思科统计，全球固网宽带速率从 2018 年的 45.9 Mbit/s 增长至 2023 年的 110.4 Mbit/s，年复合增长率达到 20% 以上。同时，Omdia 更新了固网宽带的预测，预测报告显示了新冠疫情暴发后各地区对固网宽带的采用和数字化进程得到了推动。固网宽带市场在用户数和服务收入方面都有显著增长趋势，并且这一趋势预计会持续下去，如图 2 所示。消费者对数字服务的接受程度不断提高,2021 年和 2022 年用户数分别增长了 8.1% 和 7.0%。政府也越来越重视互通互联,预计固网宽带用户数将持续增长,到 2028 年将达到 17.9 亿。尽管全国性封锁已经解除,但人们对互联网连接的依赖依然强烈,预计用户数和服务收入将保持同步增长。

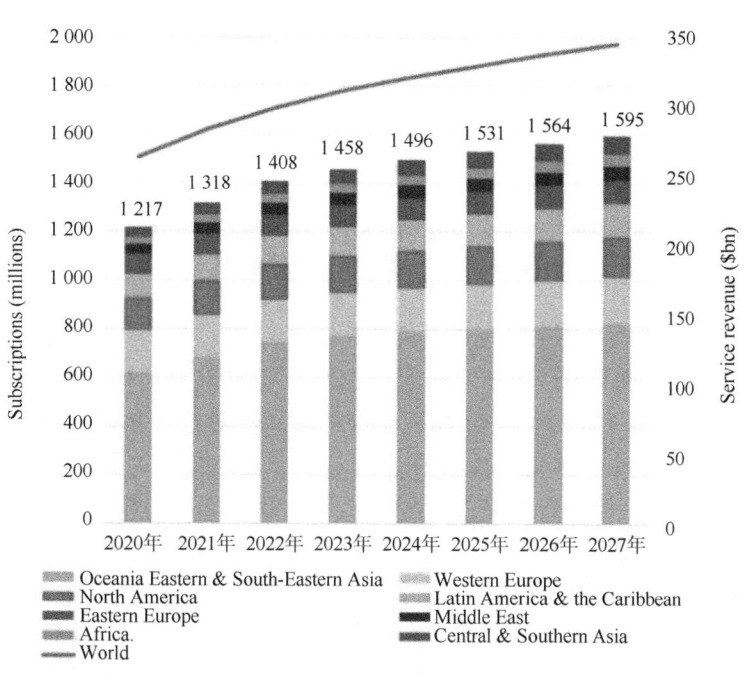

图 2　研究公司 Omdia 对未来几年的固网宽带用户和收入预测

　　数据中心光互联是当今互联网行业中备受瞩目的短距离光纤传输应用领域之一。随着互联网业务对网络流量的持续需求增长,大型互联网企业如 Google、Facebook、Amazon 和 Alibaba 等纷纷建立自己的数据中心,以应对日益增长的网络流量。当前,全球通信网络中的绝大部分都流通在各个数据中心之间并在此进行通信传递。截至目前全球数据中心总数超过 300 万,在我国更是高达 60 万座以上,而一些大型数据中心更是配备了数以十万计的服务器。尽管数据中心的网络交换流量持续增多,但实际上是在数据中心内部服务器之间进行传输的流量就约占总数的四分之三,如图 3 所示。为了应对大规模部署时的灵活性和成本控制的需要,研究人员对基于 IM/DD 技术的短距离光通信系统进行了广泛的研究,希望能够在数据中心互联中发挥重要作用。

　　随着流量需求持续增长,数据中心光互联和光纤接入网成为重要的光纤通信应用场景。为了满足不断增长的通信需求,需要对传输容量进行扩容。在硬件成本和空间限制的考虑下,短距离传输系统更倾向于采用 IM/DD 技术。IM/DD 系统具有结构简单、功耗低、成本低和易于集成等优点,因此在短距离光纤传输领域仍然处于主导地位。然而高阶高速的 IM/DD 系统对信道损伤极为敏感。因此,本论文将重点研究 IM/DD 系统中的信道损伤问题,探索器件系统非线性失真和光纤色散等信道损伤产生机制,并专注于研究先进的数字均衡技术来抵消系统的信道损伤,推动下一代低成本大容量短距离传输系统的发展。

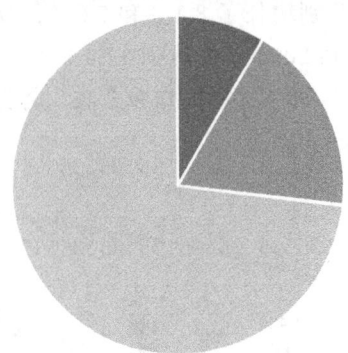

■ 数据中心-数据中心　■ 数据中心-用户　■ 非数据中心　■ 数据中心内部

图 3　不同数据流量所占的比例

2. 基于 IM/DD 的短距离光纤传输系统研究现状

在光通信系统中,相干光通信技术一直是追求超高容量和超长距离传输的主流技术。然而,在一些特定场景下,如成本敏感、功耗要求严格以及对延时和系统实现复杂度有特定要求的短距离传输场景中,IM/DD 技术因其低成本、低延时和实现复杂度低而备受青睐。然而,由光纤色散和直接探测技术导致的频率选择性衰落问题却限制了 IM/DD 技术传输距离和速率。为了解决这些问题,研究人员提出了多种基于数字信号处理的传统均衡算法,成功应用于短距离传输系统中。线性均衡算法,如前向反馈均衡算法(FFE)和判决反馈均衡算法(DFE),常用于补偿光纤色散和有限带宽所带来的线性损伤。而针对传输系统中出现的非线性信号失真,基于沃特瓦序列的均衡算法也被广泛应用。尽管其能够较为显著地减轻非线性效应的影响,但其较高的时间复杂度却对成本造成一定限制。为了进一步提升均衡性能,研究者们针对特定问题提出了新型的均衡算法。例如,超奈奎斯特直接检测算法(DD-FTN)和一种结合了记忆多项式均衡器(MPE)、自适应噪声白化滤波器和极大似然序列估计均衡器的级联均衡算法[11],这些新型滤波器在特定场景下展现出了出色的性能。

3. 本文的主要研究内容及结构安排

本文的主要研究焦点是探讨在 IM/DD 光纤通信系统中,针对 PAM4 调制信号传输过程中遇到的非线性损伤问题以及所需的均衡技术。全文共分为 5 个部分:第一部分综述了基于 IM/DD 系统的光通信技术在历史背景下的发展,并突出了其在现代通信领域中的重要性和研究意义。第二部分研究介绍了光通信 IM/DD 系统的原理、结构和关键技术,重点关注了基于 PAM4 信号的系统。第三部分深入研究了 PAM4 调制信号在接收端受到非线性损伤的机理。第四部分主要是基于 PAM4 调制信号格式下的 IM/DD 系统中的非线性均衡算法的实际设计。第五部分是毕业设计的总结和展望。

二、光通信 IM/DD 系统原理及损伤机理

1. 强度调制/直接检测系统原理及结构

在光链路研究与设计领域中,成本和性能是极其重要的两项需要考虑的因素。然而,传统的 IM/DD 设计通常采用非归零(NRZ)格式传输数据,这种传输格式在满足不断增长的

传输速率需求方面存在困难。针对这一难题,业界未来提高 IM/DD 系统的性能引入了多种先进的高阶调制格式,其中包括 PAM4、CAP 和 DMT 等。在这些技术中,PAM4 调制格式在考虑功耗和实现复杂性的情况下备受关注。图 4 所示为基于 PAM4 调制信号格式的 IM/DD 系统框架。本文的研究将集中在基于 MZM 调制的 IM/DD 系统中,在这种工作条件下,MZM 的强度调制表现为驱动电信号的变化将改变输出光的功率,从而实现对光信号的有效调制。

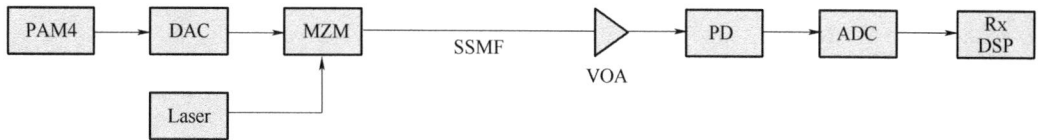

PAM4:基于 PAM4 调制格式信号;Rx DSP:接收端数字信号处理;DAC:数模转换器;ADC:模数转换器;Laser:激光器;MZM:马赫增德尔调制器;SSMF:标准单模光纤;VOA:可变光调节器;PD:光电探测器

图 4 基于 PAM4 的 IM/DD 系统框图

经过 MZM 光电器件调制后的 PAM4 信号通过单模光纤传输,但在中短距离通信中,光纤色散对信号质量造成了挑战。本文将在第 2.2.2 小节中详细分析这一关键影响因素。在信号接收端,为了控制光功率大小,通常会使用可变光调节器(VOA)。VOA 输出的光信号随后被光电检测器(PD)捕捉并转换成电信号。在直接检测模式下,光电检测器产生的电流随光功率变化而变化,具体数学模型如式(1)所示。

$$I_P = RP_{IN} \tag{1}$$

光电检测器的响应度 R 表示其对输入光功率的响应程度,单位为 A/W。并且光电检测器输出的电流 I_P 与输入光功率 P_{IN} 成正比关系,这可以通过公式(1)计算得到。在提升强度调制传输速率的方法中,脉冲幅度调制(PAM)是一种直接且有效的方式,通过将二进制信息序列转换为四进制序列,并将这些幅度值加载到脉冲载波上实现调制过程。与 PAM8 或 PAM16 相比,PAM4 调制格式在保持较高传输速率的同时对系统硬件和信号处理技术的要求更为适中,因此在短距离光线组网等领域中是最具吸引力的脉冲调制格式之一。

2. 强度调制/直接检测系统损伤机理分析

(1) MZM 引起的非线性失真

在光电器件的应用中,PAM4 信号相较于传统的 NRZ 信号,对线性度的要求更为严格。特别是在采用 IM/DD 系统的场景下。尽管主流的 MZM 调制器在通信系统中被广泛使用,但由于其固有的非线性调制特性,会导致基于 PAM4 的系统出现信号的非线性失真问题,这是使用过程中不可避免的难题。因此,如何解决这一问题成为 IM/DD 系统中亟待解决的挑战。图 5 所示为马赫-曾德尔调制器的原理结构。光信号首先经过 Y 型分路器被平均分为两路信号,然后分别沿上下两个光波导传输,相当于两个独立的光相位调制器。通过调节电压,可改变两路光的相位。最终,另一个 Y 型分路器将调制后的光波重新组合成一路光信号,实现了信号的融合。这一设计能有效实现光信号的调制。

根据资料和报告显示,在采用强度调制技术时,MZM 在特定条件下会呈现余弦函数形式的光电转换结果。在采用相干检测方法的通信系统中,输入与输出关系通常被视为余弦

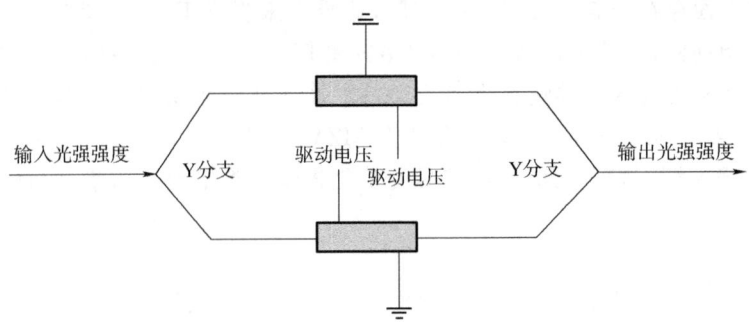

图 5　MZM 原理架构图

函数。而在直接检测方法的系统中,接收端的光电检测器转化信号强度为输出电流强度,导致输入与输出关系为余弦函数的平方形式。这表明,MZM 对光信号的调制曲线是非线性的。

（2）光纤色散

光纤色散是光信号在传输过程中无法避免的一种损害因素,特别是在 IM/DD 系统中,其影响尤为显著。在光纤中传输时,光信号包含的不同波长和模式分量会因为传输速率的差异导致它们到达接收端的时间产生差异。这种到达时间上的差异就是光纤色散所带来的影响,它会降低光信号的传输质量,如图 6 所示。色散一般用延时差来衡量,从时域波形来看,色散效应会导致光脉冲在传输过程中波形变宽。

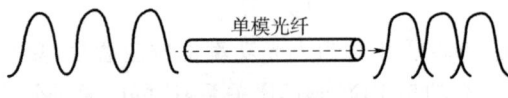

图 6　色散引起的脉冲展宽

单模光纤在传输过程中会受到多种色散的影响,这会导致光纤传输信号的功率衰减随传输距离增加而加剧,限制了系统传输带宽。当光纤信道的带宽不足以支持传输信号所需的带宽时,光纤色散就会成为制约系统传输带宽的关键因素。当光纤色散与由 Mach-Zehnder 调制器引起的 PAM4 信号非线性失真相互作用时,会导致更严重的非线性损伤出现在系统接收端在接收端产生严重的非线性损伤。

（3）器件带宽不足

当系统的器件带宽不足以满足信号传输的需求时,它就像一个低通滤波器,对信号产生限制和衰减,这将导致信号在传输过程中出现损伤。这种损伤的主要表现形式是码间串扰,即不同码元之间的干扰,影响了信号的准确性和完整性。如果将这个低通滤波器看作为一个传输函数 $h(t)$,系统输入信号为 $x(t)$,输出信号为 $y(t)$,系统噪声为 $n(t)$ 的数学模型,那么整个系统可以用式(2)来描述。实际上,这种信号损伤是由于系统的频率响应范围不足导致的,反映了系统在传输过程中的限制。因此,在设计系统时,必须考虑到器件的带宽,以减少信号损伤,确保信号质量。

$$y(t) = \sum_{n=-\infty}^{\infty} x_n h(t - nT_s) + n(t) \qquad (2)$$

三、基于 PAM4 的 IM/DD 系统非线性均衡算法研究

1. 非线性均衡技术

非线性均衡算法在光通信系统中扮演着至关重要的角色,尤其是对于采用深度集成器件和高阶信号调制格式的系统来说。为了克服信号传输中的衰减和失真,系统还需要应用更先进的信号调制格式以提高数据传输的效率和准确性。因此,针对这种非线性干扰,非线性均衡算法应运而生。近年来的研究表明,分别基于 Volterra 级数和基于多项式的非线性均衡算法是能有效解决光通信系统中非线性畸变问题的先进技术。这两种算法在抑制 PAM4 信号调制格式下 IM/DD 光通信系统中 MZM 设备导致的非线性损伤方面发挥着重要作用。

(1) 基于 Volterra 级数的非线性均衡算法原理

Volterra 非线性均衡算法的核心原理是基于 Volterra 级数的理论对非线性效应进行扩展和进行数学建模,构建能准确处理系统非线性效应的数学模型。一个 P 阶离散 Volterra 级数模型可以用数学表达式(3)来描述,其中输入为 x,输出为 y,P 代表阶数,M 代表每个扩展项的长度[18]。每个扩展项都有独特的滤波器系数,这些系数将通过特定设计的收敛算法计算。尽管 Volterra 级数理论上可以包含无限多的项,但在实际应用中通常选择低阶部分进行非线性建模。系统的输入输出的信号计算可以通过乘积运算和卷积运算得出。

$$y(k) = w_0 + \sum_{r=1}^{P} \sum_{k_1=0}^{M-1} \cdots \sum_{k_r=k_{r-1}}^{M-1} w_r(k_1, k_2, \cdots, k_r) \times x(k-k_1) \cdots x(k-k_r) \quad (3)$$

在实际应用中,Volterra 级数展开式包含了无穷多项,但为了以更低的成本提高系统可靠性,研究者会根据具体的应用场景和系统需求对 Volterra 级数展开式加以截断,选择适当的阶数和展开项长度。在实际应用中,研究者通常会选用三阶 Volterra 级数来进行数学建模拟合,特别是在 IM/DD 系统中。通过调查文献,上述这种均衡手段还可以结合其他均衡器从而共同作用,有效地弥补系统器件在电子和光学方面分别存在的线性和非线性损伤,但在本文中这种方法将不加以考虑。通过表达式(4)我们可以清晰地看到这种三阶级数数学模型的构造。综上所述,这种方法的应用能够更准确地描述系统的特性并为系统性能的改进提供重要参考,这对于实际工程领域有着积极的意义。

$$y(n) = w_0 + \sum_{k=0}^{M-1} w_k^{(1)} x_{n-k} + \sum_{k=0}^{M-1} \sum_{l=0}^{k} w_{k,l}^{(2)} x_{n-k} x_{n-l} + \sum_{k=1}^{M-1} \sum_{l=0}^{k} \sum_{m=0}^{l} w_{k,l,m}^{(3)} x_{n-k} x_{n-l} x_{n-m} \quad (4)$$

Volterra 级数模型是一种用于非线性均衡处理的方法,其中 $w_k^{(1)}, w_{k,l}^{(2)}, w_{k,l,m}^{(3)}$ 分别为一阶、二阶、三阶的抽头系数,实际信号的输入/输出分别对应模型的输入 x 和输出 y。一阶滤波器的抽头长度 M 代表滤波器的记忆深度。与传统的线性滤波模型相比,Volterra 级数模型引入了高阶多项式相乘的概念,并且每个多项式都配备有特定的滤波器系数。这种模型结构使得 Volterra 级数能够更精确地捕捉和模拟信号的非线性特性。通过查阅相关文献并整理归纳,得出基于 Volterra 序列的实际模型结构如图 7 所示[20]。

Volterra 级数的非线性均衡算法在信号处理领域具有重要意义,应用前景广泛。这种算法的引入为实现更高效的数据传输和通信提供了有效的解决方案,为提升技术实力和市场竞争力打下了坚实基础。

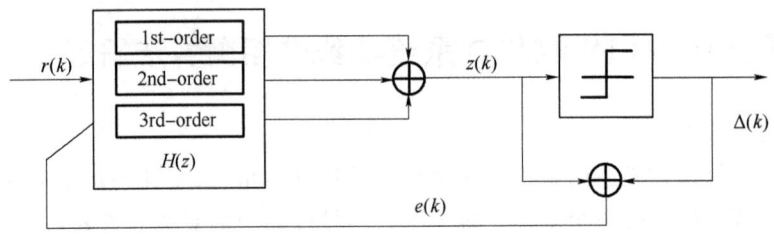

图 7 Volterra 均衡器结构

（2）基于 Polynomial 的非线性均衡算法原理

在对存在非线性损伤的光纤系统研究中，基于多项式非线性均衡算法搭建的滤波器被证实为一种有效的方法。在这个过程中，研究人员首先通过多项式展开来建模信道的非线性响应，然后通过对损伤的迭代处理从而抑制信号的失真，这种算法的数学建模如式（5）所示。从计算机语言的角度分析，上述这种算法的核心思想是利用多项式展开来描述输入信号，并通过调整多项式系数来修正输出信号，从而提升系统性能。

$$y(t) = \sum_{m=0}^{M} \sum_{N_1=0}^{N_1} \sum_{N_2=0}^{N_2} \cdots \sum_{N_m=0}^{N_m} a_{n_1,n_2,\cdots,n_m} \cdot x(t-n_1) \cdot x(t-n_2) \cdots x(t-n_m) \quad (5)$$

本文根据上述原理设计与使用基于 Polynomial 的非线性均衡算法，并在 PAM4 调制信号格式的 IM/DD 系统中实现非线性损伤的抑制。并且本文将根据实际需要对该算法选用低阶多项式展开式作为初始模型，结构如式（6）所示。其中 $y(t)$ 为输出信号，$x(t)$ 为输入信号，a_i 为多项式系数，N 为多项式阶数[22]。这种方法有效地降低算法设计复杂度，为实际场景中的应用提供了重要参考。

$$y(t) = \sum_{i=0}^{N} a_i \cdot x^i(t) \quad (6)$$

（3）两种非线性均衡算法原理比较

基于 Volterra 级数的非线性均衡滤波器利用了高阶交叉项展开形式，能够精准描述系统的非线性特性，但算法复杂。而基于 Polynomial 的非线性均衡滤波器采用了简单的多项式模型，通过迭代更新抽头系数实现对系统非线性行为的描述，但无法全面捕捉整个系统的复杂非线性损伤。两种方法各有优缺点，对于需要精确描述系统非线性特性的应用，Volterra 级数更为适合；而对于追求简单性和高效率的情况，Polynomial 方法更加实用。在实际应用中，需要根据具体需求和系统的特点来选择适合的非线性均衡滤波器设计方法。同时，不同方法也可以结合使用，综合利用它们的优势来提高系统的性能和稳定性。

四、非线性均衡算法设计实现流程与算法结果分析

1. 非线性均衡算法设计与实现流程

本节旨在根据上章节中非线性均衡算法的原理和数学模型结构研究非线性均衡算法的实际实现流程。首先，我们在 PC 上完成 MATLAB 环境的配置搭建。紧接其后，将对数据进行重采样。先抽取数据前 5 000 个作为样本进行重采样检验，检验采样流程是否未破坏

数据完整性。上述检验无误之后,完成对整体数据的重采样处理。随后对数据进行均一化,规范数据形式,并调用"plot"函数检验均一化结果,便于后续算法均衡操作。

完成上述初始数据处理之后,我们将开始非线性均衡算法的主体函数设计过程。基于Volterra级数的非线性均衡算法在完成上述算法设计之后,将进行算法的均衡效果测试,若均衡效果为优,则对整体研究数据进行均衡处理结果记录和分析;若均衡后效果较差,将继续对均衡算法进行优化设计,再对整体数据进行均衡处理。完成均衡处理之后,我们将调用MATLAB中的眼图绘制函数进行均衡前后的眼图绘制与记录,并在后续章节进行结果分析。

上述设计流程如图8所示。

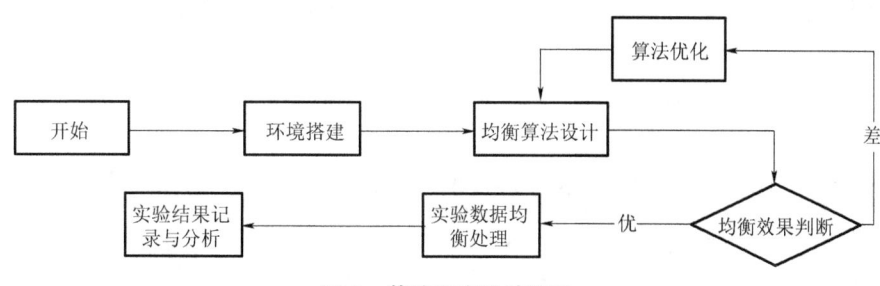

图8 算法研究设计流程

2. 算法结果及分析

本节旨在研究在对所提供的PAM4数据进行初步重采样和均一化处理后,利用设计实现的两种非线性算法信号针对信号中的非线性损伤进行均衡处理。我们将详细比较处理前后的误比特率和眼图的变化,并对这些数据进行可视化分析。通过上述操作,我们探讨了信号均衡对光信号数据传输的重要性。同时实验结果显示,存在信号损伤的信号经过均衡处理后,误比特率得到显著改善,并且眼图的清晰度也有提升。这表明本文设计并采用的两种非线性算法是能有效应对非线性损伤,从而能够提高数据传输的质量和稳定性。本文的研究在将为进一步优化通信系统提供部分参考的同时也展示了信号均衡处理在数据传输中的重要作用。

(1) 基于Volterra级数的非线性均衡算法结果及分析

在实验中,本文利用基于Volterra级数的均衡器对传输速率为30 GBaud,接收光功率为-2.3 dBm的IM/DD系统进行了均衡测试,如图9所示。通过眼图的对比可以清晰地观察到,在仅受到MZM非线性特性影响的情况下,经过均衡处理后的眼图变得更加清晰,眼宽也由窄变宽。同时,误码率数值也由0.499 1降低到了0.003 7,这说明设计的非线性均衡算法对信号失真有很好的抑制效果。另外,研究中还对传输速率为40 GBaud,接收光功率为-2.5 dBm的IM/DD系统进行了同样的均衡处理。结果如图10所示,在均衡前的眼图比对下,BER数值由0.498 6下降到了0.003 0。这一结果再次验证了我们所设计的基于Volterra级数的非线性均衡算法对非线性损伤的抑制作用。

在处理数据时,研究者通过改变Volterra级数算法的迭代速率来抑制非线性效应。我们以BER数值和眼图作为算法效果的评判标准。在30 GBaud,-2.3 dBm接收光功率的IM/DD系统中,本文通过调整参数its(迭代速率)来观察系统均衡后的BER数值的变化。根据BER数值的变化趋势图(图11),我们发现随着its的增大,BER呈现递减趋势并趋于稳定,在约25 000时达到最低值,随后开始上升。眼图的变化简介验证了这一结果,如图12

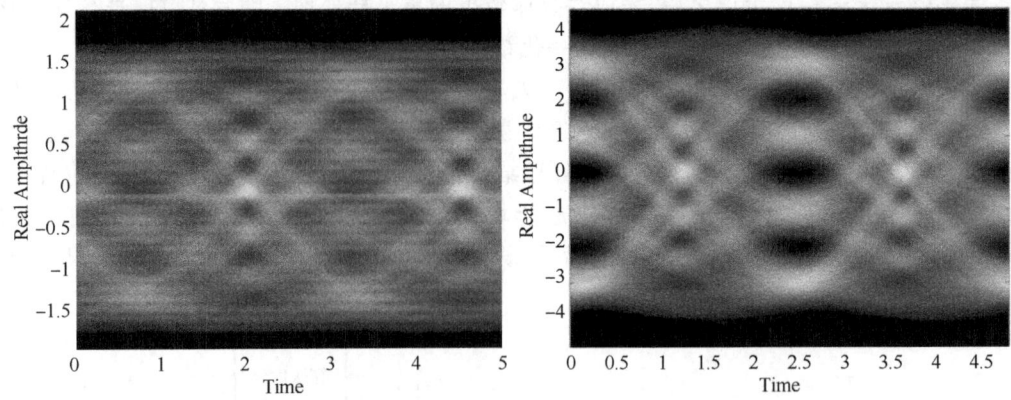

图 9　30 GBaud,−2.3 dBm 的 IM/DD 系统 Volterra 算法均衡前后眼图

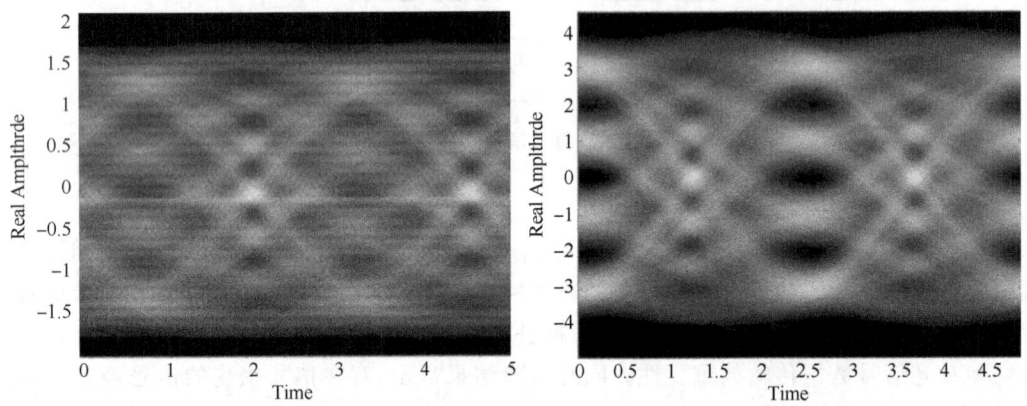

图 10　40 Gbaud,−2.5 dBm 的 IM/DD 系统 Volterra 算法均衡前后眼图

所示。随着迭代次数的增加,眼宽在逐渐增大,这表明算法性能逐渐优化。然而,研究中我们注意到 its 值不能无限增大,在实际数据处理中,过大的 its 值会导致算法崩溃。

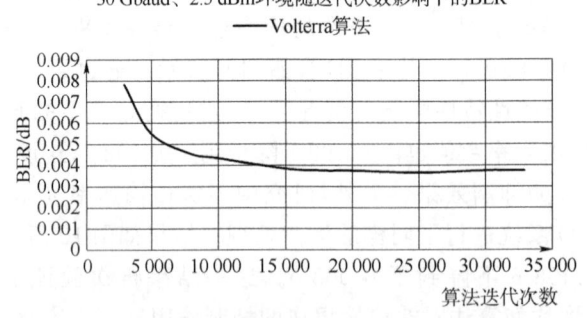

图 11　30 GBaud,−2.3 dBm 环境下迭代次数对 Volterra 算法均衡后 BER 的影响

通过本节对实际数据处理结果的综合分析,可以清晰地得出结论:基于三阶 Volterra 级数算法的均衡器在传输系统受到严重非线性信号失真时,具有降低误码率的显著效果。同时,我们也发现在相同条件下,低阶非线性均衡算法的迭代次数会影响误码率的降低效果,因此选择合适的迭代次数至关重要。

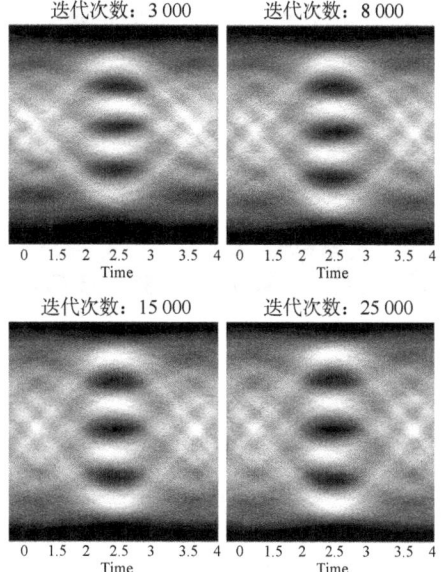

图 12 30 GBaud，-2.3 dBm 环境下迭代次数对 Volterra 算法均衡后眼图的影响

（2）基于 Polynomial 的非线性均衡算法结果及分析

经过对 Polynomial 非线性均衡算法原理的深入研究和数据分析，本文将根据信号数据类型编写所需的非线性均衡算法。由于高阶多项式算法的复杂性较高，在本节中我们选择了低阶 Polynomial 算法（原理参考式（6））进行设计。本文算法模拟环境依旧是在数据中心内部短距离信号传输环境中采用基于 Polynomial 算法设计的均衡滤波器对 PAM4 信号进行均衡。在图 13 中可以看到，传输速率为 30 GBaud，接收光功率为-2.3 dBm 时，经过低阶 Polynomial 算法均衡后的眼图更加清晰，眼图的张开程度更大。此时，误码率从 0.499 1 降至 0.000 27。另外，我们在对 51 条数据处理中选取对传输速率为 40 GBaud，接收光功率为-2.5 dBm 的 IM/DD 系统的非线性损伤进行均衡处理。在图 14 中可以看到，经过非线性均衡器处理后的眼图同样得到了改善，BER 数值从 0.498 6 降至 0.000 6。综合以上结果，研究中设计的低阶 Polynomial 非线性均衡算法能够有效抑制由 MZM 非线性特性引起的非线性信号失真。

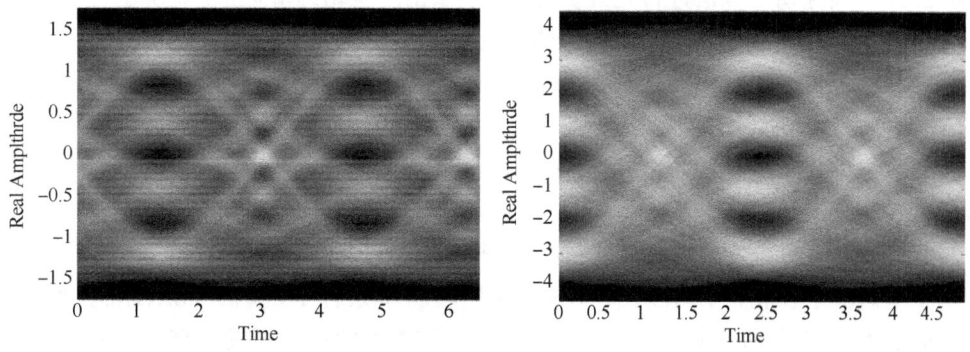

图 13 30 GBaud，-2.3 dBm 的 IM/DD 系统 Polynomial 算法均衡前后眼图

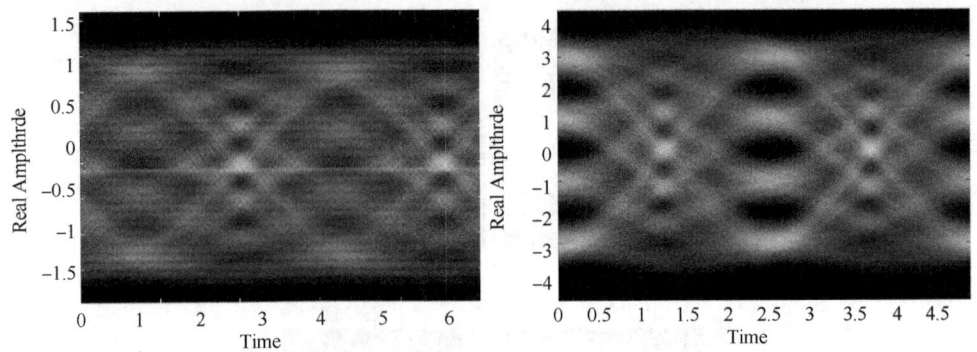

图 14 40 Gbaud,-2.5 dBm 的 IM/DD 系统 Polynomial 算法均衡前后眼图

本文通过对 IM/DD 系统传输速率为 40 GBaud,接收光功率为-5.5 dBm 条件下的数据进行处理,发现改变 Polynomial 算法中的抽头系数 Tap 的设定会影响数据的均衡处理结果,如图 15 所示。实验结果显示,随着 Tap 值逐渐增大,误比特率(BER)呈现递减趋势并逐渐趋于平缓,当 Tap 值接近 400 时,BER 趋于稳定。

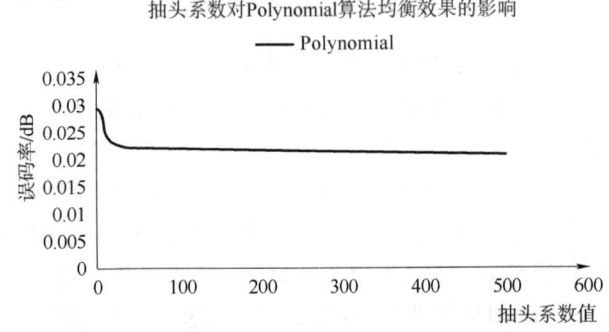

图 15 抽头系数对 Polynomial 算法均衡结果影响

在对具有相同接受光功率但不同传输速率的传输系统进行 Polynomial 均衡处理时,我们发现 BER 数值随传输速率增加而逐渐增大。因此,本文将在传输速率为 40 GBaud、接受光功率为-0.5 dBm 的理想环境下进行采集数据并进行重采样、均一化处理,利用 Polynomial 非线性均衡算法进行处理。处理后的 BER 变化趋势如图 16 所示,而部分眼图的变化如图 17 所示。观察 BER 变化趋势,我们发现随着传输速率增加,BER 数值逐渐增大。这一结论也可以从眼图的变化中得到验证,随着传输速率的提升,眼图的眼宽逐渐减小,反映出算法性能的逐渐变差。

本节数据处理结果显示,本文设计 Polynomial 算法的均衡器在处理系统非线性信号失真时能有效降低系统的误码率。

(3)两种算法均衡效果和算法复杂度分析

本小节研究了在相同传输速率和不同光接收功率条件下,基于 Volterra 级数和基于 Polynomial 两种算法的均衡效果。Volterra 级数算法的迭代次数参数设置为 25 000,Polynomial 算法的抽头系数参数设置为 400。实验选择了传输速率为 40 GBaud 的 IM/DD 系统,通过调整接收光功率,比对了两种算法均衡后的误码率(BER),如图 18 所示。实验结

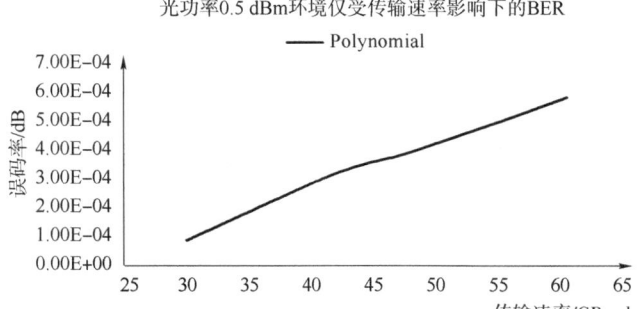

图 16 光功率 0.5 dBm 环境仅受传输速率影响下的 BER

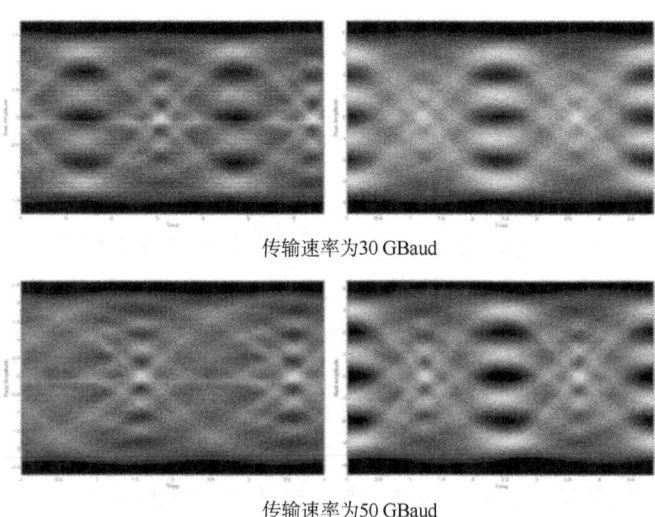

图 17 光功率 0.5 dBm 环境仅受传输速率影响下的部分眼图

果显示,基于 Polynomial 的非线性均衡算法优于基于 Volterra 级数的算法。然而,后续研究表明,这种优势是以算法时间复杂度为代价的。因此,在选择算法时,需要综合考虑均衡效果和时间复杂度之间的平衡。

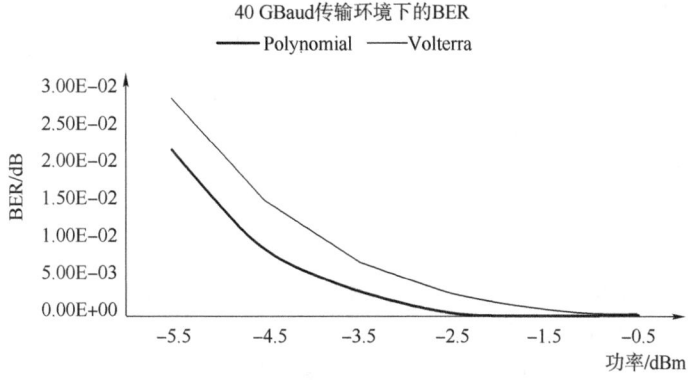

图 18 40 GBaud 传输环境下两种算法均衡后的 BER

通过对两种非线性均衡算法进行原理和算法程序的分析,我们发现基于 Volterra 级数的算法在时间复杂度上要低于基于 Polynomial 的算法。通过图 19 我们可以发现,基于 Volterra 的算法时间复杂度主要取决于参数 its,而基于 Polynomial 的算法时间复杂度则受到参数 Tap 和 its 共同的影响,并且两种参数之间表现为乘积的关系。综上所述,基于 Volterra 级数的非线性均衡算法相对于 Polynomial 算法具有更低的时间复杂度。

均衡技术	Volterra	Polynomial
计算复杂度	低[O(its)]	高[O(Tap*its)]
均衡效果	良	优

图 19　不同均衡技术的计算复杂度和均衡效果比较

五、总结及展望

1. 总结

本文着重探讨了基于 PAM4 的 IM/DD 系统的核心架构和重要组件,并且从系统的结构出发,详细分析了 3 个关键因素——MZM 线度、光纤色散和器件带宽对 PAM4 信号传输质量的影响。研究指出,MZM 引起的信号非线性失真结合光纤的色散效应和硬件带宽限制造成的码间串扰,综合影响将给信号接收端带来严重的非线性损伤。随着传输速率的增加,非线性损伤也变得更加严重,增加了信号均衡的难度。

因此为了缓和这种问题,我们通过信号均衡技术来抑制信号受到的干扰从而提高系统的传输性能。并在最后本文通过 MATLAB 软件对基于 PAM4 的 IM/DD 系统下对非线性损伤做均衡处理的基础流程进行了仿真模拟,并对设计的均衡算法性能进行了比较。针对系统存在的非线性损伤问题,采用了基于沃尔泰拉级数和基于多项式的非线性均衡器来进行补偿。研究结果显示,基于多项式的非线性均衡器相比基于沃尔泰拉级数的算法有更好的误码率表现,但也需要更高的计算复杂度。同时,本文还验证了在不同参数下,两种算法对系统进行均衡的可行性。这些研究成果为解决 IM/DD 系统非线性损伤问题提供了参考和指导。

2. 展望

本研究专注于低成本、短距离的 IM/DD 光纤传输系统并主要探讨了光纤接入网和数据中心光互联这两个应用场景中非线性信道损伤以及相应的数字均衡技术解决方案。本文未来的研究方向将包括但不限于以下几点:首先,进一步优化数字均衡技术来提高传输系统的性能和稳定性;其次,结合物理层和网络层的技术从而实现光纤传输系统的智能监控和管理,以此适应不断变化的通信环境。通过持续努力和创新,本文坚信光纤传输系统在未来可以更好地应对传输过程中面临的信号失真挑战。

参考文献

[1] 余少华,何炜.光纤通信技术发展综述[J].中国科学:信息科学,2020,50(9):87-102.
[2] Zhou X,Urata R,Liu H. Beyond 1 Tb/s Intra-Data Center Interconnect Technology:IM-DD OR Coherent?[J]. Journal of Lightwave Technology, 2020, 38 (2): 475-484.
[3] 刘然.基于 PAM4 信号的光纤通信系统均衡技术研究[D].吉林大学,2023.DOI:10.27162/d.cnki.gjlin.2022.006763.

[4] 唐玺孜.低成本短距离光纤传输系统中信道损伤及数字均衡技术研究[D].北京邮电大学,2021. DOI:10.26969/d.cnki.gbydu.2021.000154.

[5] 中国信息通信研究院.中国宽带发展白皮书(2020).http://www.caict.ac.cn/english/research/whitepapers/202112/P020211224524461536711.pdf.

[6] 谢崇进.数据中心光通信技术[J].电信科学,2016,32(5):44-51.

[7] 余建军.数据中心高速光互连技术[J].中兴通讯技术,2019,25(5):2-8.

[8] Zhenming Y, Yilun Z, Shaohua H, et al. PDL and CD insensitive low complexity equalizer for short reach coherent systems.[J].Optics express,2021,29(5):6657-6667.

[9] Chien C W, Zhou K C, Wei L C, et al. High-Capacity Carrierless Amplitude and Phase Modulation for WDM Long-Reach PON Featuring High Loss Budget [J]. Journal of Lightwave Technology, 2017, 35 (4): 1075-1082.

[10] Moryakova O, Wang Y, Johansson H. Low-complexity reconfigurable FIR lowpass equalizers for polynomial channel models [J]. Digital Signal Processing, 2024, 150 104533.

[11] 张静.基于深度学习的短距离光纤传输系统均衡技术研究[D].西南交通大学,2021.DOI:10.27414/d.cnki.gxnju.2021.000096.

[12] Xiaogeng X, Enbo Z, Ning G L, et al. Advanced modulation formats for 400-Gbps short-reach optical inter-connection.[J]. Optics express, 2015, 23 (1): 492-500.

[13] S. M, A. M G, A. M, et al. Photo thermal effect graphene detector featuring 105 Gbit s-1 NRZ and 120 Gbit s-1 PAM4 direct detection [J]. Nature Communications, 2021, 12 (1): 806-806.

[14] 陈耀彬.基于脉冲幅度调制信号的高速短距光通信研究[D].华中科技大学,2022.DOI:10.27157/d.cnki.ghzku.2022.002965.

[15] Govind Sharan Yadav, Chun-Yen Chuang, et al. Structured Sparsity Learning-based pruned retraining Volterra Equalization for Data-Center Interconnects[C].Optical Fiber Communication Conference, Optical Society of America, 2021:W6A.23.

[16] Liu X, Liu Y, Hu C, et al. Experimental demonstration of low-complexity trigonometric-memory-polynomial decision-feedback equalizer for nonlinear compensation in IM/DD optical systems[J]. Optics express, 2024, 32 (3): 3329-3341.

[17] Nan F, Shaobo L, Qingsong L. Sparse Volterra Equalizer to Mitigate the Nonlinear Distortion in High Power Budget IM-DD OFDM PON [J]. Journal of Physics: Conference Series, 2023, 2440(1).

作者简介

陈立巍,男,本科生,就读于北京信息科技大学信息与通信工程学院物联2001班。

秦军(指导老师),任职于北京信息科技大学,研究领域主要为通信与信息系统和面向光通信/光互联的光子学前沿及应用研究等,副教授。

基于深度神经网络模型的单通道语音增强算法研究

陈晓彤 肖 瑶

(北京信息科技大学信息与通信工程学院,北京,100101)

摘 要:单通道语音在日常生活中得到了广泛应用,然而,在复杂环境中,背景噪声会严重影响语音的质量和可理解性。为了减少噪声干扰并提升语音清晰度,单通道语音增强技术的研究显得尤为重要。而且,随着人工智能的发展,深度学习在语音增强技术中的应用日益广泛。相比传统的语音增强技术(如谱减法和维纳滤波法),深度神经网络模型凭借其强大的非线性学习能力,能够更有效地提取干净的语音特征,减少噪声,提升语音质量。

本文提出了一种基于深度神经网络模型的单通道语音增强算法,主要内容如下:

(1)针对全频带语音增强算法的复杂性和计算量庞大的问题,提出了一种利用深度神经网络进行感知特性训练的方法,将对人耳听觉感受重要的特征输入神经网络模型中进行训练。

(2)为了解决增强语音的非谐波特性和与原始干净语音包络不一致的问题,采用了音高滤波和包络后滤波技术,有效过滤噪声,特别是消除一些残留的低频噪声。

(3)为了更好地提取特征,在深度神经网络模型中添加了卷积层,这有助于检测音频序列中的音高变化,适用于语音增强任务。此外,卷积层在参数数量上更高效,只需学习少量卷积核,降低了模型的复杂性,使其更易于训练并减少过拟合风险。

关键字:语音增强;深度神经网络;音高滤波;包络后滤波。

Research on single-channel speech enhancement algorithm based on deep neural network model

Chen Xiao-tong Xiao Yao

Abstract:Single-channel speech is widely used in everyday life, however, in complex environments, background noise can seriously affect the quality and intelligibility of speech. In order to reduce noise interference and improve speech intelligibility, the research of single-channel speech enhancement technology is particularly important. Moreover, with the development of artificial intelligence, the application of deep learning in speech enhancement technology is becoming more and more extensive. Compared with traditional speech enhancement techniques (such as spectral subtraction and Wiener filtering), deep neural network models can extract clean speech features more effectively, reduce noise, and improve speech quality due to their powerful nonlinear learning capabilities.

In this paper, a single-channel speech enhancement algorithm based on deep neural network model is proposed, and the main contents are as follows:

---

① 项目来源类别。

(1) In order to solve the problem of complexity and huge amount of computation of full-band speech enhancement algorithm, a method of perceptual feature training using deep neural network was proposed, and the features that are important for human ear hearing perception were input into the neural network model for training.

(2) In order to solve the problem of aharmonic baud and inconsistency with the original clean speech envelope of the enhanced speech, pitch filtering and envelope post-filtering techniques are adopted to effectively filter out the noise, especially to eliminate some residual low-frequency noise.

(3) In order to better extract features, a convolutional layer is added to the deep neural network model, which helps to detect pitch changes in audio sequences, which is suitable for speech enhancement tasks. In addition, convolutional layers are more efficient in the number of parameters and only need to learn a small number of convolutional kernels, reducing the complexity of the model, making it easier to train and reducing the risk of overfitting.

Key words:speech enhancement; deep neural networks; pitch filtering; Post-envelope filtering.

一、引言

语音是传递信息的一种重要方式,随着语音在人们生产生活中的作用和影响越来越大,人们对于语音的质量和精度的要求也越来越高。语音增强技术通过一系列的信号处理方式降低噪声干扰,提高语音的精度和可理解性,因而受到了广泛关注和研究。尽管过去的研究在单通道语音增强方面取得了显著进展,但仍然存在着一些问题。深度学习方法虽然能够解决传统语音增强方法无法处理非平稳噪声的局限性,但需要大量的标记数据进行训练,且模型复杂性高,可能存在过拟合问题,尤其是对于全频带语音的处理需要非常庞大的计算量,对内存具有极大的挑战性。

本文通过引入深度神经网络模型,结合感知特性、音高滤波和包络后滤波技术,旨在解决传统语音增强方法在处理非平稳噪声时的局限性和深度学习方法对计算资源的高需求问题。通过优化特征提取和模型结构,减少噪声干扰,提升语音清晰度,改善复杂环境中的语音通信质量。本文不仅有助于推动单通道语音增强技术的发展,还为实际应用中的语音通信提供了更高质量的解决方案,从而在通信领域和人工智能等相关科技领域中发挥重要作用。

二、单通道语音增强技术原理

单通道语音增强算法[1]是一种常用的语音增强技术,主要适用于只有一个麦克风或只能获取一个信道语音信号的情况。传统的单通道语音增强方法有谱减法[2]和维纳滤波法[3]。谱减法通常假设噪声是平稳的,并且将噪声看作是语音信号和噪声信号的叠加,通过减去估计的噪声谱,达到抑制噪声的目的,为了验证谱减法的性能,设置了仿真实验,实验已知干净语音和有"啸叫"的含噪语音。实验结果如图1所示,从语谱图中可以看出,谱减法的确减小了含噪语音的噪声,但是其语谱图缺少了连续性,这样会导致语音的可懂度降低。

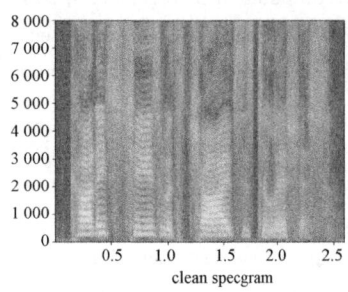 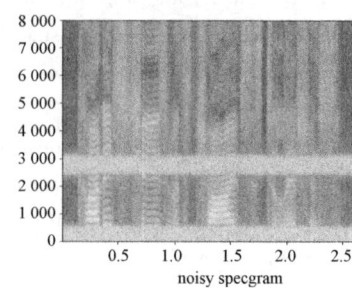 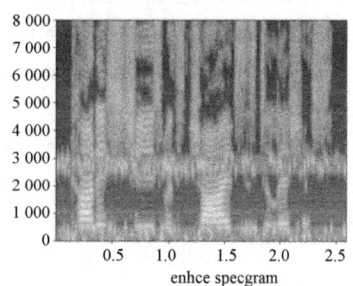

图 1　谱减法实验结果图

维纳滤波法则是一种基于最小均方误差准则的最优滤波方法,能够在已知干扰噪声的情况下最大程度地提取出干净语音,估测出噪声水平,由此设计合适的维纳滤波器参数使得增强语音信号和干净语音信号之间的均方误差最小,实现最优的降噪性能,改善语音质量。基于以上原理,为了检测维纳滤波法的语音增强性能,使用上述相同的语音数据来确定合适的滤波器参数。实验结果如图2所示,从三幅图中可以清晰地看出,维纳滤波法有着非常好的降噪效果,但是也会破坏部分的原始干净语音的频谱,这样有可能会影响语音的听觉感受。并且这两种算法仅仅限于处理平稳的含噪语音,在复杂情况下表现不佳,所以为了进一步提升语音质量,接下来将会探讨基于深度学习的语音增强算法,思考其是否有进一步的优化空间。

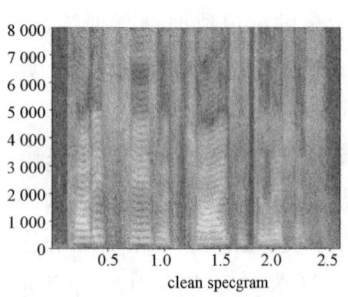 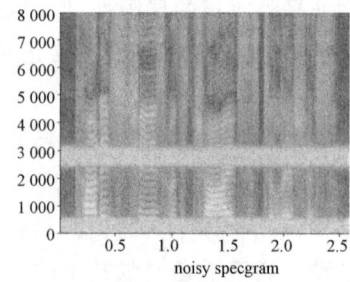 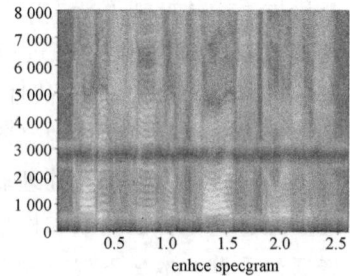

图 2　维纳滤波法实验结果图

近年来深度神经网络逐渐地应用在单通道语音增强技术[4]上来,在前期的调研中发现了一种深度学习的RNNoise算法[5],它是一个基于RNN的深度神经网络的语音增强算法,将信号处理技术与深度神经网络相结合,主要使用了Bark尺度[6]划分频带,从全频带中提取出对恢复干净语音有益的声学特征,然后输入到深度神经网络模型当中进行训练。网络模型中包含多层门控循环单元可以有效地处理语音的时序问题。为了进一步的研究其性能,对该算法进行了复现。测试数据是使用数据集合成脚本合成的含噪语音。RNNoise算法实验结果如图3所示,可以清晰看出该算法具有非常强大的降噪性能,并且可以处理非平稳的噪声。但是语音的质量仍然有可以提升的空间,为了进一步提升算法的性能,提升语音的质量,下文更加深入地研究基于深度神经网络模型的单通道语音增强算法。

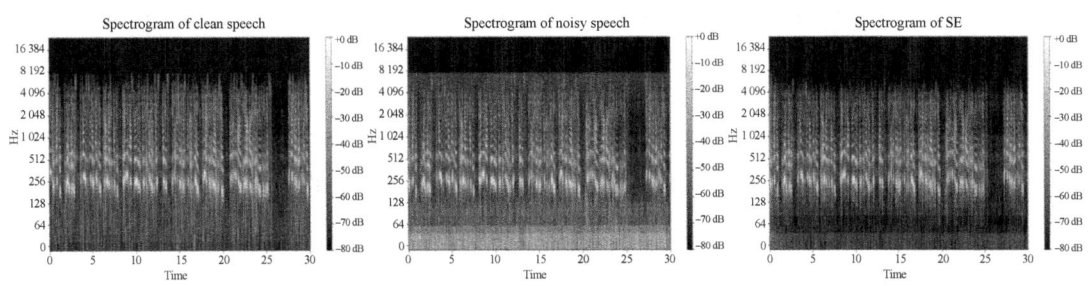

图 3　RNNoise 算法实验结果图

三、基于深度神经网络模型的单通道语音增强算法研究

图 4 介绍了基于深度神经网络模型的单通道语音增强算法的流程图,为了实现增强信号和原始干净信号在感知上尽可能地相似,该算法首先使用了短时傅里叶变换[7],窗口长度为 20 ms 有 50% 的重叠,然后采用 Vorbis 窗函数进行频谱分析和重建。接着采用 ERB 原则划分频带取对数然后进行离散余弦变换获得声音特征,将以上声学特性作为深度神经网络的输入特征对模型进行训练,将获得的增益、语音频谱和语音的相关性特征输入到音高滤波器当中恢复原始语音的谐波特性。算法还增加了包络后滤波器可以对增益进行后处理微调进一步增强语音质量,最后通过短时傅里叶逆变换得到与干净语音特征相接近的增强语音信号。这是本算法的主要流程,为了更加清晰地介绍算法的功能,接下来将进行分块介绍。

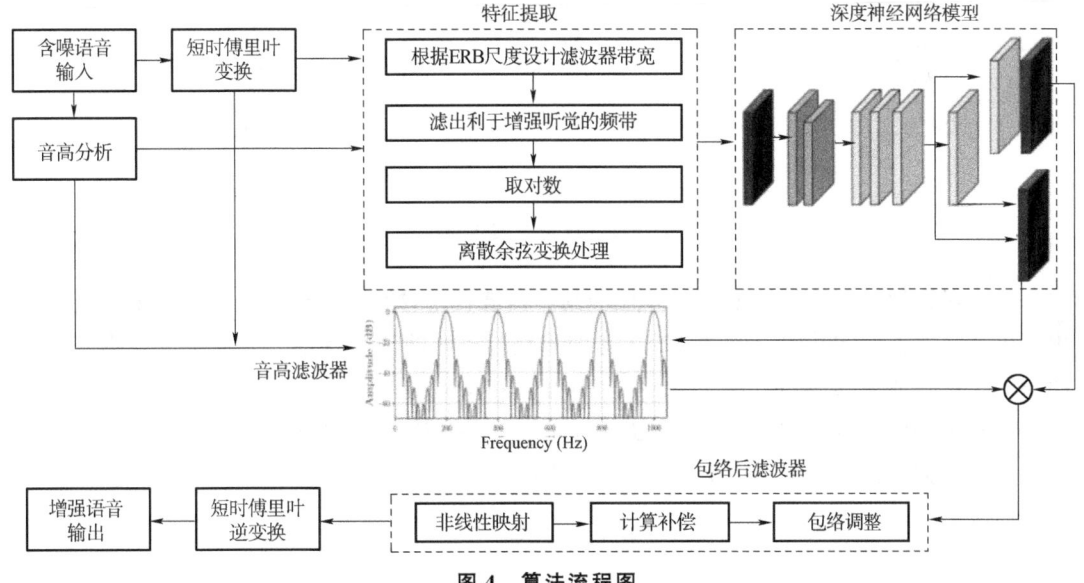

图 4　算法流程图

人耳等效矩形带宽(Equivalent Rectangular Bandwidth,ERB)是一种心理声学的度量方法[8]。它提供了一个近似于人耳听觉的对带宽的过滤方法。按照人耳听觉等效带宽划分原则,将信号划分成 34 个子带。将 34 个子带的幅度谱,34 个子带的音高相关性,1

个基音频率,1个基音置信度(相关值)共70个特征输入到深度神经网络模型当中进行训练。

ERB在高频段有更多的频带,而在低频段有较少的频带这更加贴合人耳对高频声音的分辨力远高于低频声音的原则。因此,使用ERB划分会使得对声音的处理更加符合人耳的真实感知情况,从而提高语音处理的精度。此外,由于ERB频带的数量相对较少,特别是在低频区域,因此可以有效地减少计算的复杂性和处理时间,从而提高了整个算法的效率。ERB的计算公式如下,其中f表示频率(赫兹),24.7和4.37是经验常数。

$$\mathrm{ERB}(f)=24.7*(4.37*f/1\,000+1) \tag{1}$$

本算法在深度神经网络模型的基础上,使用了卷积层和门控单元的组合[9],增加了模型深度,并且由于该算法严格限制了计算一帧语音信号的声学特征和神经网络计算时用到的未来帧信息,即模型在处理当前时间点的数据时,可以考虑未来M帧时间内的信息,以提高处理的准确性。为了实现包括10 ms重叠在内的40 ms的前瞻,我们使用$M=3$[10]。这样在保证了算法的实时性,增加了模型性能的同时,也不花费更多的计算资源。如图5所示该算法的深度神经网络模型包含2层一维卷积层,5层门控单元GRU层和3层全连接层。

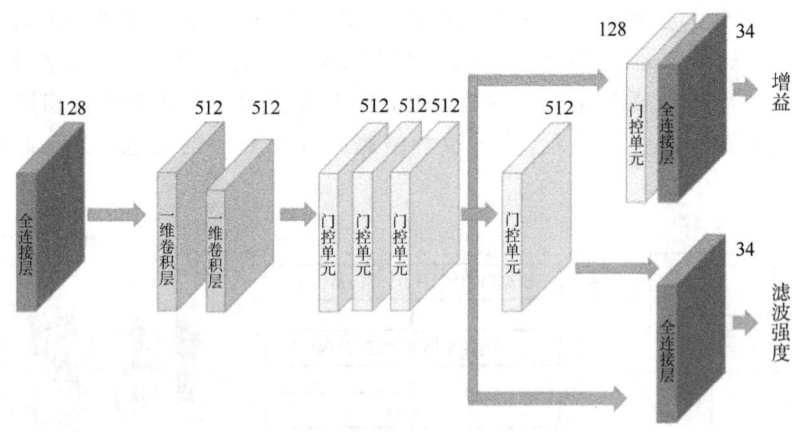

图5 深度神经网络模型

为了保留原始语音的谐波特性并且抑制非谐波特性,减少噪声,算法在音高滤波环节使用了梳状滤波器[11]在频域上进行滤波,有助于重建语音的谐波特性。本算法中根据基音周期设计了梳状滤波器,结合了基于相关性的方法和动态规划搜索[12],基于相关性的方法粗略地找出可能的基音周期;动态规划搜索则可以在这个基础上,找出整个语音段中最可能的基音周期序列。假设基音周期为T,梳状滤波器的系统函数为

$$C^{(0)}(z)=\frac{1+z^{-T}}{2} \tag{2}$$

在谐波之间规律的插入0,使得信号的噪声部分得到衰减。然后将梳妆滤波拓展到多个周期上去,并使用了以下的过滤非因果抽头:

$$C_M(z)=\sum_{k=-M}^{M}w_k z^{-kT} \tag{3}$$

式中，M 是中心抽头每侧的周期数，w_k 是满足 $\sum_k w_k = 1$ 窗函数。使用过滤非因果抽头，信号的噪声部分会产生衰减。并且使用了 Hann 窗口，它使剩余的噪声在谐波之间变得更低。由于音调掩蔽（Tone Masking）[13]的行为，这导致了较低的感知噪声。

包络后滤波（Envelope Postfiltering）是进行噪声抑制后的后处理步骤，主要操作是：首先对增益 g 应用 warping 函数[14]（在这种情况下，是一个基于正弦函数的非线性映射），存储到 g_w 数组中。然后计算两种能量：一种是应用原始增益 g 后的信号的能量 E_0；另一种是应用 warped 增益 g_w 后的信号的能量 E_1。在这两种能量值之间建立一个平衡，对整个强化信号应用一种全局增益补偿方法。计算公式中，β 是一个预定义的常量，为 0.02，目的是平滑 warping 函数对信号能量的影响，以保证增益补偿后的信号仍然保有与原始信号相似的总能量水平。最后将计算出的全局增益补偿 G 应用到 warped 增益 g_w 上，得到最终增益 g。通过调整增益以平衡强化信号的总体能量，这个后处理步骤可以改善信号质量和感知听觉效果。

四、实验结果与分析

本文通过仿真实验绘制语音的语谱图和信噪比对比图，观察语谱图和信噪比验证算法的有用性。并且通过对比实验对基于深度神经网络的单通道语音增强算法（SE）和传统语音增强算法中的谱减法（specsub）和维纳滤波法（wiener）进行对比分析。除此之外也对比了一个基于深度学习的 RNNoise 算法（rnn），突出性能的提升。实验通过分析 4 种语音增强算法的语谱图、信噪比和 PESQ 指标[15]等客观指标来评估算法降噪性能和语音质量，在对比实验中得出算法的有效性。

下面对训练好的语音增强模型进行了测试，将不同信噪比的含噪语音输入得到本算法增强后的语音，我计算了其含噪语音和增强语音的总体信噪比并将其可视化的表示出来，如图 6 所示。

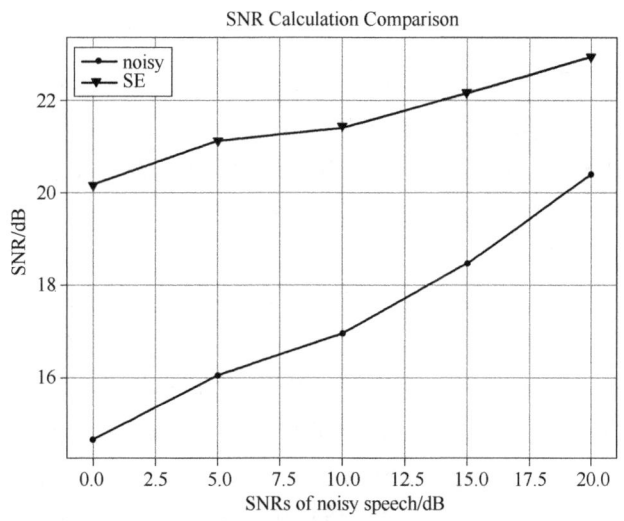

图 6　含噪语音和增强语音的 SNR 对比

从图 6 中可以看出,本算法增强后的语音在 0～20 dB 信噪比的情况下总体信噪比都优于含噪语音,从信噪比分析看来,基于深度神经网络的单通道语音增强算法具有良好的降噪效果。此外,为了充分评估语音质量,通过客观评价指标来评估语音的清晰度、保真度和自然度等,语音的评分越高,语音质量越好,评估结果如图 7 所示。从图中可以看出,与含噪语音相比,提出的基于深度神经网络单通道语音增强算法在所有客观评价指标下都有提升,说明这种方法能在不同情况下对含噪语音进行较好的语音质量改善。

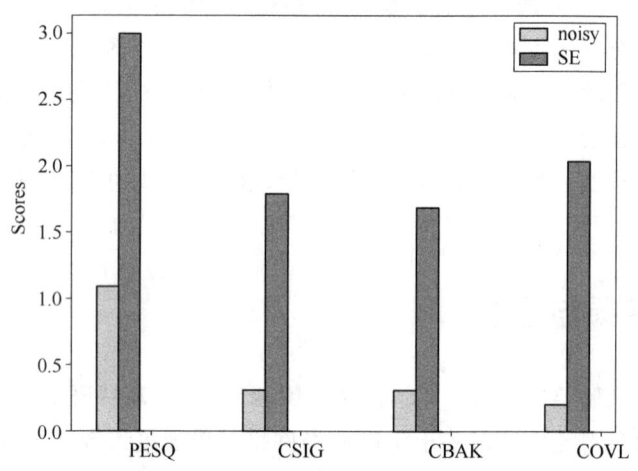

图 7　含噪语音和增强语音的客观评价指标评分对比

为了进一步验证算法的有效性通过语谱图对比、信噪比分析方法、客观评价指标评分等进行分析。

在语谱图中划分了 3 个部分进行分析:第一、在黄色矩形框中分析了语音在 2 048～8 192 Hz 的频谱,通过对比我们可以看出 4 种算法都具有消除高频噪声的作用,同时本研究的算法在语音的感知特性,频谱包络和周期性上都与干净的语音更为类似效果更优。第二、在蓝色矩形框中分析了语音的一个停顿期,比较 4 种增强算法可以看出基于深度学习的增强算法可以更好地去除噪声,这表明了算法对低频信号也具有降噪性能。第三,在红色矩形框中分析了频率在 128 Hz 以下的频谱,从对比中我们可以看出传统的语音增强算法中谱减法和维纳滤波法表现不好,去噪能力较弱。基于深度学习的两种算法表现良好,并且本研究的算法语谱图更加清晰。从语谱图中综合分析,本研究的算法增强后的语谱图更加接近于原始干净语音信号,性能较好。

在信噪比方面,图 9 中是不同语音增强算法和含噪语音的总体信噪比曲线。对于总体信噪比而言,首先,除了谱减法增强后的语音在大约 18.7 dB 之后的总体信噪比和含噪语音相比得到了更差的结果以外,其他方法的结果都优于含噪语音,证明基于深度神经网络的单通道语音增强算法、RNNoise 算法和维纳滤波法都能很好地去除噪声,而传统的谱减法在高信噪比下反而会引入噪声,使得其增强语音的总体信噪比很差;其次,基于深度神经网络的单通道语音增强算法在全信噪比范围内的总体信噪比均强于 RNNoise 算法和传统语音增强算法,可以证明该算法具有较好的降噪效果。

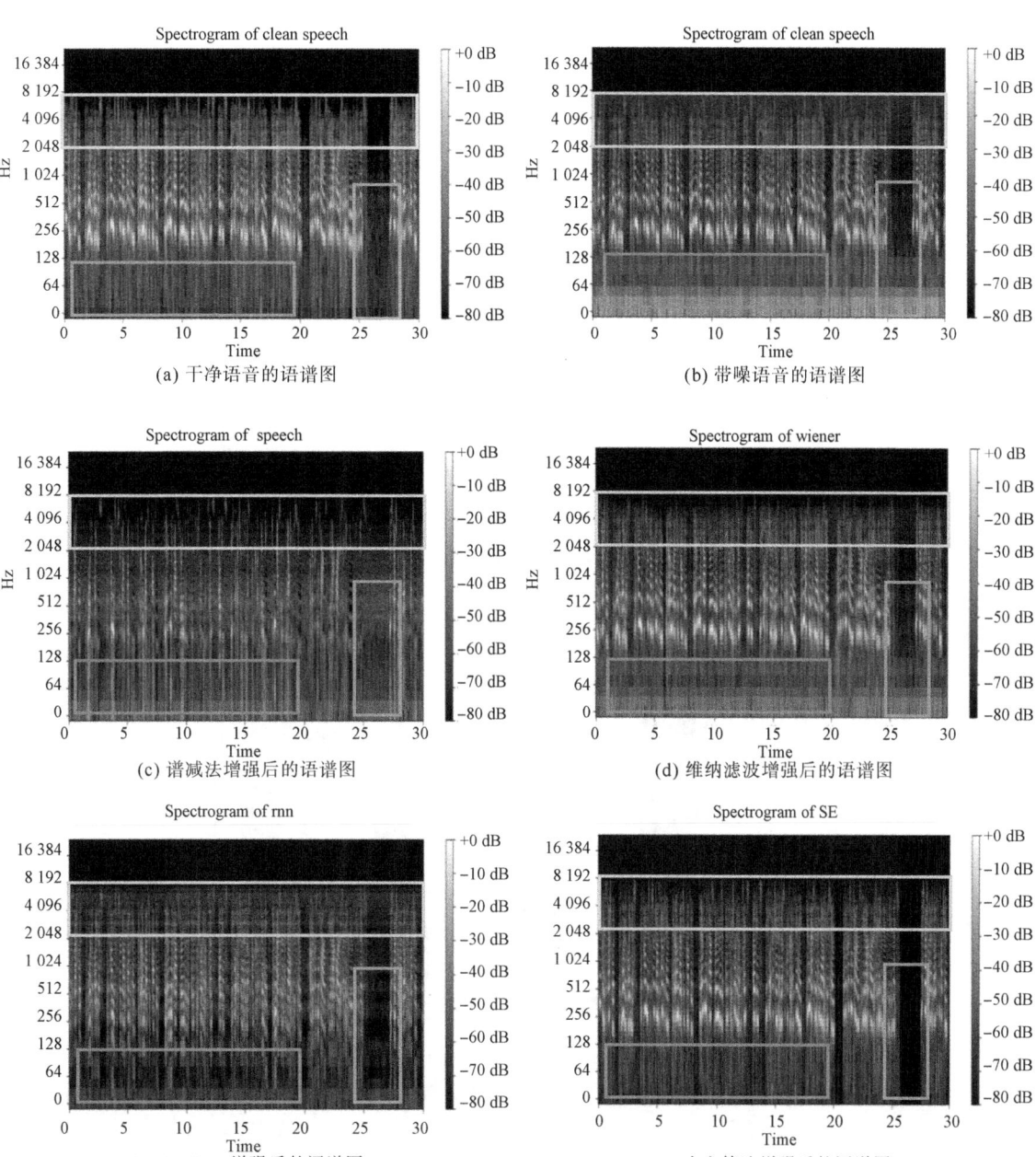

图 8 验证算法的有效性

3 种增强算法和含噪语音的客观评价指标评分情况如图 10 所示。从中可以发现:首先,与含噪语音相比,所有的语音增强算法在客观评价指标情况下都较含噪语音有提升,说明这几种算法确实能够有效地对含噪语音进行较好的语音质量改善。使用深度学习的算法比较与传统的算法来说可以更加有效的提升语音质量,评分均较高,其中本文的算法得到的评分最高,证明其语音增强的性能最好。

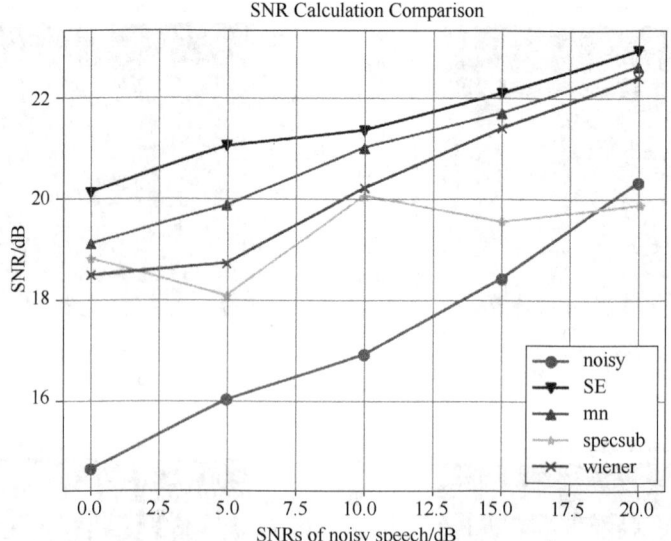

图9 4种语音增强算法和含噪语音的SNR对比

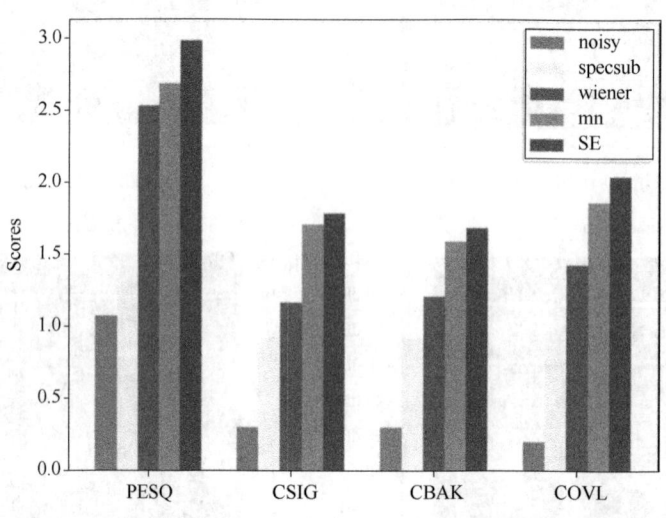

图10 4种语音增强算法和含噪语音的客观评价指标评分对比

五、总结与展望

本文研究了一种可以处理全频带语音的基于深度神经网络的单通道语音增强算法,算法在10 ms帧上运行并具有40 ms前瞻,提升算法的实时性。算法也结合了信号处理技术与深度神经网络模型,利用了语音感知特性训练网络,降低计算量的同时强调增强语音的听觉感受。使用了音高滤波器和包络后滤波器等设计,用来抑制语音的非谐波特性并且优化网络产生的频谱包络,这样可以更好地重建语音信号。但是在研究过程中也发现了一些问题有待于改进,所以提出以下几点后续研究方向:

(1)虽然算法实现了实时性的语音增强效果,但是增强后的语音幅度上仍有一定程度上的失真,一些噪声可能仍然保留在音高谐波之间。为了改善声音质量,减小失真,我们可以对算法进行一些优化和改进,例如改进能量增益的计算,通过优化和提高能量增益的计算准确性,减少增强的语音中的失真或者是进行优化频谱处理和改进包络后滤波设计等。

(2)为解决工作中的低频处理不足的问题,我们可以对带噪声音进行小波变换,将语音信号分解成不同频率的子带进行独立处理。这种方法不仅可以提高语音质量,而且对于改善我们在实际应用中的用户体验有着非常重要的作用。

参考文献

[1] 高盛祥,方妍文,余正涛,等.基于时频信息梯度估计的单通道语音增强方法[J/OL].厦门大学学报(自然科学版):1-9[2024-6-28].http://kns.cnki.net/kcms/detail/35.1070.N.20240611.1549.002.html.

[2] Boll S F. Suppression of acoustic noise in speech using spectral subtraction[J].IEEE Trans. Acoust. Speech Signal Process,1979,27.DOI:10.1109/ICASSP.1979.1170696.

[3] Zalevsky Z, Mendlovic D.Fractional Wiener filter[J].Applied Optics,1996,35(20):3930-3936.

[4] 孙林慧,王春艳,张蒙.基于全卷积神经网络多任务学习的时域语音分离[J/OL].信号处理:1-17[2024-6-28].http://kns.cnki.net/kcms/detail/11.2406.tn.20240131.1858.006.html.

[5] Dat T , Hoai N V , Khanh N , et al. Multi-task Learning Neural Networks for Breath Sound Detection and Classification in Pervasive Healthcare.[J].Pervasive and mobile computing,2022,86101685-101685.

[6] 彭奕芬.一种轻量级全频带语音增强算法研究[D].广州大学,2024.DOI:10.27040/d.cnki.ggzdu.2023.000375.

[7] 饶显杰,徐忠林,丁玉琴,等.基于短时分数阶傅里叶变换与时频域反射法的电缆缺陷定位方法[J/OL].电工技术学报:1-11[2024-6-29].https://doi.org/10.19595/j.cnki.1000-6753.tces.240274.

[8] 许清臣,韦怡,张再跃.利用ERB尺度划分对补偿相位谱语音增强算法的改进[J].计算机与数字工程,2022,50(4):715-720.

[9] 杨金源.基于注意力机制和卷积网络的交通流预测方法研究[D].兰州理工大学,2024.DOI:10.27206/d.cnki.ggsgu.2023.001657.

[10] 王胤雅,于洪娜,任智,等.隐蔽线索对基于时间前瞻记忆的影响[J].心理研究,2024,17(1):15-25+53.DOI:10.19988/j.cnki.issn.2095-1159.2024.1.2.

[11] 周国正,姜煜,梁军,等.涂层界面反射超声的梳状滤波效应及其结合质量成像检测研究[J].振动与冲击,2024,43(9):234-240.DOI:10.13465/j.cnki.jvs.2024.9.27.

[12] 钟传捷,程文明,杜润,等.基于改进多目标粒子群算法的钢板入库垛位分配研究[J/OL].工程科学与技术:1-18[2024-6-29].http://kns.cnki.net/kcms/detail/51.1773.TB.20240617.1738.004.html.

[13] 郭泽华.音频处理感知模型新算法研究[D].西安电子科技大学,2013.

[14] 宋致远,马晓民,王振.时域warping变换的简正波模态分解研究及应用[C]//中国声学学会水声学分会,山东声学学会,中国造船工程学会船舶仪器仪表学术委员会.中国声学学会水声学分会2021—2022年学术会议论文集.上海船舶电子设备研究所,2022:3.DOI:10.26914/c.cnkihy.2022.062047.

[15] Rix A W, Beerendsjg, Hollier M P, et al. Perceptual Evaluntion of Spech Qhality(PESQ): A New Method for Spexch Quality Asessment of Telephome Networks and Cxlees[C]// Proxeelings of IEEE Internaticnel Conference on Acoustics, Speech, and Sigral Processing. WashingtonD.C., USA: IEEEPress.2001:749-752.

作者简介

陈晓彤,女,本科生,就读于北京信息科技大学信息与通信工程学院电信2003班。

肖瑶(指导老师),北京信息科技大学,音频信号处理与控制,讲师。

基于鸿蒙 OS 的水质监测系统设计与实现

周 昊

(北京信息科技大学信息与通信工程学院,北京,100101)

摘 要:传统的水质监测系统由于设备种类繁多,操作系统各异,导致管理和维护成本高昂,效率低下。鸿蒙操作系统(Operating System,OS)的统一 OS 特性为水质监测系统的统一管理和维护提供了便利。

本文通过在 STM32 上移植 OpenHarmony LiteOS-M 内核,将鸿蒙 OS 与水质监测系统相结合,实现了基于鸿蒙 OS 的水质检测系统。系统由 5 个模块构成,分别为 pH 值测量元件模块、浊度测量元件模块、TDS 传感器模块以及 ESP8266WiFi 模块。首先,硬件方面是在 OpenHarmony LiteOS-M 内核进行环境搭建,使用 AltiumDesigne 绘制开发板电路原理图,以 OpenHarmony LiteOS-M 内核为主要的控制中心,并以传感器技术和模数转换技术为主要技术来实现水质检测的系统。其次,在数据采集方面,设计通过采集到的模拟信号转换为数字信号,以便于 OpenHarmony LiteOS-M 内核进行加权平均数据处理。经过处理后的数据,最终会在 OLED1603 液晶显示屏上进行展示。通过具体的测试比对水质检测系统可以成功检测到各个传感器的数据,并将数据在 OLED 显示屏和上位机成功显示;若被测液体任一项数据超过设定峰值,蜂鸣器均会进行报警。因此,本文具有可行性和一定的实用性。

关键字:水质检测;单片机;传感器;模数转换;鸿蒙 OS。

Design and implementation of water quality monitoring system based on Hongmeng OS

Zhou hao

Abstract:Due to the variety of equipment and different operating systems, the traditional water quality monitoring system leads to high management and maintenance costs and low efficiency. The unified OS feature of the Hongmeng Operating System (OS) facilitates the unified management and maintenance of the water quality monitoring system. By transplanting OpenHarmony LiteOS-M kernel on STM32, this graduation project combines Hongmeng OS and water quality monitoring system to realize a water quality detection system based on Hongmeng OS.

The system is mainly composed of five modules: PH measuring element module, turbidity measuring element module, TDS sensor module and ESP8266WiFi module. First of all, in terms of hardware, the environment is built in the OpenHarmony LiteOS-M kernel. AltiumDesigne is used to draw the circuit schematic diagram of the development board, and OpenHarmony LiteOS-M kernel is used as the main control center. And the sensor technology and analog-to-digital conversion technology as the main

---

① 项目来源类别。

technology to achieve the water quality detection system. Secondly, in the aspect of data acquisition, the collected analog signals are converted to digital signals in order to facilitate weighted average data processing by OpenHarmony LiteOS-M kernel. The processed data will eventually be displayed on the OLED1603 LCD screen. The water quality detection system can successfully detect the data of each sensor through specific testing and comparison, and successfully display the data on the OLED display screen and Upper computer; If any data of the measured liquid exceeds the set peak, the buzzer will alarm. Therefore, this design is feasible and practical.

Keywords：water quality detection; microcontroller; sensor; analog-to-digital conversion; Hongmeng Operating System.

一、概述

1. 研究背景和意义

随着工业化进程的加速，水质污染问题愈发严重，对环境和人类健康构成威胁。因此，水质监测的重要性日益凸显，成为环保领域的关键任务。新技术的出现，特别是鸿蒙操作系统（HarmonyOS），为水质监测带来了新机遇。

鸿蒙系统以其分布式特性、弹性部署能力和开放性，为水质监测系统提供了强大支持。它支持多设备间的协同工作和资源共享，可以灵活部署在城市供水系统或农村溪流环境，实现全方位监测。同时，鸿蒙系统的开放性和可扩展性，使其能与其他物联网设备和云计算平台无缝对接，推动水质监测技术的升级。

基于鸿蒙系统的水质监测系统，不仅具备高效、准确、实时的特点，还能实时收集和分析水质数据，及时发现并处理污染问题，为环保部门提供决策支持，保障公众健康。此外，该系统还为水质监测的创新和发展提供了广阔空间，推动技术进步。

鸿蒙系统的架构特点包括分布式架构、微内核设计、全场景适配、统一开发平台、多终端协同、安全隐私保护和开放生态。这些特点使得鸿蒙系统能够支持多设备间的智能互联，提供便捷、安全、智能的设备操作和服务。

本毕业设计旨在基于鸿蒙系统实现水质检测系统，包括pH值测量、浊度测量、TDS传感器等模块，并通过ESP8266WiFi模块实现数据传输。该系统将利用鸿蒙系统的技术优势，实现模块间的无缝连接和协同工作，为水质监测提供可靠的技术支持。

2. 国内外研究现状

水质监测系统在全球范围内的研究均取得了显著进展。国外技术日趋成熟，从传统的定点定时监测发展到移动监测和自动监测，提高了监测的时效性和准确性。同时，国外水质监测站设备先进，精度高，自主研发能力强，实时数据传输技术使数据响应更快、更准确。在应用领域上，国外水质监测系统已广泛应用于水处理、环境监测等多个领域。

国内方面，水质监测系统技术不断创新，智能化、数字化和联网化成为发展趋势。人工智能、物联网和云计算等技术的应用，提高了水质监测的效率和准确性[11]。监测系统的应用领域也在不断扩大，覆盖了自来水、污水处理、湖泊、河流等多个领域。然而，与国外相比，国内在高精度监测设备和系统稳定性方面仍有待提高。未来，随着技术的进一步创新和应用领域的拓展，我国水质监测系统将更加成熟和完善，为环境保护和公共健康提供更强有力的支持。

二、系统实现

1. 总体系统实现流程

总体设计中，OpenHarmony LiteOS-M 内核是整个系统的核心，负责控制各种模块的操作，通过将 STM32 单片机上移植了 OpenHarmony LiteOS-M 内核成功实现了基于鸿蒙系统的水质检测。它所接收到的模拟信号是由传感器模块(Sensor Model)发出并转换成数字信号的。通过控制模块和代码编写，OpenHarmony LiteOS-M 内核可以对传感器进行校准和自动控制。此外，显示模块通常是用于将检测结果显示给用户。具体的实现流程如图1所示。

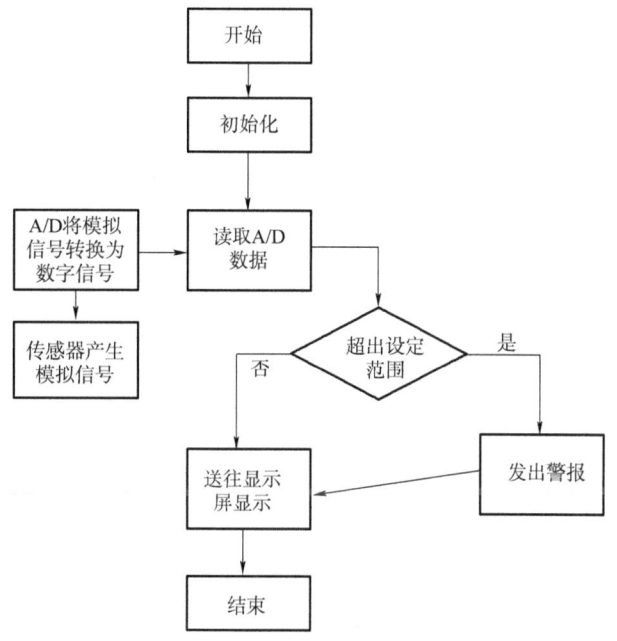

图1 算法和系统实现流程图

通过图1可以了解到系统的总体程序流程为首先打开电源，系统进行初始化，此时系统为初始界面。然后将传感器浸入被测液体系统可进入浑浊度、pH 值和 TDS 检测状态，传感器产生模拟信号。接着通过信号处理电路将模拟信号转换为数字信号，继续通过电路传送到 OpenHarmony LiteOS-M 内核进行加权平均将来自不同传感器和数据源的信息进行有效融合，同时另外设有按键可以调节设定检测数据结果取值范围，进行判断各个传感器收集数据是否有超出设定范围，若超出此范围，蜂鸣器提示报警。最后无论是否超出都将所有信息通过 ESP8266WiFi 模块，采用了 STA 模式与上位机的单片机进行通信，将各数据信息在上位机进行显示代表着全部流程的结束。

2. 硬件集成

1) STM32 移植鸿蒙操作系统

详细转换流程：

(1) 获取源码：进入官网拉取内核源码到本地创建 /third_party 目录(图2)，用于存放第三方依赖文件(STM32 所需的 CMSIS 等)，拉取第三方依赖文件。

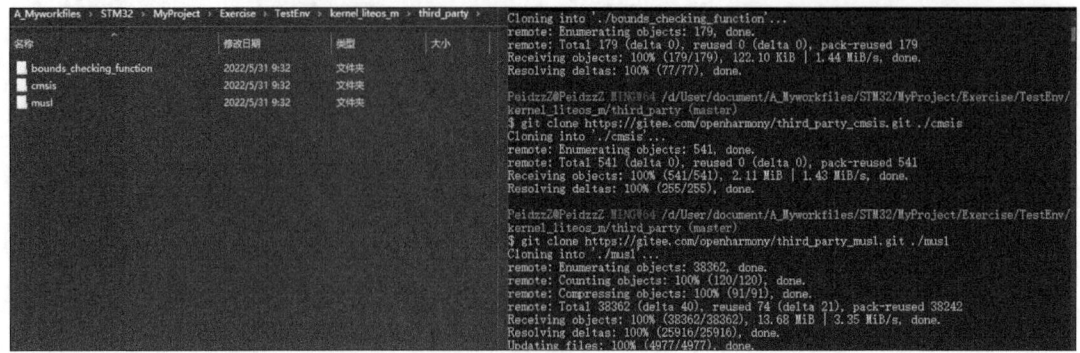

图 2 /third_party 目录

（2）生成工程：进入/targets 目录，使用 STM32CubeMX 生成工程 STM32F429ZI_Harmony_LiteOS_M，由于 LiteOS 会占用 SysTick 定时器，因此需要修改 HAL 库延时的基础时钟，改为其他非 SysTick 的定时器，避免 HAL 库延时的定时器和系统运行的定时器冲突，开发环境选择 Makefile 至此工程配置已结束，单击 Generate 即可生成工程。

（3）修改工程文件：使用 VS Code 打开 targets 下的工程目录，新建 liteos_file_path.mk 用于将内核源码文件添加到工程 Makefile 中，该文件相当于 C 语言中的头文件，主 Makefile 文件可以直接包含该文件。将内核源文件目录添加到 liteos_file_path.mk 中修改项目 Makefile 增加 *.S 文件的编译规则。修改链接脚本文件 STM32F407ZGTx_FLASH.ld、中断服务函数 Core\Src\stm32f4xx_it.c、串口映射 Core\Src\main.c，添加测试任务 Core\Src\main.c。串口输出信息如图 3 所示。

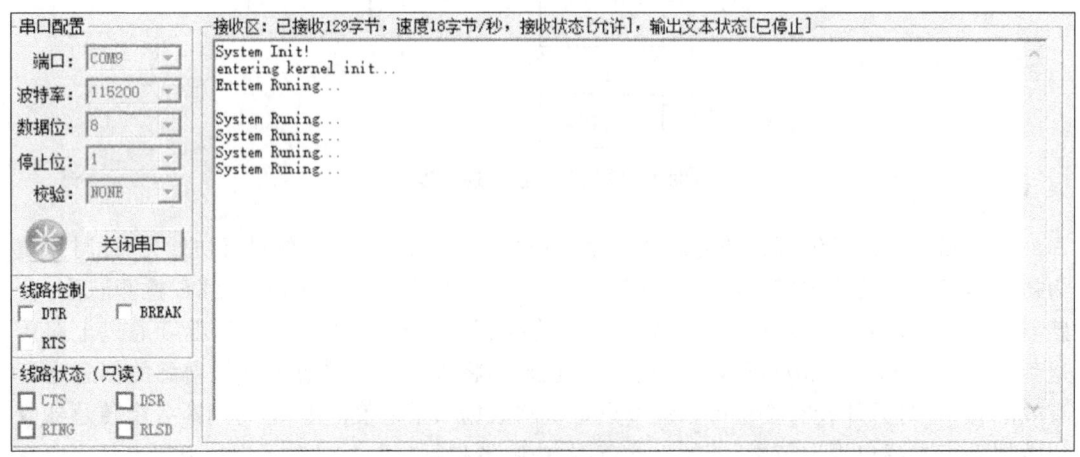

图 3 串口输出信息

（4）编译下载：使用 STM32Cubeprogrammer 下载位于/build 中的固件 STM32F429ZI_Harmony_LiteOS_M.hex，当观察到 LED 交替闪烁，串口助手打印出了调试信息，则代表 STM32 成果移植 OpenHarmony LiteOS-M 内核。

2）模块搭建

根据上文选定的传感器和模块，设计硬件电路。将传感器连接到 STM32 的相应引脚上,使用适当的放大电路或滤波电路进行信号处理。还需要考虑供电电路、通信接口等硬件设计。水质检测总体电路图如图4所示。

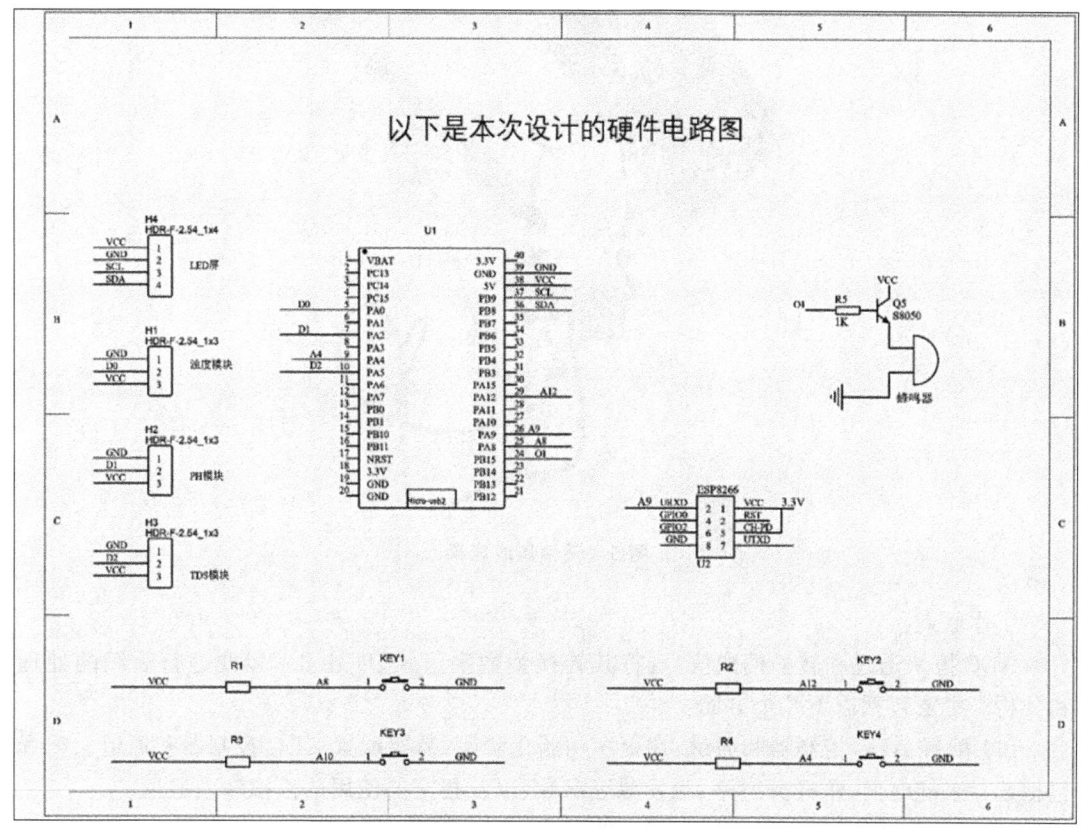

图4 水质检测总体电路图

根据图4可以了解到pH值传感器连接到MCU的ADC输入引脚,电源引脚连接到电源正极(VCC)。地线引脚连接到地线(GND)TDS传感器模拟输出引脚同样连接到MCU的ADC输入引脚,电源引脚和地线引脚与pH值传感器相同。浊度传感器数字输出引脚(如果浊度传感器提供数字输出):连接到MCU的GPIO(通用输入/输出)引脚。电源引脚和地线引脚与前两个传感器相同。WiFi模块引脚连接串口通信引脚连接到MCU的串口通信引脚,用于MCU与WiFi模块之间的数据交换。电源引脚和地线引脚连接到电源和地线。硬件集成成果如图5所示。

3. 模块程序设计

1) 数据采集软件设计

OpenHarmony LiteOS-M 内核 ADC 模块(模数转换器)进行模拟信号的数字化转换。包括以下主要组件:

ADC控制器(ADC Controller):负责配置和控制ADC模块的工作参数。

ADC通道(ADC Channel):指定要使用的模拟输入通道。

ADC转换器(ADC Converter):执行模拟信号到数字信号的转换。

ADC中断(ADC Interrupt):可选的中断处理程序,用于在转换完成时触发中断请求。

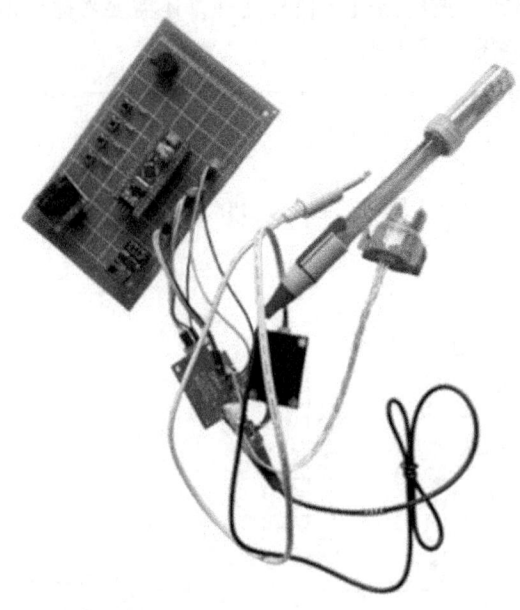

图 5　硬件集成成果

工作原理：

ADC 模块通过和转换模拟信号，将其转换为数字形式（Digital），以便进行后续的处理和分析。主要包括以下几个方面：

（1）配置 ADC 控制器和通道：在程序初始化阶段，需要配置 ADC 控制器和通道。配置包括选择采样时间、采样分辨率、触发源等参数，以及指定要使用的模拟输入通道。

（2）启动 ADC 转换：通过调用相应的函数来启动 ADC 转换过程。

（3）等待转换完成：当 ADC 转换启动后，系统会自动执行模数转换过程。

（4）获取转换结果：转换完成后，在中断服务程序或轮询循环中可以获取转换结果。

数据采集软件设计如图 6 所示。

```
GPIO_Init(GPIOA, &GPIO_InitStructure);

ADC_DeInit(ADC1);    //复位ADC1,将外设 ADC1 的全部寄存器重设为缺省值

ADC_InitStructure.ADC_Mode = ADC_Mode_Independent;   //ADC工作模式:ADC1和ADC2工作在独立模式
ADC_InitStructure.ADC_ScanConvMode = DISABLE; //模数转换工作在单通道模式
ADC_InitStructure.ADC_ContinuousConvMode = DISABLE; //模数转换工作在单次转换模式
ADC_InitStructure.ADC_ExternalTrigConv = ADC_ExternalTrigConv_None;   //转换由软件而不是外部触发启动
ADC_InitStructure.ADC_DataAlign = ADC_DataAlign_Right;   //ADC数据右对齐
ADC_InitStructure.ADC_NbrOfChannel = 1; //顺序进行规则转换的ADC通道的数目
ADC_Init(ADC1, &ADC_InitStructure); //根据ADC_InitStruct中指定的参数初始化外设ADCx的寄存器
```

图 6　数据采集软件设计

2）数据显示模块软件设计

在系统中 OLED 模块主要用于展示检测结果、设定值范围和其他相关信息。下面是 OLED 模块软件结构和工作原理。软件结构：驱动程序（Driver Program）：驱动程序是 OLED 模块的核心部分，负责与 OpenHarmony LiteOS-M 内核进行通信，将要显示的内容传输到 OLED 模块。

图形库(Graphics Library):图形库是一个用于处理和绘制图像、文本和其他图形元素的软件模块。

应用层程序(Application Layer):水质环境检测系统的上层逻辑,它使用驱动程序和图形库提供的功能来生成需要显示的内容,并将其传输给OLED模块。

工作原理:

初始化(Initialization):在系统启动时,对OLED模块进行初始化设置内容生成(Content Generation):在系统运行过程中,根据实时的水质环境检测结果或其他相关数据,应用层程序会生成需要显示的内容。

内容传输(Content Transmission):生成的内容通过驱动程序向OLED模块传输。驱动程序再将内容转换为合适的格式,并通过合适的通信接口(如I2C、SPI等)发送到OLED模块。

显示(Display):内容传输完成后,OLED模块会将接收到的数据解析并在屏幕上进行显示。数据显示模块关键代码如图7所示。

```
void OLED_ShowChar(uint8_t Line, uint8_t Column, char Char)
{
  uint8_t i;
  OLED_SetCursor((Line - 1) * 2, (Column - 1) * 8);      //设置光标位置在上半部分
  for (i = 0; i < 8; i++)
  {
    OLED_WriteData(OLED_F8x16[Char - ' '][i]);           //显示上半部分内容
  }
  OLED_SetCursor((Line - 1) * 2 + 1, (Column - 1) * 8); //设置光标位置在下半部分
  for (i = 0; i < 8; i++)
  {
    OLED_WriteData(OLED_F8x16[Char - ' '][i + 8]);       //显示下半部分内容
  }
}
```

图7 数据显示模块关键代码

3)警示报警模块软件

警报报警模块用于监测水质参数,并在检测到异常情况时发出报警信号。下面是报警模块在该系统中的软件结构和工作原理。

(1)软件结构

① 数据采集(Data Acquisition):传感器或其他数据源中读取水质参数的数值。

② 参数比较(Parameter Comparison):将采集到的水质参数数值与预设的阈值进行比较。如果某个参数数值超过了设定的阈值,代表检测到了异常情况,需要触发报警。

③ 报警处理(Alarm Handling):报警处理模块负责根据检测到的异常情况发出报警信号。

(2)工作原理

① 初始化(Initialization):报警电路在系统启动时需要进行初始化设置。

② 数据采集(Data Acquisition):报警模块根据需要从传感器或其他数据源中读取水质参数的数值。

③ 参数比较(Parameter Comparison):将采集到的水质参数数值与预设的阈值进行比较。

④ 报警处理(Alarm Handling):参数比较模块检测到异常情况,蜂鸣器模块将触发相应的报警。

⑤ 报警解除(Alarm Release)：异常情况解除后，报警模块停止报警信号，并返回到正常工作状态。

```
i=i+1;
}
if (KeyNum == 2)
{
    f=f-1;
}
if (KeyNum == 3)
{
    h=h+1;
}
if (KeyNum == 4)
{
    h=h-1;    //浊度阈值
}
zd =100- Get_Adc(0)*100/4096;
temperature = zd;
OLED_ShowString(3, 1, "Tu:");                // 显示 浊度
//  temperature=DS18B20_Get_Temp();          /*获取温度*/
//  if(temperature<0)
//    temperature=-temperature;              //转为正数
OLED_ShowNum(3, 4,temperature/10 , 1);
OLED_ShowNum(3, 5,temperature%10 , 1);       // 第四行 温度 现在是浊度 显示
//  OLED_ShowString(4, 1, "TuA:");            // 显示 浊度阈值
//  OLED_ShowNum(4, 5,h/10 , 1);
//  OLED_ShowNum(4, 6,h%10 , 1);
//  OLED_ShowString(4, 15, "°");
// sprintf((char*)PH_arm,"TuA:%2d PHA:%2f",h,f);    // 显示 PH阈值
   sprintf((char*)PH_arm,"TuA:%2d PHA:%2d",h,f);    // 显示 PH阈值
```

图 8　峰值设定代码

4. 基于鸿蒙系统的水质检测功能测试方案

（1）测试方法

先将待测溶液按照不同的用处进行分类。然后使用本设计研究的水质检测装置对以上不同用处的被测溶液进行分别检测，将检测结果与标准值进行对比，根据各数据标准值的不同分析出被测液体的用处和出处，最后调节按钮改变峰值设定模拟测量不安全水质，测试是否可以报警警示。

（2）测试标准

通过进行功能测试预期达到以下标准。

① 可成功进行多传感器数据融合，并在OLED显示屏和上位机显示测量数据。

② 数据可进行实时更新。

③ 若超过设定峰值可进行报警警示。

5. 结果分析

设计检验通过将传感器分别浸入这三组同一标准不同用处水样，进行分别检测得到三组不同的数据，并将这三组数据结果上传至上位机，得到的检测结果如图9所示。

通过分析图9可以发现第一个信息是3个被测液体的相关数据是pH值为7.45、7.98和8.16，根据上文的介绍可知自来水其pH值通常在6.5到8.5之间，而饮用水无论是瓶装水、桶装水还是经过处理的自来水，其pH值也在这个范围内。但是不同的水源和处理工艺也会影响到饮用水的pH值，从而导致pH值的大不相同。3个被测液体的pH值均在此范围内，所以通过pH值无法分辨这3个被测液体分别是什么。第二个信息是TDS的值3个被测液体分别是8 mg/L、13 mg/L和129 mg/L，根据上文的介绍可知如表1所示。

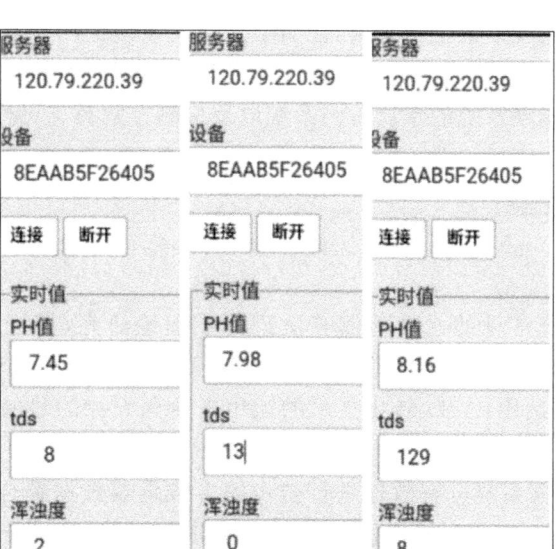

图 9 水质检测结果图

表 1 液体与 TDS 值标准

液体名称	TDS 值	液体名称	TDS 值
绝对干净的纯净水	0～9	净化水	60～100
山泉水、矿化水	10～60	自来水	100～300

通过 TDS 的值可以分辨出三号被测液体为学校的自来水但第一和第二号仍无法分辨。进而观察第三个信息为浑浊度,3 个被测液体分别是 2、0、8。已知 3 个被测液体分别是学校的自来水和学校的饮水机水以及购买的纯净水,通过第二个信息便可知道三号被测液体为学校的自来水,故一号为学校饮水机水二号位购买的纯净水。

通过调节调节按钮进行改变峰值设定,水质监测系统报警警示如图 10 所示,蜂鸣器成功鸣笛报警并闪烁红灯警示。

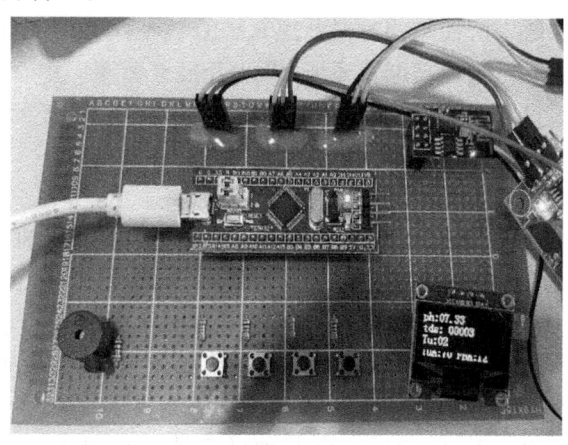

图 10 报警警示

通过比对和证明实验结论全部正确,证明结合鸿蒙系统的内核有效地将多传感器信息源的数据和信息加以融合,并成功实现了测量不安全水质时进行报警警示。综上所述证明了本文所研究的基于鸿蒙系统的水质检测系统以及检测方案具有可行性和一定的实用性。

三、总结与展望

1. 总结

本课题主要对传统常见的水质检测算法进行了理论研究,并选择在基于鸿蒙系统的 OpenHarmony LiteOS-M 内核进行研究,通过用 KEIL5 编译器配置环境,通过单片机技术的运用,传感器技术的运用,A/D 转化技术的运用来达到设计的目的。主要研究内容和结果如下:

(1)硬件:鉴于鸿蒙系统可有效地进行初步的多传感器数据融合,课题选择在 STM32 上移植 OpenHarmony LiteOS-M 内核的方式实现基于鸿蒙系统的分布式框架处理来自多个传感器的实时数据流,并进行实时分析以监测水质变化。将 pH 值检测法、TDS 检测法以及浑浊度检测法 3 种水质检测方法全部结合到 OpenHarmony LiteOS-M 内核上,结合 STM32 开发板,OpenHarmony LiteOS-M 内核为系统的稳定运行提供了强大的支持。在开发板上还集成了 LED 显示屏、浊度检测元件模块、pH 值检测元件模块、TDS 电导率检测元件模块等关键硬件组件。浊度检测元件模块、pH 值检测元件模块以及 TDS 电导率检测元件模块负责实时采集水质数据。为了确保数据的实时传输和监控,引入了 ESP8266 WiFi 模块,实现上位机与单片机之间的无线通信,使得用户可以远程监控水质状况。当检测到的水质参数(如 pH 值)超出预设的安全阈值时,警报模块便会立即响应。蜂鸣器作为警报模块的一部分,会发出明显的警报声,提醒用户注意水质安全。同时,LED 显示屏作为重要的显示模块,会实时显示检测到的各种水质参数,为用户提供直观的数据展示。采用了 Altium Designer 这一专业软件来完成电路原理图的设计。通过图形化的方式,能够清晰地展示电路中各元件之间的连接关系,确保整个系统的稳定性和可靠性。

(2)算法实现:按照硬件基础和第三章提出的总体系统设计,进行系统实现。软件实现依据鸿蒙系统的统一性将来自不同传感器和数据源的信息进行有效融合,为水质监测提供决策支持。首先完成课题中所使用的数据处理算法的学习,掌握算法的原理,以及各个模块的工作原理,通过用 KEIL5 编译器配置环境,设计者根据标准库中官方给出的一些常用量的宏定义和一些外设通过结构体变量封装起来,如 GPIO 口时钟等配置结构体变量成员修改外设的配置寄存器,从而实现不同的功能。

(3)设计中的重难点:水质检测受到环境因素的制约较大,如温度、湿度、光照等。这些因素可能会因为一些细小的波动,便影响检测某个设备的性能和试剂的稳定性,进而影响检测结果的准确性。因此,在检测过程中需要严格控制环境条件,确保检测结果的可靠性。PC 端和单片机的相互通信在进行 ESP8266WiFi 模块的初始配置可能感觉到更加复杂,由于没有 microUSB 接口设计需要使用 USB 转 TTL 适配器通过连接线与模块连接,并接入电脑 USB 口进行设置。而且初始固件不支持某些功能,如 AT 命令,需要进行固件刷写以满足特定的应用需求。由于 ESP8266 WiFi 模块的天线功率限制,其信号覆盖范围存在一定的限制,进而影响到模块的通信距离和性能。

（4）设计中的创新点：①利用鸿蒙系统的分布式能力，实现水质检测设备的智能化和互联性。将多个检测设备组成在一个网络，共同监测和报告水质数据，提高监测的准确性和效率。②结合多种传感器和监测手段，收集不同来源的水质数据，临界值改变因为不同用处的水资源，其对应的临界值均不同，所以当测试不用的实验水时，如果用计算机改程序会太复杂，但通过在单片机上增设和命名4个控制按钮，来加减调节临界值的改变，便可解决检测对象不同带来的临界值不同问题。

2. 复杂工程问题分析

问题一：如何处理来自多个传感器的实时数据流，并进行实时分析以监测水质变化。

解决方案：面对这个问题本设计采用的方式是基于鸿蒙系统进行分布式数据处理架构设计，分布式架构具有分布性和并发性的特性，使系统中的多个节点可以同时操作一些共享的资源。针对进行实时分析以监测水质变化，通过定时器定时进行测量元件数据的实时监测从而实现OLED LED显示屏和上位机数据的实时更新。通过 TIMx_Int_Init(u16 arr, u16 psc) 函数进行定时，将定时器初始化设置为 TIMx_Int_Init(4999,7199)；定时器的定时计算公式为：Tout=((arr+1)×(Psc+1))/Tclk。Tclk：定时器的时钟输入频率（单位MHz) Tout：定时器溢出时间（单位为μs）arr：自动装载值 psc：预分频值。通过定时计算公式可以算出定时时间就是 Tout =((4 999+1) * (7 199+1))/72=500 000 μs=500 ms。

问题二：如何将来自不同传感器和数据源的信息进行有效融合，为水质监测提供决策支持？

解决方案：首先，确保从各个传感器和数据源接收到的数据具有统一的格式和标准。然后根据数据类型、传感器特性和业务需求，选择合适的信息融合方法。这可能包括加权平均法、卡尔曼滤波法、多贝叶斯估计法、模糊逻辑等。本设计采用的是加权平均法，这一方法有效地将不同污染物在水体中的贡献程度、重要性等因素综合考虑在一起。根据加权平均公式计算水质指数(p_2)：$p_2 = \frac{1}{n}\sum_{i=1}^{n}\omega_i I_i$。最后，利用计算机技术根据选定的加权平均法，建立数据融合模型令该模型能够接收来自不同传感器和数据源的信息，并在一定准则下进行自动分析和综合处理。

问题三：如何在STM32上移植 OpenHarmony LiteOS-M 内核？解决方案：首先通过拉取仓库代码拉取内核源码到本地。然后使用STM32CubeMX在 /target 目录下生成工程。接着修改 Makefile 文件，工程加入 OpenHarmony LiteOS-M 内核所需的文件。以及添加用户代码以支持 printf。添加用户自定义任务。最后编译下载程序完成在STM32上移植 OpenHarmony LiteOS-M 内核。

参考文献

[1] 李超凡,晏磊,代振飞,等.基于鸿蒙OS的多源数据融合水质监测系统设计[J].物联网技术,2022,12(09):13-16.DOI:10.16667/j.issn.2095-1302.2022.9.4.

[2] 张瀚月,包渝林,李雪,等.基于开源鸿蒙OS的高速公路智慧化建设方案探究[J].中国交通信息化,2024,(S1):27-30.DOI:10.13439/j.cnki.itsc.2024.S1.005.

[3] 张洋,刘建粉.基于鸿蒙Hi3861和STM32双控的智能餐厅系统设计[J].物联网技术,2023,13(1):85-88.DOI:10.16667/j.issn.2095-1302.2023.1.25.

[4] 马后权,施华君.基于STM32MP1的鸿蒙最小系统移植[J].单片机与嵌入式系统应用,2022,22(1):43-47.

[5] 杨晓芳,徐炜旻.基于单片机的水质检测系统[J].信息记录材料,2022,23(9):153-155.DOI:10.16009/j.cnki.cn13-1295/tq.2022.9.65.

[6] 张丽静,孔玲,曾晨曦,等.新型移动操作系统测试验证体系研究[J].信息通信技术与政策,2023,(1):83-88.

[7] 孟莉莉,吴旦钧,蓝建平,等.微服务架构在分布式水质监测系统中的应用[J].电子技术与软件工程,2022(22):224-228.

[8] 李彬.基于鸿蒙操作系统的消防泵APP远程监控系统开发[D].东华大学,2023.DOI:10.27012/d.cnki.gdhuu.2023.000526.

[9] 张雅,刘力,李朋,等.武汉市沉湖湿地水化学特征及成因[J].长江流域资源与环境,2023,32(12):2625-2637.

[10] Kenchannavar H H, Pujar P M, Kulkarni R M, et al. "Evaluation and Analysis of Goodness of Fit for Water Quality Parameters Using Linear Regression Through the Internet-of-Things-Based Water Quality Monitoring System," in IEEE Internet of Things Journal, 2022, 9(16): 14400-14407, DOI: 10.1109/JIOT.2021.3094724.

[11] Nambiar M S, Ramakrishnan A, Lakshman A, et al. "Autonomous Water Quality Monitoring Surface Vehicle," 2023 IEEE International Conference on Recent Advances in Systems Science and Engineering (RASSE), Kerala, India, 2023: 1-5, DOI: 10.1109/RASSE60029.2023.10363576.

[12] 张盛.基于STM32的人体生理信息采集系统设计[D].北方工业大学,2023.DOI:10.26926/d.cnki.gbfgu.2023.000357.

[13] 王巧馨,涂亮,邵青芸,等.基于OneNET的游泳馆水质监测系统设计[J].科学技术创新,2021,(19):37-39.

[14] 杨磊.浅谈数字技术在智慧监理中的应用[J].建设监理,2023(9):58-63.DOI:10.15968/j.cnki.jsjl.2023.09.020.

[15] 包启明.基于ZigBee的水质监测与传输系统研究与设计[D].广东工业大学,2015.

[16] 王勋,康荣显,王玥,等.基于STM32单片机的智能鱼缸设计[J].赤峰学院学报(自然科学版),2022,38(5):10-14.DOI:10.13398/j.cnki.issn1673-260x.2022.5.4.

[17] 郭超,宣缨,徐凤麟,等.基于单片机的远程智能控水系统[J].北京电子科技学院学报,2018,26(3):80-84.

[18] 陈慧.基于物联网的温室大棚智能监控系统研究[D].浙江科技学院,2021.DOI:10.27840/d.cnki.gzjkj.2021.000122.

[19] 许芬,张盛.鸿蒙系统在Cortex-M内核架构上的移植与应用[J].工业控制计算机,2023,36(6):60-62.

[20] 孙义峰,王晓彤,楚翠娟.智慧环保在环境监测领域的应用研究——以青岛市为例[J].黑龙江科技信息,2017,(13):124.

[21] 代玉华.简述水环境检验检测机构水质监测质量的控制措施[J].皮革制作与环保科技,2023,4(10):64-66.DOI:10.20025/j.cnki.CN10-1679.2023-10-21.

[22] 雷雪.基于LabVIEW的多功能水质监测中心软件设计[D].西安邮电大学,2015.

[23] Jais M A N, Abdullah F A, Kassim M S M, et al. Improved accuracy in IoT-Based water quality monitoring for aquaculture tanks using low-cost sensors: Asian seabass fish farming[J]. Heliyon, 2024, 10(8): e29022.

[24] Weipeng H, Zhenshun W, Qiulin S, et al. Design of Online Detection System of Boiler Water Quality Based on STM32[J]. Journal of Physics: Conference Series, 2022.

[25] 陈梦婷.基于 STM32 的水质 COD 检测系统设计与实现[D].湖北工业大学,2020.DOI:10.27131/d.cnki.ghugc.2020.

[26] 王巧馨,涂亮,邵青芸,等.基于 OneNET 的游泳馆水质监测系统设计[J].科学技术创新,2021,(19):37-39.

[27] 邱宏斌.一种基于 ESP8266 模块的物联网设计思路[J].电子世界,2017,(7):157.DOI:10.19353/j.cnki.dzsj.2017(7):123.

[28] 冯国红.液滴分析与水质定量检测的研究[D].天津大学,2012.

[29] 唐昆.基于喷嘴电解的 ELID 磨削机理与实验研究[D].湖南大学,2013.

作者简介

周昊,男,本科生,就读于北京信息科技大学信息与通信工程学院物联2001班。

文江川(指导教师),北京信息科技大学信息与通信工程学院,物联网技术应用,讲师。

基于强化学习的低轨卫星网络通信计算资源联合调配方法

禹 豪 蔡元心

(北京信息科技大学信息与通信工程学院,北京,100101)

摘 要:低地球轨道(Low Earth Orbit,LEO)卫星与多接入边缘计算(Multi-access Edge Computing,MEC)技术使能的 LEO 卫星边缘计算(LEO Satellite Edge Computing,LEO-SEC)网络,因覆盖范围广、不受地理和天气条件限制,以及延时低等优势受到了广泛关注。然而,LEO-SEC 网络中通信计算资源耦合、星载资源受限,以及多时隙间网络业务动态且耦合,为了提升资源利用效率和分配灵活性,本文在考虑卫星使用跳波束技术的 LEO-SEC 网络场景下,针对计算任务卸载决策、用户发射功率分配、本地和星上计算资源分配进行联合优化,以最小化系统长期的总能耗,从而提升资源分配效率和业务队列稳定性。针对 LEO 卫星网络的通信计算多维资源耦合下的联合优化问题,提出了一种基于 Lyapunov 优化和 DQN 算法的联合资源分配优化方法。该方法首先使用 Lyapunov 优化方法将原本的优化问题转化为单时隙的优化问题以方便求解,之后把单时隙的优化问题分解为多个子问题,通过迭代优化,得到最终的计算卸载决策和通信计算资源联合优化策略。最后,通过仿真验证,相比于基准方案,所提方案和算法在优化系统长期平均总能耗上有着较好的性能表现,并提高了系统的资源利用效率和业务队列的稳定性。本文的研究对未来 LEO 卫星边缘计算相关领域的研究具有较好的理论参考价值。

关键词:低轨卫星;边缘计算;联合优化;Lyapunov 优化;深度强化学习。

Joint allocation optimization of computing and communication resources for low-orbit satellite networks based on reinforcement learning

Yu Hao Cai Yuan-xin

Abstract:Low Earth Orbit (LEO) Satellite and Multi-access Edge Computing (MEC) enabled LEO satellite Edge Computing (LEO-SEC) networks have attracted widespread attention due to their wide coverage, unrestricted geographical and weather conditions, and low latency. However, in the LEO-SEC network, the communication computing resources are coupled, the on-board resources are limited, and the network services between multiple time slots are dynamic and coupled. In order to improve resource utilization efficiency and allocation flexibility, in this paper, under the LEO-SEC network scenario in which satellites are using the hopping beam technology, the following methods are adopted: Combined optimization for computing task offload decision, user transmit power allocation, local and on-board computing resource allocation to minimize the total energy consumption of the system in the long run, thereby improving resource allocation efficiency and service queue stability. Aiming at the joint optimization problem of LEO satellite network communication computing under multi-dimensional resource coupling, a joint resource allocation optimization method based on Lyapunov optimization and DQN algorithm is proposed. First, Lyapunov optimization method is used to transform the original optimization problem into a single-slot optimization problem for easy solution, and then the single-slot optimization problem is decomposed into multiple sub-problems. Through iterative optimization, the final unloading decision and the joint optimization strategy of communication computing resources are obtained. Finally, compared with the benchmark scheme, the proposed scheme and algorithm have better performance in optimizing the long-term average total energy consumption of the system, and improve the resource utilization efficiency of the system and the stability of the service queue. The research in this paper has a good theoretical reference value for the future research of LEO satellite edge computing.

Key words: Low orbit satellite; edge computing; joint optimization; Lyapunov optimization; deep reinforcement learning.

一、引言

1. 研究背景

低地球轨道(Low Earth Orbit, LEO)卫星通信技术因其覆盖范围广、不受地理和天气条件限制及抗毁伤能力强等优点,对未来移动通信领域发展有重大意义,但是存在往返延时较大、星上资源紧张等问题。目前,针对LEO卫星通信速率和延时的优化、用户需求满意度的保证等优化是许多研究关注的问题[1,2]。同时,卫星跳波束技术由于灵活、快速、按需的特点,相关研究也是当前6G网络的研究重点之一[3]。另外,因为对计算的巨大需求,边缘计算也被关注,此领域研究问题主要是任务卸载问题[4]。

针对上述提出的通信和计算问题,将LEO卫星无线接入网与边缘计算技术结合对未来无线通信网络的发展有着深远的意义。因此,集成了多接入边缘计算(Multi-access Edge Computing, MEC)服务器的LEO卫星网络在业界受到了大量的关注,被称为LEO卫星边缘计算(LEO Satellite Edge Computing, LEO-SEC)网络,对未来移动通信和卫星边缘计算有着重大意义[5]。

2. 国内外研究现状

(1) 通信资源分配

在LEO卫星通信资源分配方面,最早策略为所有波束平分资源,此策略实现简单但是易造成资源浪费。近年来针对此问题有很多研究,如文献[6]针对正交频分复用(Orthogonal Frequency Division Multiplexing, OFDM)的子载波分配和功率分配,提出了一种动态的分配策略,并建立了针对不同用户的模型以提升用户体验。文献[7]为提升系统通信容量,提出基于信道增益的用户分组算法和改进的遗传算法,针对用户需求在时空分布上的不均匀问题提出了基于OFDM的跳波束资源分配策略。

(2) 计算资源分配

因为通信资源与计算资源的耦合关系,除了对能耗的优化,很多研究也考虑以通信延时、用户需求满足率为优化目标。文献[8]提出在多边缘计算节点的场景中,通过博弈论对计算资源弹性分配,在满足用户需求的前提下最大化提高系统性能。文献[9]在移动边缘计算场景下,以用户任务的处理延时与能耗加权和作为优化目标,通过深度Q网络(Deep Q-Network, DQN)算法优化卸载策略。

（3）通信计算联合优化

对通信计算资源联合优化可以提升系统性能，是个有重要意义的研究问题。在文献[10]中，提出了在星-空一体化边缘计算网络下的加权和能耗最小化的优化问题，并通过计算任务分配和计算资源分配的联合优化解决问题。同时，相关研究主要指标为能耗指标和业务服务质量指标。如文献[11]，在卫星边缘计算场景中，以 LEO 卫星能耗和系统延时最小化作为优化目标，提出了低复杂度算法。

（4）联合资源分配优化方法

联合资源分配优化方法主要分为传统凸优化算法和基于 AI 的优化算法。对于凸优化方法，文献[12]针对 LEO 卫星与地面混合网络，提出了系统能量效率优化问题，将该问题分解成两个子问题并将非凸问题通过拉格朗日对偶法转换为凸问题。对于 AI 算法的优化方法，文献[13]针对卫星地面网络，将联合资源分配优化问题通过深度 Q 学习方法解决。

3. 研究内容

针对上述研究现状，本文围绕低轨卫星网络的通信计算资源联合分配问题的主要研究内容为：

（1）针对低轨卫星网络资源调配问题的研究，当前研究主要集中在通信资源的分配问题上，本文对通信与计算资源联合调度问题进行研究；

（2）针对低轨卫星网络多维资源联合调配问题的研究，为了实现多维资源的灵活、按需覆盖，提高系统资源的利用效率，本文创新性的考虑采用卫星跳波束技术；

（3）针对低轨卫星网络多维资源联合调配问题的研究，提出以长期平均总能耗成本最小作为优化目标的优化问题，并提出解决研究场景中多时隙耦合和多维资源耦合问题的方法。

4. 论文结构安排

本文首先介绍了研究背景、现状和研究内容，之后将介绍了研究场景、数学建模并提出优化问题，对优化问题进行了求解，并展示了仿真设置与最终结果，最后对本文研究进行总结。

二、系统建模

本节针对用户任务随机到达和无线信道时变的场景，首先对系统模型进行介绍，然后从队列模型、本地计算模型、LEO 星上计算模型分别介绍模型设计，最后对优化问题建模并分析。

1. 系统模型

针对偏远地区、极地、海洋等缺少地面基础设施和存在地理限制、受到自然灾害影响而无法被无线网络覆盖的场景，本文构建了一个由一颗 LEO 卫星和 K 个 GUs 组成的 LEO-MEC 模型如图 1 所示，LEO 卫星最多生成 J 个波束。其中，LEO 卫星直接为 GUs 提供计算服务。

针对此模型，定义 LEO 卫星波束为 $\mathcal{J}=\{1,2,3,\cdots,J\}$，定义 GUs 为 $\mathcal{K}=\{1,2,3,\cdots,K\}$，时隙为 $\mathcal{N}=\{0,1,2,\cdots,N-1\}$。假设星地间的无线信道条件时变，GUs 随机到达任务。

(1) 队列模型

本队列模型如图2所示,使用任务队列记录任务到达和处理,定义 $Q_k(l)$(bits) 为 GUs k 在第 l 个时隙到达的计算任务,每个时隙可以处理该时隙前到达的任务。$Q_k(l)$ 服从在 $[Q_{k,\min}, Q_{k,\max}]$ 的独立同分布,$E[Q_k(l)]=\lambda_k$,其中 λ_k 为任务到达率。在第 l 个时隙,GU k 本地处理计算任务量表示为 $W_{c,k}(l)$,传输到卫星的任务量定义为 $W_{f,k}(l)$。定义 $\boldsymbol{X}(l)=[x_1(l),x_2(l),\cdots,x_k(l)]$ 为 GUs 在第 l 个时隙的卸载决策,其中 $x_k(l)$ 表示为 GU k 在第 l 个时隙的卸载决策,若 $x_k(l)=1$,则表示 GU k 将计算任务卸载给 LEO 卫星;否则,计算任务在本地执行,即 $x_k(l)=0$,同一时隙向星上卸载的 GU 个数不能超过卫星波束的个数。同时,定义 $W_k(l)$ 为第 l 个时隙处理的任务量(以 bits 为单位),由 $W_k(l)=(1-x_k(l))W_{c,k}(l)+x_k(l)W_{f,k}(l)$ 计算。

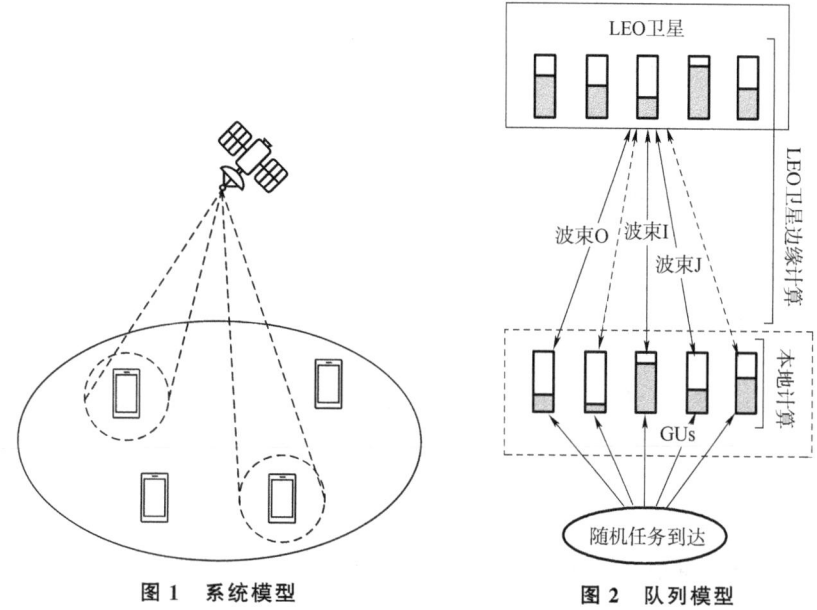

图1 系统模型　　图2 队列模型

定义 $\boldsymbol{A}(l)=[A_1(l),A_2(l),\cdots,A_K(l)]$ 表示第 l 个时隙 GUs 的计算任务队列长度,$A_k(l)$ 表示的是在第 l 个时隙 GUs k 的本地计算任务长度。GUs 的任务队列长度动态表示公式为

$$A_k(l+1)=\max\{A_k(l)-W_k(l),0\}+Q_k(l), k\in \mathcal{K} \quad (1)$$

式中 $A_k(0)=0$。

定义 LEO 卫星上第 l 个时隙的计算任务队列长度由 $B(l)=[B_1(l),B_2(l),\cdots,B_k(l)]$ 表示,其中 $B_k(l)$ 表示的是在第 l 个时隙 GUs k 在 LEO 卫星上的计算任务队列长度,LEO 卫星计算任务队列动态表达式为

$$B_k(l+1)=\max\{B_k(l)-W_{s,k}(l),0\}+W_{f,k}(l), k\in \mathcal{K} \quad (2)$$

式中,$W_{s,k}(l)$ 表示为在第 l 个时隙 LEO 卫星上处理 GUs k 的任务量且 $B_k(0)=0$。

(2) 本地计算模型

定义 $\boldsymbol{F}=[f_1(l),f_2(l),\cdots,f_k(l)]$ 为本地计算量,其中 $f_k(l)$ 表示第 l 个时隙 GUs k 的计算能力(CPU 周期/秒),其最大计算能力用 $f_{k,\max}$ 表示。本地任务计算量为

$$W_{c,k}(l) = \tau f_k(l)/L_k \tag{3}$$

式中,L_k 为处理 1 bit 计算任务所需的 CPU 周期数;τ 为一个时隙的时间长度。本地计算能耗为

$$p_{c,k}(l) = \mu_{\text{mob},k} f_k^3(l) \tag{4}$$

式中,$\mu_{\text{mob},k}$ 代表 GU k 的 CPU 的能效系数。

(3) 低轨卫星计算模型

假设 LEO 卫星的波束采用频分多址(FDMA)技术分配频谱资源,每个波束分配相同带宽 U,可以计算出第 l 个时隙 GU k 的传输速率为

$$R_k(l) = x_k(l) U \log_2\left(1 + \frac{p_k(l)h_k(l)}{UN_0}\right) \tag{5}$$

式中,$p_k(l)$ 是 GU k 的发射功率,定义 $\mathbf{P}(l) = [p_1, p_2, \cdots, p_k]$ 为 GUs 的发射功率,N_0 是噪声功率谱密度,$h_k(l) = G_k|\gamma_k(l)|^2$ 是 GU k 与 LEO 卫星之间的信道增益并定义 $\mathbf{H}(l) = [h_1(l), h_2(l), \cdots, h_k(l)]$ 表示 GUs 与 LEO 卫星间的信道增益,G_k 是 GU k 的天线增益,$\gamma_k(l)$ 是信道系数,它可以表示为 $\gamma_k(l) = g_k(l) \cdot \beta_k(l) \cdot (d_k(l))^{-a_1}$,$g_k(l)$ 是一个代表瑞利衰落的复杂高斯变量,$\beta_k(l)$ 表示涉及阴影、雨和其他衰落的衰落,$d_k(l)$ 表示 GU k 到 LEO 卫星的距离,a_1 为路径指数。因此,星上处理的任务量为

$$W_{f,k}(l) = \tau R_k(l) = \tau x_k(l) U \log_2\left(1 + \frac{p_k(l)h_k(l)}{UN_0}\right) \tag{6}$$

LEO 卫星处理 GU k 的任务产生的能耗表示为

$$p_{f,k}(l) = \mu_{\text{off}} f_{s,k}^3(l) \tag{7}$$

式中,μ_{off} 为 LEO 卫星上 MEC 服务器 CPU 的能效系数,$f_{s,k}(l)$ 表示在第 l 个时隙 LEO 卫星分配给 GU k 的计算能力并定义 $\mathbf{F}_s = [f_{s,1}(l), f_{s,2}(l), \cdots, f_{s,k}(l)]$ 为 LEO 卫星分配给 GUs 的计算量。

2. 优化问题建模

系统的总能耗成本包括了计算能耗和传输能耗,在第 l 个时隙的总能耗成本为

$$P_t(l) = \sum_{k=1}^{K}(1 - x_k(l))p_{c,k}(l) + x_k(l)(p_k(l) + p_{f,k}(l)) \tag{8}$$

由此式可得长期平均总能耗成本为

$$\bar{P}_t = \lim_{N \to +\infty} \frac{1}{N} \sum_{l=0}^{N-1} \mathbb{E}[P_t(l)] \tag{9}$$

基于上述模型,优化问题为最小化系统的长期平均总能耗,数学表示为

$$\text{P1}: \min_{\mathbf{X}(l), \mathbf{F}(l), \mathbf{P}(l), \mathbf{F}_s(l)} \bar{P}_t \tag{10}$$

$$\text{s.t.} \quad 0 < f_k(l) < f_{k,\max}, \forall k, l, \tag{11}$$

$$0 < p_k(l) < p_{k,\max}, \forall k, l, \tag{12}$$

$$f_{s,k}(l) \geq 0, \sum_{k=1}^{K} f_{s,k}(l) \leq f_{s,\max}, \forall k, l, \tag{13}$$

$$\lim_{N \to +\infty} \frac{\mathbb{E}[|A_k(N)|]}{N} = 0, \forall k, \tag{14}$$

$$\lim_{N \to +\infty} \frac{\mathbb{E}[|B_k(N)|]}{N} = 0, \forall k \tag{15}$$

$$x_k(l) \in \{0,1\}, \forall k, l \tag{16}$$

式中约束(11)表示地面用户计算资源大小的限制;约束(12)表示地面用户最大发射功率的限制;约束(13)为星上计算资源总和的限制;约束(14)和约束(15)为本地和星上任务队列的稳定性约束;约束(16)表示了决策变量 $x_k(l)$ 为 0~1 整数变量。

本文所提优化问题 P1,是一个长期随机 MINLP 问题,该问题广泛应用[14],但求解困难且过程复杂。本文使用 Lyapunov 优化将长期 MINLP 问题转化为单时隙优化问题,然后把单时隙问题分解为 4 个子问题分别求解,以减少复杂度。

三、问题求解

针对上文中提出的计算任务卸载问题 P1,本节首先介绍了 Lyapnov 优化的过程,然后介绍使用 DQN 解决优化问题的算法框架,最后介绍 DQN 的算法流程与实现。

1. Lyapunov 优化

根据二次 Lyapunov 函数,对离散时间变化的排队网络定义为 $\bm{Q}(l)=\{A_k(l),B_k(l)\}$,Lyapunov 函数表示为如下函数:

$$L(l)=\frac{1}{2}\sum_{k=1}^{K}A_k^2(l)+\frac{1}{2}\sum_{k=1}^{K}B_k^2(l) \tag{17}$$

将 lyapunov 漂移定义为式(18):

$$\Delta L(l)=\mathbb{E}[L(l+1)-L(l)|\bm{Q}(l)] \tag{18}$$

根据(17)(18)可以推导出如下关系:

$$\begin{aligned}L(l+1)-L(l)&=\frac{1}{2}\sum_{k=1}^{K}A_k^2(l+1)+\frac{1}{2}\sum_{k=1}^{K}B_k^2(l+1)-\\&\quad\left(\frac{1}{2}\sum_{k=1}^{K}A_k^2(l)+\frac{1}{2}\sum_{k=1}^{K}B_k^2(l)\right)\\&=\frac{1}{2}\sum_{k=1}^{K}(A_k^2(l+1)-A_k^2(l))+\\&\quad\frac{1}{2}\sum_{k=1}^{K}(B_k^2(l+1)-B_k^2(l))\end{aligned} \tag{19}$$

根据系统建模中任务队列动态变化表述,得出如下不等式:

$$\begin{aligned}A_k^2(l+1)&=(\max\{A_k(l)-W_k(l),0\}+Q_k(l))^2\\&=(\max\{A_k(l)-W_k(l),0\})^2+Q_k^2(l)+\\&\quad 2Q_k(l)\cdot\max\{A_k(l)-W_k(l),0\}\leqslant\\&\quad(A_k(l)-W_k(l))^2+Q_k^2(l)+\\&\quad 2Q_k(l)\cdot A_k(l)-2Q_k(l)\cdot W_k(l)\leqslant\\&\quad A_k^2(l)+W_k^2(l)-2A_k(l)\cdot W_k(l)+\\&\quad Q_k^2(l)+2Q_k(l)\cdot A_k(l)\\&=A_k^2(l)+W_k^2(l)+Q_k^2(l)+\\&\quad 2A_k(l)(Q_k(l)-W_k(l))\end{aligned} \tag{20}$$

由此式可得：
$$\frac{1}{2}\sum_{k=1}^{K}(A_k^2(t+1)-A_k^2(l)) \leqslant \sum_{k=1}^{K}\left[\frac{W_k^2(l)+Q_k^2(l)}{2}+A_k(l)(Q_k(l)-W_k(l))\right] \quad (21)$$

以同样方法，得到如下不等式：
$$\begin{aligned}
B_k^2(l+1) &= (\max\{B_k(l)-W_{s,k}(l),0\}+W_{f,k}(l))^2 \\
&= \max\{B_k(l)-W_{s,k}(l),0\}^2+W_{f,k}^2(l)+ \\
&\quad 2W_{f,k}(l) \cdot \max\{B_k(l)-W_{s,k}(l),0\} \leqslant \\
&\quad (B_k(l)-W_{s,k}(l))^2+W_{f,k}^2(l)+ \\
&\quad 2W_{f,k}(l) \cdot B_k(l)-2W_{f,k}(l) \cdot W_{s,k}(l) \leqslant \\
&\quad B_k^2(l)+W_{s,k}^2(l)-2B_k(l) \cdot W_{s,k}(l)+ \\
&\quad W_{f,k}^2(l)+2W_{f,k}(l) \cdot B_k(l) \\
&= B_k^2(l)+W_{s,k}^2(l)+W_{f,k}^2(l)+ \\
&\quad 2B_k(l) \cdot (W_{f,k}(l)-W_{s,k}(l))
\end{aligned} \quad (22)$$

由此式可得：
$$\frac{1}{2}\sum_{k=1}^{K}(B_k^2(l+1)-B_k^2(l)) \leqslant \sum_{k=1}^{K}\left[\frac{W_{s,k}^2(l)+W_{f,k}^2(l)}{2}+B_k(l) \cdot (W_{f,k}(l)-W_{s,k}(l))\right] \quad (23)$$

根据上面推导出的不等式，可以求得 Lyapunov 漂移 $\Delta L(l)$ 的不等式：
$$\begin{aligned}
\Delta L(l) &= \mathbb{E}[L(l+1)-L(l) \mid \boldsymbol{Q}(l)] \\
&= \mathbb{E}\left[\frac{1}{2}\sum_{k=1}^{K}(A_k^2(l+1)-A_k^2)+\frac{1}{2}\sum_{k=1}^{K}(A_k^2(l+1)-A_k^2) \mid \boldsymbol{Q}(l)\right] \leqslant \\
&\quad \mathbb{E}\left[\sum_{k=1}^{K}(\frac{W_k^2(l)+Q_k^2(l)}{2}+A_k(l)(Q_k(l)-W_k(l)))+ \right. \\
&\quad \left. \sum_{k=1}^{K}\left(\frac{W_{s,k}^2(l)+W_{f,k}^2(l)}{2}+B_k(l) \cdot (W_{f,k}(l)-W_{s,k}(l))\right)\right] \\
&= \mathbb{E}\left[\sum_{k=1}^{K}(A_k(l)(Q_k(l)-W_k(l))+B_k(l) \cdot (W_{f,k}(l)-W_{s,k}(l))+ \right. \\
&\quad \left. \frac{W_k^2(l)+Q_k^2(l)+W_{s,k}^2(l)+W_{f,k}^2(l)}{2}) \mid \boldsymbol{Q}(l)\right]
\end{aligned} \quad (24)$$

式中 $\frac{W_k^2(l)+Q_k^2(l)+W_{s,k}^2(l)+W_{f,k}^2(l)}{2}$ 部分可找到如下的不等式关系：
$$\mathbb{E}[W_k^2(l) \mid \boldsymbol{Q}(l)] = \mathbb{E}[((1-x_k(l))W_{c,k}+x_k(l)W_{f,k}(l))^2 \mid \boldsymbol{Q}(l)] \leqslant$$
$$\max\{W_{c,k,\max},W_{f,k,\max}\} \leqslant$$
$$\left(\max\left\{\frac{\tau f_k(l)}{L_k},U\tau\log_2\left(1+\frac{p_{k,\max}h_k(l)}{UN_0}\right)\right\}\right)^2 \quad (25)$$

式中，$W_{c,k,\max}$ 为本地处理最大任务量，$W_{f,k,\max}$ 为卸载到卫星的最大任务量，$p_{k,\max}$ 为地面用户发射的最大能效系数。

$$\mathbb{E}[W_{s,k}^2 \mid \boldsymbol{Q}(l)] \leqslant \left(\frac{\tau f_{s,\max}}{L_k}\right)^2 \quad (26)$$

$$\mathbb{E}[W_{f,k}^2 \mid \boldsymbol{Q}(l)] \leqslant \left(U\tau\log_2\left(1+\frac{p_{k,\max}h_k(l)}{UN_0}\right)\right)^2 \quad (27)$$

通过上面的计算,可以得出 Lyapunov 漂移加惩罚函数如式(28)表示:

$$\Delta L(l)+V\cdot\mathbb{E}[P_t(l)|\mathbf{Q}(l)] \tag{28}$$

式中,V 为一个非负的权重参数,用于稳定性与优化目标之间的性能权衡。

通过将漂移不等式带入漂移加惩罚函数,得到如下的不等式:

$$\Delta L(l)+V\cdot\mathbb{E}[P_t(l)|\mathbf{Q}(l)] \leqslant \mathbb{E}\Bigg[\sum_{k=1}^{K}(A_k(l)(Q_k(l)-W_k(l))+ \\ B_k(l)\cdot(W_{f,k}(l)-W_{s,k}(l)))\Big|\mathbf{Q}(l)\Bigg]+ \\ V\cdot\mathbb{E}[P_t(l)|\mathbf{Q}(l)]+ \\ \frac{1}{2}\sum_{k=1}^{K}\Bigg[Q_{k,\max}^2+\left(\frac{\tau f_{s,\max}}{L_k}\right)^2+ \\ \left(\max\left\{\frac{\tau f_k(l)}{L_k},U\tau\log_2\left(1+\frac{p_{k,\max}h_k(l)}{UN_0}\right)\right\}\right)^2+ \\ \left(U\tau\log_2\left(1+\frac{p_{k,\max}h_k(l)}{UN_0}\right)\right)^2\Bigg] \tag{29}$$

根据不等式,问题 P1 可以转换成如下表示:

$$\text{P2}: \min_{\mathbf{X}(l),\mathbf{F}(l),\mathbf{P}(l),\mathbf{F}_s(l)} -\sum_{k=1}^{K}A_k(l)\cdot W_k(l)+ \\ \sum_{k=1}^{K}B_k(l)\cdot(W_{f,k}(l)-W_{s,k}(l))+ \\ V\cdot P_t(l) \tag{30}$$

并使得 (11)~(13),(16)

2. 算法介绍

本文的优化算法为深度强化学习算法中 DQN 算法,是一种基于深度学习的 Q 学习(Q-Learning)算法。

(1) 算法整体框架

经过前面 Lyapunov 优化方法的转化,多时隙间耦合问题转化为单个时隙逐一求解问题,针对单时隙内的通信计算资源联合优化问题,本小节给出算法的整体框架如图3所示。

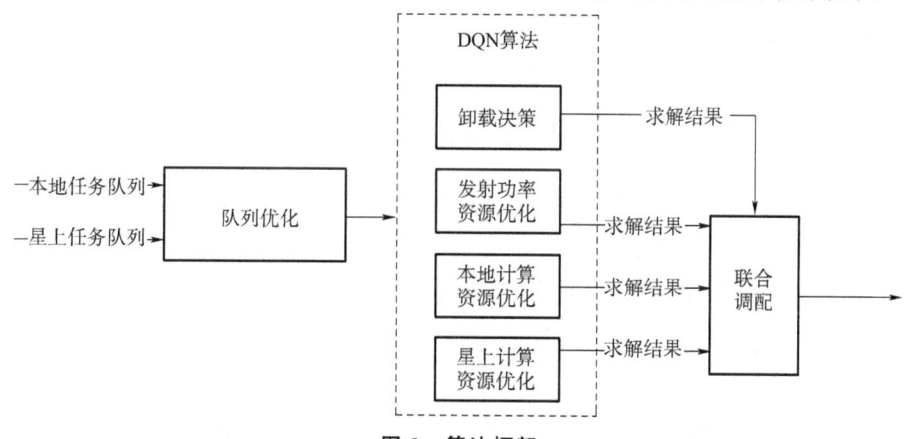

图 3 算法框架

问题 P2 有 4 个优化变量,本文求解思路是对这 4 个变量分别使用 DQN 算法优化,最后联合求解。因此,可以将问题 P2 转换为 4 个子问题分别训练。

1) 卸载决策优化

对于卸载决策的子问题,转换为如下问题:

$$P3: \min_{\boldsymbol{X}(l)} -\sum_{k=1}^{K} A_k(l) \cdot W_k(l) + \sum_{k=1}^{K} B_k(l) \cdot (W_{f,k}(l) - W_{s,k}(l)) \tag{31}$$

并使得 $x_k(l) \in \{0,1\}, \forall k,l$

根据问题 P3,可以将 DQN 训练过程中的 reward 函数定义为式(32):

$$r(s(l),a(l)) = -R \cdot \left[-\sum_{k=1}^{K} A_k(l) \cdot W_k(l) + \sum_{k=1}^{K} B_k(l) \cdot (W_{f,k}(l) - W_{s,k}(l)) \right] \tag{32}$$

式中,R 为控制 reward 数量级的系数。定义 DQN 的状态空间为 $s(l) = [\boldsymbol{A}(l), \boldsymbol{B}(l), \boldsymbol{H}(l), \boldsymbol{P}(l), \boldsymbol{F}(l), \boldsymbol{F}_s(l)]$,动作空间进行独热编码。

2) GUs 发射功率分配优化

对于发射功率优化,转化为如下问题:

$$P4: \min_{\boldsymbol{P}(l)} -\sum_{k=1}^{K} A_k(l) \cdot W_k(l) \cdot x(l) + \sum_{k=1}^{K} B_k(l) \cdot W_{f,k}(l) \cdot x(l) + V \cdot p_k(l) \cdot x(l) \tag{33}$$

并使得 $0 < p_k(l) < p_{k,\max}, \forall k,l$

根据问题 P4,可以将 DQN 训练过程中的 reward 函数定义为式(34):

$$r(s(l),a(l)) = -R \cdot \left[-\sum_{k=1}^{K} A_k(l) \cdot W_k(l) + \sum_{k=1}^{K} B_k(l) \cdot W_{f,k}(l) + V \cdot p_k(l) \right] \cdot x(l) \tag{34}$$

定义 DQN 的状态空间为 $s(l) = [\boldsymbol{A}(l), \boldsymbol{B}(l), \boldsymbol{H}(l), \boldsymbol{X}(l), \boldsymbol{F}(l), \boldsymbol{F}_s(l)]$。

3) 本地计算资源优化

对于本地计算资源优化,转化为如下问题:

$$P5: \min_{\boldsymbol{F}(l)} -\sum_{k=1}^{K} A_k(l) \cdot W_k(l) \cdot (1-x(l)) + V \cdot p_{c,k} \cdot (1-x(l)) \tag{35}$$

并使得 $0 < f_k(l) < f_{k,\max}, \forall k,l,$

根据问题 P5,可以将 DQN 训练过程中的 reward 函数定义为如下公式

$$r(s(l),a(l)) = -R \cdot \left[-\sum_{k=1}^{K} A_k(l) \cdot W_k(l) + V \cdot p_{c,k} \right] \cdot (1-x(l)) \tag{36}$$

定义 DQN 的状态空间为 $s(l) = [\boldsymbol{A}(l), \boldsymbol{B}(l), \boldsymbol{H}(l), \boldsymbol{X}(l), \boldsymbol{P}(l), \boldsymbol{F}_s(l)]$。

4) LEO 卫星上计算资源优化

对于 LEO 卫星上计算资源优化,转化为如下问题:

$$P6: \min_{\boldsymbol{F}_s(l)} -\sum_{k=1}^{K} B_k(l) \cdot W_{s,k}(l) \cdot x(l) + V \cdot p_{f,k} \cdot x(l) \tag{37}$$

并使得 $f_{s,k}(l) \geq 0, \sum_{k=1}^{K} f_{s,k}(l) \leq f_{s,\max}, \forall k,l,$

根据问题 P6，可以将 DQN 训练过程中的 reward 函数定义为如下公式

$$r(s(l),a(l)) = R \cdot \left[\sum_{k=1}^{K} B_k(l) \cdot W_{s,k}(l) + V \cdot p_{f,k}\right] \cdot x(l) \quad (38)$$

定义 DQN 的状态空间为 $s(l)=[\boldsymbol{A}(l),\boldsymbol{B}(l),\boldsymbol{H}(l),\boldsymbol{X}(l),\boldsymbol{P}(l),\boldsymbol{F}(l)]$。

（2）基于强化学习的联合优化算法设计

本文使用了深度强化学习算法中的 DQN 算法，DQN 算法使用非线性神经网络来近似状态-动作值函数[15]。本文的 DQN 训练过程如上算法所示，本文的优化策略为

$$\pi^* = \max_{\pi} \mathbb{E}\left[\sum_{l=0}^{N-1} \gamma r(s(l),a(l))\right] \quad (39)$$

式中，π^* 代表最优的优化策略。Q 值函数的递归更新公式为

$$Q(l+1) = (1-\alpha)Q(s(l),a(l)) + \alpha(r(l) + \gamma \max_{a(l+1)} Q(s(l+1),a(l+1))) \quad (40)$$

式中，α 为学习率，γ 为折扣因子，用来表示对未来奖励的重视程度。

本文采用的神经网络为 1 个输入层、1 个输出层及 2 个全连接层，各层间的激活函数选用修正线性单元（Rectified Linear Unit，ReLU）函数。同时，本文采用均方误差（Mean Squared Error，MSE）损失函数评估与最优值差距并通过自适应估计（Adaptive moment estimation，Adam）优化器快速使模型收敛。

基于强化学习的联合优化算法设计

1. 初始化经验回放池大小
2. 初始化目标网络同步策略网络参数的间隔 sync_target_net_every
3. 使用随机权重 θ 初始化策略网络的 Q 值函数
4. 使用权重 $\theta^-=\theta$ 初始化目标网络 Q 值函数
5. for episode in range(num_episodes)：
6.   初始化环境 $s(0)$
7.   for l in range(num_slots_total)：
8.   以 ε 的概率随机选择动作作为 $a(l)$，以 $1-\varepsilon$ 概率选择 $a(l)=\mathrm{argmax}Q(s(l),a;\theta)$ 作为动作
9.   在环境中执行动作 $a(l)$，并获得奖励 $r(l)$ 和下一时隙环境 $s(l+1)$
10.   将 $s(l),a(l),r(l),s(l+1)$ 放到经验回放池中
11.   计算目标值 $r(l) + \gamma \max_{a(l+1)} Q(s(l+1),a(l+1);\theta^-)$
12.   通过 MSE 损失函数计算策略网络 Q 值与目标值之间的损失值
13.   通过反向传播计算梯度
14.   使用 Adam 优化器更新策略网络权重 θ
15.   If episode mod sync_target_net_every == 0：
16.   向目标网络更新权重 $\theta^-=\theta$
17.   end if
18.   end for
19. end for

四、仿真结果与分析

本节将使用仿真的方式验证算法的可行性，对算法进行评估。本节首先介绍了仿真的

环境和基本参数设置,然后对模型的收敛性能进行评估并对比评估不同惩罚加权系数 V 下模型优化效果。最后通过不同策略对比,评估模型性能及算法的资源优化性能。

1. 仿真参数设置

本论文的仿真场景具体设置为:由一个 LEO 卫星及 3 个地面用户组成 LEO-SEC 网络,LEO 卫星拥有 2 个波束且位于 1 200 km 高度,地面用户随机生成在以 LEO 卫星投影到地面位置为中心点半径为 100 km 的区域内。具体的仿真环境参数如表 1 所示。同时,在训练过程中,训练环境设置为 python 3.9.13、pytorch 1.13.1+cu116,具体的模型训练参数如表 2 所示。

表 1 环境参数配置

仿真参数	数值	仿真参数	数值
地面用户个数 k	3	地面用户最大发射功率 $p_{k,\max}$	0.2 W
波束个数 j	2	本地最大计算能力 $f_{k,\max}$	1 GHz
LEO 卫星高度	1 200 km	LEO 卫星最大计算能力 $f_{s,\max}$	4.5 GHz
波束带宽 U	100 MHz	处理 1 bit 任务所需 CPU 周期 L_k	737.5 cycles/bit

表 2 训练参数配置

训练参数	数值	训练参数	数值
学习率 lr	$1e^{-3}$	随机概率衰减系数 $\varepsilon_{\text{decay}}$	0.995
折扣因子 γ	0.6	目标网络同步频率	100 episodes(回合)
开始随机概率 $\varepsilon_{\text{start}}$	1	小批量数据大小 batch_size	128
最终随机概率 ε_{end}	0.2		

2. 仿真结果分析

在本小节,将从算法性能和优化效果两个方面分析仿真结果。首先,分析了算法收敛效果和惩罚加权系数 V 对模型效果的影响;然后,对比了不同资源分配策略的性能,证明了本文算法有良好性能。

(1) 算法性能分析

由图 4 可以看出本模型的收敛性能良好,均在 500 回合前达到收敛;卸载决策模型收敛速度比其他模型更快;不同惩罚系数对模型的收敛性能影响不大,但惩罚系数越小收敛速度越快且 loss 值更稳定。

根据图 5、图 6 所示的仿真结果,本文选择惩罚系数 $V=200$ 作为训练参数,此值同时满足任务队列稳定性和平均总能耗更小这两个目标,并且平均总能耗趋势平稳。

(2) 优化效果分析

优化模型训练完成后,将把模型的优化结果与随机分配策略和平均分配策略的优化结果进行对比。

1) 随机卸载决策

本组对比的具体仿真结果如图 7、图 8 所示,可以看出使用通信计算资源优化算法的平均总能耗明显比另外两种策略的平均总能耗低;作为代价,这两种策略的队列长度比较高。

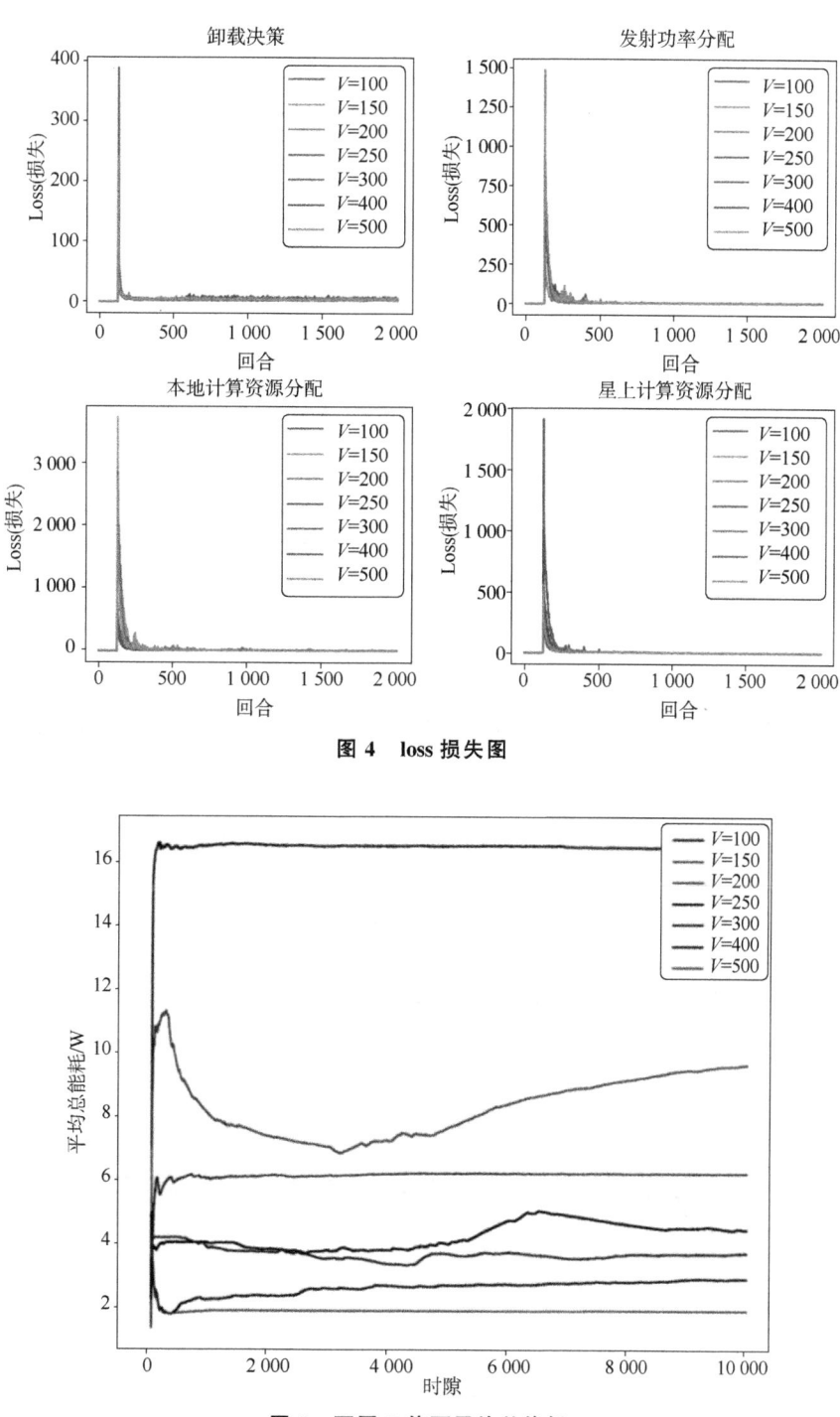

图 4 loss 损失图

图 5 不同 V 值下平均总能耗

与此同时,随机和平均分配两个算法平均队列长度都比较短,但是系统平均总能耗过高,存在资源浪费的情况。同时随机分配算法的队列长度不稳定且有上升趋势,而使用优化卸载决策的算法保证了任务队列长度的稳定性,可以为用户提供稳定的服务。通过这组测试,可

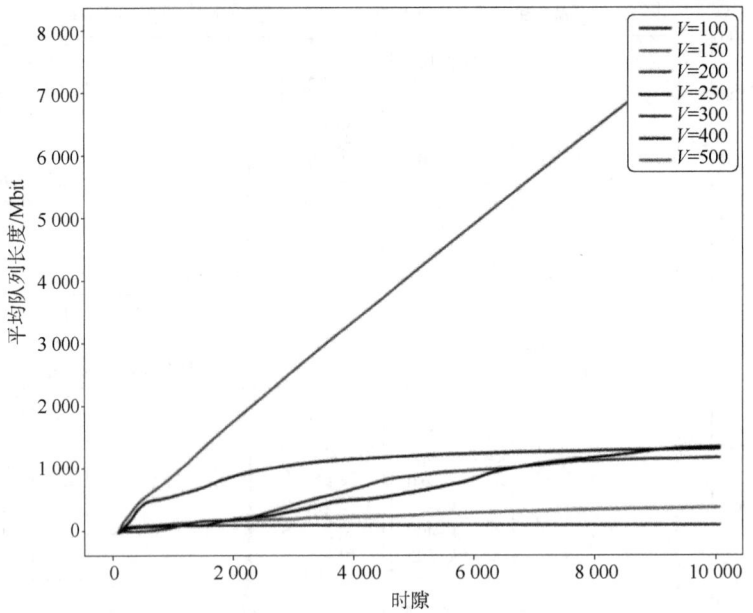

图 6　不同 V 值下平均队列长度

以说明本文优化算法在优化系统平均总能耗和任务队列长度稳定性上表现出了良好的性能。

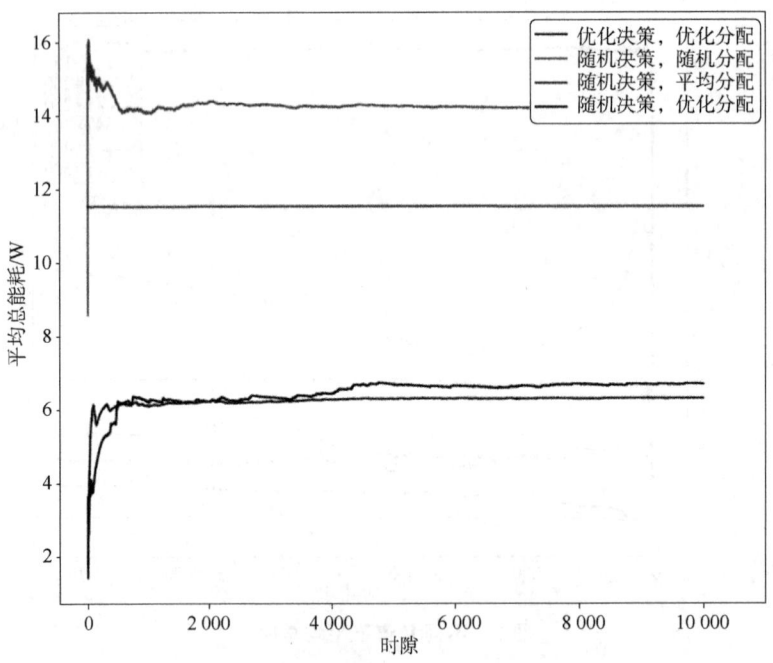

图 7　随机卸载策略平均总能耗对比

2）资源优化卸载决策

本组对比的具体仿真结果如图 9、图 10 所示,可以发现使用优化算法的平均总能耗依

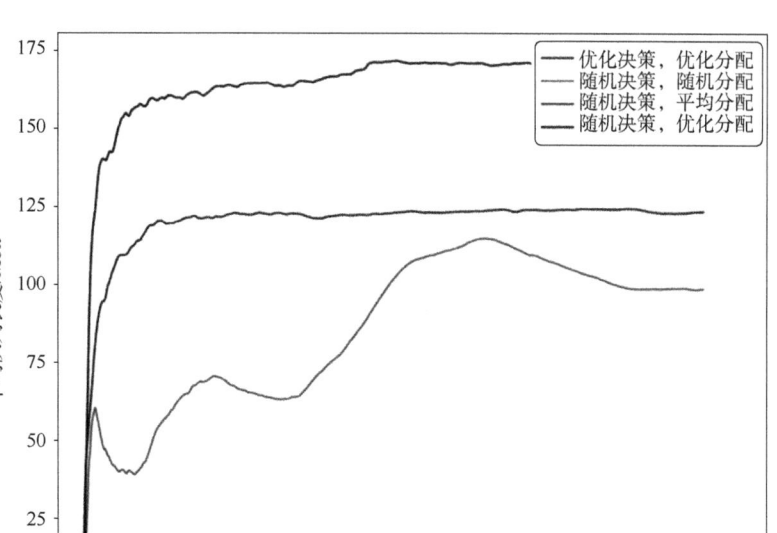

图 8 随机卸载策略平均队列长度对比

然最低,其他资源分配策略的系统总能耗皆处于高位,存在资源浪费。同时,仿真结果可以看出使用资源优化算法的平均队列长度依然保持平稳;并且发现随机卸载决策的平均队列长度较短,但是平均队列长度不稳定;而使用优化卸载决策的平均队列长度较长,但是平均队列长度相对稳定,由此可以发现在优化队列稳定性上本算法的卸载决策优化性能更好。

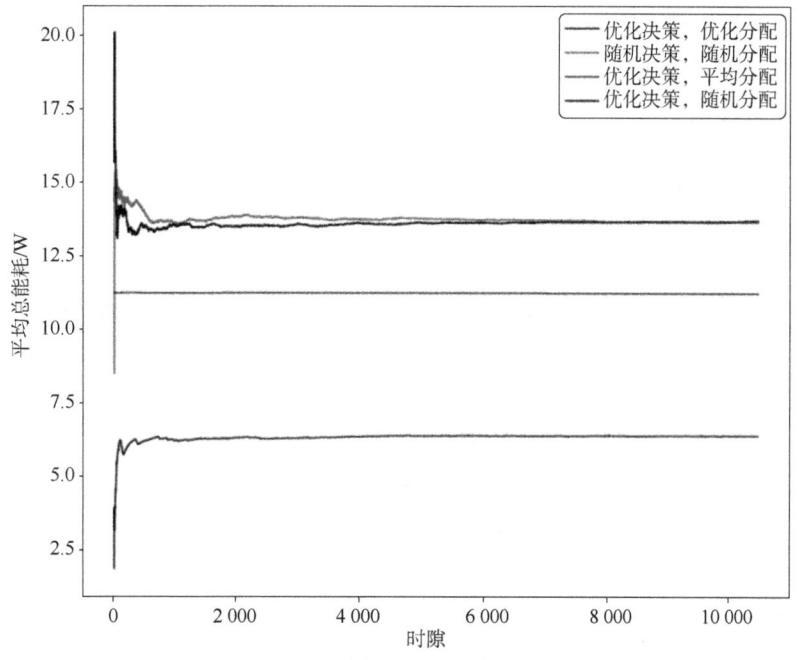

图 9 优化卸载策略平均总能耗对比

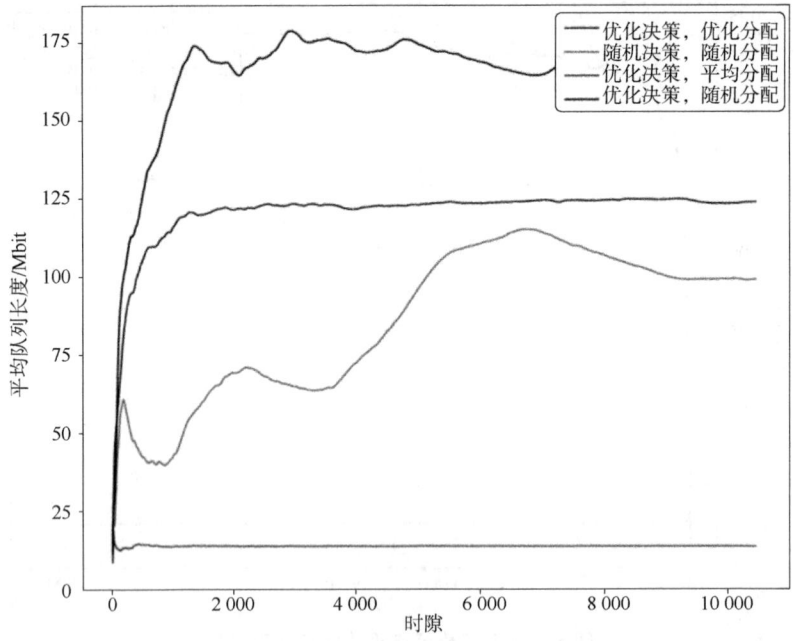

图 10　优化卸载策略平均队列长度对比

五、结论

针对本文方案和算法的仿真验证结果,首先证明了本算法在求解优化问题时拥有优秀的收敛性质;然后通过探究不同惩罚系数对优化效果的影响,选择了对平均系统总能耗和平均队列长度优化效果均比较好的惩罚系数作为最终训练的参数;之后通过对随机卸载决策和优化卸载决策的两组对比,分析了本方法在优化系统能耗和任务队列长度这两方面的优势。综合以上获得的仿真结果,可以得出该算法在保证任务队列稳定性的前提下对优化 LEO-SEC 网络长期系统平均总能耗方面拥有较好的性能。

参考文献

[1] 陈发堂,黄淼,金宇峰.面向用户需求的低轨卫星资源分配算法[J].计算机应用,2024,44(4):1242-1247.

[2] 李瑞,杨巧丽,张新澳.基于多目标多智能体强化学习的低轨卫星切换策略[J].国外电子测量技术,2024,43(3):106-113. DOI:10.19652/j.cnki.femt.2305514.

[3] 殷浩.面向 NTN 网络的卫星波束管理算法研究[D].哈尔滨工业大学,2021. DOI:10.27061/d.cnki.ghgdu.2020.002743.

[4] 郑文豪.低轨卫星通信网边缘任务卸载与缓存研究[D].北京交通大学,2023. DOI:10.26944/d.cnki.gbfju.2023.002072.

[5] Tang Q, Fei Z, Li B, et al. Stochastic Computation Offloading for LEO Satellite Edge Computing Networks: A Learning-based Approach [J]. IEEE Internet of Things Journal, 2024, 11(4): 5638-5652.

[6] 张美蓉.面向低轨卫星 OFDM 系统资源分配方法研究[D].南京邮电大学,2023. DOI:10.

[7] 陈国良. 低轨卫星通信系统的资源调度策略研究[D]. 中国科学技术大学, 2023. DOI:10.27517/d.cnki.gzkju.2022.001378.

[8] 余刚, 梁吉申, 青山良, 等. 基于博弈论的多服务器协作资源分配方法[J]. 陆军工程大学学报, 2024, 3(2):3-20.

[9] 张光华, 徐航, 万恩晗. 面向移动边缘计算的任务卸载方法研究[J]. 吉林大学学报(信息科学版), 2024, 42(2):210-216. DOI:10.19292/j.cnki.jdxxp.20240321.001.

[10] Ding C, Wang J-B, Zhang H, et al. Joint Optimization of Transmission and Computation Resources for Satellite and High Altitude Platform Assisted Edge Computing[J]. IEEE Transactions on Wireless Communications, 2022, 21(2):1362-1377, DOI:10.1109/TWC.2021.3103764.

[11] 方海, 高媛, 赵扬, 等. 卫星边缘计算中任务卸载与资源分配联合优化算法[J]. 小型微型计算机系统, 2023, 44(6):1214-1219. DOI:10.20009/j.cnki.21-1106/tp.2021-0769.

[12] 于渤洋. 低轨卫星地面混合网络的计算与通信资源分配研究[D]. 北京邮电大学, 2024. DOI:10.26969/d.cnki.gbydu.2023.002619.

[13] Qiu C, Yao H, Yu F R, et al. Deep Q-Learning Aided Networking, Caching, and Computing Resources Allocation in Software-Defined Satellite-Terrestrial Networks[J]. IEEE Transactions on Vehicular Technology, 2019, 68(6):5871-5883. DOI:10.1109/TVT.2019.2907682.

[14] 刘明明. 混合整数非线性规划算法及多阶段随机优化应用[D]. 湖南:湘潭大学, 2016.

[15] 陈前斌, 麻世庆, 段瑞吉, 等. 基于迁移深度强化学习的低轨卫星跳波束资源分配方案[J]. 电子与信息学报, 2023, 45(2):407-417.

作者简介

禹豪,男,本科生,就读于北京信息科技大学信息与通信工程学院电信2001-双班。

蔡元心,女,博士,北京信息科技大学副教授,主要研究领域包括:无人机通信、通感算一体化和物理层安全等。

基于机器学习的海面温度反演方法实现

张一博　范　文　张兰杰

(北京信息科技大学信息与通信工程学院,北京,100101)

摘　要:海面温度(Sea Surface Temperature,SST)在调节海洋和大气能量交换过程中起着重要的作用,是全球大气系统和海洋动力学中的关键海面参数之一。同时,SST的变化与全球气候变化、海水养殖业和海洋极端天气等具有密切的关系,因此准确反演SST具有重要意义。然而由于海-气交界处存在如海浪、湍流和辐射通量等复杂的物理现象干扰,在模型参数敏感性高、输入数据质量依赖性强、模型假设与实际条件的差异等方面的局限性,用物理方法准确反演海面温度仍然是一个挑战。本文通过机器学习方法提升沿海地区SST反演的准确性。首先基于高级微波扫描辐射计2级1R数据(Advanced Microwave Scanning Radiometer 2 Level 1R data,AMSR2 L1R 数据集),通过陆海标识精心筛选出纯海洋数据点,其中陆海标识为0表示海洋,确保了数据的海洋特性。其次在数据预处理方面,对数据进行了质量控制流程,包括通过直方图统计排除了90k至260k亮温有效值范围外的数据,以及从监测SST数据质量的系统(In Situ SST Quality Monitor,Iquam)筛选质量标志为5的高精度数据点,进而提高了数据集的质量和一致性。然后在模型构建方面,本文结合极致梯度提升树模型(eXtreme Gradient Boosting,XGBoost)和多层感知器(Multi-Layer Perceptron,MLP)作为基模型,通过堆叠泛化(Stacked Generalization,Stacking)模型,构建元模型反演SST,同时每种模型都针对SST反演任务的需求进行了参数调整。最后通过对这些模型进行系统的训练和验证,评估它们在SST反演中的性能。分析结果显示,Stacking混合模型的反演精度优于单个模型,其偏差(Mean Bias,MB)为0.01,均方根误差(Root Mean Square Error,RMSE)为0.37,而决定系数(Coefficient of Determination,R^2)达到了0.99,显示出与观测数据具有较强的相关性。

关键字:AMSR2;机器学习;海面温度;极致梯度提升树;多层感知器。

Realization of sea surface temperature inversion method based on machine learning

Zhang Yi-bo　Fan Wen　Zhang Lan-jie

Abstract:Sea Surface Temperature (SST) plays a crucial role in regulating the exchange of energy between the ocean and the atmosphere, and is one of the key sea surface parameters in the global atmospheric system and ocean dynamics. SST variations are closely related to global climate change, marine aquaculture, and extreme marine weather, making the accurate retrieval of SST highly significant. However, due to the complex physical phenomena at the sea-air interface, such as waves, turbulence, and radiative fluxes, the accurate retrieval of sea surface temperature using physical methods remains a challenge, given the limitations of high model parameter sensitivity, strong dependence on input data

---

① 项目来源类别:院优秀毕业设计论文。

quality, and discrepancies between model assumptions and actual conditions. The goal of this paper is to enhance the accuracy of SST retrieval in coastal areas using machine learning methods. The research begins with the Advanced Microwave Scanning Radiometer 2 Level 1R data (AMSR2 L1R dataset), carefully selecting pure ocean data points through land-sea identification, where a land-sea identifier of 0 indicates the ocean, ensuring the marine characteristics of the data. In terms of data preprocessing, the data underwent a quality control process, including the exclusion of data outside the 90k to 260k brightness temperature valid range through histogram statistics, and the selection of high-precision data points with a quality flag of 5 from the In Situ SST Quality Monitor (Iquam), thereby improving the quality and consistency of the dataset. In terms of model construction, this paper combines the Extreme Gradient Boosting (XGBoost) and Multi-Layer Perceptron (MLP) as base models, constructing a meta-model for SST retrieval through the Stacked Generalization (Stacking) model, with each model adjusted for the needs of the SST retrieval task. After systematic training and validation of these models, their performance in SST retrieval was evaluated. The analysis shows that the Stacking hybrid model has higher retrieval accuracy than a single model, with a Mean Bias (MB) of 0.01, a Root Mean Square Error (RMSE) of 0.37, and a Coefficient of Determination (R^2) reaching 0.99, demonstrating a strong correlation with observed data.

Keywords：AMSR2；Machine Learning；SST；XGBoost；MLP.

一、引言

海面温度(Sea Surface Temperature，SST)作为海洋环境监测的关键指标,在全球气候系统中扮演着至关重要的角色。SST不仅影响海洋环流模式,而且通过海-气相互作用对天气模式和长期气候变化产生影响。随着全球气候变暖的加剧,SST的异常升高或降低可能预示着极端气候事件的发生,如飓风、台风和干旱等。

随着时代发展,近几年来卫星遥感技术[2]的发展使获取SST数据的能力得到了极大的提高。通过卫星平台获取的SST数据具有较高的空间分辨率和时间连续性,为海洋空间和时间变化的认识提供了新的视角。数据同化技术的发展和普及,如变分同化方法,通过将观测数据与数值模型相结合,有效提高了SST预报的精度。这些技术的发展,不仅加深了对海洋表层温度场的理解,也为海洋各种资源的合理开发和利用提供了科学依据。

然而,准确检测和反演SST仍面临挑战。例如,高纬度区域和沿海地区的SST观测因为气候等因素的影响,技术受到了限制,且SST数据的时间序列分析需要考虑多种物理过程的相互作用。此外气候系统的不断变化要求SST的长期变化趋势和季节性变异分析更加精确,面对如此诸多挑战,对气候模型的建立和验证提出了更高的要求。

SST的研究对于了解海洋环境[2]的变化、研究全球气候变化和研究海洋生物生态系统等具有重要意义。①在气候变化研究方面,SST是地球气候系统中的一个重要组成部分,其变化会对全球气候产生重要影响。通过对SST的监测和研究,可以更好地了解气候变化的趋势和规律,为气候变化的反演和应对提供科学依据。②在海洋环境监测方面,SST是海洋环境监测的重要指标之一,可以反映海洋环境的变化和演变。通过对SST的监测,可以及时发现海洋环境的异常变化,为海洋资源开发、海洋灾害预警提供重要信息。③在海洋生物生态系统研究方面,SST对海洋生物生态系统的分布和生物活动有重要影响,通过对

SST 的研究,可以了解海洋生物对温度变化[4]的适应性和响应机制,为保护海洋生物资源和生态系统提供科学依据。

二、AMSR2 海面温度反演模型

1. 构建数据集

本文所用到的数据是 L1R 数据产品,它是 AMSR2 仪器生成的一种重采样数据集,通过应用预计算的重采样系数,将原始的 L1B 产品的亮度温度数据转换为较低分辨率的数据,以实现不同频率通道间数据的一致性。这一处理过程涉及调整数据的中心纬度和经度,以匹配 89 GHz A 通道接收器数据。L1R 数据产品考虑了不同频率的观测点足迹大小的差异,提供了多分辨率的重采样数据,包括 6 GHz、7 GHz、10 GHz、23 GHz、36.5 GHz 的数据,并且保留了原始的 89 GHz 数据。通过使用 HDF5 库或 AMSR2 产品 I/O 工具包(AMTK),用户可以方便地访问和分析 L1R 数据,进而支持气象预报、气候分析和环境监测等应用。

在本章中,确保模型反演成功和精度的准确性,其中很重要的步骤是数据集的质量控制过程。首先依据 AMSR2 L1R 数据的陆海标识,尽量精确筛选出纯海洋数据点,这一步骤是为了避免陆地因素对海洋学分析的干扰。通过专注于近岸 200 公里以内的数据,增强了对沿海区域反演特征的理解。质量控制是数据处理的另一关键方面。通过直方图统计排除了异常亮温值,同时,仅选用了 Iquam 质量标志为 5 的高精度数据,这些措施显著提升了数据集的质量和一致性。此外,采用的空间和时间匹配窗口(25 km×25 km 和 30 分钟)进一步减少了反演中的时空误差,为模型提供了精确的输入数据。

2. Stacking 反演模型架构

(1) 模型架构

首先要对数据进行预处理,数据预处理是机器学习模型训练前的重要步骤,它确保了数据的质量和模型的有效训练。分析中所包含的步骤首先使用"h5py"库读取".mat"格式的数据文件,然后将数据从原始格式转换为适合机器学习模型输入的格式。代码中通过"np.transpose"将数据从样本-变量矩阵转换为变量-样本矩阵。其次使用"MinMaxScaler"对特征变量进行最小—最大归一化,以确保所有特征都在相同的尺度上,这有助于提高模型的收敛速度和性能。经过对目标变量 SST 进行相同的归一化处理,以便与特征变量保持一致性。为了确保模型训练的随机性和避免过拟合,使用"np.random.permutation"对训练数据进行随机打乱。使用"train_test_split"函数将数据集划分为训练集和验证集,以便在独立的数据集上评估模型的性能。通过上述预处理步骤,数据集准备好用于训练和验证机器学习模型。

在 SST 反演任务中,面临的一个关键挑战是如何从复杂的遥感中准确提取温度信息。为了应对这一挑战,以 3 种不同的机器学习模型架构:XGBoost、MLP 和 Stacking 模型,去进行反演,每种都有其独特的优势和适用场景。

Stacking 混合模型的引入是为了进一步提高反演的准确性和鲁棒性。Stacking 模型通过集成多个基模型的反演结果,并通过一个元模型进行最终反演,从而提高了模型的泛化能力。Stacking 混合模型,是因为它可以结合 XGBoost 和 MLP 的优点,同时减少单一模型可能的过拟合问题。

(2) 元模型的训练

在构建 Stacking 模型时,采用了两个基模型:XGBoost 模型和 MLP 模型。这两个模型首先在训练集上进行训练,以学习数据中的模式和关系。随后使用这些基模型在验证集上的反演结果作为特征,来训练元模型。为了训练元模型,将基模型在验证集上的反演结果作为新的特征集,这些特征捕捉了不同基模型的反演能力。使用这些特征和验证集中的 Iquam 观测值来训练元模型。通过这种方式,元模型能结合基模型的反演,以产生最终的反演结果。

(3) 模型参数分析

Stacking 模型结合了 XGBoost 和 MLP 的反演,元模型在集成学习中通常能有效结合基模型的反演。在数据预处理阶段,使用了"MinMaxScaler"对特征进行缩放,这不仅加快了模型的训练速度,还提高了模型的泛化能力。在划分训练集和测试集时,采用 75% 的训练数据和 25% 的测试数据,以确保模型有足够的样本进行训练,同时留有充足的数据进行性能评估。模型评估方面,采用 MB、RMSE 和 R^2 作为性能指标,这些指标提供了模型反演准确性的量化度量。通过调整神经元,从较少的神经元开始,逐渐增加,直到模型性能不再显著提升。分析发现,100 个神经元的第一隐藏层和 50 个神经元的第二隐藏层为模型提供了一个较好的平衡点,既能捕捉复杂的数据模式,又能避免过拟合,随机种子的大小从较小的数值开始,多次尝试直到固定数值的大小。最后,通过可视化手段,绘制 Stacking 模型反演值与 Iquam 值偏差的散点图,直观展示模型的反演性能。

三、基于混合模型的海面温度反演结果分析

1. 模型反演过程

SST 反演流程是直接从原始数据中建立模型,并利用混合模型学习数据中的特征来反演 SST。从 AMSR2 卫星观测数据与海气、水文辅助数据,确保数据覆盖研究区域和所需时间范围。选择与 SST 相关的数据,这些数据能够直接反映 SST 信息。执行必要的预处理步骤,包括随机打乱和归一化等,确保数据质量。选择适合处理数据的机器学习模型,如 XGBoost、MLP 或 Stacking 模型,这些模型能够从数据中自动学习和识别重要的模式。然后使用预处理后的数据直接进行训练。最后使用 MB、RMSE、R^2 等指标来量化评估模型的反演性能。将模反演的 SST 与实地 Iquam 观测数据进行对比,分析模型的准确性和适用性。根据评估结果,对模型进行调整和优化,如调整模型结构或重新选择数据集,以提高反演精度。

通过上述流程,可以直接利用原始数据进行 SST 反演,减少了特征提取步骤可能引入的偏差和复杂性。这种方法依赖于机器学习模型的强大能力,从数据中自动学习并识别对反演 SST 至关重要的信息。

2. Stacking 混合模型反演结果与对比分析

在本文中,对 SST 样本点的地理分布进行了深入的分析。如图 1 所示,通过观察分布图上的颜色变化,能够看出样本点的密集程度。色阶图中黄色的区域 Iquam 上表示测量的样本点较为密集,而蓝色的区域样本点则较为稀疏。

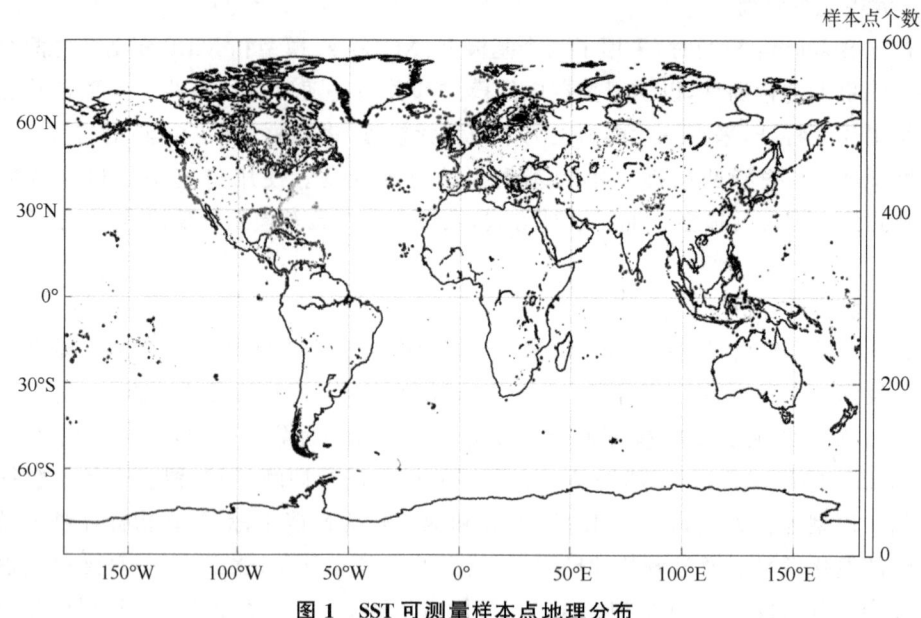

图 1　SST 可测量样本点地理分布

通过全球 SST 样本点地理分布图的分析，揭示了不同海域样本点的分布特征。北纬 30 度(30°N)区域的样本点密度最高，颜色偏向黄色，这表明该纬度带具有更多有限样本监测点，该区域可能包括了重要的海洋环流区域，如亚热带辐合带，因此对气候变化和海洋动力学研究具有重要意义。

在南纬 60 度(60°S)区域，样本点密度较低，呈现蓝色，表明该区域的有效样本点相对稀疏。这可能与南半球高纬度地区的恶劣海洋环境和海冰覆盖有关，使有效样本点观测数量大大减少，增加了数据采集的难度。

全球有效样本点地理分布的不均匀性，说明了全球海洋监测网络存在局限性。为提高全球 SST 数据的代表性和时效性，未来的海洋监测计划应加大对监测难度比较大的区域的力度，特别是南北半球的关键地域。

在本文中，利用全球 SST 分布图(图 2)，分析和展示了不同经纬度区域的 SST。

可以看出，SST 随着纬度的变化而变化，其中高纬度地区的 SST 较低，而低纬度地区的 SST 较高。在北纬 30 度到南纬 30 度赤道附近显示 SST 较高，高纬度地区温度较低。距赤道越近，海面的温度越高。距赤道越远，则相反。在同一纬度，因为地理位置的不同，不同地区的 SST 也表现出有差距。SST 分布的差异性，与地理位置、气候变化和洋流的流动等因素有关。这种温度梯度对于海洋环流、气候模型和生态系统健康等研究至关重要。

在分析中，采用 AMSR2 L1R 数据来反演沿海区域的 SST。首先，基于陆海标识，筛选出纯海洋数据点(陆海标识为 0)，专注于近岸 200 公里以内的区域，以增强对沿海环境的理解。通过直方图统计，剔除了亮温值不在 90 K 至 260 K 范围内的数据，确保了数据集的准确性。此外，选用了 Iquam 质量标志为 5 的高精度数据，进一步优化了数据质量。在数据匹配过程中，采用 25 km×25 km 的空间窗口和 30 分钟的时间窗口，以减少时空误差，确保数据的精确对应。最后将 XGBoost 模型和 MLP 模型作为基模型，通过 Stacking 方法建立

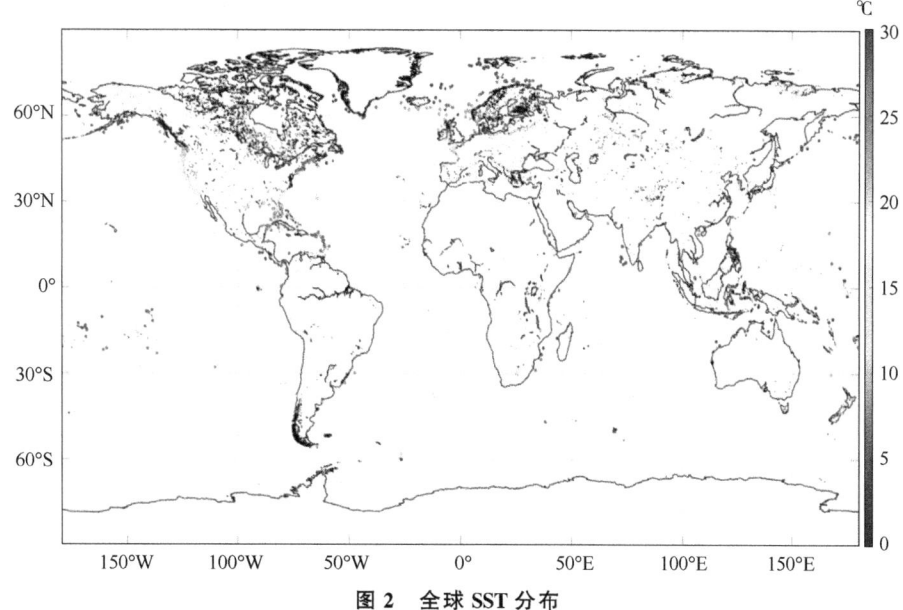

图 2 全球 SST 分布

了SST反演混合模型,并通过统计指标对其进行了评估。结果显示(图3),模型的RMSE为0.37,MB为0.01,表明反演值与Iquam之间的误差较小。同时模型的 R^2 达到了0.99,显示出反演模型与观测数据之间具有较强的相关性。

如图4所示,对比XGBoost和MLP模型单独运行的结果与Stacking混合模型的运行结果,可以发现Stacking模型表现出了显著的优势。Stacking模型的RMSE略低于XGBoost,低于MLP模型,表明Stacking模型在反演精度上优于单个模型,但是经过测量XGBoost的运行时间为0.32 s,MLP为2.5 s,Stacking模型为10.5 s,说明Stacking模型运行时间较长。

Stacking模型通过结合XGBoost和MLP这两种基模型,不仅在反演精度上表现优于单个模型,而且在稳定性和鲁棒性方面也具有显著的优势,这使其成为解决复杂预测问题的有效方法。

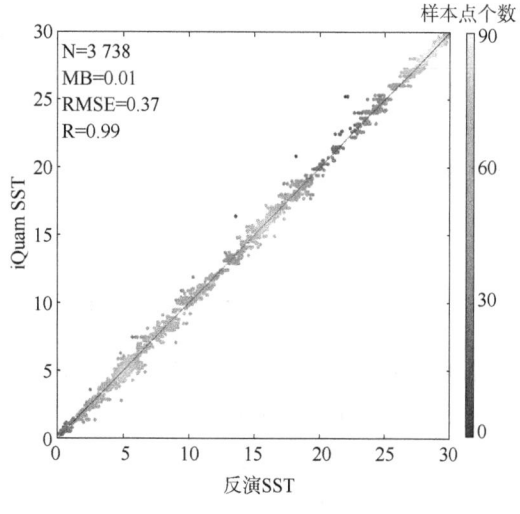

图 3 结果展示

在对SST反演模型的评估过程中,采用地理[21]可视化方法,如图5所示,可以直观展示模型反演值与Iquam观测值之间的偏差。该分析覆盖了全球多个关键纬度带,从北纬60度至南纬60度,跨越西经150度至东经150度的经度范围。

可以看出,在赤道区域以浅色调表示,说明模型反演与Iquam数据之间的偏差较小,表明模型在热带海域的具有较高的精度表现。然而随着纬度的增加,尤其是在高纬度地区,如北纬60度和南纬60度附近,以较深的颜色表示,说明随着纬度的增加,反演偏差也在增加。

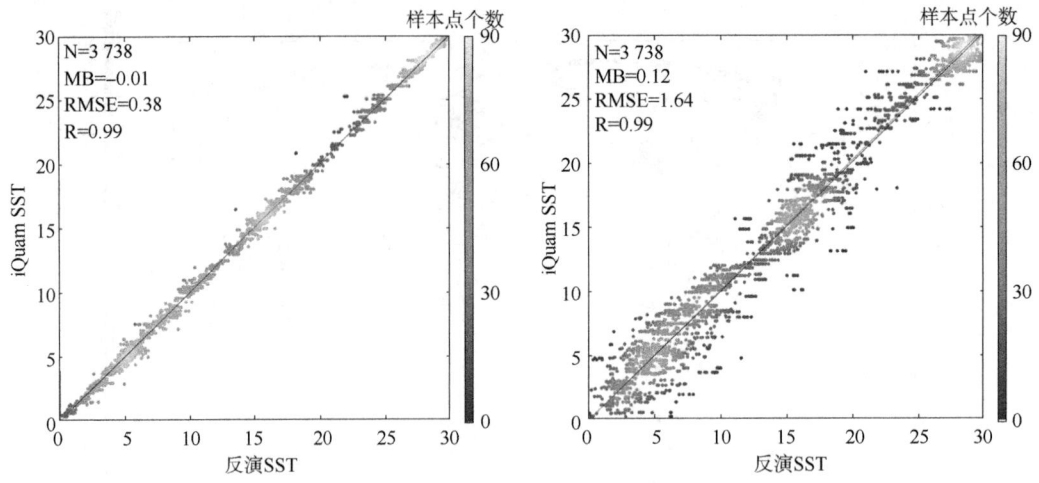

图 4　XGBoost 和 MLP 模型运行结果

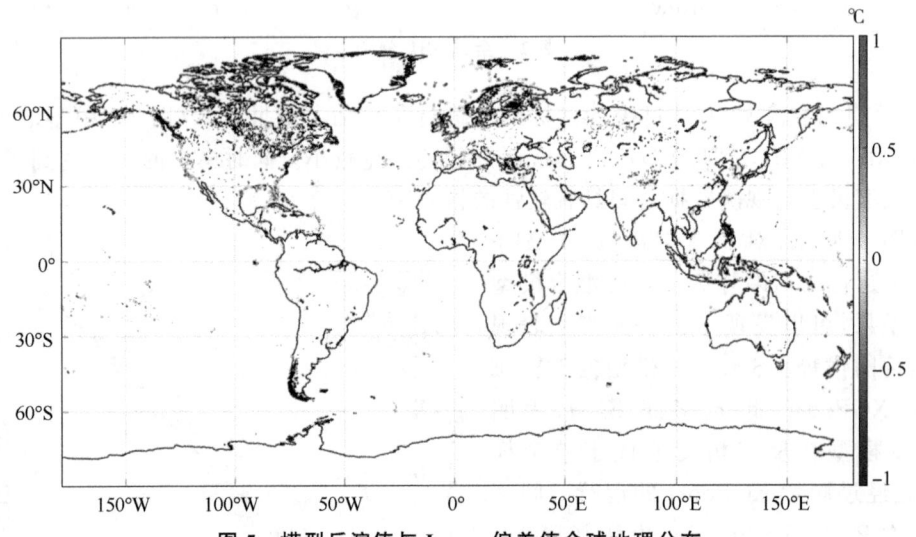

图 5　模型反演值与 Iquam 偏差值全球地理分布

这种偏差的增加可能与高纬度地区更为复杂的海洋动力学过程、数据采集的困难以及模型在这些区域的校准不足有关。

总体而言,尽管在特定纬度带存在一定的误差,但本文的分析结果强调了 SST 反演[22]型在全球大多数沿海区域中的有效性。

四、总结与展望

在本文中,核心目标是利用机器学习技术提升 SST 反演的准确性,为了实现这一目标,完成了以下几项主要工作:

首先,需要获取卫星传感器的遥感数据,这些数据集覆盖了多样化的海洋环境和气候条件。在数据预处理阶段,采取数据预处理措施,确保了数据集的准确性和一致性。接着,尝试应用已有的3种机器学习模型:XGBoost、MLP和Stacking模型。经过代码分析,以适应SST反演的特定需求,并采用RMSE等指标对模型性能进行全面评估。评估结果表明,Stacking混合模型在反演准确性和泛化能力方面表现良好。此外,对模型的反演结果进行了分析,包括误差分析、反演值与观测值的对比分析,以及模型在不同地区下的性能表现。结果分析显示,在不同地区,模型的反演性能都取得了较好的成果。这些分析同时揭示了模型在特定条件下的局限性,为模型的进一步改进提供了宝贵的方向。

在本文中,尽管在SST反演方法上取得了一定的成果,但仍存在一些不足之处,这些不足需要在未来的学习研究中加以解决。所使用的遥感数据受到传感器分辨率和覆盖范围的限制,可能无法完全捕捉到小尺度或局部的SST变化。此外,当前模型在某些极端气候条件下的表现尚需改进,以提高模型在这些条件下的鲁棒性。尽管Stacking模型提供了较高的反演精度,但其计算成本相对较高,这可能限制了其在实时监测系统中的应用。同时,MLP模型作为深度学习模型,其决策过程的缺乏透明度在需要模型解释性的应用场景中可能是一个缺点。

在未来的学习研究中,将探索整合多种遥感数据和其他辅助数据源,以提升模型的反演准确性和可靠性。通过采用多样化的分析方法,寻找更高效的机器学习算法,以提高反演计算的准确性,使其更适用于实时或近实时的SST监测,这是未来研究中一个非常重要且具有挑战性的方向。未来的计划可能包括引入更多极端气候条件下的数据,对模型进行额外的训练和验证,以进一步增强模型的泛化能力和稳健性。同时,进一步深入研究MLP模型、XGBoost模型以及Stacking模型融合的决策过程,以提高模型的可解释性,这对于模型反演和气象海洋领域的研究都具有益处。最后,计划通过探索模型在其他海洋学问题中的应用,来扩大模型反演的科学意义和应用范围。通过这些努力,希望能够克服当前研究的局限和不足,并推动SST反演技术取得更大进步。

参考文献

[1] 蔡榕硕,陈幸荣.海洋的变化及其对中国气候的作用[J].中国人口·资源与环境,2020,30(9):9-20.

[2] 修树孟,张钦,逄爱梅.卫星遥感SST反演海水温度垂直剖面的方法研究[J].遥感信息,2009,(5):73-76.

[3] 刘晓云.浅谈遥感技术的发展与应用[J].三晋测绘,2003,(1):23-25.

[4] 杨斌,徐雯佳,许志辉,等.河北海域SST遥感反演业务化算法[J].海洋环境科学,2016,35(2):270-273+287.DOI:10.13634/j.cnki.mes.2016.2.20.

[5] 郭洪涛.利用卫星资料反演表面海流的研究[D].南京师范大学,2012.

[6] Brasnett B, Colan S D. Assimilating Retrievals of Sea Surface Temperature from VIIRS and AMSR2[J].Journal of Atmospheric and Oceanic Technology,2016,33(2):361-375.

[7] KeijiI, Takashi M, Misako K, et al.Status of AMSR2 instrument on GCOM-W1[J].Japan Aerospace Exploration Agency (Japan);Tokai Univ. (Japan);NASA Goddard Space Flight Ctr. (United States);National Oceanic and Atmospheric Administration (United States);Institute of Remote Sensing Applications (China);Kookmin Univ. (Korea, Republic of);Space Applications Ctr. (India),2012,8528852815-852815-6.

[8] KeijiI, Misako K, Akira S, et al.Five years of AMSR-E monitoring and successive GCOM-W1/

AMSR2 instrument[J].SENSORS,SYSTEMS,AND NEXT-GENERATION SATELLITES XI,2007,674467440J-67440J-8.

[9] 周嗣松.卫星遥感 SST 的现状和未来[J].海洋预报,1987,(2):24-30.

[10] 汪小勇.HY-1B 卫星定标检验数据处理及管理系统分析与实施[D].中国海洋大学,2011.

[11] 徐宾,全球海表温度实况融合分析产品(V1.0).北京市,国家气象信息中心,2021-3-12.

[12] 聂学峰,赵锋锐,刘大鹏,等.我国商业卫星遥感产业的现状及发展对策[J].中国航天,2014,(5):20-23.

[13] 范霄,孔金玲,钟炎伶,等.基于 XGBoost 算法的遥感图像云检测[J].遥感技术与应用,2023,38(1):156-162.

[14] 胡鹏,赵露露,高磊,等.XGBoost 算法在多光谱遥感浅海水深反演中的应用[J].海洋学,2021,45(4):83-89.

[15] 吴湛击.MLP 的算法研究与软件设计[J].电子产品世界,2001,(15):51-53+61.

[16] 吴永福.基于 SSA-BiGRU-MLP 网络在粮堆温度反演中的研究[D].武汉轻工大学,2023.DOI:10.27776/d.cnki.gwhgy.2023.000340.

[17] Zahrae F H E,Meryem A,Eddine N J,et al.A New Optimization Model for MLP Hyperparameter Tuning:Modeling and Resolution by Real-Coded Genetic Algorithm[J].Neural Processing Letters,2024,56(2).

[18] 林苗芳.基于 BP 神经网络的 Stacking 模型融合的光谱分类算法[J].现代信息科技,2022,6(4):91-94+99.DOI:10.19850/j.cnki.2096-4706.2022.4.24.

[19] LiX,Chen H,Xu L,et al.Multi-model fusion stacking ensemble learning method for the prediction of berberine by FT-NIR spectroscopy[J].Infrared Physics and Technology,2024,137105169.

[20] 黄天宝,欧光龙,吴勇,等.基于机器学习算法的森林生物量多源遥感估测[J].西北林学院学报,2024,39(1):10-18.

[21] 董雷娟,李洪平.全球海表温度变化特征分析[J].地理空间信息,2013,11(5):29-31+45+11.

[22] BulginC,Embury O,Merchant C.Sampling uncertainty in gridded sea surface temperature products and Advanced Very High Resolution Radiometer(AVHRR)Global Area Coverage (GAC) data[J].Remote Sensing of Environment,2016,177287-294.

作者简介

张一博,男,副教授,研究生导师,长期从事信息通信类专业的教学与科研。

范文,女,就读于北京信息科技大学信息与通信工程学院人工智能专业。

张兰杰,女,副教授,研究生导师,长期从事电子信息类专业的教学与科研,获得北京高等教育本科教学改革创新项目。

基于小波变换的数字全息压缩方法研究与实现

李 帅 冷俊敏

(北京信息科技大学信息与通信工程学院,北京,100101)

摘 要:能记录物场全部信息的数字全息包含了庞大的数据信息,其对通信的传输带宽及数据存储要求甚高。为了解决这一问题,本文设计与实现了一种基于小波变换的数字全息压缩系统。该系统利用小波变换的多分辨率分析,小波分解后大部分能量集中在低频子图的少量系数中,而大量的高频子图系数值普遍较小且存在相关性的特性,对全息频谱进行压缩编码,在保证全息重建质量的前提下,大大降低其存储和传输的需求。系统首先将物场图像通过菲涅尔衍射形成物光,与参考光干涉形成全息;然后,对全息进行傅里叶变换,并获取频谱的振幅/相位或实部/虚部信息,分别对其进行小波变换、阈值处理、量化编码,得到对压缩后的数字码流;接收端进行译码和反变换得到解码后的全息,最后通过菲涅尔衍射再现物场图像。为了客观评价系统性能,计算性能参数峰值信噪比、结构相似性和压缩比,并对比分析了振幅/相位和实部/虚部的压缩处理效果。研究结果表明,与对全息频谱振幅/相位进行压缩编码处理相比,对全息频谱实部/虚部进行压缩编码处理,无论是在重建图像的质量还是压缩比上,均表现出了更为优越的性能。

关键词:数字全息;菲涅尔衍射;小波变换;量化编码;阈值处理。

Research and implementation of digital holographic compression method based on wavelet transform

Li Shuai Leng Jun-min

Abstract:Digital Holograms can record the whole information of an object so that it contain vast amounts of data information, which lays very high demands on communication bandwidth and data storage. To address this issue, a compression system of digital holograms is designed and achieved on wavelet transform in this paper. This system utilizes the multi-resolution analysis of wavelet transform and the characteristic that most of the energy is concentrated in a few coefficients of the low-frequency sub-images after wavelet decomposition, while the large number of coefficients in high-frequency sub-images are generally small and correlated. This characteristic can be used to compress the frequent spectrum of digital holograms, achieve higher coding efficiency, and reduce the storage and transmission requirement, while ensuring the reconstruction quality of holograms. First the object image is transformed into the object lightbeam by Fresnel diffraction, and then interfered with the reference light to form a hologram. Fourier transform is applied into the hologram to obtain the amplitude/phase or real/imaginary parts of the spectrum. They are then subjected to wavelet transform, threshold processing, and quantization encoding. Therefore, the compressed code stream of the hologram is obtained. At the receiving end, decoding and inverse transformation are performed to restore the hologram, Finally, the object image is reconstructed by Fresnel diffraction. To objectively evaluate the performance of the compression system, performance parameters such as PSNR, SSIM, and compression ratio are adopted. The compression and reconstruction effects of amplitude/phase and real/imaginary parts are compared and analyzed. The experimental results show that the performances of compressing the real/imaginary parts exhibits superior to the one of compressing amplitude/phase ones, which can obtain the higher compression ratio and the better quality of the reconstructed image.

Keywords：digital holography；Fresnel diffraction；wavelet transform；quantization encoding；threshold processing.

一、引言

1. 研究背景及意义

全息技术自20世纪中叶由GABOR提出，已广泛拓展至科研、商业等众多领域。其核心在于三维成像能力，利用红、绿、蓝激光记录物体全部信息，再经白光照射生成真实立体影像。该技术显著提升图像质量，展现巨大应用潜力，提供真实、立体的视觉体验。

数字全息技术革新全息制作，采用光电传感器件记录全息图像，并存储在计算机中，实现精确高效的数据处理。计算全息技术结合计算机与全息原理，通过算法生成全息图，提供更大的灵活性和便利性，无须复杂实验装置。但全息技术在实际通信传输中面临着诸多挑战，其中最为突出的难题就是如何高效、实时地压缩处理其庞大的数据量。因此，全息压缩技术的研究显得尤为重要。

全息压缩技术的研究旨在通过有效的技术和算法，降低全息的数据量，同时尽量保持其原有的信息；这不仅能够解决全息图存储和传输的难题，还能够提高全息技术的实用性和应用范围。

2. 国内外研究现状

近年来，国际研究在数字全息压缩课题上取得了显著的进展，全息数据的压缩方式[1]主要分为三大类：基于量化、基于变换和基于标准的压缩方式。

（1）基于量化的压缩

在早期的研究阶段，Mills等学者针对输入数据呈现均匀分布的情况，选择使用6 bit对全息进行了均匀量化处理，最终成功地重建出了品质较高的图像[2]。随着研究的深入，SHORTT将k均值聚类算法(k-means clustering algorithm,)应用于全息的非均匀量化技术[3]中，通过将聚类中心设定在距离质心最远的数据向量位置，有效处理了空簇问题，从而实现了高达40的压缩比，相较于均匀量化方法表现出更高的效率。为了进一步提升压缩性能，SHORTT等进一步融合了高效的均匀量化和改进后的非均匀量化技术，并引入菱形和螺旋形两种网格采样方式，经过无损编码处理，成功地将压缩比提升至70。

（2）基于变换的压缩

NAUGHTON等利用离散余弦变换(Discrete Cosine Transform，DCT)技术，成功实现了全息压缩[4]。他们进一步对DCT系数进行了区间量化处理，并通过编码技术进一步提升了压缩效果。CHEREMKHIN P A和KURBATOVA E A提出了一种创新的离轴数字全息压缩方法[5]，该方法结合了Meyer和反向的双正交小波技术。HAJIHASHEMI V提出了一种基于小波变换的数字全息系统(物面)HEVC(High Efficiency Video Coding,高效率视频编码)改进方法[6]，利用小波变换减小复杂目标波场实部和虚部的大小，再结合最近邻插值和小波在图像大小调整中的不相似性来保持全息图的细节,实现了保持且略微提高信号保真度的同时,降低了 BD(Bjøntegaard-delta)比特率。北京大学的 Zhang 等学者,提出了一种新的图像处理方法[7],该方法巧妙地将反向传播神经网络与菲涅耳变换技术相融合。侯阿临等提出了一种基于小波域 BP 神经网络的全息图压缩技术[8],这种技术的核心在于先通过小波变换对全息图进行精细的预处理。蒙彬俊等学者提出了一重基于压缩感知相位重建方法[9],该方法的核心思想在于充分利用压缩感知理论中的稀疏性原理。

(3)基于标准的编码

基于标准的压缩方式则是通过制定和采用一系列的标准和协议,对全息图像进行统一的压缩和解压。这种方法可以确保不同设备和系统之间的兼容性和互通性,从而推动全息技术的广泛应用。针对相移全息技术所面临的问题,XING Y 等研究者提出了一种自适应矢量提升方案[10],该方案基于 JPEG2000[11]压缩标准。JIAO S 等将 JPEG 与深度学习技术相结合,对纯相位全息图进行高效压缩[12],利用深度卷积神经网络来有效减少 JPEG 压缩过程中在全息图上产生的伪影。清华大学顾华荣提出了计算全息三维显示中多个环节的数据压缩编码技术[13],利用稀疏采样的方法,通过对三维物体进行智能分析,选择性地采集关键数据点,从而在保持物体主要特征的同时,大幅减少了数据量,并且利用了分形理论的自相似性原理,对全息图进行高效的压缩处理,并结合 GPU 的并行运算能力,实现了全息图的快速计算。

二、基于小波变换的数字全息压缩算法

1. 离轴数字全息的记录与再现

离轴菲涅耳全息的记录过程如图 1 所示。$O(x_0,y_0)$ 作为起始输入图像,利用一束具有特定波长 λ 的单色光对起始图像进行照射;在单色光的作用下,起始图像会经历一段距离为 z_0 的菲涅耳衍射过程,从而生成物光到达记录平面;与物光有一个角度的参考光直射到记录平面;此时在记录平面(即全息面)物光与参考光发生干涉,得到离轴全息 $H(x,y)$。

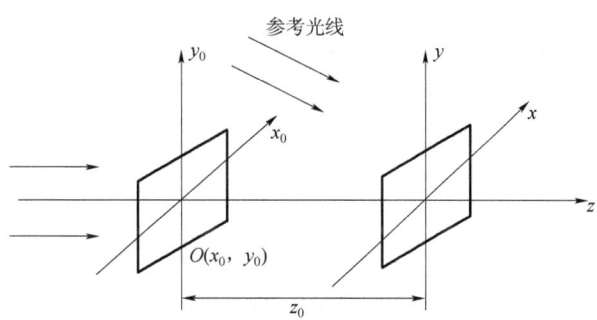

图 1 菲涅尔全息图的记录示意图

记录原始物像生成的物光振幅 $U(x,y)$,设参考光沿着与记录平面 x 轴夹角为 α、y 轴夹角为 β 的方向传播,设定参考光波的振幅恒定为 1。在记录平面上,参考光可以表达为以下形式:

$$R(x,y) = \exp\left[\frac{\mathrm{j}2\pi(x\sin\alpha + y\sin\beta)}{\lambda}\right] \quad (1)$$

物光与参考光在全息平面进行干涉,生成数字全息,全息的光强分布为

$$H(x,y) = |U(x,y) + R(x,y)|^2 = |U(x,y)|^2 + |R(x,y)|^2 + U(x,y)R^*(x,y) + U^*(x,y)R(x,y) \quad (2)$$

式中,$R^*(x,y)$是$R(x,y)$的复共轭,$U^*(x,y)$是$U(x,y)$的复共轭。

全息的重建过程可以以参考光为重建光,重建光照射全息并进行距离为$z_i = z_0$菲涅耳衍射,即可获得重建像的光场分布$U_i(x_i, y_i)$。

2. 小波变换压缩原理

(1) 小波变换

利用小波函数$\psi(t)$对信号$x(t)$进行的小波变换可以定义为[14]:

$$T_{m,n} = \int_{-\infty}^{\infty} x(t)\psi_{m,n}^*(t)\mathrm{d}t \quad (3)$$

式中,$T_{m,n}$是小波变换后获得的小波系数。小波变换分为不同的类型[15]:正交、半正交、双正交、对称、不对称等。

小波变换的核心思想在于运用小波基函数作为滤波器,对信号进行全面的多尺度分析。从滤波的角度看,小波变换可以看作是一种自适应滤波器,根据信号的特性自适应地调整滤波器的频率范围。

小波变换通过将信号与小波基函数进行内积运算,得到一系列小波系数。其中高频系数描述了原始图像的细节信息,低频系数则描述了图像的基本信息。通过选择合适的小波基函数和分解层数,可以实现对信号在不同频率尺度上的分解和重构。

在图像压缩中,小波变换可以利用其多尺度分析的特性,将图像分解为不同频率的子带,从而实现对图像的压缩编码。

(2) 阈值处理

阈值处理(对阈值归零)是一种常用的小波分解系数压缩技术[16]。常用的算法是硬阈值和软阈值。在硬阈值设置中,系数小于阈值的值被重置为零,大于阈值的系数保留,即:

$$D(e,f) = \begin{cases} D(e,f), & \text{if } |D(e,f)| > \tau \\ 0, & \text{if } |D(e,f)| < \tau \end{cases} \quad (4)$$

式中,$D(e,f)$为细化系数,(e,f)为细化系数坐标,τ为阈值,$|\cdots|$为该值的模量。

软阈值函数定义为

$$\mathrm{soft}[D(e,f)] = \begin{cases} \mathrm{sign}(D(e,f)) * \dfrac{|D(e,f)| - \tau + ||D(e,f)| - \tau|}{2}, & \text{if } |D(e,f)| > \tau \\ 0, & \text{if } |D(e,f)| < \tau \end{cases} \quad (5)$$

由式(5)可知系数小于阈值的值置为零,大于阈值的系数会加上一个值使得函数在阈值处连续。

本次课题除了采用以上两种阈值处理技术,还采用了一种改进阈值的方法,改进阈值函数为

$$D(e,f) = \begin{cases} \mathrm{sign}(D(e,f)) * \sqrt{|D(e,f)|^2 - \tau^2}, & \text{if } |D(e,f)| > \tau \\ 0, & \text{if } |D(e,f)| < \tau \end{cases} \quad (6)$$

在改进阈值中,同样,系数小于阈值得值被重置为零,而系数在大于阈值的区间内,在保持阈值处连续的同时更接近没有阈值处理之前的值。

三、系统设计与实验结果

1. 系统设计

系统基于MATLAB平台展开设计与实现,旨在实现对离轴数字全息的压缩,获得一较优的压缩方案,实现大压缩比和较好的再现图像质量。设计的系统实现流程框图如图2所示。

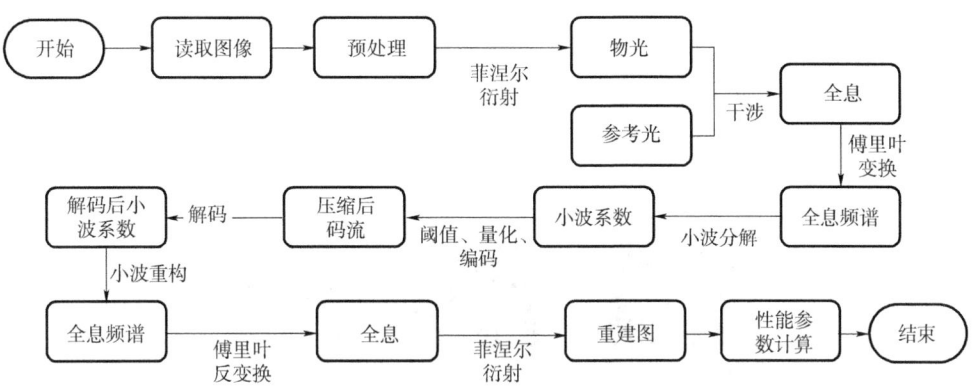

图 2　全息压缩流程图

具体步骤如下:

(1) 输入原始图像,并对其进行预处理。

(2) 生成数字全息:将预处理后图像通过菲涅尔衍射生成物光,然后将物光与参考光进行干涉,得到数字全息。

(3) 对数字全息进行傅里叶变换,将其从空间域转换到频率域。通过频域滤波滤除掉频谱中的零级像和共轭像。处理后的全息频谱被进一步分为振幅/相位(A/P)和实部/虚部(R/I)两部分。

(4) 对获得的A/P和R/I部分分别进行小波分解,得到它们各自的低频系数和高频系数。

(5) 对高频系数进行分层阈值处理;低频系数保留不变。

(6) 对阈值处理后的小波系数进行量化和编码,将其转化为适合存储和传输的码流。

(7) 重建与性能参数的计算。在接收端,进行译码操作得到小波系数,再进行小波重构将其还原为全息频谱。利用傅里叶逆变换将还原的全息从频率域转换回空间域。然后,利用菲涅尔衍射对处理后的全息进行重建。最后,通过计算性能参数,分析压缩与重建效果。

2. 实验结果

系统调试成功后,运行系统软件,即可进入欢迎界面,如图3所示。在欢迎界面中单击"开始"按钮将进入主界面,单击"退出"按钮则关闭软件系统。

进入主界面后,单击"开始"菜单下的"选择图像"子菜单,选择所需处理的原始图像,并单击"打开"按钮,即可在主界面左上方显示原始物像。单击"开始"菜单下的"补零"子菜单

图 3 欢迎界面

系统自动对原始图像进行补零操作,并在主界面上方中心显示补零后图像。点击菜单栏里的"全息"菜单,则系统自动生成原始物像的全息图,并在主界面右上方显示,如图 4 所示。

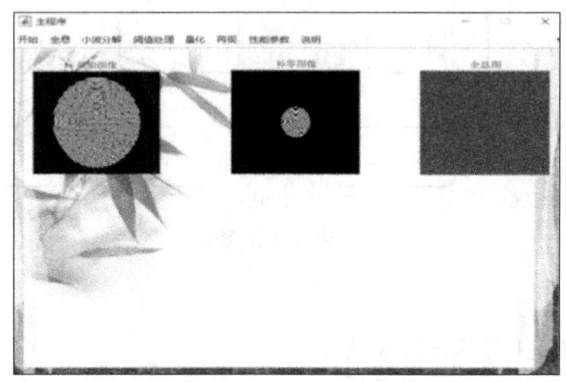

图 4 主界面(原图、补零图、全息显示)

单击"小波分解"菜单下的"参数选择"子菜单,将弹出参数选择界面;选择要处理的内容、分解层数和小波基函数等参数;选择好参数后,单击"小波分解"菜单下的"分解"子菜单,系统根据已选择的参数进行小波分解;而后,选择单击"阈值处理"菜单下的"硬阈值""软阈值""改进阈值"子菜单中的任一项,确定阈值算法;通过"量化"菜单,确定量化级数。各参数确定后,系统将自动进行量化、编码,生成数字码流。

利用"再现"菜单下的"直接重建图"子菜单,可以获得数字全息的直接重建图像,并在主界面的左下方显示。通过"再现"菜单下的"处理后重建图"子菜单,则可以实现数字全息的压缩解码处理后重建的图像,且在主界面的右下方显示,如图 5 所示。

当进行客观评价时,点击"性能参数"菜单后将弹出性能参数界面,如图 6 所示,展示直接重建与压缩编/解码处理后的重建图像性能峰值信噪比 PSNR(Peak Signal to Noise Ratio)、结构相似性 SSIM(Structural Similarity Index)和压缩比。

3. 参数的选取

(1)分解层数的选取

为了得到合适的分解层数,选择"指纹"图像进行测试。选取小波基函数为"haar",阈值处理方式为硬阈值,系数剪切 50%,量化级数为 8 位,进行 1、2、3 层的小波分解,实验结果如图7所示。由图7可以看出无论是A/P还是R/I,随着分解层数的加大,指纹部分细节信息随之丢失。

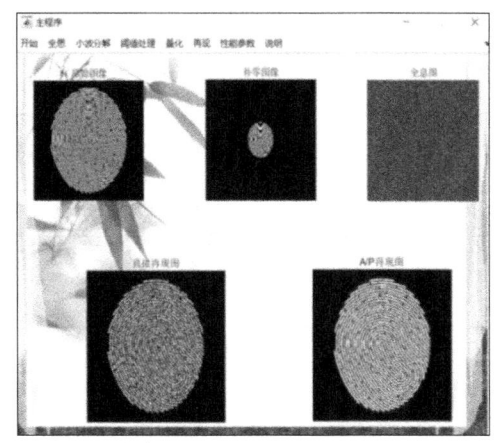

图5 主界面(再现像显示)

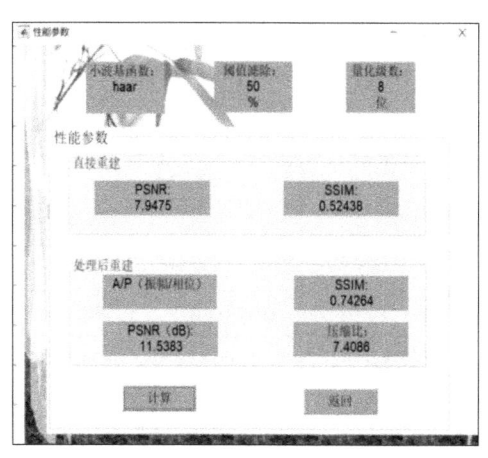

图6 性能参数界面

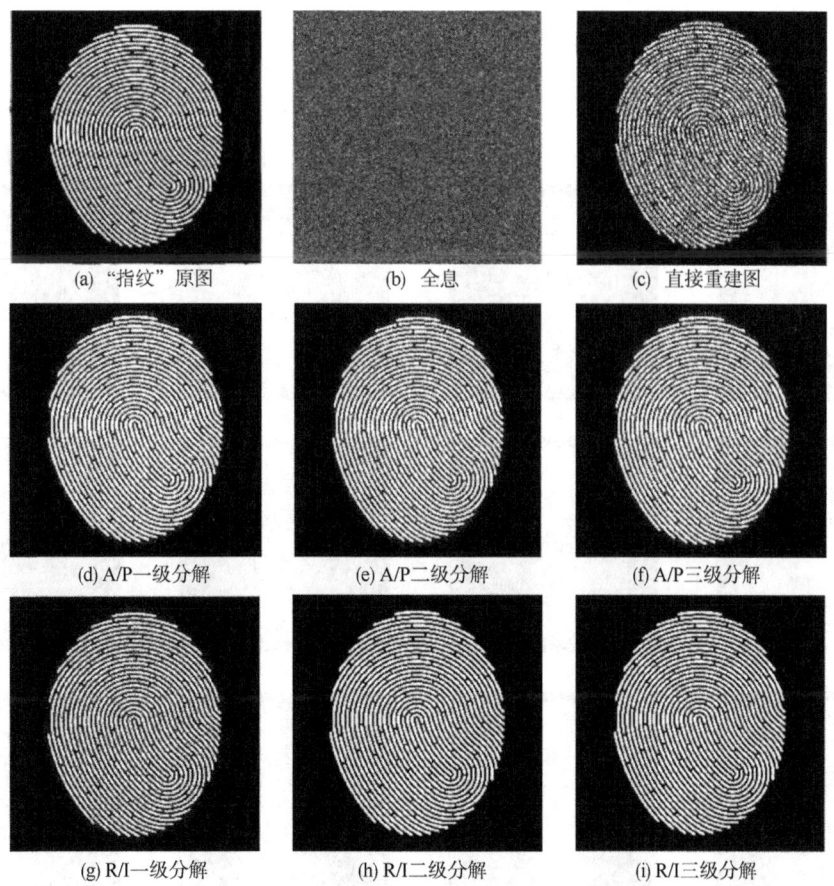

图7 不同分解层数目标图像及实验结果

根据图7的实验结果,计算的性能参数,如表1所示。对A/P部分进行处理时,随着分解层数的增加,PSNR 和 SSIM 均下降,压缩比 C 增加;三级分解的重建图比一级分解的重建图的 PSNR 降低约 1.5 dB,压缩比增加约 1;对 R/I 部分进行处理时,同样随着分解层数的增加 PSNR 和 SSIM 均下降,压缩比 C 增加。综合重建图像质量和压缩效果,本文选择二层分解进行后续的处理。

表 1 不同分解层数的性能参数

分解层数	处理部分					
	A/P			R/I		
	性能参数					
	PSNR(dB)	SSIM	压缩比	PSNR(dB)	SSIM	压缩比
直接重建	8.085 8	0.531 74	—	8.085 8	0.531 74	—
一级分解	11.925 5	0.762 23	6.802	21.124 2	0.957 64	7.505 9
二级分解	11.141 4	0.720 16	7.395 5	20.829 4	0.955 71	8.143
三级分解	10.556 1	0.684 79	7.558 9	20.766 9	0.955 24	8.346

(2) 小波基函数的选取

同样选择"指纹"图像进行测试。选择二层小波分解、阈值处理方式为硬阈值、阈值滤除 50%、8 位量化级数,选择不同的小波,对 A/P 与 R/I 分别进行压缩,实验结果如图 8 所示。根据图 8 得到,无论是 A/P 或 R/I 处理,各种小波处理后的重建图像均比直接重建图像的质量好。

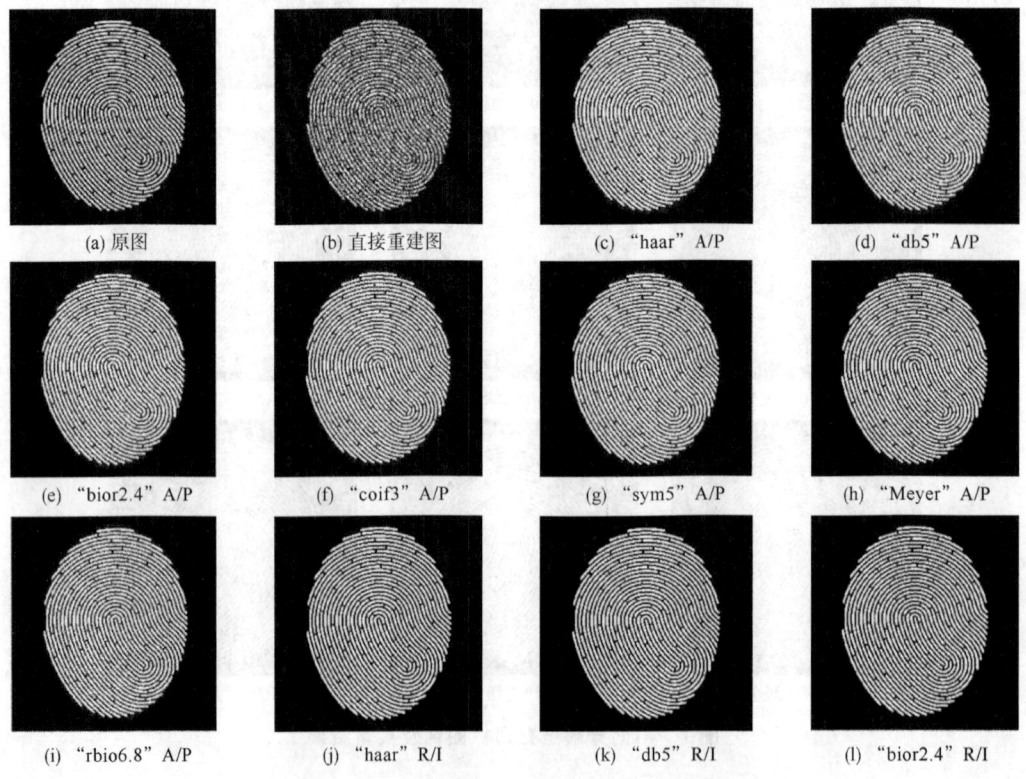

图 8 不同小波基函数目标图像及实验结果

  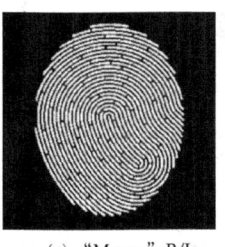 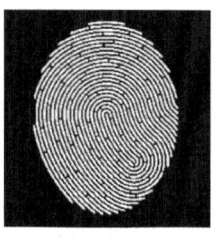

(m)"coif3"R/I　　(n)"sym5"R/I　　(o)"Meyer"R/I　　(p)"rbio6.8"R/I

图 8　不同小波基函数目标图像及实验结果(续图)

根据图 8 的实验结果,计算性能参数并记录与表 2 中。由表可得,对于 A/P 部分,综合来看使用 bior2.4 和 sym5 小波能够达到较好的重建质量和压缩比。对于 R/I 部分,综合来看,使用 haar 和 bior2.4 小波能够达到较好的重建质量和压缩比。由表 2 得到:无论是 A/P 还是 R/I,除了 Meyer 小波,其他小波之间的差异很小,为了方便后续其他参数的选择,选取 bior2.4 小波进行后续处理。

表 2　不同小波基函数的性能参数

小波基	处理部分					
	A/P			R/I		
	性能参数					
	PSNR(dB)	SSIM	压缩比	PSNR(dB)	SSIM	压缩比
haar	11.149 9	0.721 4	7.558 4	22.668 4	0.965 7	8.091 9
db5	11.139 1	0.721	7.206 5	22.651 2	0.965 6	7.675 8
bior2.4	11.326 4	0.732 2	7.324 4	22.599 9	0.965 4	7.870 4
coif3	11.413 5	0.736 2	6.971 1	21.841 1	0.965 5	7.274 6
sym5	11.324 6	0.731 6	7.243 3	21.778 2	0.966 2	7.692 6
Meyer	13.804 5	0.840 3	4.719 4	21.777 7	0.966 2	4.364
rbio6.8	11.400 1	0.735 7	7.009 9	21.732 1	0.966	7.313 9

(3)剪切比例的选择

因为对不同复杂度图像的全息进行压缩时,所要剪切的系数的比例是不同的,为此选择简单的字母"B"图像和较复杂的"指纹"图像进行测试。选择使用 bior2.4 小波进行二层小波分解、阈值处理方式为硬阈值、8 位量化级数对 A/P 和 R/I 进行压缩,选择不同的小波系数剪切比例,实验结果如图 9 所示。

根据图 9 的实验结果计算性能指标,并绘制性能参数关系曲线,如图 10 所示。

综合图 9 与图 10 可得,对于类似字母的简单图像,因不含太多的细节纹理信息,因此对 A/P 部分进行处理时,剪切 70% 的系数可达到较好的重建质量和压缩比,对 R/I 部分进行处理时,剪切 80%～90% 的系数可达到较好的重建质量和压缩比。对于类似指纹的复杂图

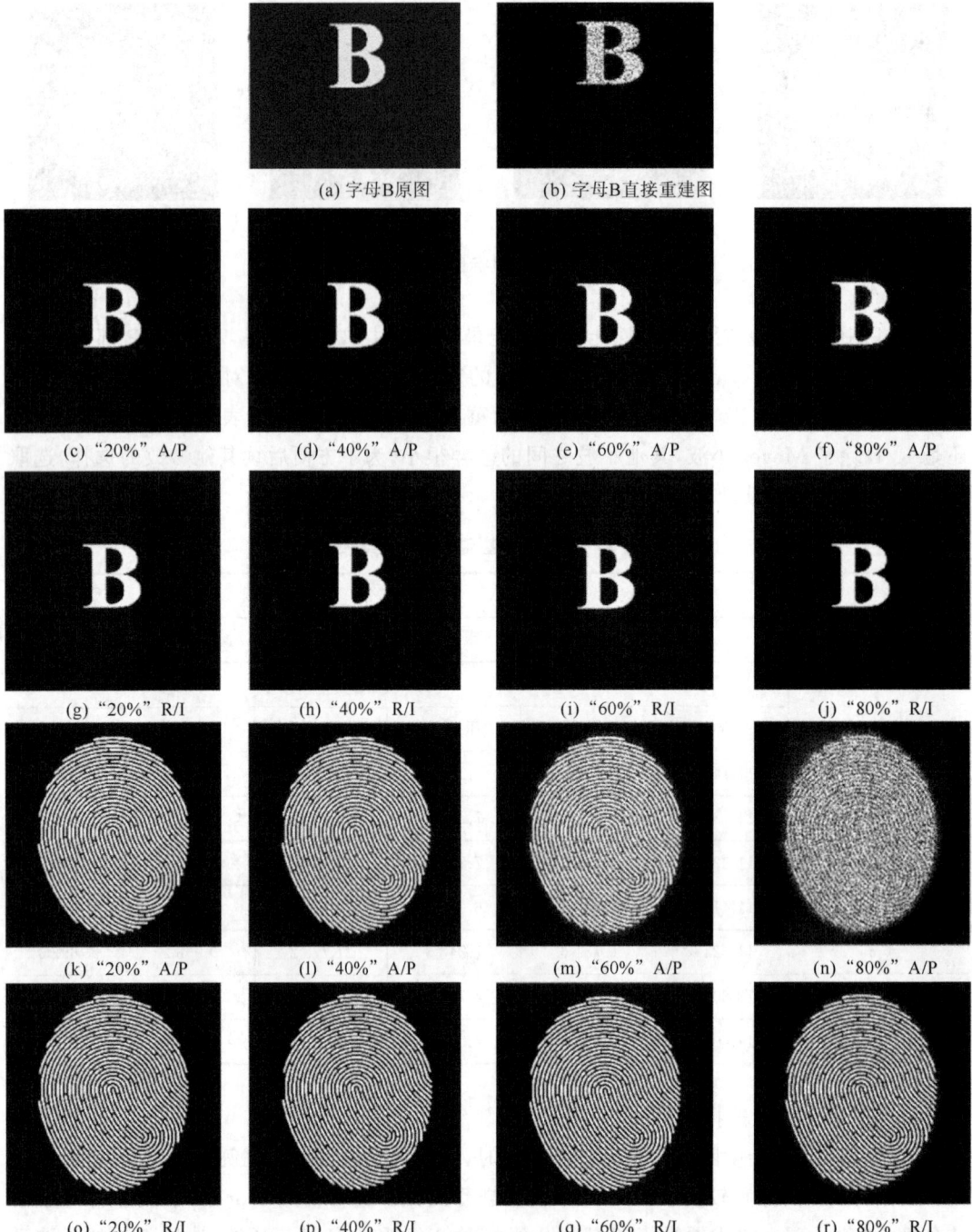

图 9 不同阈值滤除百分比目标图像及实验结果

像,含有大量的纹理信息;因此,对 A/P 部分进行处理时,剪切比例不能太大,对 R/I 部分进行处理时,剪切 50% 的系数仍可达到较好的重建质量和压缩比。为此,后续采用剪切 50% 的小波系数进行处理。

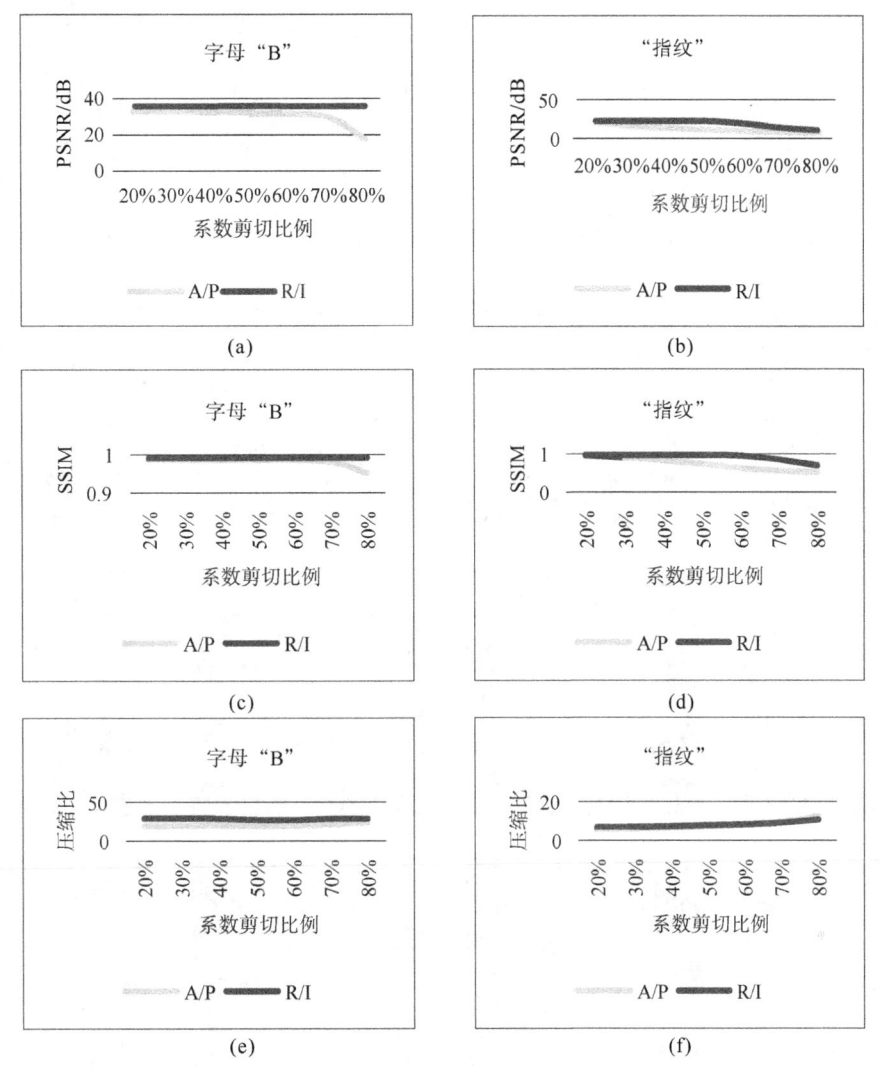

图 10 不同剪切比例与性能参数关系曲线

（4）量化级数的选取

依旧选择字母"B"图像和"指纹"图像进行测试。选择使用 bior2.4 小波进行二层小波分解，阈值处理方式为硬阈值，系数剪切比例为 50%，选择不同的量化级数对 A/P 和 R/I 分别进行压缩，实验结果如图 11 所示。

根据图 11 的实验结果计算性能指标，并绘制性能参数关系曲线如图 12 所示。

综合图 11 与图 12 可得，对于类似字母的简单图像，对于 A/P 部分，4～5 位量化级数可达到较好的重建质量和较高的压缩比；对于 R/I 部分，3～4 位量化级数可达到较好的重建质量和较高的压缩比。对于类似指纹的复杂图像，对于 A/P 部分，7～8 位量化级数可达到较好的重建质量和较高的压缩比；对于 R/I 部分，6～7 位可达到较好的重建质量和较高的压缩比。

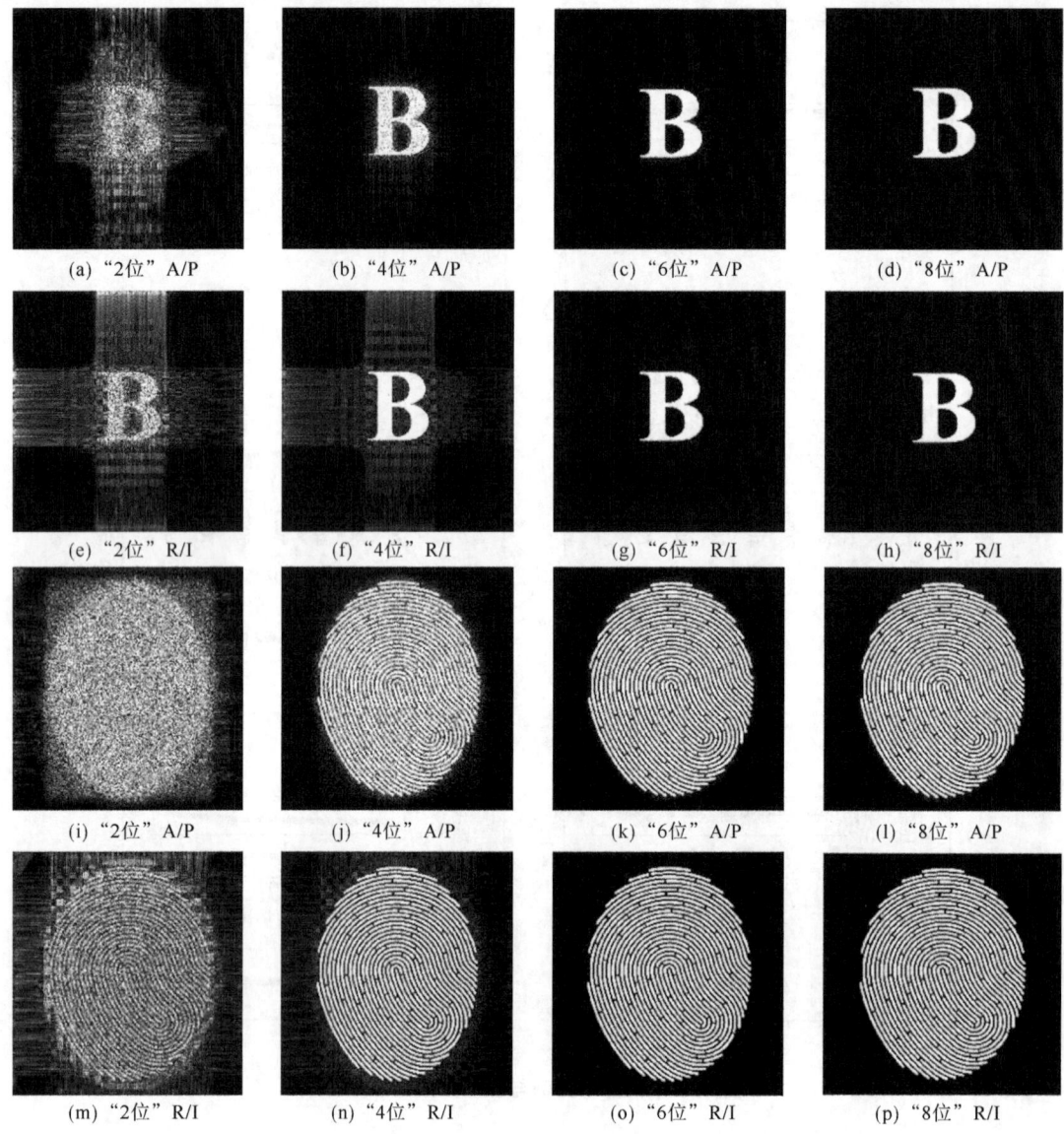

(a) "2位" A/P　　(b) "4位" A/P　　(c) "6位" A/P　　(d) "8位" A/P

(e) "2位" R/I　　(f) "4位" R/I　　(g) "6位" R/I　　(h) "8位" R/I

(i) "2位" A/P　　(j) "4位" A/P　　(k) "6位" A/P　　(l) "8位" A/P

(m) "2位" R/I　　(n) "4位" R/I　　(o) "6位" R/I　　(p) "8位" R/I

图 11　不同量化级数目标图像及实验结果

（5）阈值处理方式的选取

依旧选择"指纹"图像进行测试。选择使用 bior2.4 小波进行二层分解、量化级数为 8 进行压缩，选择不同的系数剪切比例和阈值处理方式，实验结果如表 3 所示。对于 A/P 部分，采用硬阈值剪切掉 30％和 60％的系数均得到较高的重建质量，改进阈值次之，软阈值的重建质量最差；3 种阈值处理方式的压缩比差异很小。对于 R/I 部分，采用硬阈值剪切掉 30％和 60％的系数均得到较高的重建质量，改进阈值次之，软阈值的重建质量最差；压缩比同 A/P 一样，三者差异很小。在剪切比例在 30％左右时，使用硬阈值和改进阈值重建质量和压缩效果差异很小，随着剪切比例增大，硬阈值的处理方式较优于改进阈值。

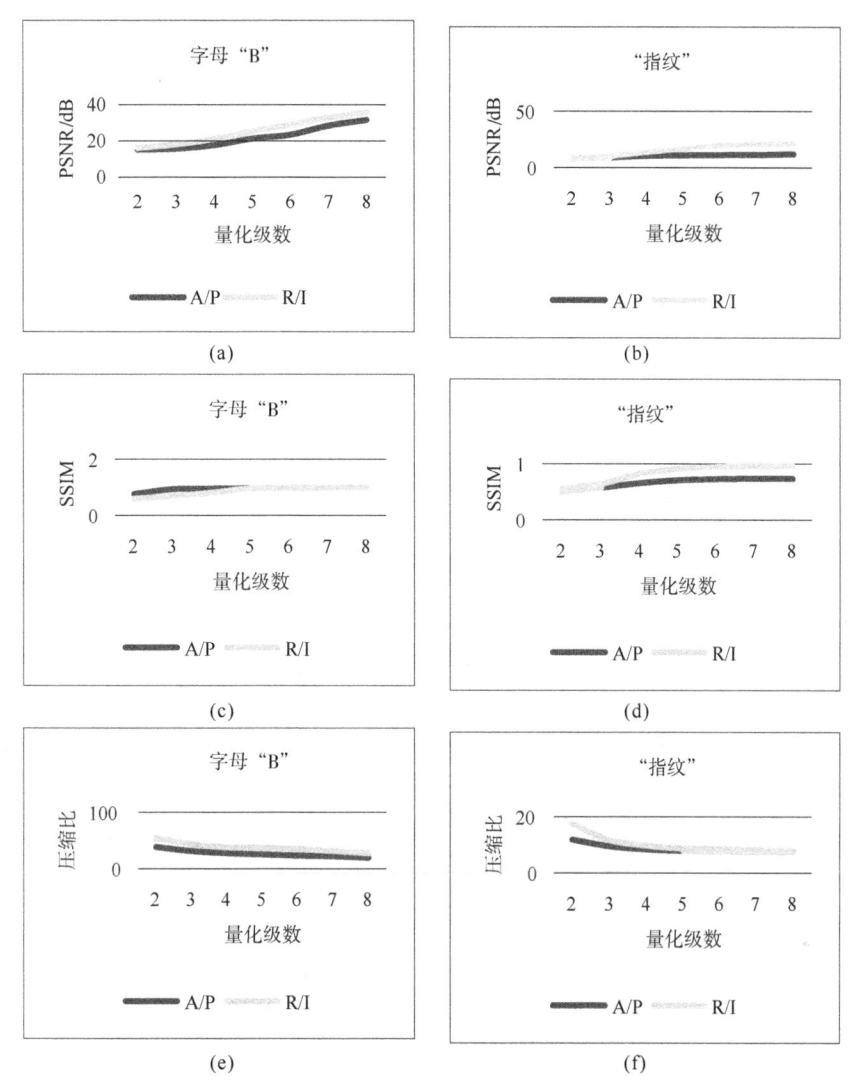

图 12 不同量化级数与性能参数关系曲线

表 3 阈值处理方式与系数剪切比例的性能参数

剪切比例	处理部分	性能参数	阈值处理方式		
			硬阈值	软阈值	改进阈值
30%	A/P	PSNR(dB)	15.967	11.374	15.066
		SSIM	0.897	0.734	0.877
		压缩比	6.243	6.273	6.245
	R/I	PSNR(dB)	21.677	22.555	22.674
		SSIM	0.966	0.965	0.941
		压缩比	6.993	7.072	7.009

续表

剪切比例	处理部分	性能参数	阈值处理方式		
			硬阈值	软阈值	改进阈值
60%	A/P	PSNR(dB)	9.453	8.243	8.987
		SSIM	0.615	0.508	0.581
		压缩比	8.150	8.145	8.137
	R/I	PSNR(dB)	18.859	13.669	17.512
		SSIM	0.941	0.834	0.924
		压缩比	8.621	8.629	8.615

四、总结与展望

1. 总结

针对数字全息大数据量带来的存储空间和传输带宽要求高问题,本文设计与实现了基于小波变换的数字全息压缩编码系统。系统提供多种小波基,可以对全息频谱的实部和虚部、振幅和相位进行压缩;除了直接展现数字全息直接重建与解压重建图像外,还运用性能参数评价指标 PSNR、SSIM 以及压缩比定理分析比较。此外,分析讨论了系统中各参数对性能的影响。由实验结果可得:①针对全息图频谱的实部和虚部进行压缩,优于对全息图频谱的振幅和相位进行压缩这两种方案;②在实际应用中,需要根据图像的复杂性和具体需求来灵活调整压缩参数,以达到最佳的压缩效果和图像质量。

2. 展望

本设计实现了一种基于小波变换的数字全息压缩算法。该算法在图像重建质量上表现出色,且压缩效果良好;但在处理复杂物场图像时却面临一些挑战,为了获得较高的重建图像质量,通常需要减少小波系数的剪切比例,并采用更高的量化级数进行量化,从而导致压缩效果降低,同时算法本身的灵活性也受到了限制。此外,算法仍有以下改进的空间,可以进一步优化:①目前本课题所实现的算法仅限于灰度图像,对于彩色图像的全息压缩算法尚未进行探讨和实现;②可以尝试增加基于神经网络的量化达到更加精确的水平;采用其他无损编码方法进行对比。

参考文献

[1] JIAO S, JIN Z, CHANG C, et al. Compression of phase-only holograms with JPEG standard and deep learning[J]. Applied Sciences, 2018, 8(8): 1258.

[2] Mills G A, Yamaguchi I. Effects of quantization in phase-shifting digital holography[J]. Applied Optics, 2005, 44(7): 1216-1225.

[3] SHORTT A E, NAUGHTON T J, JAVIDI B. Nonuniform quantization compression techniques for digital holograms of three-dimensional objects[J]. Optical Information Systems II, 2004, 5557: 30-41.

[4] NAUGHTON T J, FRAUEL Y, JAVIDI B, et al. Compression of digital holograms for three-dimensional object reconstruction and recognition[J]. Applied Optics, 2002, 41(20): 4124-4132.

[5] CHEREMKHIN P A, KURBATOVA E A. Wavelet compression of off-axis digital holograms using real/imaginary and amplitude/phase parts[J]. Scientific Reports, 2019, 9(1): 129439.

[6] HAJIHASHEMI V, NAJAFABADI H E, GHARAHBAGH A A, et al. A novel high-efficiency holography image compression method, based on HEVC, Wavelet, and nearest-neighbor interpolation[J]. Multimedia Tools and Applications, 2021, 80(21): 31953-31966.

[7] Zhang C, Yang G L, Xie HY. Information compression of computer-generated hologram using BP neural network[C] // Biomedical Optics and 3-D Imaging, April 11-14, 2010, Miami, Florida, United States. Washington, D.C.: OSA, 2010: JMA2.

[8] 侯阿临,吴亮,廖庆,等.全息图的小波域 BP 神经网络压缩实现[J]. 激光与红外,2014,44(10):1164-1168.

[9] 蒙彬钧,刘丙才,杨栋,等.基于频域稀疏采样的离轴压缩全息相位重建[J]. 光子学报,2022,51(11):390-398.

[10] XING Y, KAANICHE M, PESQUET-POPESCU B, et al. Vector lifting scheme for phase-shifting holographic data compression[J]. Optical Engineering, 2014, 53(11):112312.

[11] BOLIEK M, CHRISTOPOULOS C, MAJANI E. Information technology JPEG2000 image coding system: ISO/IEC JTC1/SC29/WG1 N1646R-2000[S]. [S. l.]: [s. n.], 2000: 15444-1.

[12] JIAO S, JIN Z, CHANG C, et al. Compression of phase-only holograms with JPEG standard and deep learning[J]. Applied Sciences, 2018,8(8):1258.

[13] 顾华荣.计算全息三维显示的数据压缩编码技术[J].红外与激光工程,2018,47(6):42-47.

[14] Shapiro J M. Embedded image coding using zerotrees of wavelet coefficients. IEEE Trans. Image Process. 41: 3445-3462.

[15] Daubechies, I. The wavelet transform, time-frequency localization and signal analysis. IEEE Trans. Inf. Theory 36: 961-1005.

[16] Mallat S A. Wavelet tour of signal processing, 3rd ed. Burlington, MA, USA: Academic Press.

[17] Naughton T J, Frauel Y, Javidi B, et al. Compression of digital holograms for three-dimensional object reconstruction and recognition. Appl. Opt. 41(20): 4124-4132.

作者简介

李帅,男,本科生,就读于北京信息科技大学信息与通信工程学院电信 2001 班。

冷俊敏(指导教师)北京信息科技大学,副教授,研究方向:全息成像、三维显示、光信息处理。

基于随机计算的人工智能图像处理算法研究

乔 羽

(北京信息科技大学信息与通信工程学院,北京,100101)

摘 要:受到生物大脑中神经信号编码的启发,随机计算可以通过使用随机二进制数字比特流来模拟大脑的神经尖峰活动,是一种低成本和低功耗的计算范式。随机计算具有高度容错的特点,因此在图像和音频处理应用中展现出巨大的潜力。在这些应用中,精度的牺牲往往不会对最终结果产生显著影响,因此可以针对具体的应用场景进行精度和功耗之间的权衡设计,有效地降低功耗、提高能量利用效率。

在边缘侧智能图像传感器中,利用像素传感器阵列将光信号转换为电信号,这些电信号可以作为随机计算的输入,通过智能边缘检测算法有效探测图像的边缘。基于随机计算的图像边缘检测算法不仅能降低噪声对结果的影响,提高边缘识别的精度,而且相较于传统算法,还能大幅度降低运算的硬件成本和功耗。本文设计探讨了在边缘侧使用基于随机计算的人工智能图像处理算法,利用环形振荡器生成的真随机数,实现高效能和高容错性的智能图像处理解决方案,为"感算一体"智能图像处理提供了基础硬件支撑。

本文首先研究了随机计算中重要的组成部分——随机数生成器,设计了基于环形振荡器的真随机数生成器,保证了输入比特流的随机性。随后,设计了基于环形振荡器的 Sobel 随机边缘检测电路,并构建了相应的随机计算边缘检测系统。将所设计系统进一步利用 Vivado 软件进行了功能验证与测试,并在 FPGA 上成功实现了真随机数的生成与图片的边缘检测。最后,将实验结果与传统的伪随机边缘检测算法进行了对比,证明了所设计方法具有更佳的边缘检测效果。

关键字:随机计算;环形振荡器;真随机数生成器;图像边缘检测。

Research on artificial intelligence image processing algorithm based on random computation

Qiao Yu

Abstract: Inspired by the coding of neural signals in the biological brain, stochastic computing can simulate the brain's neural spike activity by using a stream of random binary digital bits, and is a low-cost and low-power computing paradigm. Stochastic computing is highly fault-tolerant and therefore shows great potential in image and audio processing applications. In these applications, the sacrifice of precision often does not have a significant impact on the final result, so the trade-off between precision and power consumption can be designed for specific application scenarios, effectively reducing power consumption and improving energy utilization efficiency.

In the edge-side intelligent image sensor, an array of pixel sensors is used to convert optical signals into electrical signals, which can be used as the input of random calculation to effectively detect the edge of the image through the intelligent edge detection algorithm. The image edge detection algorithm based on random computation can not only reduce the influence of noise on the result, improve the accuracy of edge recognition, but also greatly reduce the hardware cost and power consumption compared with traditional algorithms. In this paper, the artificial intelligence image processing algorithm based on random calculation is designed and discussed in the edge side, and the true random number generated by the ring oscillator is used to realize the intelligent image processing solution with high efficiency and high fault tolerance, which provides the basic hardware support for the intelligent image processing of "sensing and computing".

In this paper, random number generator, which is an important part of random computation, is firstly studied, and a true random number generator based on ring oscillator is designed to ensure the randomness of the input bit stream. Then, the Sobel random edge detection circuit based on ring oscillator is designed, and the corresponding random edge detection system is constructed. The designed system is further verified and tested by using Vivado software, and the truly random number generation and image edge detection are successfully realized on FPGA. Finally, the experimental results are compared with the traditional pseudo-random edge detection algorithm, and it is proved that the designed method has better edge detection effect.

Key words: Stochastic computing; Ring oscillator; The true random number generator; Image edge detection.

一、绪论

1. 课题研究背景及意义

确定图像的边界是图像处理技术中的基础,也是其中重要的环节,所谓图像的边界就是图片中像素快速变化的像素点的集合,这些点组成图片的边缘,这直接决定着图像处理的精确程度。而实现图像的处理可以按照软件和硬件方式进行处理,为了同时兼顾效率和实际使用,对于软件方法目前实现图像处理已经比较完备。应用于图像的边缘检测中,能够大大节省硬件的资源消耗,提升边缘检测的容错率及效率。

2. 研究现状

随机计算在应用中与传统浮点计算相比具有这些优势:①算法结构易于实现,减少了复杂性。②能耗低,将复杂浮点运算简化为逻辑运算。③容错性良好,能够很好地抵消噪声干扰。④具有良好的适应性,适用于多种应用场景。

边缘侧使用基于随机计算的人工智能图像处理算法,利用环形振荡器生成的真随机数,实现高效能和高容错性的智能图像处理解决方案。存内计算是通过在存储元件上完成逻辑操作,例如与或非门电路,来提高效率和节能。随着研究的深入,存内计算已被广泛应用于深度神经网络处理器设计,实现高能效率和识别准确度。不断发展的制造工艺和应用需求使存内计算领域受到越来越多关注,许多研究成果已应用于工业产品,广泛用于计算机视觉、图像识别和语音识别等领域。这种系统架构不仅保留了存储电路本身所具有的存储和读写功能,同时可以支持不同的逻辑或者乘加运算,从而在很大程度上减少了中央处理器和存储器电路之间频繁的总线交互,也进一步降低了大量的数据搬移量,提升了系统的能耗效率。

3. 复杂工程问题

在基于随机计算的人工智能图像处理方案的设计与实现中,面临着一系列复杂的工程问题。本课题涉及图像处理技术、随机计算、硬件设计等技术领域的综合应用。为了实现最优的设计方案,不能仅仅依靠单一领域的专业知识,而需要从多个角度进行综合分析和考虑,平衡方案各方面的优势和局限性。并可以在现有的硬件平台上实现。

二、随机计算以及随机数介绍

1. 随机计算的基本介绍

现在的计算硬件通常受制于小尺寸、低功耗、高可靠性等,在工业生产制造的过程中受到一些物理层面上的错误和软错误,但这些错误是可以用概率论去进行描述的。而随机计算其中的一个基本特征是数字由能够由简单的电路处理的比特流来表示,这个数字本身可以被理解为概率,也就是比特流中每个比特为 1 的概率[8]。其中,如(1,0,1,0)和(0,0,1,1)表示为 0.5,经随机乘法后输出为(0,0,1,0)即 0.25。取决于比特流的长度和数字 1 在这段比特流中所占的比例。这种比例可被称为随机数的概率。

随机数在计算机程序中分为两种:伪随机数(Pseudo-Random Number,PRN)和真随机数(TRUE Random Number,TRN),伪随机数 PRN 可被理解为通过按照一些预先设置好的规则的不能简单去预测的数,而真随机数 TRN 代表着完全没有规则,是无法被预测的数。

表 1 为伪随机数特性和真随机数特性的比较。

表 1 两种随机数的优缺点比较

	不可被预测性	不可被重复性	生成随机数的速率
伪随机数	低	可重复	很快
真随机数	高	不可重复	较慢

2. 环形振荡真随机生成器

在 FPGA 内部采用奇数个反相器组成一个闭合环路如图 1 所示。

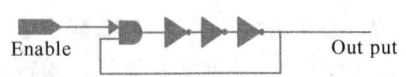

图 1 真随机数生成器基本模块原理

当使能信号 Enable 位于高电平时,开始生成随机数,从初始状态开始,输出一个随机的 0 或者 1,图 1 中以三阶环形振荡器为例,产生的随机数的时钟延迟和环形振荡器的阶数是有关的。因此需要很多不同阶的环形振荡器来组成随机数的输出,或是为采样信号。

三、基于环形振荡生成随机数的设计与实现

1. 基于环形振荡器的真随机数生成器设计

模块利用环形振荡器来产生随机数。通过采集这些随机数来构成随机比特流作为整个系统中的随机数源,如图 2 所示。

在单个震荡环输出电路中,每个震荡环由一个 5 阶的环形振荡器和一个 7 阶的环形振荡器得到输出之后,再由一个异或门来对这两个环形振荡器的输出进行异或运算。为了避免消耗太多的资源,因此使能信号和与门是用来控制环形振荡器的启动,当 Enable 信号有效时,开始输出一组随机数。

2. 随机数生成效果分析

真随机数的优势就是在于它本身的相关性低,拥有比较好的随机性。利用随机数生成

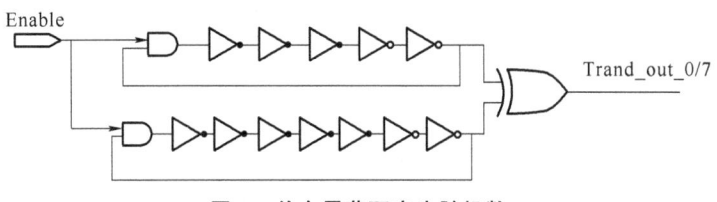

图 2　单个震荡环产生随机数

器产生的随机数与伪随机数进行比较,把随机数划分为 1 和 0 并生成图片进行可视化对比,如图 3 所示。

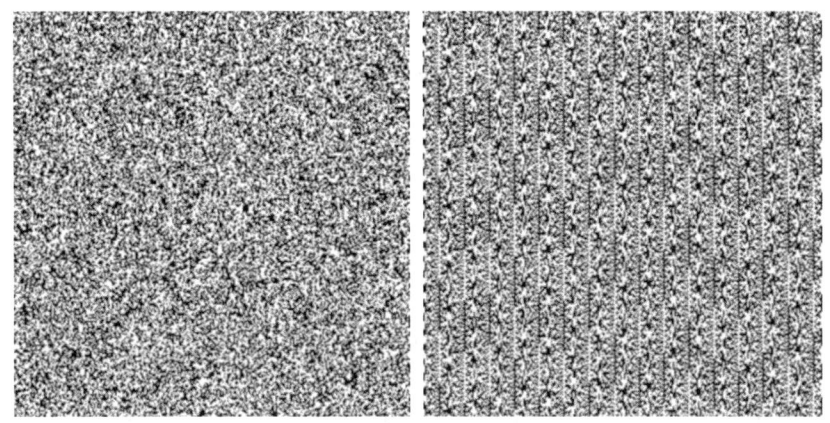

图 3　真伪随机数可视化图片

3. 小结

本文详细介绍了基于环形振荡器的真随机数发生器的设计原理和实现方法。通过实验验证和数据分析,最后得出结论,环形振荡器产生的真随机数具有较高的随机性和不可预测性,是可靠的和可用的。结果表明,生成的随机数符合真随机数的特征。在实际应用中验证了基于环形振荡器的真随机数发生器的有效性和可靠性。

四、基于随机计算的边缘检测系统设计

1. 系统硬件构成

本课题中,随机边缘检测的主要应用到了 LCD 屏幕,ZYNQ7010/7020 开发板,两者通过 FPC 排线进行连接,再通过 JTAG 线链接计算机作为数据传输线以便烧录程序,进行板级调试或验证。因为采用的是 LCD 屏幕,图片的分辨率以及屏幕显示的分辨率也是重要指标之一,在本课题题中选用分辨率为 800×480 的 7 寸 LCD 屏幕。

2. 整个边缘检测系统的设计

整体的设计基于 FPGA 平台 ZYNQ 核心板,由下列模块组成:读 ID 模块,时钟分频模块,LCD 驱动模块,LCD 显示模块,图片存储模块,RGB 转灰度图模块,矩阵生成模块,随机 Sobel 边缘检测模块,随机数生成模块和比特流计数器模块。整体的设计框图由图 4 所示。

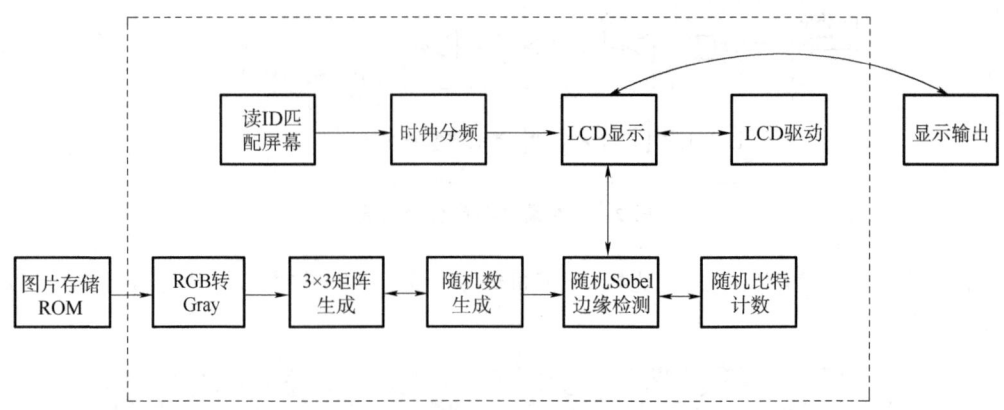

图 4 整体设计框图

3. 随机 Sobel 边缘检测模块

以生成随机比特流长度为 32 的电路为例,其随机 Sobel 检测的电路设计如图 5 所示。

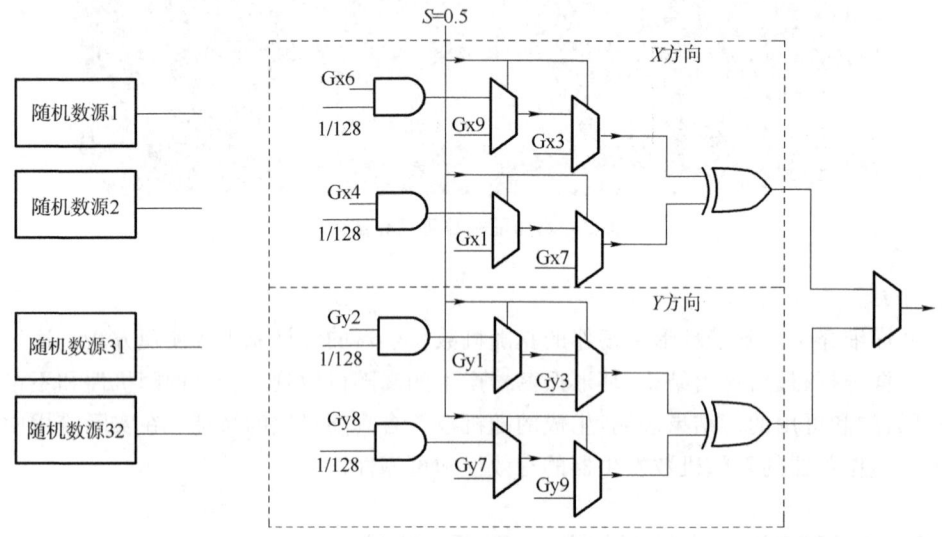

图 5 随机 Sobel 边缘检测电路

由上述电路生成的随机比特流 G 就是要输入随机比特流计数器的数据。其中在水平方向的:Gx1、Gx4、Gx7、Gx3、Gx6、Gx9。在垂直方向的:Gy1、Gy2、Gy3、Gy7、Gy8、Gy9。是 Sobel 边缘检测算子的模板。

4. 图像检测效果测试与分析

基于本设计,一共以 3 种方式进行了图片的边缘检测分别为:比特流长度为 32 位的随机边缘检测、比特流长度为 128 位的随机边缘检测、传统 LSFR 检测。将对此 3 种方式进行检测效果的比较。

对于输入的分辨率为 400×400 的原图,经过系统生成的边缘检测图如图 6~图 8 所示。

在以上三幅图片中,基于环形振荡器的真随机数作用在随机 Sobel 边缘检测电路中,与传统的 LSFR 随机数在边缘检测的效果相比较,LSFR 可以观测到明显的光栅效应,由于相机在拍照时采样未能捕获到这些细节,使拍摄后图片的对比显示不明显。

图 6　比特流长度为 32 位的随机边缘检测

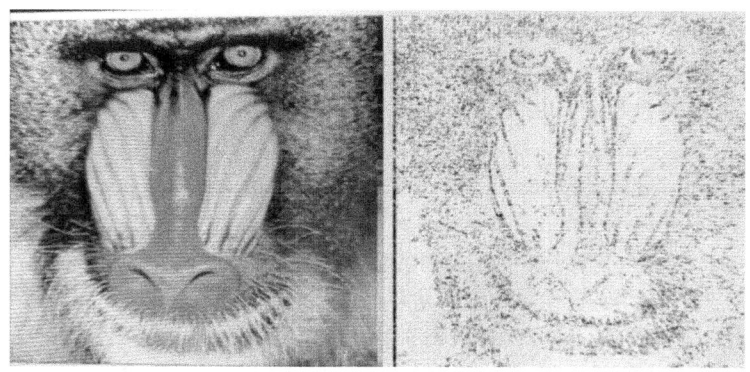

图 7　比特流长度为 128 位的随机边缘检测

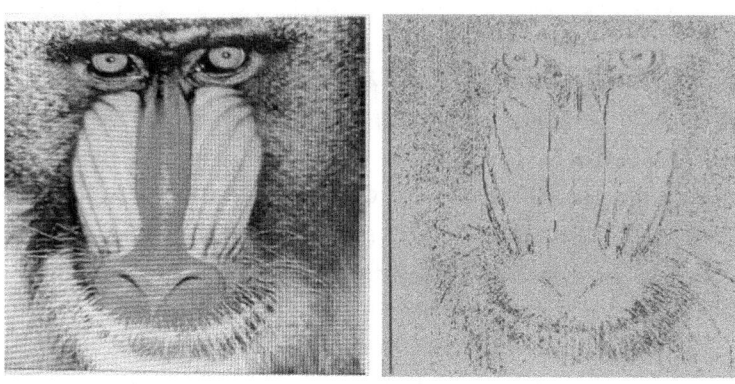

图 8　传统 LSFR 检测效果图

五、总结

对随机计算进行了简单的介绍，讨论了真随机数和伪随机数的性质及优缺点，引出本文所涉及的基于环形振荡器的随机数发生器的原理及意义。并介绍了一些真随机数的后处理方案。随后，对图像的边缘检测原理进行介绍，并对其中的一阶边缘检测算子和二阶边缘检测算子进行讲解。在本设计中应用到的是 Sobel 边缘算子。采用基于线性反馈移位寄存器的伪随机数生成器,这会导致随机比特流串的生成存在一定的周期性,在 LCD 屏幕上,一些质量较差的图像会出现严重的光栅效应。所以采用基于环形振荡器的真随机数发生器,从而避免了光栅效应。在硬件方面,基于 Vivado 平台进行整个随机计算边缘检测系统的设计,实现了基于环形振荡器的真随机数生成器。并把生成的真随机数应用到了图像的随机边缘检测中作为随机数源。最终通过 ZYNQ7020 开发板及 LCD 屏幕上显示。实现了对图片的边缘检测,包括 LSFR 伪随机数的边缘检测、32 位基于环形振荡器的真随机数的边缘检测和 128 位基于环形振荡器的真随机数边缘检测。

参考文献

[1] 胡红伟.基于 FPGA 的图像边缘检测系统研究[D].哈尔滨:哈尔滨工业大学,2017.
[2] 雷涛,沈瑜,王小鹏.基于形态学滤波的图像伪边缘去除方法[J].兰州交通大学学报,2008(3):104-106.
[3] 徐旭,陈曦.基于 FPGA 的 sobel 边缘检测算法的实现[J].电子测试,2022,36(23):63-65.
[4] 张敏.基于 FPGA 图像边缘检测算法的实现[D].中北大学,2019.
[5] 乔北.我国高端芯片的发展机遇[J].电子产品世界,2017,24(2):15-17.
[6] Y. Zhao, W. Shen, P. Huang, W. Xu, M. Fan, X. Liu and J. Kang, A physics-based model of RRAM probabilistic switching for generating stable and accurate stochastic bit-streams, International Electron Device Meeting, 767-770, 2019.
[7] 邢军.基于 Sobel 算子数字图像的边缘检测[J].微机发展,2005,(9):48-49+52.
[8] 王茜.基于随机计算的高性能 DCT 算法研究[D].西南大学,2013.
[9] 王浩.随机计算的优化研究及在图像增强中的应用[D].电子科技大学,2021.
[10] Hayes J P. Introduction to Stochastic computing and its challenges, Design Automation Conference, 1-3, 2015.
[11] Zhang H Y, Zheng L, Cai L. Design and Analysis of Hierarchical Physical Layer Network Coding[J]. IEEE Transactions on Wireless Communications, 2017, 16(12):7966-7981.
[12] 程志均.基于环形振荡器的真随机数发生器设计与 FPGA 实现[D].重庆大学,2020.
[13] 徐大鹏,李从善.基于 FPGA 的数字图像中值滤波器设计[J].电子器件,2006,29(4):4.
[14] Elbadri M, Peterkin R, Groza V, et al. Hardware support of JPEG[C]// Electrical and Computer Engineering, 2005. Canadian Conference on. IEEE Xplore, 2005:812-815.
[15] Anju P. Johnson;Rajat Subhra Chakraborty;Debdeep Mukhopadyay. An Improved DCM-based Tunable True Random Number Generator for Xilinx FPGA[J]. IEEE Transactions on Circuits & Systems II Express Briefs, 2017, 64(4):452-456.
[16] LI C Y, WANG Q, JIANG J F, et al. A metastability-based true random number generator on FPGA[C]// Proceedings of the IEEE 12th International Conference on ASIC. Guiyang:IEEE, 2017. DOI:10.1109/ASICON.2017.8252581.
[17] Chaple G, Daruwala R D. Design of Sobel operator based image edge detection algorithm on FPGA, 2014 International Conference on Communication and Signal Processing, Melmaruvathur,2014:788-792.

作者简介

乔羽,男,本科生,就读于北京信息科技大学信息与通信工程学院通信 2002 班。
赵钰迪(指导教师),北京信息科技大学副教授,研究领域:感存算一体智能芯片。

基于ROS的智能药房服务机器人优化设计

肖开提·艾山

（北京信息科技大学信息与通信工程学院，北京，100101）

摘 要：基于ROS智能服务机器人的研究在当前社会发展中备受关注，被视为一个热门领域，具有一定的应用前景。特别是随着智能导航服务机器人在自主导航、路径规划和多机协同等方面性能要求的不断提升，其在各个领域的应用也愈发广泛。本研究基于中国机器人与人工智能大赛中机器人任务挑战赛-智慧药房的竞赛要求，利用ROS（Robot Operating System，机器人操作系统）与传感器集成，实现智能药房服务机器人的优化设计，主要包括智能药房服务机器人的自主导航功能、多机协同、远程控制与监控功能等，研究结果表明，本文实现的智能药房服务机器人的优化设计达到比赛功能要求，并对智能药房服务系统的发展具有一定的应用前景和实际应用价值。

关键字：ROS；多机协同；路径规划算法；智能感知；用户体验。

Optimal design of intelligent pharmacy service robot based on ROS

Xiaokaiti · aishan

Abstract: Research on ROS-based intelligent service robots has garnered significant attention in current societal development, being regarded as a popular field with certain application prospects. Particularly, as performance demands for intelligent navigation service robots in autonomous navigation, path planning, and multi-robot collaboration continue to increase, their applications across various fields are becoming more widespread. This study, based on the requirements of the Robot Task Challenge-Smart Pharmacy in the China Robot and Artificial Intelligence Competition, utilizes ROS (Robot Operating System) and sensor integration to achieve the optimized design of an intelligent pharmacy service robot. The primary functions include autonomous navigation, multi-robot collaboration, remote control, and monitoring of the intelligent pharmacy service robot. The research results indicate that the optimized design of the intelligent pharmacy service robot meets the competition's functional requirements and holds certain application prospects and practical application value for the development of intelligent pharmacy service systems.

Key words: ROS; multi-machine collaboration; path planning algorithms; IntelliSense.

一、引言

在当今社会，医疗服务质量和效率是人们关注的焦点。随着医疗需求的增加和医疗资源的有限性，如何提高医疗服务效率、优化医疗流程、保障医疗安全成为各医疗机构亟须解决的问题。智能药房服务机器人作为医疗物流领域的一项重要技术创新，可以有效提高药房的管理效率,减少人为错误,同时提升患者的就医体验,为医疗机构带来更高的运营效益。

本研究根据中国机器人与人工智能大赛中机器人任务挑战赛-智慧药房竞赛的国赛要求旨在基于 ROS 机器人操作系统,优化智能药房服务机器人的设计和实现。通过深入研究智能药房服务机器人的技术特点和应用需求,探索如何结合先进的机器人技术和医疗需求,为医疗机构提供更智能化、便捷化的药品管理解决方案,从而推动医疗服务水平的提升,提高患者医疗体验,促进医疗机构的可持续发展。

二、系统设计总体方案设计

智能药房服务机器人的所有功能都在上位机树莓派中的 Ubuntu 系统上,它是智能药房服务机器人的大脑,所需传感器(如激光雷达,摄像头等)获取的数据都直接发送给树莓派。图 1 为智能药房服务机器人的开发框架示意图树莓派中运行的 ROS 操作系统会根据相应的软件程序计算出机器人小车下一步的速度和转弯角度,并给下位机 STM32 控制器发送指令,机器人小车的运动状态均由 STM32 控制器来实时调整。同时,需要通过计算机(Windows 系统或 Linux 系统均可)与机器人小车进行网络连接,使用远程命令启动 ROS 系统中相应的软件功能包。

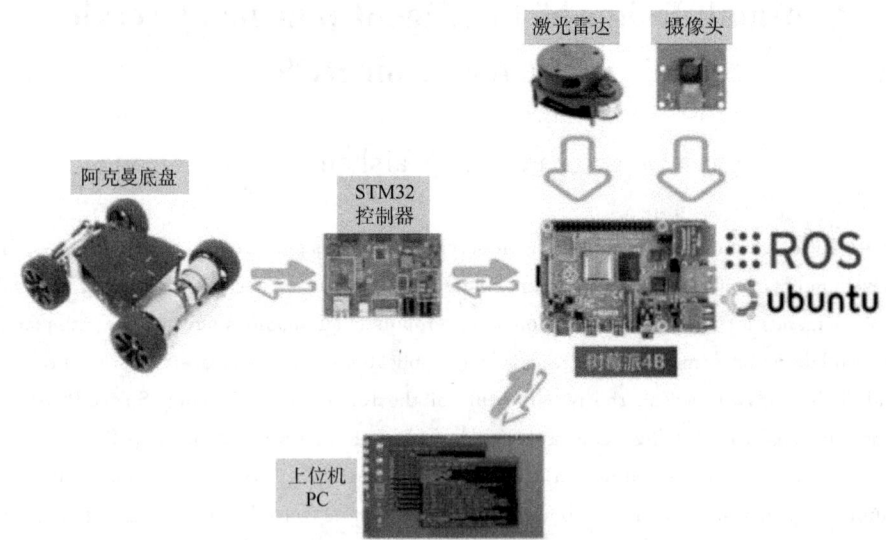

图 1　智能药房服务机器人开发框架示意图

本研究以当前线上购药商业模式为基础,设计了药品配送小车,用于在智慧药房中实现药品分拣系统与快递小哥之间的药品配送。图 2 为智慧药房的布局图,药房为 1 个 4.9 m× 3.8 m 的长方形空间,配药区有 A、B、C 这 3 个窗口,分别配送 3 种不同的药品,药品按照一定的周期配送至窗口等待机器人取药。取药区有 4 个窗口,以供快递小哥取药,在窗口等待的快递小哥按照一定的时间增加。

任务规则

(1) A、B、C 为配药窗口,分别对应 3 种药品,1、2、3、4 对应 4 个取药窗口,每个窗口每轮最多新增 1 个快递小哥排队取药,每次仅取一种药品的 1 盒。

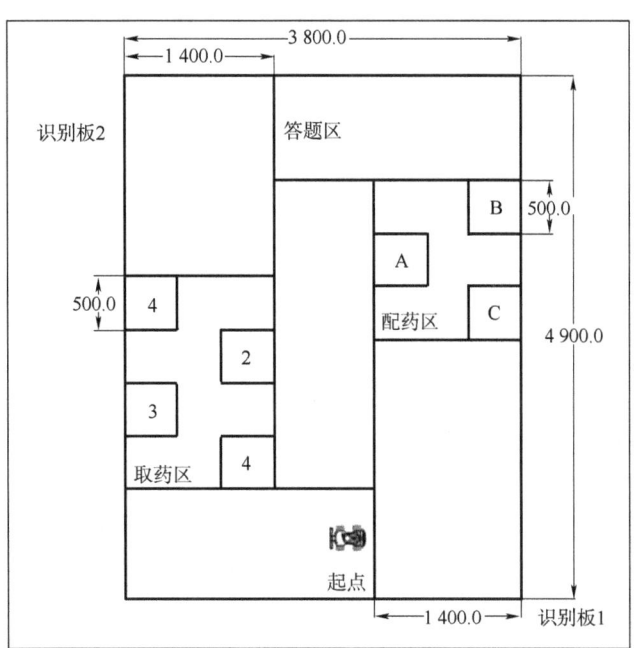

图 2　智慧药房的布局图

(2) 送药小车从起点出发,经过取药区,在对应位置停留取药后,送至相应的窗口。

(3) 送药小车获取当前小哥所需药品需要通过摄像头自主获取识别板 1 的信息;识别板 1 的内容为有字母标识的 4 个方框,分别代表了 4 个取药窗口这一轮所需的药品种类,没有取药小哥的窗口为空,如图 3 所示。

(4) 送药小车可以在答题区通过摄像头正确获取识别板 2 的信息,获得一次修改药品配送时间(在当前的基础上以 50% 的比率提高或降低 3 个配药窗口的配送周期)的权力。识别板 2 的内容为 3 个任意字体的阿拉伯数字,其在识别板的中心位置,如图 4 所示。

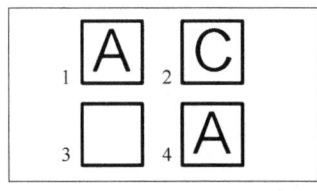　　　　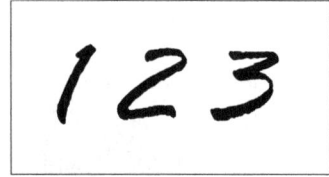

图 3　识别版 1 信息　　　　图 4　识别版 2 信息

(5) 优化实现两台小车多机协同的送药任务,提高药品配送的速度和效率。

三、智能药房机器人硬件设计与实现

智能药房服务机器人的硬件设计是系统实现智能配送任务的关键之一。如图 5 所示,硬件部分主要包括两个核心部分,一个是上层的 ROS 系统,另一个是底层的运动控制,也可以称为上下位机的关系。ROS 层负责采集外部传感器(雷达、摄像头)信号以及部署 SLAM、导航避障、路径规划、机器视觉或多机协同等算法,底层运动控制层负责采集内部传感器(编码器、陀螺仪)信号以及部署运动控制算法,上下层之间通过串口通信互相发送数据信号。

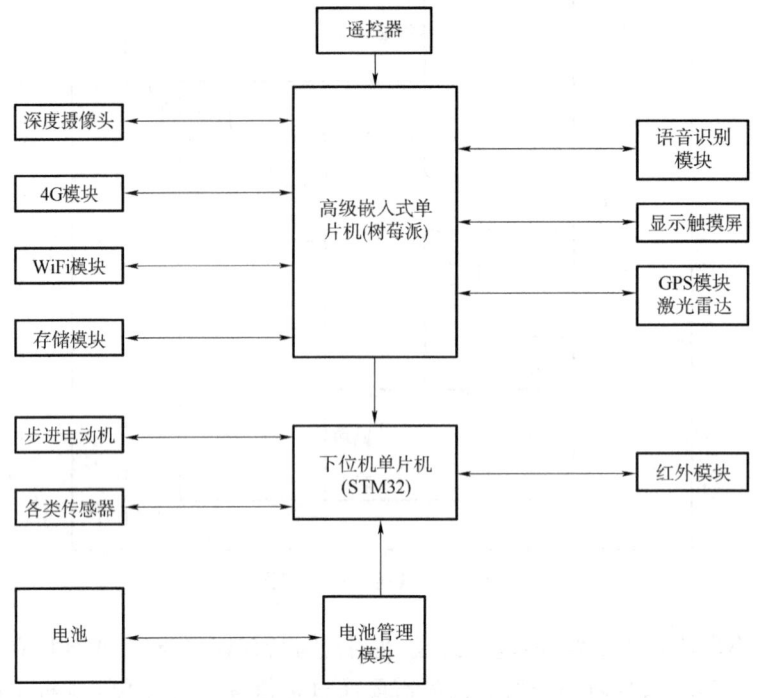

图 5　智能药房服务机器人硬件连接示意图

智能药房服务机器人的多机协同功能需要两台智能小车,分别为主机和从机。主机小车担任领队职责,而从机小车则主要跟随主机完成多机协同的智慧药房配送任务。

如图 6 所示,智能药房服务机器人的主机小车采用封闭式框架设计,具备标配的语音识别与播报模块。该设计旨在提供机器人在药房环境中领队导航和指引的功能。主机小车作为领头者,负责规划路径、指导从机小车,并与人工操作和系统进行有效的通信。

图 6　智能药房服务机器人主机小车结构图

四、软件设计与实现

智能药房服务机器人的优化设计中,软件设计部分是关键的一环。基于 ROS 的设计架构为智能药房服务机器人提供了强大的功能和灵活性。首先,ROS 的计算图结构构建了整个系统的通信和控制框架,文件系统 ROS 架构为系统的模块化和扩展提供了便利,Ubuntu 系统的高级功能为开发和调试提供了必要的支持。

1. 传感器集成和数据采集

(1) 激光雷达数据采集

激光雷达通常有一个通用的节点,只需要简单配置端口参数,就能和激光雷达的电路系统建立连接。雷达的测距数值会由电路系统传递到激光雷达节点然后会封装成消息包发布在一个 topic 话题中,只需要订阅这个话题就可以获得激光雷达的数据,如图 7 所示。

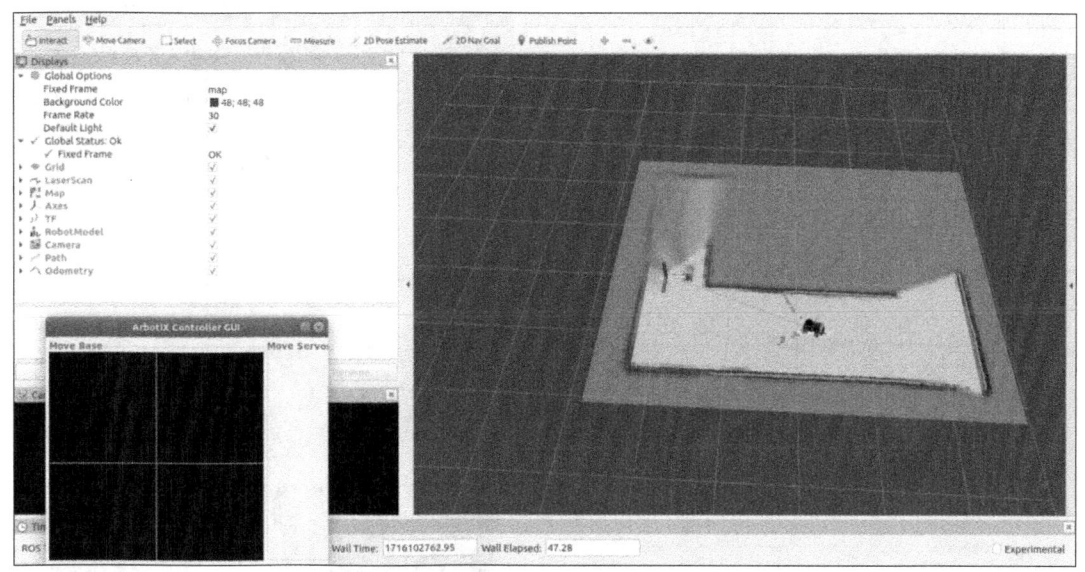

图 7 激光雷达采集周围环境信息

(2) 视觉传感器数据采集

利用计算机视觉算法对摄像头采集的图像(如图 8 所示)进行分析和处理,将视觉传感器的数据与激光雷达的点云数据进行融合,提高对环境的感知能力和决策准确度。

(3) 深度传感器数据采集

在 rviz 可视化界面中新建可视化,选择"by topic"中的 depth camera 话题,如图 9 所示,即可看到深度图像输出。

在界面中新建可视化,选择"by topic"中的 depth pointsCloud2 话题,将 global option 中的 Fixed Frame 设置为 camera_link,并设置 pointsCloud2 的话题为/camera/depth_registered/points,如图 10 所示,即可看到深度点云输出。

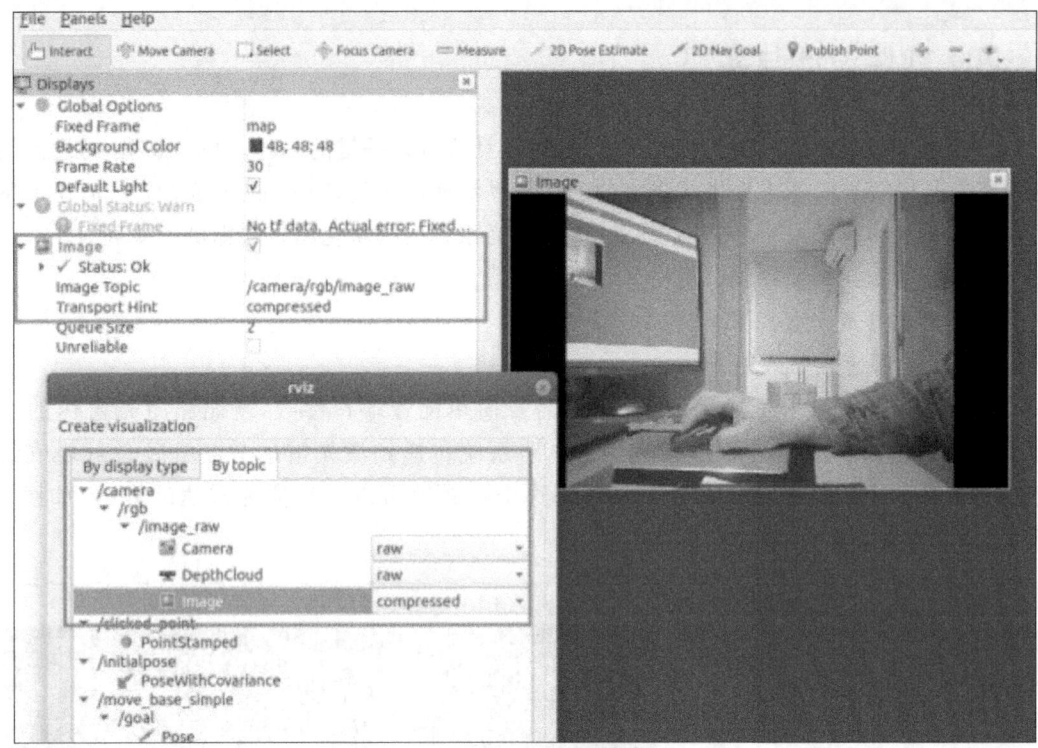

图 8　RGB 图像界面

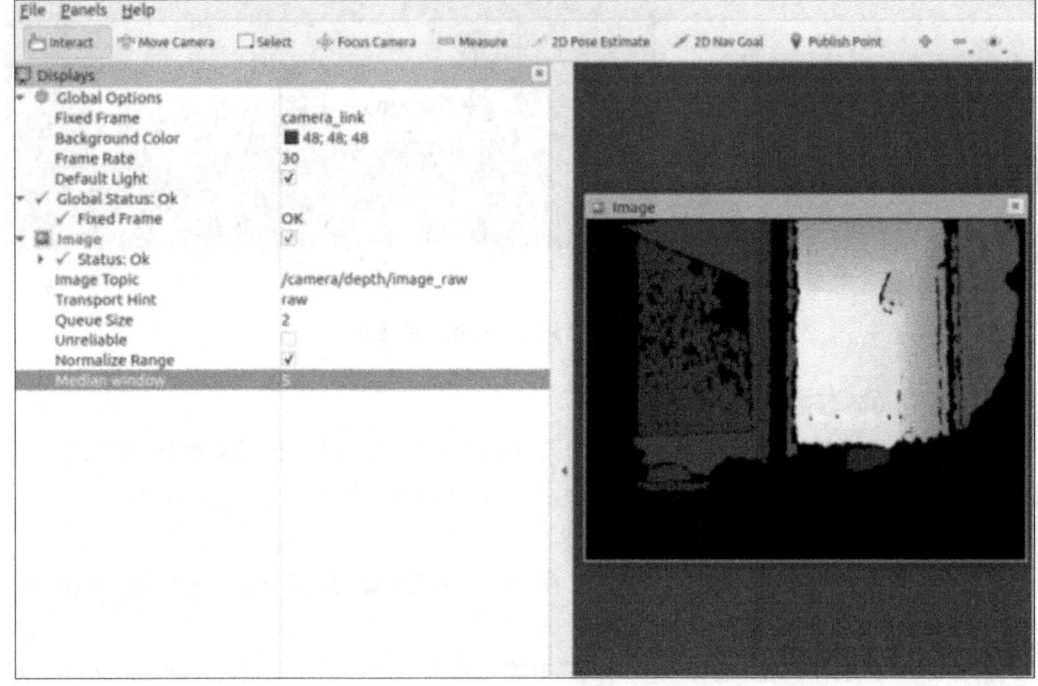

图 9　深度图像界面

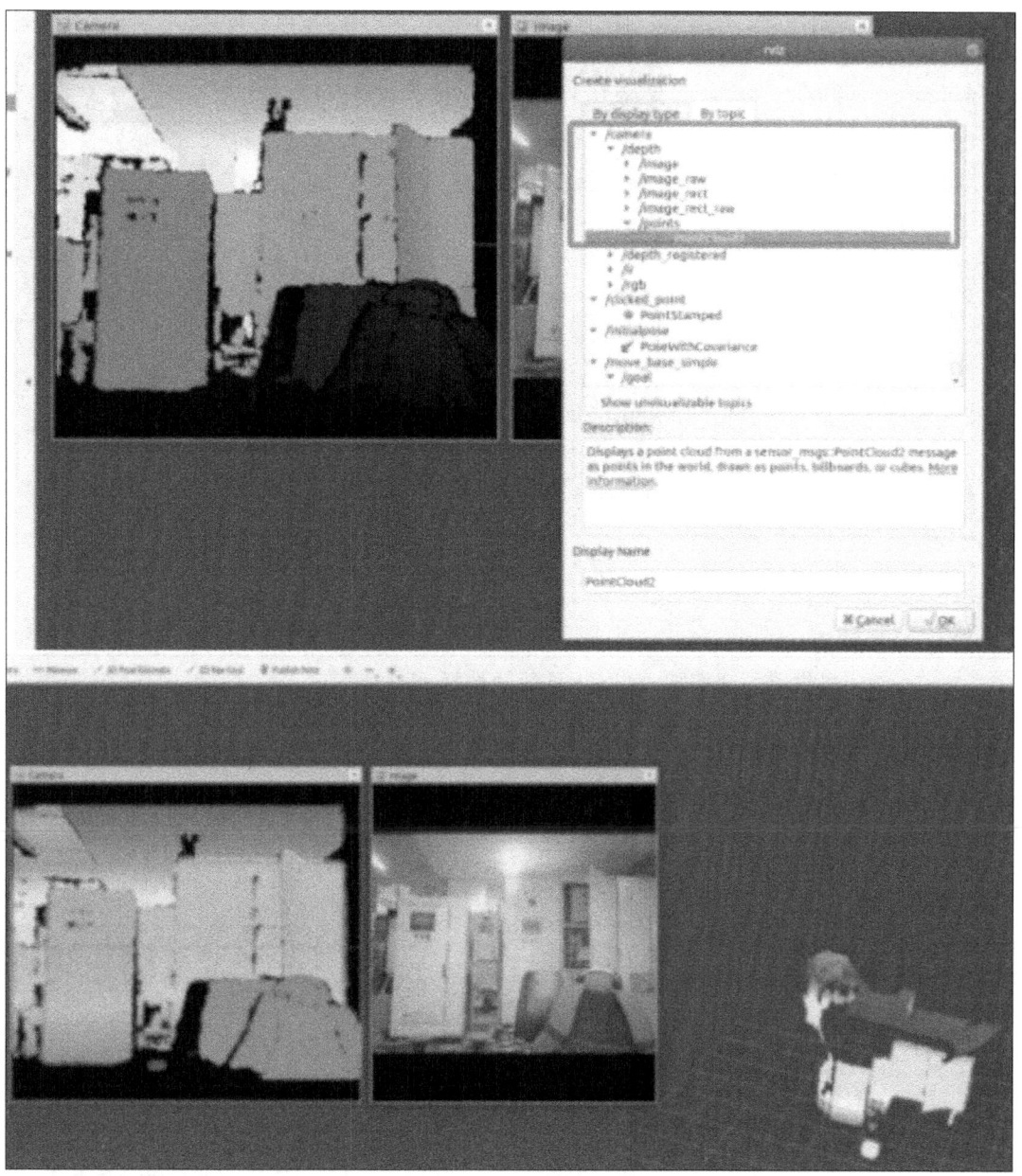

图 10 深度图像点云话题及显示界面

2. 路径规划和导航算法

(1) 路径规划算法

路径规划可以根据环境信息的把握程度分为全局路径规划和局部路径规划。全局路径规划使用算法如 A * 或 Dijkstra 计算出整体导航路径,而局部路径规划则根据实时环境变化进行调整,比如避开障碍物。局部路径规划使用一定算法(比如 Dynamic Window Approaches)来规避障碍物,并选择当前最优路径以尽量符合全局最优路径,如图 11 所示。

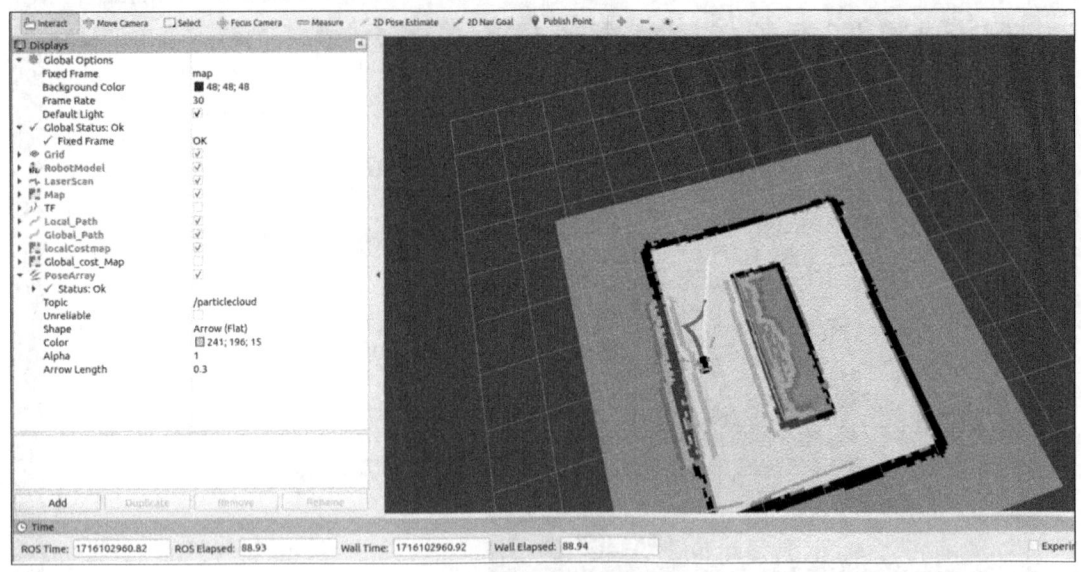

图 11 路径规划界面

（2）导航算法

navigation 提供了一套框架，可以让灵活的选择 global_planner、local_planner 来提供路径规划功能。如图 12 所示，ROS 的导航模块提供了一套机制，通过选择不同的规划器，可以实现机器人的自主导航。

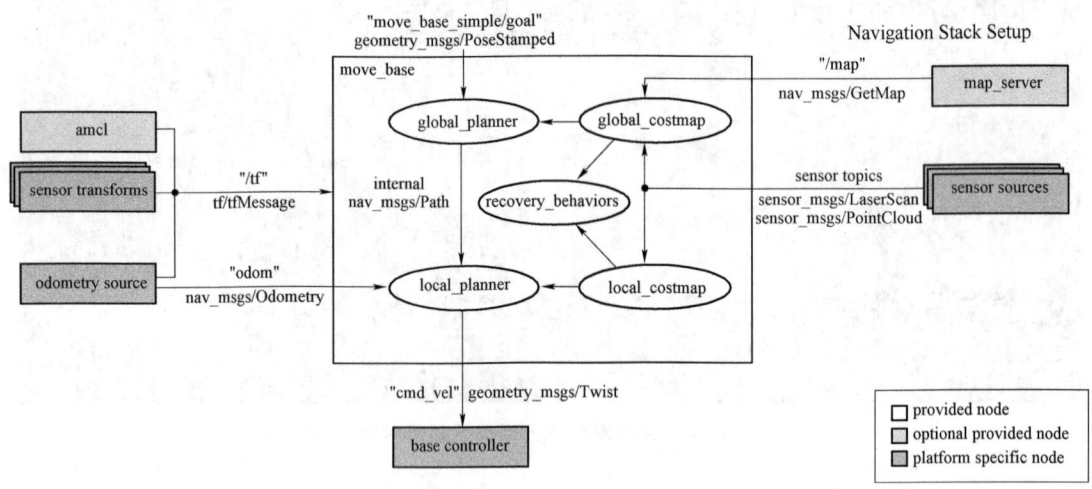

图 12 ROS 导航模块官方的框图

3. 多机协同设计优化

为了提高智能药房服务机器人的药品配送效率本文设计优化了多机协同药品识别算法，每台机器人搭载视觉传感器获取药品位置图像信息，通过 ROS 传输至中央服务器。服务器接收图像数据后，利用图像处理算法提取药品位置信息，并利用简单文字识别算法辨识 ABC 字母位置。根据识别结果，中央服务器分配任务给不同机器人，协调其在配送过程中的行动。机器人需保持通信和协调,避免碰撞和冲突。完成任务后通过 ROS 通信机制通知服务器,使其更新任务状态并继续分派下一个任务。通过 ROS 通信机制,机器人实现协同工作和任务分派,提供高效可靠的药品配送服务。

如图 13 所示,指定系统中的一台机器人为领航机器人,实时跟踪虚拟领航机器人的位置,其他机器人为跟随机器人。领航机器人利用自身搭载的传感器实时感知环境变化来动态调整队形,将各跟随机器人与领航机器人之间的期望距离和方位角约束转换为其与虚拟领航机器人之间的期望约束。

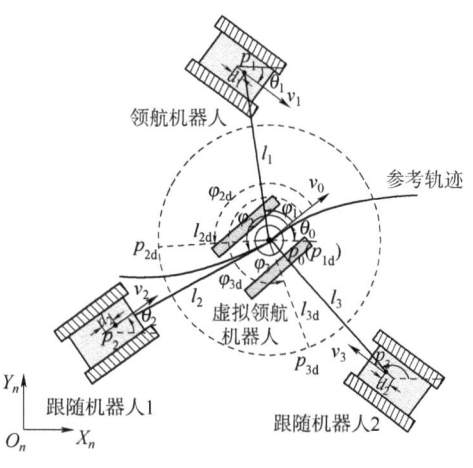

图 13 多机协同算法示意图

五、结论

本文通过智能药房服务机器人的方案设计和算法研究,为机器人的设计和实现提供了重要的技术支持和指导。针对智能药房服务机器人进行方案设计,实现了路径规划、药品识别与配送、多机协同和用户交互等,提高了药房机器人工作的准确性和稳定性。进一步可以考虑通过改进算法和技术,进一步优化多机协同任务配置完成药品的配送任务以提高机器人协同工作的效果。

参考文献

[1] 李福霖.基于 ROS 的药房智能服务机器人[D].湖南大学,2022.

[2] 王月、姚善化.基于改进 A* 算法的药房机器人路径规划[D].洛阳理工学院学报.自然科学版.2021.31(2):53-58.

[3] 江航,邱胜海,孙小肖,等.ROS2 环境下移动机器人导航及路径规划研究[J].物联网技术,2023,13(12):125-127.

[4] 黄双发.基于分布式感知的多机器人协同定位方法研究[D].山东大学,2023.

[5] Murwantara I M, Hardjono B, Tjahyadi H, et al. A Consolidation of SLAM and Signal Reference Point for Autonomous Robot Navigation. In 2020 IEEE 17th International Conference on Smart Communities: Improving Quality of Life Using ICT, IoT and AI (HONET). Charlotte, NC, USA,2020:108-112.

[6] Noh S, Park J, Park J. Autonomous Mobile Robot Navigation in Indoor Environments: Mapping, Localization, and Planning. In 2020 International Conference on Information and Communication Technology Convergence (ICTC). Jeju, Korea (South),2020:908-913.

作者简介

肖开提·艾山,男,本科生,就读于北京信息科技大学信息与通信工程学院物联 2001 班。

吴韶波(指导教师),北京信息科技大学信息与通信工程学院,物联网技术应用,副教授。

基于正常色散区超连续谱的任意光谱合成方法研究①

骆润卿 孙 剑

(北京信息科技大学信息与通信工程学院,北京,100101)

摘 要:任意光谱合成技术对于光通信、光谱分析、光学计量等领域有重要的应用价值。本文提出基于正常色散区超连续谱的任意光谱合成方法,可以生成C波段上任意形状的光谱。以工作在高非线性光纤正常色散区的超高斯光脉冲为泵浦脉冲,产生平坦性和相干性好,带宽大的超连续谱。超连续谱经过单模色散光纤实现频率-时间映射,采用两种方法求解频率-时间映射后的频时转换函数,分别是基于色散系数和色散斜率的定义求解和基于色散介质的传递函数求解。根据频时转换函数和目标光谱每一波长分量的功率值,计算用于调制的电信号,经过幅度调制得到目标光谱。仿真验证了所提方法的可行性,生成了正弦形、三角形、矩形和锯齿形光谱,拟合相关指数均大于0.99。以20条随机生成的任意形状光谱为目标光谱,两种方法的总体误差分别小于0.051 dB和0.345 dB,优于当前方法的0.4 dB。本方法降低了任意光谱合成系统的成本和复杂度,提高了光谱合成的效率和灵活性。

关键字:超连续谱;任意光谱合成;频率-时间映射;频时转换函数;幅度调制。

Research on optical arbitrary spectral synthesis method based on supercontinuum in normal dispersion region

Runqing Luo Jian Sun

Abstract: Arbitrary spectrum synthesis technology has significant application value in the fields of optical communications, spectral analysis, optical metrology, and other related areas. This study proposes an arbitrary spectrum synthesis method based on supercontinuum generation in the normal dispersion region, capable of generating spectra of arbitrary shapes in the C-band. Ultra-Gaussian optical pulses operating in the high nonlinear fiber's normal dispersion region are used as pump pulses to generate a supercontinuum with excellent flatness, coherence, and broad bandwidth. The supercontinuum undergoes frequency-to-time mapping via single-mode dispersion fiber. Two methods are used for solving the frequency-to-time conversion function after the frequency-to-time mapping: one based on the define of the dispersion coefficient and dispersion slope, and the other based on the transfer function of the dispersive medium. Based on the frequency-to-time conversion function and the power value of each wavelength component of the target spectrum, the electrical signal for modulation is calculated, and the target spectrum is obtained through amplitude modulation. Simulation results confirm the feasibility of the proposed methods, successfully generating sinusoidal, triangular, rectangular, and sawtooth-shaped spectra, with

---

① 项目来源类别:校级优秀毕业设计。

fitting correlation indices all exceeding 0.99. Using 20 randomly generated spectra of arbitrary shapes as target spectra, the overall errors of the two methods are less than 0.051dB and 0.345dB, respectively, outperforming the current method's 0.4dB. This approach reduces the cost and complexity of arbitrary spectrum synthesis systems, enhancing the efficiency and flexibility of spectrum synthesis.

Key words: supercontinuum; optical arbitrary spectrum synthesis; frequency-to-time mapping; frequency-to-time conversion function; amplitude modulation.

一、引言

任意频谱的产生在声学和电子领域很常见,其中涉及的频率可通过模拟电子设备产生和滤波[1]。在频率为数百太赫兹的光学领域,任意光谱生成更具挑战,对频率控制的精确程度有更高的要求[2]。在光通信领域,C波段具有较低的光纤损耗和良好的光放大性能,被广泛应用于长距离光纤通信[3]。通过在C波段内精确合成特定光谱,可以提高传输容量,提高波分复用系统的性能,满足未来高速数据传输的需求[4]。光谱整形技术通过改变不同波长成分的强度和分布,以控制多模光纤的空间模式,在多模光纤中实现信息的加密传输和多通道传输,提高光纤通信的安全性和效率[5]。在光谱分析中,特定形状的光谱,可用于进行更精确的物质成分分析。例如,在生物医学成像中,精确的光谱控制可以实现高分辨率成像,提高疾病早期诊断的能力[6]。在环境监测中,特定形状的光谱,能用于灵敏地检测空气中的微量污染物,提升环境监测的精度[7]。在量子计算领域,任意光谱合成技术有利于支持更复杂的量子态操作,提高量子计算的效率和可靠性[8]。

当前的任意光谱合成研究中,大多采用放大自发发射(Amplified Spontaneous Emission,ASE)作为宽谱光源,通过可编程光滤波器进行光谱整形[9,10],这类方法往往需要使用带有光谱分析仪(Optical Spectrum Analyzer,OSA)的闭环反馈系统,才能达到所需的功率精度,并且可编程光滤波器成本较高,ASE的相干性弱,输出功率有限,限制了所生成光谱在高相干性需求领域的使用。还有一些研究使用高精度的光纤光栅进行光谱整形[11,12],其调谐过程复杂,对器件精度要求较高,且很难实时、灵活的改变光栅的反射谱形状,可重构性和灵活性有待提高。此外,一些研究对光频率梳中的每个频率成分(或谱线)进行单独的控制,以实现对整体光谱的精细调节。通常使用空间光调制器或声光调制器分别调整每个频率成分的幅度、相位。精度高、灵活性好,但实现和操作需要复杂的设备和控制系统。因此,本课题依托国家自然科学基金青年项目:基于正常色散区复合泵浦超连续谱多维特性演化理论和相关应用研究,提出一种基于正常色散区超连续谱的任意光谱合成方法,不需反馈回路,可以生成相干性好,精度高的任意形状光谱,可灵活地根据需要调整生成光谱的形状,且对器件的精度要求不高。提高了光谱合成的效率和可操作性,对光通信、光谱分析、光学计量等领域具有重要的理论和应用价值。

二、任意光谱合成的设计方案

本章提出了以超连续谱为光源,FTTM后,在时域调制得到目标光谱的方法。该方法通过调整电信号来改变光谱形状,能迅速适应不同的光谱合成需求,降低了对精密光学元件的要求，减少了任意光谱合成系统的成本。本章首先总体介绍了本文提出的任意光谱合成方法。然后介绍了超连续谱的研究目标和研究内容。接着介绍了 FTTM 的实现方法，频率-时间转换函数的定义和两种求解方法，以及基于频时转换函数求输入调制器电信号的方法。最后介绍了衡量生成光谱误差的指标。

1. 任意光谱合成系统总体设计

本文将超连续谱作为宽谱光源，超连续谱经过单模色散光纤，实现频率-时间映射，再对光波进行幅度调制，得到目标光谱。其中超连续谱的产生需要泵浦脉冲、HNLF 和光放大器，任意光谱合成方法的技术路线如图 1 所示。

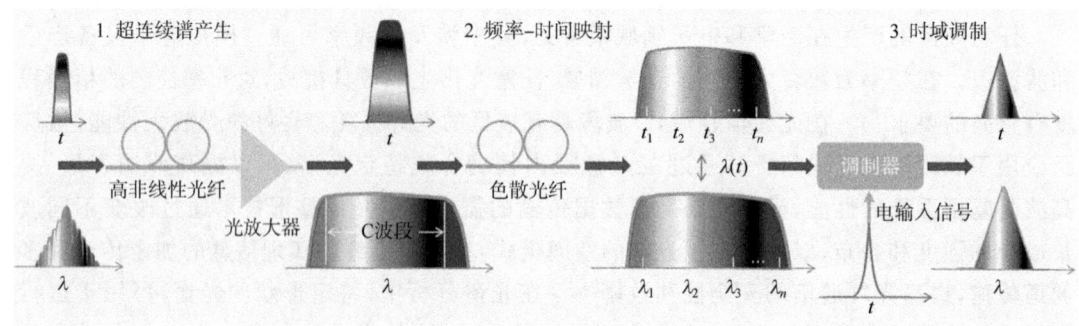

图 1 技术路线图

峰值功率较高的皮秒脉冲经过 HNLF，在光纤色散和非线性效应的共同作用下频谱展宽，再经过光放大器，得到平坦性好、带宽大、相干性好，具备一定功率值的超连续谱。超连续谱输入提供足够大色散量的单模色散光纤，不同波长的光沿时间轴散开，输出光脉冲的时域包络是输入光脉冲的傅里叶变换，实现了频率-时间映射。求得 FTTM 后频时转换函数 $\lambda(t)$ 或 $t(\lambda)$，结合目标光谱和 FTTM 后光谱功率的比值，求得幅度调制所需电信号，调制后可得目标光谱。

2. 超连续谱的产生

超连续谱为合成任意形状光谱提供宽谱光源，理想的宽谱光源应当具有良好的平坦性、相干性，带宽大于 C 波段（1 530～1 565 nm），峰值功率较高。在此宽谱光源的基础上以特定形状的光谱为目标，通过调制改变光谱各频率分量的幅度，得到目标形状的光谱。若宽谱光源在 C 波段有震荡，则会加大调制的难度。若宽谱光源的功率值较低，则可生成的目标光谱形状有限。若宽谱光源的相干性差，则会导致 FTTM 和时域幅度调制的稳定性和可重复性变差。要产生较理想的超连续谱光源，需恰当选择泵浦脉冲的形状、中心波长、峰值功率、半高全宽。合理选择 HNLF 的非线性系数，二阶、三阶色散参数和中心波长。选择合适的光放大器增益，使得超连续谱的功率值达到要求。

3. 基于色散的频率-时间映射

FTTM 后，可在时域以调制的方式进行光谱的雕刻，与直接在频域进行光谱整形相比，时域调制的方法减少了对高精度频域滤波器的依赖，降低了系统的复杂性和成本。基于色散的 FTTM 可以通过提高光纤长度或增大色散系数来增大色散量，更大的色散量会使得时域上不同波长分量之间分散得更开，从而降低调制器带宽有限所带来的影响，在对器件要求较低的条件下实现较高的光谱精度。本文将超连续谱输入单模色散光纤实现 FTTM，

FTTM 后,光脉冲的时域包络和频域包络形状相同。设 FTTM 后时域波形为 $p_{in}(t), t \in \boldsymbol{T}_1, \boldsymbol{T}_1 = [t_1 \quad t_2 \quad \cdots \quad t_n], n \in \boldsymbol{N}$,FTTM 后频谱为 $p_{in}(\lambda), \lambda \in \boldsymbol{\Lambda}_1, \boldsymbol{\Lambda}_1 = [\lambda_1, \lambda_2, \cdots, \lambda_m],$ $m \in \boldsymbol{N}$。设目标光谱为 $p_{target}(\lambda), \lambda \in \boldsymbol{\Lambda}_2, \boldsymbol{\Lambda}_2 = [\lambda_1, \lambda_2, \cdots, \lambda_l], l \in \boldsymbol{N}, p_{target}(\lambda) \in \boldsymbol{P}_{target}, \boldsymbol{P}_{target} = [p_{target}(\lambda_1), p_{target}(\lambda_2), \cdots, p_{target}(\lambda_l)]$。要通过对 $p_{in}(t)$ 调制来修改光谱的形状,从而得到目标光谱,需找到目标光谱 $\lambda_i(i=1,2,3,\cdots,l)$ 所对应的 $t_i(i=1,2,3,\cdots,l)$,在 $p_{in}(t)$ 的 t_i 处修改光波的幅度,则 $p_{in}(\lambda)$ 在 $\lambda_i(i=1,2,3,\cdots,l)$ 处光谱幅度也会相应改变,得到目标光谱的形状。FTTM 后信号的频域波长和时域时间之间的对应关系定义为频时转换函数 $\lambda(t)$ 或 $t(\lambda)$,FTTM 后的频时转换函数是调制得到目标光谱的基础。

4. 频时转换函数的求解方法

频时转换函数求解的核心在于 FTTM 过程中色散对频时域映射关系的影响。本文采用两种方法求解频时转换函数,第一种方法是利用光纤色散系数和色散斜率的定义求解,总体思路是用微分方程表示 FTTM 过程中 λ 和 t 在色散作用下映射关系的变化,解方程得到频时转换函数。第二种方法是基于色散介质的传递函数求解,总体思路是将低阶和三阶色散分别建模为一个系统函数,FTTM 过程中,一般忽略色散介质的非线性效应的影响,于是可将 FTTM 系统看作线性时不变系统,利用卷积等运算求解输出 FTTM 系统的时域光脉冲表达式和输入 FTTM 系统的频域光谱表达式之间的关系,得到频时转换函数的表达式。

(1) 基于色散系数和色散斜率求解

依据单模色散光纤的色散系数和色散斜率求解频时转换函数 $\lambda(t)$。设单模色散光纤的中心波长为 λ_0,中心波长处的色散系数为 D_0,色散斜率为 S。在中心波长附近,光纤的色散系数可写成:

$$D(\lambda) = S\lambda + D_0 - S\lambda_0 \quad (1)$$

色散系数的定义如式 2 所示。其表示的物理含义是波长差为 $\Delta\lambda$ 的两波长分量,经过长度为 L 的光纤后,两波长分量在时域上有 Δt 的延时。

$$D(\lambda) = \frac{\Delta t}{\Delta \lambda \times L} \quad (2)$$

因此两个不同波长成分之间的延时量可由 $\Delta t = D(\lambda) \cdot \Delta\lambda \cdot L$ 计算。又因为 t 和 λ 是连续的,所以式(2)可写成:

$$\frac{d\lambda}{dt} = \frac{1}{D(\lambda)L} \quad (3)$$

将式(1)代入式(3),并使用分离变量法求解微分方程,可得频时转换函数 $\lambda(t)$,因为本课题涉及波长的范围在 C 波段及其附近,一般单模色散光纤的零色散波长在 1 310 nm 附近且色散斜率为正数。所以 FTTM 使用的单模色散光纤工作在 $D(\lambda) > 0$ 的区域,因此 $\frac{1}{D(\lambda)L} > 0, \frac{d\lambda}{dt} > 0, \lambda(t)$ 是单调递增的函数,t 和 λ 是一一对应的关系。解式(3)可得:

$$t = \frac{SL}{2}\lambda^2 + (D_0 - S\lambda_0)L\lambda + C \quad (4)$$

式中,C 为常数,需通过实验测出至少一对 λ 和 t 的具体值代入式(4)中得到频时转换函数的具体表达式。

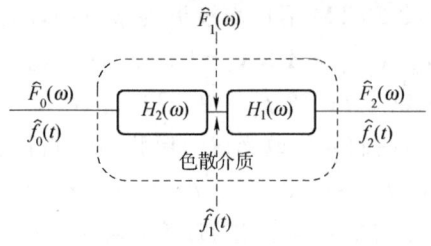

图 2　FTTM 过程的数学模型

（2）基于色散介质的传递函数求解

时域宽度很窄的超短脉冲入射单模色散光纤实现 FTTM 的过程可以建模为如图 2 所示的系统,色散介质被建模为低阶色散模块和三阶色散模块的级联。

超短脉冲源的复频谱可表示为

$$\hat{F}_0(\omega)=F_0(\omega)\exp[\mathrm{j}\varphi_0(\omega)]=F[\hat{f}_0(t)] \quad (5)$$

式中,F 表示傅里叶变换,$\hat{f}_0(t)$ 是时域脉冲的复包络,$F_0(\omega)$ 和 $\varphi_0(\omega)$ 是频谱的幅度和相位。若考虑低阶色散和三阶色散,色散介质的传递函数可用光纤长度和传播常数的泰勒展开来表示:

$$\hat{H}(\omega)=\underbrace{H_0(\omega)\exp\left(-\mathrm{j}\sum_{n=0}^{2}\frac{\beta_n L}{n!}\omega^n\right)}_{H_1(\omega)}\times\underbrace{\exp\left(-\mathrm{j}\frac{\beta_3 L}{6}\omega^3\right)}_{H_2(\omega)} \quad (6)$$

式中,β_n 是 n 阶模式传播常数。若忽略色散的损耗,$H_0(\omega)$ 是常数 1。ω 是超短脉冲相对于中心频率 ω_0 的角频率。如果超短脉冲的功率较小,色散介质中没有非线性效应的影响,整个 FTTM 系统可以建模为线性时不变(Linear Time-Invariant,LTI)系统。色散介质的传递函数可被看作两子系统的级联,即低阶色散相关的 $H_1(\omega)$ 和三阶色散传递函数 $H_2(\omega)$ 相乘,如式 6 所示。

三阶色散的传递函数为

$$H_2(\omega)=\exp\left(-\mathrm{j}\frac{\beta_3 L}{6}\omega^3\right) \quad (7)$$

首先考虑色散介质中三阶色散的影响,经三阶色散后,复频谱可以表示为

$$\hat{F}_1(\omega)=\hat{F}_0(\omega)H_2(\omega)=F_0(\omega)\exp\left[\mathrm{j}\varphi_0(\omega)-\frac{\mathrm{j}\beta_3 L\omega^3}{6}\right] \quad (8)$$

可见三阶色散给超短脉冲引入了一个频率啁啾。低阶色散的脉冲响应函数是 $H_1(\omega)$ 的傅里叶逆变换,可以表示为

$$h_1(t_R)=h_0\exp\left(\mathrm{j}\frac{t_R^2}{2\beta_2 L}\right) \quad (9)$$

式中,$t_R=t-\beta_1 L$ 是相对于群时延的时间,$h_0=H_0(\mathrm{j}2\pi\beta_2 L)^{-1/2}\exp(-\mathrm{j}\beta_0 L)$ 是复振幅。图 2 中色散介质的输出光脉冲 $\hat{f}_2(t)$ 的复包络可以表示为 $\hat{f}_1(t)$ 和 $h_1(t_R)$ 的卷积:

$$\begin{aligned}\hat{f}_2(t)&=h_1(t_R)*\hat{f}_1(t)\\&=\int_{-\infty}^{\infty}h_0\exp\left[\frac{\mathrm{j}(t_R-\tau)^2}{2\beta_2 L}\right]\hat{f}_1(\tau)\mathrm{d}\tau\\&=h_0\exp\left(\frac{\mathrm{j}t_R^2}{2\beta_2 L}\right)\int_{-\infty}^{\infty}\exp\left(\frac{\mathrm{j}\tau^2}{2\beta_2 L}\right)\hat{f}_1(\tau)\exp\left(-\frac{\mathrm{j}t_R\tau}{\beta_2 L}\right)\mathrm{d}\tau\end{aligned} \quad (10)$$

若超短脉冲的时域宽度 t_0 和色散光纤的参数满足关系式 $\left|\frac{t_0^2}{2\beta_2 L}\right|\ll 1$,则式(10)可以近似成[13]:

$$\hat{f}_2(t) = h_0 \exp\left(\frac{jt_R^2}{2\beta_2 L}\right) \int_{-\infty}^{\infty} \hat{f}_1(\tau) \exp\left(-\frac{jt_R\tau}{\beta_2 L}\right) d\tau = h_0 \exp\left(\frac{jt_R^2}{2\beta_2 L}\right) [\hat{F}_1(\omega')] \quad (11)$$

式中,$\omega' = \frac{t_R}{\beta_2 L}$,将式(8)代入式(11)得:

$$\hat{f}_2(t) = h_0 F_0(\omega') \exp\left\{j\left[\frac{t_R^2}{2\beta_2 L} + \varphi_0(\omega') - \frac{\beta_3 L(\omega')^3}{6}\right]\right\} \quad (12)$$

因为忽略色散介质的损耗时,$H_0(\omega)$是常数1,故h_0对$\hat{f}_2(t)$的幅度没有贡献,对相位有贡献。若考虑色散介质的损耗,h_0也不会影响频时转换函数的结果。由式(12)可得输出光纤的光脉冲幅度$f_2(t)$和输入光纤的频谱幅度$F_0(\omega)$间的关系:

$$f_2(t) = F_0(\omega') = F_0\left(\frac{t - \beta_1 L}{\beta_2 L}\right) \quad (13)$$

即输出光脉冲的时域幅度等于输入频谱在$\omega = \frac{t - \beta_1 L}{\beta_2 L}$时的幅度,其中$\omega$是超短脉冲相对于中心频率$\omega_0$的角频率。由$\omega = \frac{2\pi c}{\lambda}$可得到FTTM后$\lambda$和$t$之间的关系为

$$\frac{2\pi c}{\lambda} - \frac{2\pi c}{\lambda_0} = \frac{t - \beta_1 L}{\beta_2 L} \quad (14)$$

由式(14)可得频时转换函数$t(\lambda)$的表达式:

$$t = 2\pi c\beta_2 L\left(\frac{1}{\lambda} - \frac{1}{\lambda_0}\right) + \beta_1 L \quad (15)$$

5. 调制

光的幅度调制器有3个端口:光输入端口、电输入端口和光输出端口,端口间遵循式(16)。

$$p_{out}(t) = p_{in}(t) \cdot p_{electrical}(t) \quad (16)$$

光输入信号即FTTM后的时域光波$p_{in}(t)$,设光输出信号为$p_{out}(t)$,电输入信号为$p_{electrical}(t), t \in T_3, T_3 = [t_1, t_2, \cdots, t_r], r \in N, p_{electrical}(t) \in P_3, P_3 = [p_{electrical}(t_1), p_{electrical}(t_2), \cdots, p_{electrical}(t_r)], r \in N$。目标光谱的波长向量$\boldsymbol{\Lambda}_2$,经频时转换函数变换得到电输入信号的时间向量$\boldsymbol{T}_3$。利用三次样条插值得到$p_{in}(\lambda)(\lambda \in \boldsymbol{\Lambda}_1)$在$\lambda \in \boldsymbol{\Lambda}_2$处的功率向量$\boldsymbol{P}_{interp}$,由式(17)计算输入电信号的功率向量。

$$\boldsymbol{P}_3 = \frac{\boldsymbol{P}_{target}}{\boldsymbol{P}_{interp}} \quad (17)$$

用上述方法计算输入电信号后,可通过调幅得到目标光谱。

6. 光谱误差的评价指标

设生成光谱即调制的输出光谱为$p_{out}(\lambda)$,其中$\lambda \in \boldsymbol{\Lambda}_3, \boldsymbol{\Lambda}_3 = [\lambda_1, \lambda_2, \cdots, \lambda_q], q \in N, \boldsymbol{P}_{out} = [p_{out}(\lambda_1), p_{out}(\lambda_2), \cdots, p_{out}(\lambda_q)], q \in N$。利用3次样条插值得到$p_{out}(\lambda)(\lambda \in \boldsymbol{\Lambda}_3)$在$\lambda \in \boldsymbol{\Lambda}_2$处的功率向量$\boldsymbol{P}_{generated}$。本文用以下3种方法计算生成光谱和目标光谱之间的误差。

(1) 拟合相关指数$R^{2[14,15]}$

$$R^2 = 1 - \frac{\sum_{i=1}^{m}(\boldsymbol{P}_{generated} - \boldsymbol{P}_{target})^2}{\sum_{i=1}^{m}(\boldsymbol{P}_{generated} - \bar{\boldsymbol{P}}_{target})^2} \quad (18)$$

式中,$\bar{P}_{target}$是目标光谱离散数据的平均值。R^2表示一元多项式回归方程拟合度的高低,值越接近1表示拟合程度越高。本课题采用R^2表征生成光谱和目标光谱的差异,其值越接近1,两者的差异越小。

(2) 均方根误差(Root Mean Square Error,RMSE)[16-18]

$$\text{RMSE} = \sqrt{\frac{1}{m}\sum_{i=1}^{m}(\boldsymbol{P}_{\text{generated}} - \boldsymbol{P}_{\text{target}})^2} \tag{19}$$

式中,RMSE衡量生成光谱与目标光谱在相同波长处功率值的平均偏差,数值越小,表示两者越接近。

(3) 平均绝对百分偏差(Mean Absolute Percentage Deviation,MAPD)[19]

$$\text{MAPD} = \frac{1}{m}\sum_{i=1}^{m}\left|\frac{\boldsymbol{P}_{\text{generated}} - \boldsymbol{P}_{\text{target}}}{\boldsymbol{P}_{\text{target}}}\right| \times 100\% \tag{20}$$

MAPD取各波长处生成光谱与目标光谱相对偏差的绝对值的平均值。MAPD值越小,表示生成光谱在各波长上更接近目标光谱。

7. 小结

本文介绍了任意光谱合成系统的设计方案,该系统分为超连续谱产生、FTTM和时域调制,其中本方法的重点是求解频时转换函数,本文采用了两种方法求解。下文将在此基础上介绍本方法各部分的仿真结果,以及生成4种基本形状和生成任意形状光谱的结果。

三、任意光谱合成系统的实现

本章基于Optisystem和Matlab实现上文所述任意光谱合成方法。首先对比了反常和正常色散区超连续谱的带宽和平坦度,以及不同泵浦脉冲形状在正常色散区产生超连续谱的带宽和平坦度。然后介绍了FTTM的结果,频时转换函数求解的结果和误差。最后生成了矩形、三角形、锯齿形、正弦形光谱,画出了误差曲线,计算了误差指标。随机生成了20条任意形状的光谱,画出了误差曲线和误差分布曲线,计算了误差指标,与当前任意光谱合成方法进行了对比。

1. 超连续谱的产生

(1) 反常色散区泵浦的超连续谱

选择半高全宽为1 ps,峰值功率为15 W,中心波长为1 550 nm的高斯形泵浦脉冲,HNLF的衰减$\alpha=0.2$ dB/km,中心波长为1 550 nm,中心波长处的$\beta_2=-0.54$ ps²/km,$\beta_3=-3\times10^{-3}$ ps³/km,$A_{\text{eff}}=11.5$ μm²,$\gamma=11$ km⁻¹W⁻¹,泵浦波长位于高非线性光纤的反常色散区。图3所示为随泵浦脉冲在HNLF中传输距离增大,产生超连续谱的变化。

可以看出,在脉冲传输的初始阶段,处于反常色散区的泵浦脉冲在色散和SPM的共同作用下,形成光孤子,且频谱的展宽几乎是对称的。但由于高阶色散效应以及自陡峭效应、拉曼散射等非线性效应的影响,这些光孤子变得不稳定而发生分裂,频谱得到极大展宽,但震荡严重,平坦性差,不利于后续光谱的整形。此外,传输波长在反常色散区,会发生调制不稳定性,从而降低超连续谱的相干性。

(2) 正常色散区泵浦的超连续谱

选择半高全宽为1 ps,峰值功率为20 W,中心波长为1 550 nm的泵浦脉冲,光纤的衰减

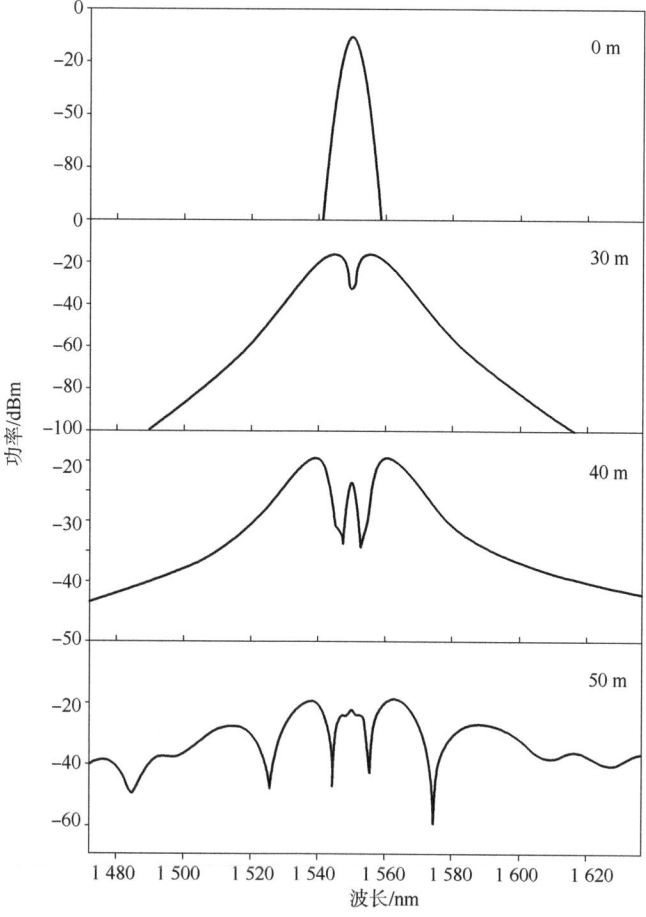

图 3 反常色散区超连续谱随传输距离变化图

$\alpha=0.2$ dB/km,中心波长为 1 550 nm,中心波长处的 $\beta_2=0.34$ ps^2/km,$\beta_3=10^{-3}$ ps^3/km,$A_{\text{eff}}=11.5$ μm^2,$\gamma=11$ km^{-1}W^{-1},泵浦波长位于高非线性光纤的正常色散区。改变泵浦脉冲的形状,保持其他参数不变。输入 HNLF 的泵浦脉冲时域波形如图 4 所示,双曲正割、高斯、超高斯作为泵浦脉冲在光纤中传输不同距离时,生成的超连续谱如图 5 所示。

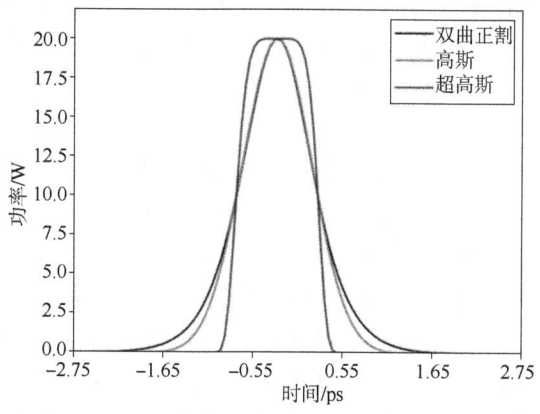

图 4 双曲正割、高斯、超高斯形泵浦脉冲时域波形

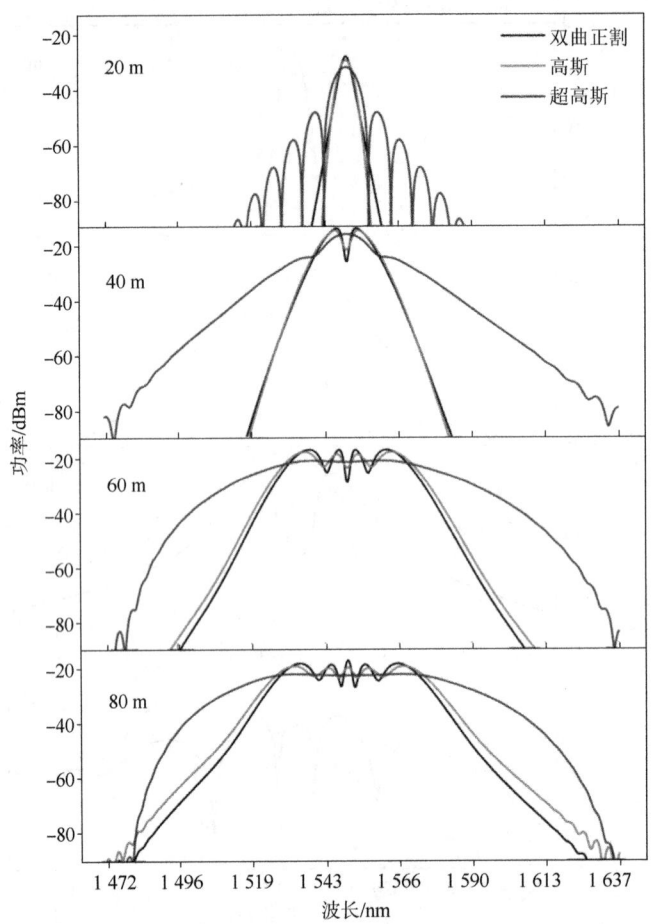

图5 3种不同形状泵浦脉冲产生的超连续谱随传输距离变化图

观察图5可知,在100 m处,超高斯脉冲产生的超连续谱平坦度最高,其次是高斯形,再次是双曲正割形。超连续谱带宽最大是超高斯作为泵浦脉冲,其次是高斯,双曲正割形产生的超连续谱带宽最小。由图4可知,对于双曲正割和高斯脉冲,其时域波形在前沿和后沿较超高斯脉冲有较长的拖尾。在双曲正割和高斯脉冲传输的初始阶段,频谱主要在SPM的作用下展宽。之后,频谱在FWM的作用下进一步展宽,且SPM产生的频谱调制现象被减弱,改善了频谱平坦性。对比双曲正割和高斯所产生的超连续谱可看出:在相同峰值功率和脉宽下,泵浦脉冲前/后沿越陡,生成的超连续谱越宽。而超连续谱的平坦性主要由泵浦脉冲前/后沿拖尾长短和其能量大小决定。初始脉冲前/后沿拖尾越长且能量越大,SPM导致的频谱调制越强,频谱越震荡,平坦性越差;相同长度的光纤下,随后FWM转移频谱能量,改善频谱平坦性的效果越弱。对于超高斯脉冲,前后沿拖尾较短,且顶部平坦,其在HNLF正常色散区的超连续谱生成则主要由SPM主导,FWM作用参与的较少。SPM啁啾只出现在脉冲沿附近,在脉冲中心区域是无啁啾的,使得生成的超连续谱带宽宽且平坦[20]。

泵浦脉冲在HNLF的不同色散区,频谱展宽的机制不同,反常色散区泵浦的超连续谱虽然带宽很宽,但是平坦度和相干度差,且具有不稳定性,不适合作为光谱整形的宽谱光源。正常色散区泵浦的超连续谱带宽、平坦性和相干性都满足要求,因此本课题采用正常色散区泵浦产生的超连续谱。在正常色散区产生的超连续谱，根据泵浦脉冲形状的不同，平坦度和带宽也有所差异。与双曲正割和高斯脉冲相比，超高斯脉冲在正常色散区泵浦的超连续谱带宽最大，平坦性最好，可以作为任意光谱合成系统理想的宽谱光源。

2. 单模色散光纤实现频率-时间映射

用长度为 1 km，在 1 550 nm 处色散系数 $D=16.75$ ps/nm/km，色散斜率 $S=0.035$ ps/nm²/km，衰减 $\alpha=0.2$ dB/km 的单模色散光纤作为 FTTM 的色散介质。参数同超高斯形脉冲作为泵浦脉冲，首先进入 HNLF，展宽成超连续谱，随后进入单模色散光纤实现 FTTM。

用 Optisystem 仿真 FTTM 过程，结果如图 6 所示，图中(a)为进入单模色散光纤的时域波形、(c)为进入单模色散光纤的频域波形，(b)为 FTTM 后的时域波形，(d)为 FTTM 后的频域波形。

进入色散介质的光脉冲时域宽度很窄，提供的色散量足够大，能够实现基于色散的 FTTM。如图 6 所示，输出光脉冲时域波形和输入光脉冲频域波形形状大致相同，输出光脉冲的时域波形并不完全对称，因为光脉冲在光纤中传输过程中，受到了三阶色散的影响，造成了非线性的频域到时域的映射[21]。

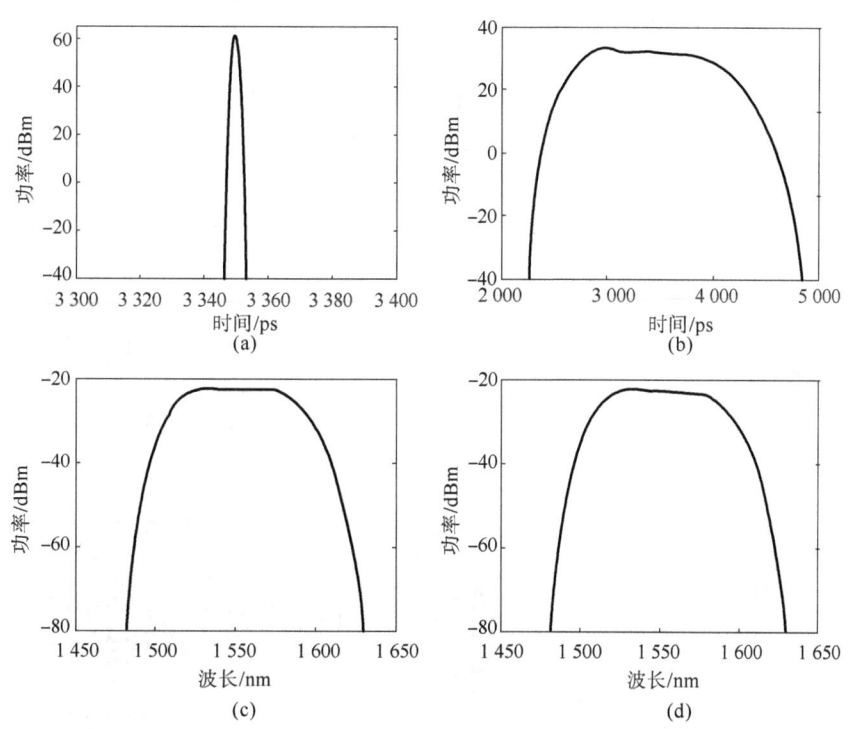

图 6 色散光纤实现 FTTM 的时域和频域波形图

3. 求解频时转换函数及幅度调制

实现 FTTM 后，先求解频时转换函数，在此基础上，可计算输入调制器的电信号，通过时域调制得到目标光谱。如上文所述，本文采用两种方法求解频时转换函数，第一种方法是基于色散系数和色散斜率的定义求解，重点是解式(3)所示的微分方程。求解式(3)需首先测量至少一对频时转换函数的特殊点，作为解微分方程的初始条件。再用 MATLAB 的 ode 求解器解微分方程。

本文采用带宽为 0.07 nm 的光高斯型滤波器对 FTTM 后的光信号进行滤波,用光时域检测器(Optical Time Domain Visualizer,OTDV)和 OSA 分别观察滤波后的时域和频域波形。将滤波后的时域最高点和频域最高点对应的横坐标作为一对频时转换函数的特殊点。还可采用半高全宽为 0.6 ps 的高斯形电信号作为幅度调制器的输入电信号,对 FTTM 后的光波调幅,用 OTDV 和 OSA 分别观察调制后的时域和频域波形,将时域最高点和频域最高点对应的横坐标作为一对频时转换函数的特殊点。

采用基于色散介质的传递函数求解频时转换函数的方法,已经得到了 λ 和 t 的函数表达式,不需通过实验测量特殊点的值。只需将 $\beta_1,\beta_2,L,\lambda_0$ 代入式(15)。如上文所述,光纤的长度 $L=1$ km,$\lambda_0=1\,550$ nm。中心波长处的色散系数 $D=16.75$ ps/nm/km,由 $\beta_2=-D\lambda_0^2/2\pi c$,可算出 λ_0 处的二阶色散系数为 -21.36 ps^2/km。实验所用光纤的群时延 $\beta_1 L=3.35\times10^{-9}$ s。将已知参数代入式(15),可得频时转换函数的表达式(参数单位均为国际单位制):

$$t = -2.14\times10^{-23}\times\left(\frac{2\pi c}{\lambda}-\frac{2\pi c}{1\,550\times10^{-9}}\right)+3.35\times10^{-9} \qquad (21)$$

用光高斯型滤波器滤波的方法,从 1 530 nm 到 1 565 nm,每间隔 1 nm 测量一个点,共测量了频时转换函数上 36 个点的坐标。两种方法分别求得的频时转换函数和实验测得的频时转换函数绘制在同一坐标系下,柱状图如图 7 所示。方法一表示基于色散系数和色散斜率求解的方法,方法二表示基于色散介质的传递函数求解的方法。实验测量值是通过光高斯型滤波器测得的。

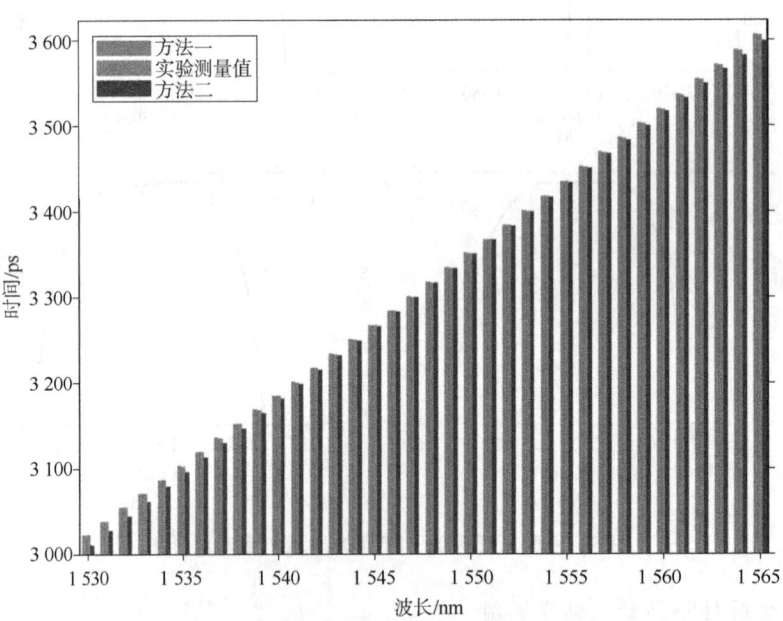

图 7 频时转换函数柱状图

两种方法计算得到的频时转换函数,对于同一波长分量转换到时间,与实验测得的时间作差后取绝对值,得到误差值。两种方法的频时转换函数和误差曲线分别如图 8(a)、(b)所示。

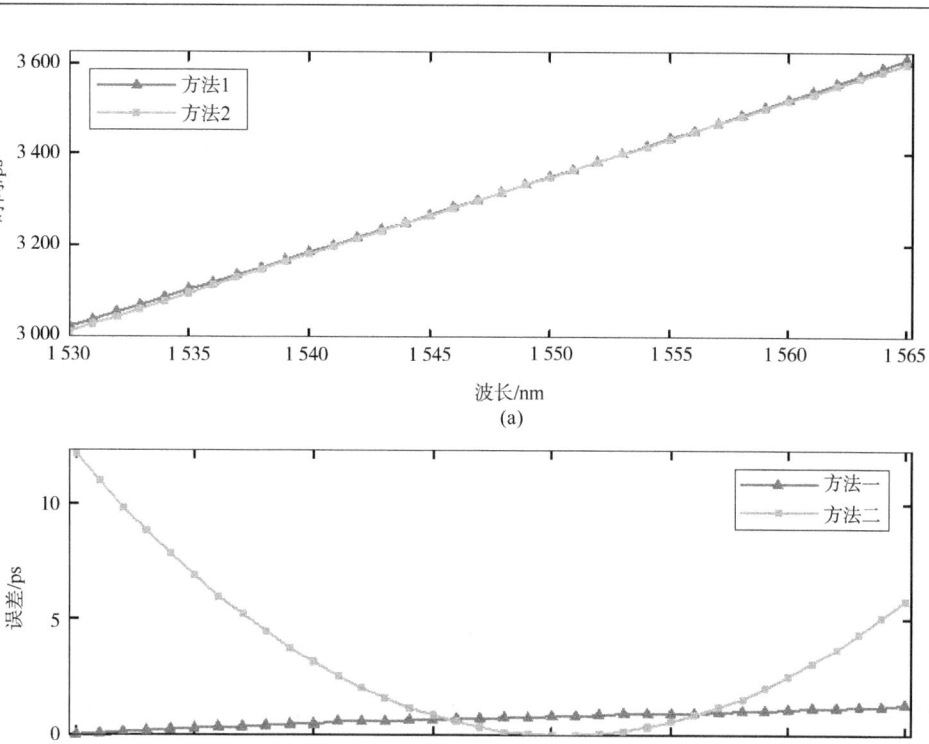

图 8　两种方法的频时转换函数和误差曲线图

由图 7 和图 8 可知，方法一解得的频时转换函数计算出的时间和实验测得的时间相比误差较小，误差在 5.21×10^{-4} ps 到 1.31 ps，且误差随波长的增大而增大。方法二解得的频时转换函数，误差在 5.67×10^{-3} ps 到 12.19 ps，中心波长 1 550 nm 误差最小，波长越远离 1 550 nm 误差就越大。方法一需要用滤波或调制的方法测量频时转换函数的一对实际值，作为解微分方程的初始条件，这需要用带宽很窄的滤波器或调制器，以得到较精确的波长和其对应的时间。因此方法一的缺点是对滤波器或调制器的带宽要求较高，优点是频时映射的误差较小。方法一解微分方程时要用到积分运算，误差会累积，因此随着波长的增大，误差也略微增大。方法二直接求出了频时转换函数的表达式，不需要测量初始条件。在 1 546～1 556 nm 误差比方法一小，在其余波长范围误差比方法一大，且越远离中心波长 1 550 nm 误差就越大，可能的原因是方法二在计算频时转换函数表达式时，用到了近似条件，而方法一没有采用近似。上文展示和对比了这两种方法得到的生成光谱和目标光谱之间的误差。

目标光谱的波长向量 $\mathbf{\Lambda}_2$ 通过频时转换函数映射到的时间向量即为输入电信号的横坐标 $\mathbf{T}_3$。利用 3 次样条插值法得到 FTTM 后的频谱在 $\lambda\in\mathbf{\Lambda}_2$ 处的功率向量 $\mathbf{P}_{\mathrm{interp}}$，再由式(17)计算输入电信号的功率向量 $\mathbf{P}_3$、$\mathbf{T}_3$ 和 $\mathbf{P}_3$ 组成幅度调制所需的输入电信号 $p_{\mathrm{electrical}}(t)$，调制后即可得到目标光谱。

4. 任意光谱合成结果及分析

在 Optisystem 软件搭建任意光谱合成系统，如图 9 所示。任意光谱合成系统分为 3 个部分：超连续谱产生、FTTM 和时域调制。

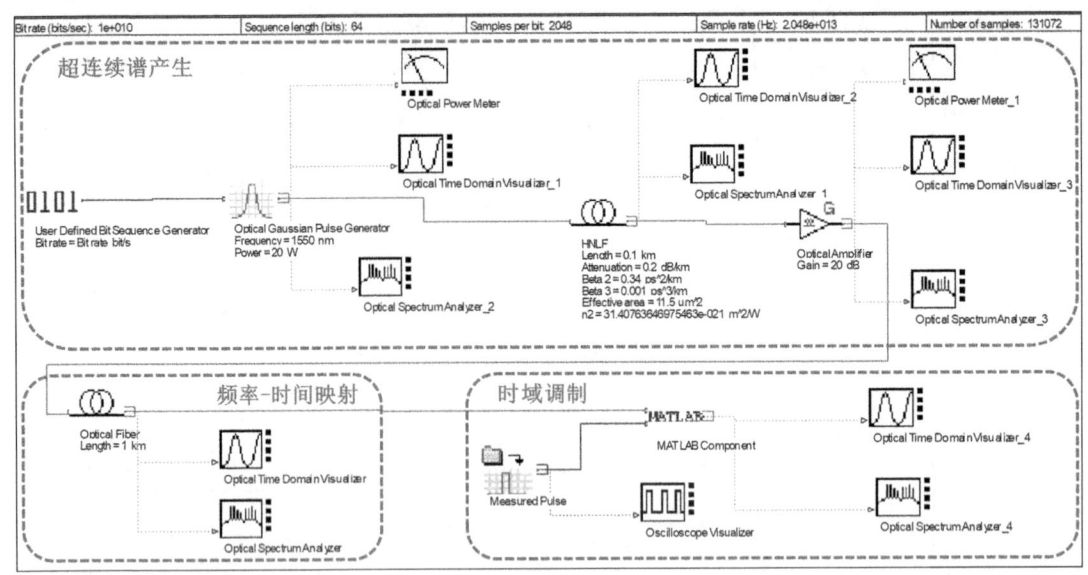

图 9　任意光谱合成系统仿真图

上文详细说明了超连续谱产生的参数设置和仿真结果,以及详细阐述了 FTTM 和时域调制的参数设置、FTTM 仿真结果,以及频时转换函数的求解结果。依照所述方法,首先以 4 种形状:正弦形、三角形、矩形和锯齿形为目标光谱测试任意光谱合成系统,然后生成任意形状的光谱,测试该系统。结果及分析如下。

(1) 生成 4 种基本形状的光谱

正弦形、三角形、矩形和锯齿形光谱对于实现特定光学滤波器和传感器非常重要。4 种形状的光谱还可用于信号的调制技术,有利于提高系统的频谱利用率,减少噪声的干扰。

利用基于色散系数和色散斜率定义求解的频时转换函数(方法一)和基于色散介质的传递函数求解的频时转换函数(方法二),分别求得幅度调制的输入电信号,调制后通过 OSA 观察生成光谱,将生成光谱和目标光谱画在同一坐标系下,如图 10 所示。图 10 中(a)是矩形光谱,(b)是三角形光谱,(c)是锯齿形光谱,(d)是正弦形光谱。

在目标光谱波长处,方法一、方法二的生成光谱纵坐标与目标光谱纵坐标作差,得到以 dB 为单位的光谱误差,可以看出误差在每一波长分量处的情况。方法一、方法二的光谱误差曲线图,如图 11 所示。图 11 中(a)是矩形光谱误差曲线,(b)是三角形光谱误差曲线,(c)是锯齿形光谱误差曲线,(d)是正弦形光谱误差曲线。

由图 10 可以看出在目标光谱的陡变部分误差较大,如矩形在 1 540 nm 附近的陡增部分和 1 560 nm 附近的陡降部分,以及锯齿形在 1 560 nm 附近的陡降部分,两种方法的误差都明显增大。这是因为矩形光谱和锯齿形光谱存在陡变,理论上有无穷多频率成分,使用有限频率带宽的幅度调制器很难重现,会出现吉布斯现象,如图 11(a)、(c)所示。对于本课题提出的任意光谱合成系统,可以通过增大单模色散光纤的色散量,使得时域上不同波长分量之间的距离变大,从而降低对调制器带宽的要求。

对于矩形光谱和锯齿形光谱,方法一的误差明显小于方法二。对于三角形和正弦形光谱,两种方法的误差相近。

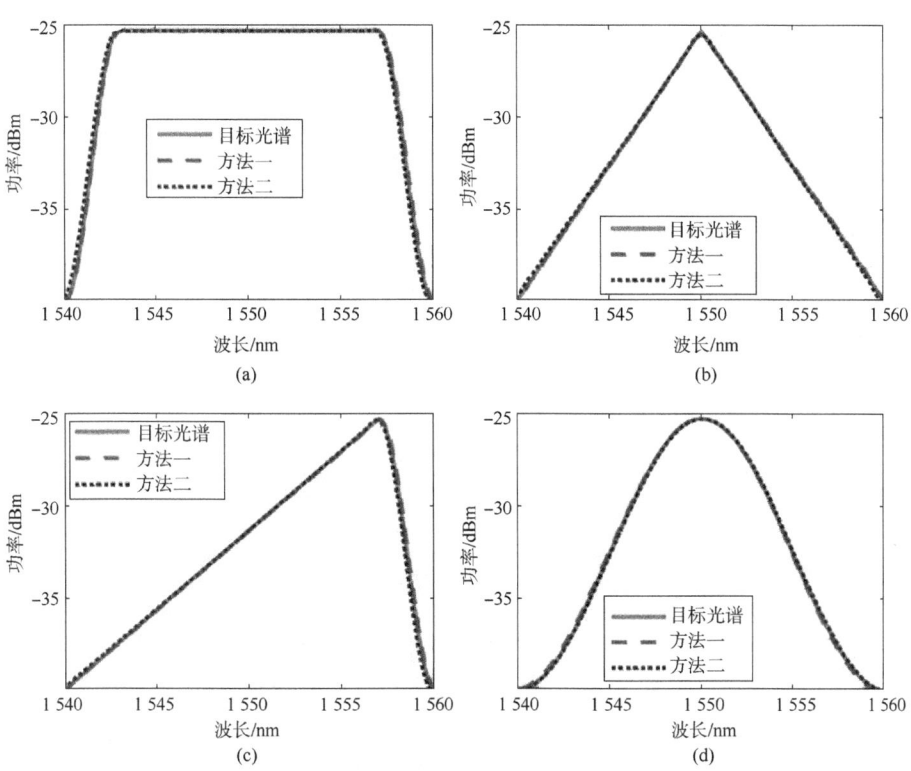

图 10 矩形(a)三角形(b)锯齿形(c)正弦形(d)的目标光谱和生成光谱

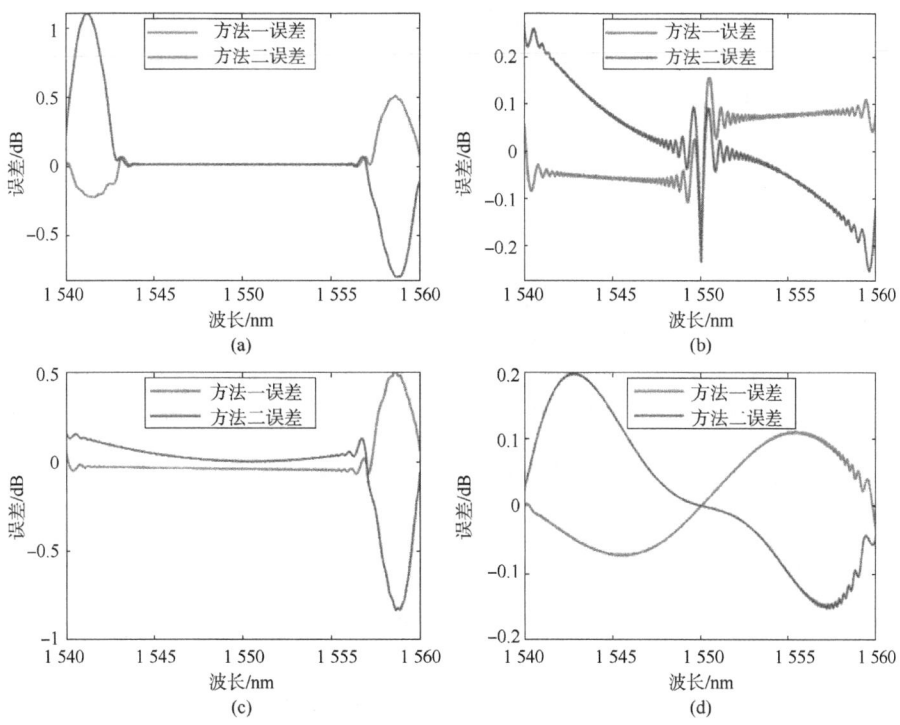

图 11 矩形(a)三角形(b)锯齿形(c)正弦形(d)光谱的误差曲线

误差按照式 18 计算 R^2,式(19)计算 RMSE,式(20)计算 MAPD,结果如表 1 所示。

表 1 4 种形状生成光谱和目标光谱之间的误差

误差	R^2		RMSE		MAPD	
	方法一	方法二	方法一	方法二	方法一	方法二
矩形光谱	0.998 905	0.995 161	3.385×10^{-8}	$7.117\ 7 \times 10^{-8}$	1.694 497%	4.385 138%
三角形光谱	0.999 167	0.999 565	2.157×10^{-8}	$1.559\ 4 \times 10^{-8}$	1.546 846%	2.047 854%
锯齿形光谱	0.998 476	0.996 776	3.068×10^{-8}	$4.463\ 4 \times 10^{-8}$	1.875 013%	2.507 813%
正弦形光谱	0.999 666	0.999 876	$1.763\ 8 \times 10^{-8}$	$1.073\ 7 \times 10^{-8}$	1.619 957%	2.056 624%

由表 1 数据可知,方法一的 MAPD 比方法二好,说明在平均每一波长分量处的误差功率相对于目标光谱的功率,方法一更小。R^2 和 RMSE,两种方法相差不大,对于三角形和正弦形光谱,方法二优于方法一,对于矩形和锯齿形,方法一优于方法二。因为方法二的频时转换函数在 1 546~1 556 nm 误差更小,而三角形和正弦形光谱主要在此范围变化,矩形和锯齿形光谱的陡变部分在 1 540 nm 和 1 560 nm 附近,对于方法二频时转换的误差比方法一更大,导致最终误差更大。对于同一种方法,矩形光谱的误差最大,其次是锯齿形、三角形和正弦形。因为矩形光谱突变部分多于锯齿形,而三角形和正弦形光谱的突变较少。

(2)生成任意形状的光谱

合成 C 波段上任意形状的光谱在光通信、光谱分析和传感等领域具有广泛应用。在光通信中,特定形状的光谱可以用于光信号的复用和解复用,提高通信系统的容量和效率[22]。在光谱分析中,精确控制光谱形状有助于提高分辨率和灵敏度[23]。在传感技术中,不同形状的光谱可以增强对特定物质的检测和识别能力[24]。本文通过叠加多个低频正弦波随机生成了 20 条任意形状的目标光谱,如图 12 所示。

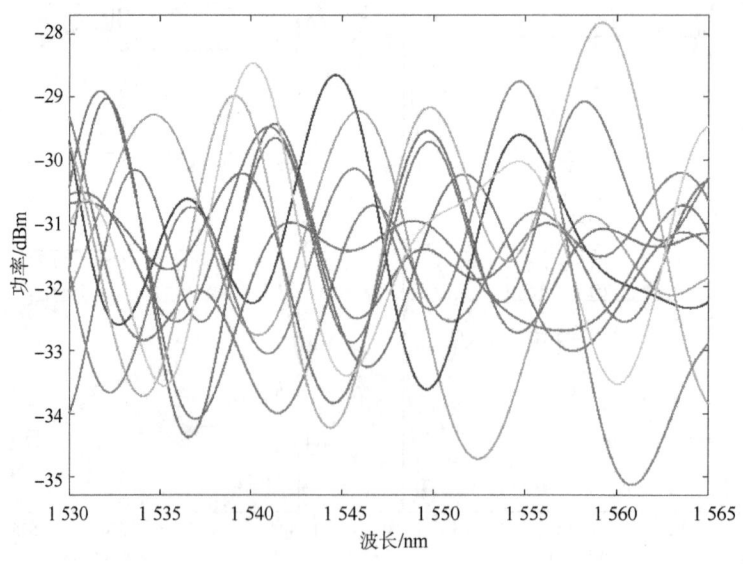

图 12 随机生成的 20 条目标光谱

目标光谱和生成光谱在对应波长分量处作差得到误差曲线。图 13(a)是方法一的 20

条误差曲线,图 13(b)是方法二的 20 条误差曲线。图 13 可看出,方法一、方法二的误差曲线图的趋势分别与其频时转换函数的误差趋势相同,方法一的误差随着波长的增大而增大,方法二在 1 546~1 556 nm 误差较小,越远离 1 550 nm 误差越大。方法一、方法二的误差分布曲线图如图 14 所示。图 14(a)是方法一的误差分布曲线,图 14(b)是方法二的误差分布曲线。横坐标是误差大小,单位是 dB,纵坐标是该误差出现的概率。

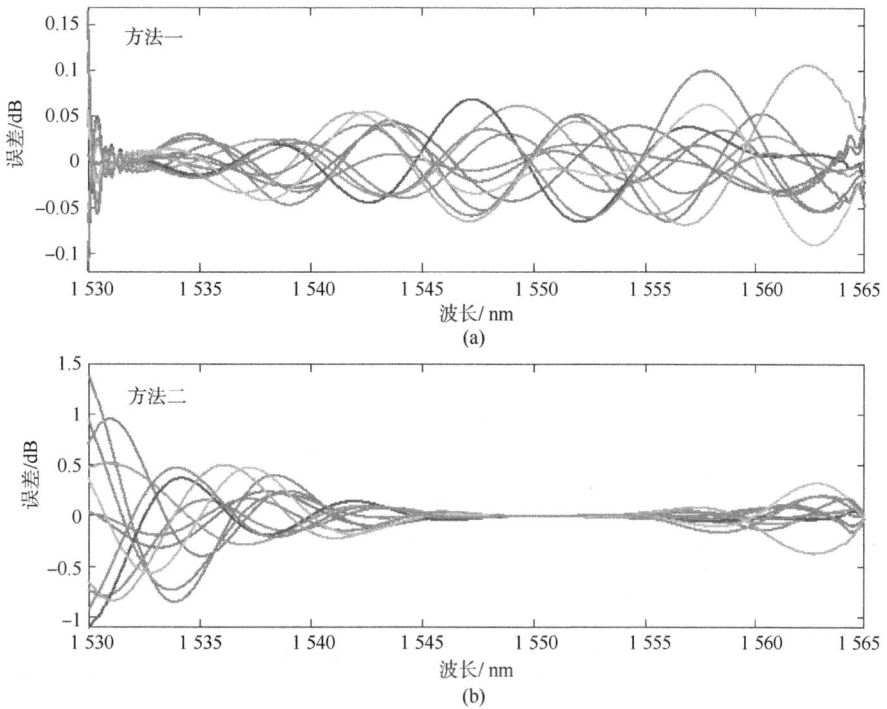

图 13 方法一(a)方法二(b)20 条生成光谱的误差曲线

由图 14 所示的误差分布曲线图,通过计算曲线与坐标轴围成面积的积分,找到积分为 0.9 的左右边界,得到方法一的误差有 90% 的概率分布在 −0.051 dB 和 0.051 dB 之间,方法二的误差有 90% 的概率分布在 −0.345 dB 和 0.345 dB 之间,方法一优于方法二。

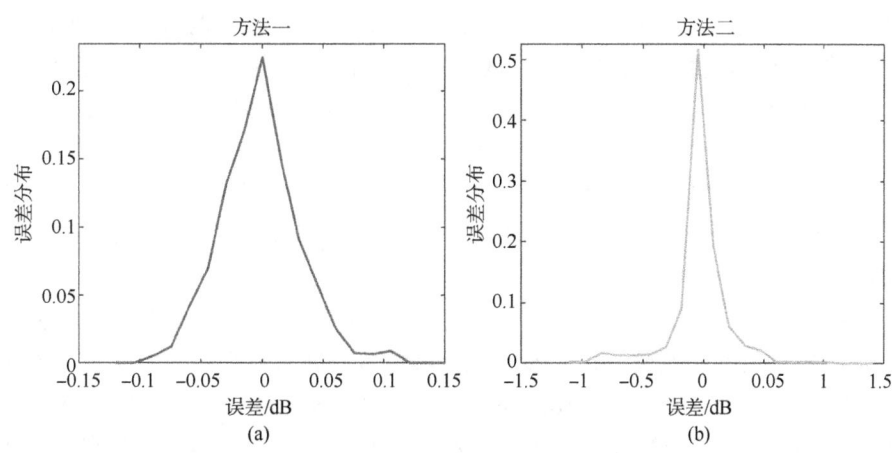

图 14 方法一(a)方法二(b)的误差分布曲线图

图 15 是 2023 年 Patrick Blown 等提出的任意光谱合成方法的实验结果。该方法以 ASE 为光源,用可编程光处理器 WaveShaper 进行光谱整形[25],图 15(b)是随机生成的 20 条目标光谱,图 15(a)是误差曲线。图 15(c)是误差分布曲线,可看出基于可编程光处理器的任意光谱合成方法的误差有很大概率分布在 -0.4 dB 到 0.4 dB 之间。

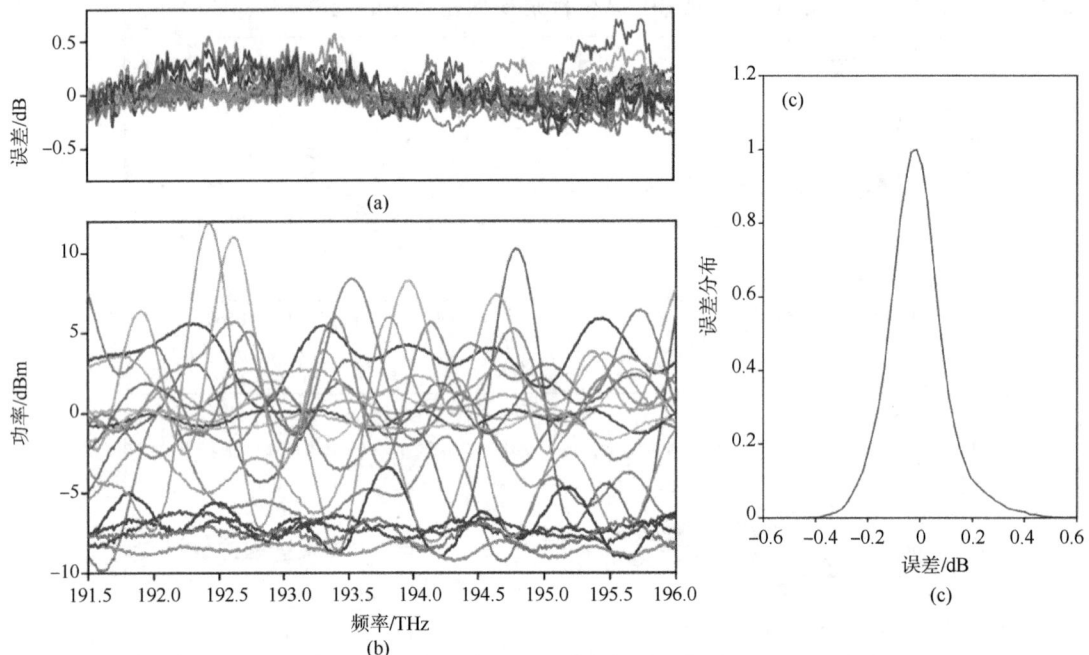

图 15 基于编程光处理器的任意光谱合成方法误差曲线(a)目标光谱(b)误差分布曲线(c)

方法一、方法二与基于可编程光处理器的任意光谱合成方法相比,方法一最优,误差主要分布在 -0.051 dB 到 0.051 dB,方法二和基于可编程光处理器的方法相比,误差的主要分布范围相近。由误差曲线可知,方法二在 1 545~1 555 nm 的误差非常小,小于基于可编程光处理器的方法,在其他波长范围,方法二的误差和基于可编程光处理器的方法相近。说明本文提出的方法,合成任意光谱的精度较高。

计算方法一、方法二 20 条生成光谱与目标光谱间的误差。两种方法的误差指标如图 16 所示,横坐标代表生成光谱的编号,从 1 到 20,图 16(a)是两种方法 20 条生成光谱的 R^2,图 16(b)是 RMSE,图 16(c)是 MAPD。可看出 R^2 方法一大于方法二,RMSE 和 MAPD 方法一小于方法二,因此方法一的误差比方法二小。Aleix Llenas 等提出一种基于 OSA 的闭环反馈元件,用于校正生成光谱和目标光谱之间的误差,此方法的 MAPD 小于 10%,MPAD 最小为 5.5%[26],本文两种方法的 MAPD 均小于 4.06%,优于文献[26]所述方法。

5. 小结

经对比分析,超高斯脉冲在正常色散区产生的超连续谱带宽大,平坦性好,适合作为任意光谱合成的宽谱光源。生成了正弦形、三角形、矩形和锯齿形光谱,R^2 均大于 0.99,两种方法的 MAPD 分别小于 1.87% 和 4.38%,两种方法的 RMSE 分别小于 3.385×10^{-8} 和 7.118×10^{-8}。以 20 条随机生成的任意形状光谱为目标光谱,两种方法的总体误差分别小于 0.051 dB 和 0.345 dB,本文提出的任意光谱合成方法精度较高。

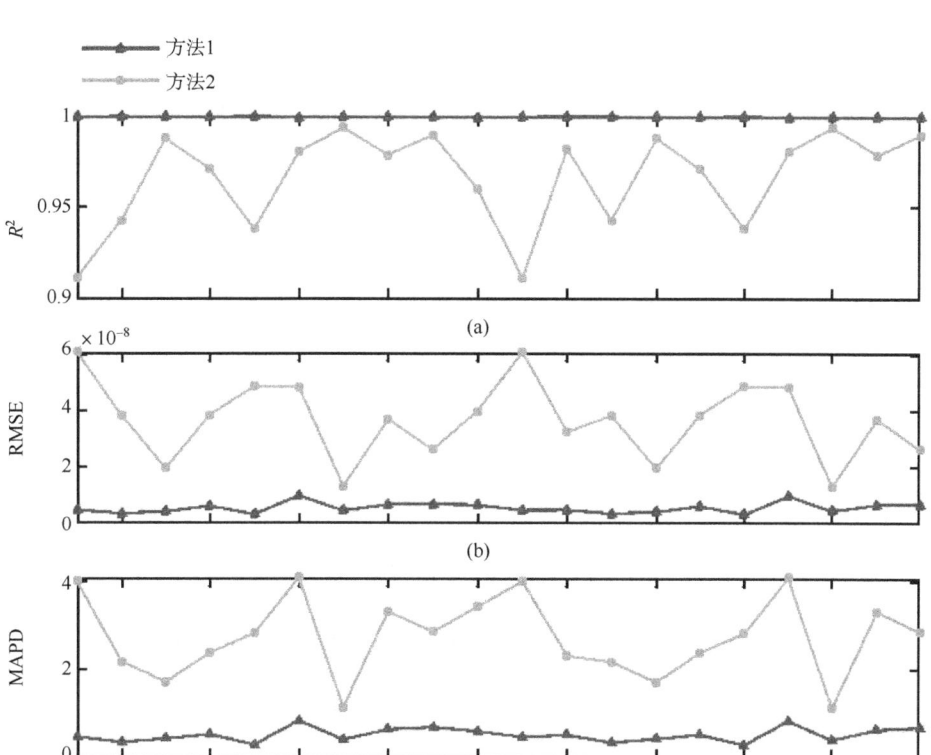

图 16　方法一和方法二 20 条生成光谱的误差指标曲线 R^2(a) RMSE(b) MAPD(c)

四、总结和展望

1. 工作总结

本文针对任意光谱合成方法进行了研究,将超连续谱作为宽谱光源,用 FTTM 和时域调制的方法进行光谱整形,通过求解频时转换函数,计算用于调制的输入电信号,可根据目标光谱,实时调整电信号,从而生成 C 波段上任意形状的光谱。主要工作如下:

(1) 将超高斯脉冲在正常色散区泵浦的超连续谱作为任意光谱合成系统的宽谱光源,相干性好、带宽大、顶部平坦。且在 FTTM 过程中,频域的每一波长分量都能映射到时域。为光谱整形提供了较理想的宽谱光源。

(2) 采用两种方法求解频时转换函数,方法一是基于色散系数和色散斜率的定义求解。基于光纤的色散系数和色散斜率的定义和物理意义,用微分方程表示 FTTM 过程中 λ 和 t 在色散作用下映射关系的变化,结合测得的初始条件,解方程得到频时转换函数。该方法的误差非常小,但是测量初始条件需要带宽较小的光高斯滤波器或调制器。方法二是基于色散介质的传递函数求解。将低阶和三阶色散分别建模为系统函数,利用卷积等运算,推导输出 FTTM 系统的时域光脉冲表达式和输入 FTTM 系统的光谱表达式之间的关系,得到频时转换函数的表达式。该方法不需测量初始条件,但误差比方法一大。频时转换函数的求解是调制得到目标光谱的重要基础。

(3) 通过仿真实验验证了基于正常色散区超连续谱的任意光谱合成方法的可行性,并分析了生成光谱和目标光谱之间的误差。以正弦形、三角形、矩形、锯齿形为目标光谱,计算了两种方法得到生成光谱的误差指标:R^2、RMSE 和 MAPD,绘制了误差曲线图并分析了误差变化的原因。随机生成了 20 条任意形状的目标光谱,得到两种方法的误差曲线图和误差分布图。方法一的误差主要分布在 −0.051 dB 和 0.051 dB 之间,方法二的误差主要分布在 −0.345 dB 和 0.345 dB 之间,总体而言,方法一的误差小于方法二。与基于可编程光处理器的任意光谱合成方法比较,方法一最优,方法二和基于可编程光处理器的方法误差值范围相近,但方法二在 1 545~1 555 nm 误差更小。计算了 20 条生成光谱的 R^2、RMSE 和 MAPD。从误差指标看,方法一优于方法二,将两种方法的 MAPD 与当前方法比较,两种方法的 MAPD 值均小于基于 OSA 闭环反馈回路的任意光谱合成方法。

直接在频域进行光谱整形需要高精度的光学元件以实现特定频率成分的精确调节,对元件的制造精度和性能有较高的要求,成本高昂,且特定的光学元件(如滤波器、光纤光栅)一旦设计完成后难以进行调整。而用于光谱整形的可调谐元件在调谐范围、速度或精度上可能存在限制。本文提出的任意光谱合成方法以超连续谱为光源,采用 FTTM 和时域调制的方法进行光谱整形,通过调整电信号来改变光谱形状,可根据需要灵活地改变生成光谱的形状,能够迅速适应不同的光谱合成需求。降低了对精密光学元件的要求,大幅简化了系统设计,降低了系统成本。

2. 未来展望

本文的任意光谱合成系统,易于调谐,结构简单,在光纤通信、传感技术、光谱分析等领域有重要应用。本文的工作还有以下几个方面需要进一步研究和改进:

(1) 本文的关键在于频时转换函数的求解,方法二可直接求得频时转换函数的表达式,但误差比方法一大,尤其在远离中心波长的部分。因此需进一步考虑用数值分析等方法精确地模拟 FTTM 过程,求解 FTTM 后更精确的频域和时域之间的映射关系。

(2) 本文采用的时域调制方法是使用幅度调制器进行强度调制,可进一步研究其他精确调制方法,如利用马赫曾德尔调制器调制或采用高阶调制格式。

本文采用的色散介质是单模色散光纤,可考虑用光纤布拉格光栅实现频率-时间映射,更加小型,易于集成,具有更低的插入损耗和非线性效应。

参考文献

[1] Angrisani L, D'Apuzzo M, D'Arco M, et al. Utilizing arbitrary waveform generators to produce noise with imposed spectral characteristics[J]. Acta IMEKO, 2015, 4(1): 11-18.

[2] Kikuchi K. Coherent optical communications: Historical perspectives and future directions[J]. High Spectral Density Optical Communication Technologies, 2010: 11-49.

[3] Richardson D J, Fini J M, Nelson L E. Space-division multiplexing in optical fibres[J]. Nature photonics, 2013, 7(5): 354-362.

[4] Winzer P J, Essiambre R J. Advanced modulation formats for high-capacity optical transport networks[J]. Journal of Lightwave Technology, 2006, 24(12): 4711-4728.

[5] She M, Wang Z, Zhang Y, et al. Spectral shaping enabled mode control and information transmission through a multimode optical fiber[J]. IEEE Photonics Technology Letters, 2024.

[6] Aspuru-Guzik A, Walther P. Photonic quantum simulators[J]. Nature physics, 2012, 8(4): 285-291.

[7] Tittel W, Brendel J, Zbinden H, et al. Quantum cryptography using entangled photons in energy-time Bell states[J]. Physical review letters, 2000, 84(20): 4737.

[8] Giovannetti V, Lloyd S, Maccone L. Quantum-enhanced measurements: beating the standard quantum limit[J]. Science, 2004, 306(5700): 1330-1336.

[9] Clarke A M, Williams D G, Roelens M A F, et al. Reconfigurable optical pulse generator employing a Fourier-domain programmable optical processor [J]. Journal of Lightwave Technology, 2009, 28(1): 97-103.

[10] Dezfooliyan A, Weiner A M. Photonic synthesis of high fidelity microwave arbitrary waveforms using near field frequency to time mapping[J]. Optics express, 2013, 21(19): 22974-22987.

[11] Wang C, Yao J. Simultaneous optical spectral shaping and wavelength-to-time mapping for photonic microwave arbitrary waveform generation[J]. IEEE Photonics Technology Letters, 2009, 21(12): 793-795.

[12] Wetzel B, Kues M, Roztocki P, et al. Customizing supercontinuum generation via on-chip adaptive temporal pulse-splitting[J]. Nature communications, 2018, 9(1): 4884.

[13] Xia H, Wang C, Blais S, et al. Ultrafast and precise interrogation of fiber Bragg grating sensor based on wavelength-to-time mapping incorporating higher order dispersion[J]. Journal of lightwave technology, 2010, 28(3): 254-261.

[14] 任子茂,路慧敏,冯丽雅,等.基于全连接神经网络的自然光谱复现方法研究[J].光学学报, 2023, 43(10):1030001.

[15] Liu L, Song B, Zhang S, et al. A novel principal component analysis method for the reconstruction of leaf reflectance spectra and retrieval of leaf biochemical contents[J]. Remote Sensing, 2017, 9(11): 1113.

[16] Liu Z, Liang Y. The spectral characterizing model based on optimized RBF neural network for digital textile printing[C]// Applied Sciences in Graphic Communication and Packaging: Proceedings of 2017 49th Conference of the International Circle of Educational Institutes for Graphic Arts Technology and Management & 8th China Academic Conference on Printing and Packaging. Springer Singapore, 2018: 55-60.

[17] Kudenov M W, Lowenstern M E, Craven J M, et al. Field deployable pushbroom hyperspectral imaging polarimeter[J]. Optical Engineering, 2017, 56(10): 103107-103107.

[18] Zhang L J, Jiang J, Jiang H, et al. Improving Training-based Reflectance Reconstruction via White-balance and Link Function[C]// 2018 37th Chinese Control Conference (CCC). IEEE, 2018: 8616-8621.

[19] Llenas A, Carreras J. A simple yet counterintuitive optical feedback controller for spectrally tunable lighting systems[J]. Optical Engineering, 2019, 58(7): 075104-075104.

[20] 贾楠,李唐军,孙剑,等.高非线性光纤正常色散区皮秒脉冲泵浦产生的超连续谱平坦性[J].红外与毫米波学报,2015,34(2):196-202.

[21] 叶佳.基于光谱整形的微波光子信号产生及处理技术研究[D].西南交通大学,2013.

[22] Xu T, Karanov B, Shevchenko N A, et al. Digital nonlinearity compensation in high-capacity optical communication systems considering signal spectral broadening effect[J]. Scientific reports, 2017, 7(1): 12986.

[23] Gohle C, Stein B, Schliesser A, et al. Frequency comb vernier spectroscopy for broadband,

high-resolution, high-sensitivity absorption and dispersion spectra[J]. Physical review letters, 2007, 99(26): 263902.

[24] Haes A J, Haynes C L, McFarland A D, et al. Plasmonic materials for surface-enhanced sensing and spectroscopy[J]. MRS bulletin, 2005, 30(5): 368-375.

[25] Blown P, Clarke I G, Zagari J, et al. An Optical Arbitrary Spectral Synthesizer[C]// 2023 Asia Communications and Photonics Conference/2023 International Photonics and Optoelectronics Meetings (ACP/POEM). IEEE, 2023: 1-3.

[26] Llenas A, Carreras J. A simple yet counterintuitive optical feedback controller for spectrally tunable lighting systems[J]. Optical Engineering, 2019, 58(7): 075104-075104.

作者简介

骆润卿，女，本科生，就读于北京信息科技大学信息与通信工程学院通信2001班。

孙剑（指导教师），北京信息科技大学信息与通信系统信息产业部重点实验室；北京信息科技大学光电测试技术及仪器教育部重点实验室。研究领域：非线性光学、光信号处理，副教授。

基于 EtherCAT 的温度采集系统设计

依力夏提·依明江

（北京信息科技大学信息与通信工程学院，北京，100101）

摘　要：随着工业 4.0 的快速普及，工业领域为了提升产品质量对集成温度监控系统的需求日益增长。本文设计并实现了一种基于 EtherCAT 的温度采集系统，旨在加强生产过程与环境温度的协同，促进工业自动化。系统采用 STM32 作为主控芯片，通过 SPI 接口实现数据采集与通信，选用 K 型热电偶和专业芯片实现温度的采集。硬件设计涵盖了热电偶连接、电路设计、PCB 布局及调试。软件方面，构建了采集架构，设计了相应的流程和关键功能模块，并配置主从站寄存器实现了通过 EtherCAT 核心板与主站的高效通信。最终，通过测试验证了本系统在接入工业物联网后的功能和通信可靠性。

关键词：EtherCAT；温度采集系统；STM32；K 型热电偶。

Design of temperature acquisition system based on EtherCAT

Yilixiati · Yimingjiang

Abstract: With the rapid popularization of Industry 4.0, the industrial field urgently needs to integrate temperature acquisition and control systems into production and processing systems to realize the close connection between the processing process and the temperature environment and improve the production quality of products. In this study, an EtherCAT-based temperature acquisition system is designed and implemented, which aims to improve the real-time temperature monitoring in the field of manufacturing and industrial automation, and facilitate the rapid integration with related industrial fields. The system uses STM32 as the main control chip, and realizes temperature acquisition and EtherCAT communication through the SPI interface. K-type thermocouple and corresponding temperature acquisition chip are selected to ensure the accuracy and stability of temperature acquisition. The system hardware design includes the connection between the thermocouple and the acquisition chip, the back-end circuit design, the layout and wiring of the circuit board, and the circuit soldering and debugging. The software part designs the temperature acquisition process, system software architecture and main functional modules, uses the SPI interface to realize the communication with the EtherCAT core board, and configures the key registers of the EtherCAT master and slave stations. The test results show that the system has the ability of accurate temperature acquisition and reliable real-time communication, and realizes the temperature collection link in the industrial Internet of Things link.

Key words: EtherCAT; Temperature Acquisition System; STM32; K-type Thermocouple.

一、绪论

1. 研究背景和意义

温度在化工、冶金、航空航天、食品加工、半导体等领域至关重要，合适的温度直接影响产品的质量。在航天领域,热真空试验是保证航天器及其载荷能够在外太空正常工作的重要测试环节。热真空试验中往往需要配置大量的温度采集通道、大量的程控电源,以实现对载荷进行精细的温度控制。随着"互联网+"及我国工业的快速发展,真空热试验中的温度采集、电源程控,在接入工业互联网后,可以灵活地调整试验配置。

2. 国内外研究现状

(1) 国外研究现状

EtherCAT 是一种基于以太网的实时通信协议,因其出色的实时性能和灵活性,正逐渐成为工业自动化和智能制造领域的重要技术选择。Nguyen H 等的研究利用 EtherCAT 技术实现了在线自动引导车辆(AGV)的操控,以及基于 Unity 平台的智能仓库管理[1]。Yoo T 和 Choi W B 的研究则关注于 RISC-V 架构在基于 EtherCAT 基础的机器人控制系统中的实时性能[2]。这些研究展现了 EtherCAT 技术在智能仓库管理和高性能控制系统中的广泛应用和创新潜力。

(2) 国内研究现状

目前,为了推进工业互联网的发展,很多应用都通过 EtherCAT 协议接入工业互联网。殷伟等学者设计实现了一种基于 STM32 的 EtherCAT 转 UDP 通信转换系统[3]。吴杰等学者的研究则聚焦于基于 EtherCAT 总线的伺服系统及其运动控制[4]。别旭昊等学者探讨了 EtherCAT 和 TwinCAT 在柔性制造领域的应用[5]。张桓玮等学者利用 STM32 处理器设计实现了一个蔬菜大棚监测终端[6]。梅育青和贾雄基于 LabVIEW 设计了实时温度采集系统[7]。李德建等学者提出了一种面向片上系统的多区域温度控制系统设计[8]。商国庆通过对基于 EtherCAT 总线的多通道注塑机温度控制进行仿真与实验研究[9]。这些研究进一步拓宽了 EtherCAT 技术在工业数据通信和温度监测领域的应用。

3. 主要内容及目的

本文设计一款温度采集电路并通过 EtherCAT 技术接入工业互联网。主要完成 EtherCAT 通信及温度采集电路设计,编写 STM32 程序以实现与 EtherCAT 核心板的数据交互,程序还需要完成温度的采集工作,并将温度值按照设定的格式发送给 EtherCAT 主站,最后对 EtherCAT 主站相关数据的解析。其中温度传感器的数据采集是研究的一个重点,而与 EtherCAT 核心板的通信则是实现更高级功能的关键。

二、基础知识概述

1. 温度采集的原理

(1) 温度采集的基本方法

温度数据的获取过程涉及对目标物体或环境的温况进行量化,并转换成可分析的数据信号。温度测量的常见技术可分为两大类:接触式和非接触式测量。接触式测量技术依赖于将温度测量设备如温度计或传感器直接与目标物体接触,通过热传递达到热平衡状态后获取温度读数。非接触式测量技术则基于物体热辐射的原理,通过测定目标物体发出的红外辐射能量来推断其温度。

(2) 热电偶的工作原理

热电偶由两种不同材质的导体(或半导体)A 和 B 组成,一端焊接在一起形成测量端,另一端与显示仪表或配套仪表连接形成冷端。当测量端和冷端存在温差时,回路中就会产生热电势,该热电势与两端温度差之间存在一定的函数关系,通过测量这个热电势,就可以推算出测量端的温度值。热电偶产生的电压非常小,需要放大信号并进行 AD 转换,之后进行数据处理。以 K 型热电偶为例,其电压与温度的关系可以通过某个特定的二次多项式方程来进行近似表示:

$$T = a \cdot V^2 + b \cdot V + c \tag{1}$$

式中,T 表示温度(单位为摄氏度),V 表示热电偶产生的电压(单位为伏特),a、b、c 为热电偶有关系数。

(3)冷端补偿的原理及应用

在使用热电偶进行温度测量时,冷端温度通常不会稳定在冰点,实施冷端补偿变得非常重要,以确保测量结果的准确性。冷端补偿的基本原理是先测量冷端的实际温度,然后对热电偶产生的热电势进行调整,确保获得准确的热端温度值。有多种补偿技术,包括冰浴法、公式计算补偿法以及自动化补偿法等。

2. EtherCAT 通信协议的原理

(1)EtherCAT 协议的基本概念

EtherCAT(Ethernet for Control Automation Technology)是一种高性能、实时性良好的工业以太网通信协议。满足工业自动化领域对实时性、高精度同步和数据传输效率的高要求。EtherCAT 的一个重要特点是其能够在一个以太网帧内实现多个从站设备的数据交换,而无须在每个从站都进行数据的完整接收和转发。这种技术提高了通信效率。

(2)EtherCAT 的通信机制

EtherCAT 的通信架构主要基于主站和从站之间的数据交换。在 EtherCAT 网络架构中,主站负责管理和监控从站,而从站是执行主站的指令。主站通过以太网发送数据帧,这些数据帧被分割成多个数据段,每个数据段对应一个从站。当数据帧通过网络时,每个从站会读取对应的数据段,进行处理后,再将数据帧传递给下一个从站。这种传递方式被称为"逐次处理",它大大减少了通信延迟。EtherCAT 还采用了分布式时钟同步技术,确保所有从站的时钟保持同步。EtherCAT 网络可以连接多达数千个从站设备,且数据传输速度非常快。EtherCAT 的另一个特点是它与标准以太网的兼容性,这意味着 EtherCAT 设备能够无缝集成到现有的以太网环境中,提高了系统的灵活性和可扩展性。

三、基于 K 型热电偶的温度采集电路设计

1. 传感器的选型与特性分析

(1)K 型热电偶的选型及理由

本次设计的温度测量范围在 0~200 ℃ 以内,因此选择了一款温度范围在 0~600 ℃ 的 K 型热电偶,如图 1 所示。

(2)采集芯片的选型及性能参数

使用 MAX6675 作为温度采集芯片,MAX6675 能够测量从 0 ℃ 到 1 024 ℃ 的广泛温度范围,芯片内置冷端补偿功能,MAX6675 具备一个易于使用的 SPI 串行通信接口,与微控制器连接简洁高效,如图 2 所示。

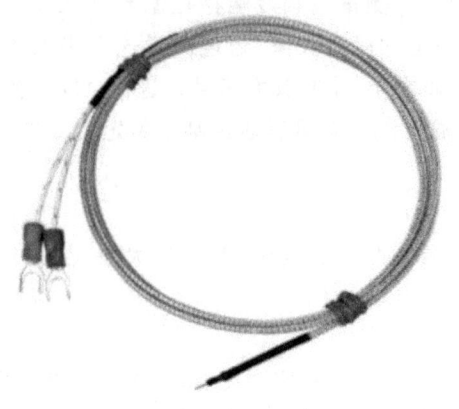

图 1　选用的 K 型热电偶

图 2　MAX6675 芯片

2. 硬件电路设计

(1) 热电偶与采集芯片及微控制器的连接方式

本设计要求使用热电偶采集四路温度,所用采集芯片的接口是 SPI,而微控制器芯片 STM32F103VBT6 只有两路 SPI,一路与 EtherCAT 核心板通信,剩下一路 SPI,需要通过分时复用的方式实现了四路温度采集电路。通过这种连接方式,K 型热电偶采集到的温度信号被 MAX6675 芯片转换为数字信号,并通过 SP2 接口传输到 STM32 微控制器,实现温度数据的采集,并与 EtherCAT 核心板通过 SPI1 进行数据的实时上传,连接方式如图 3 所示。

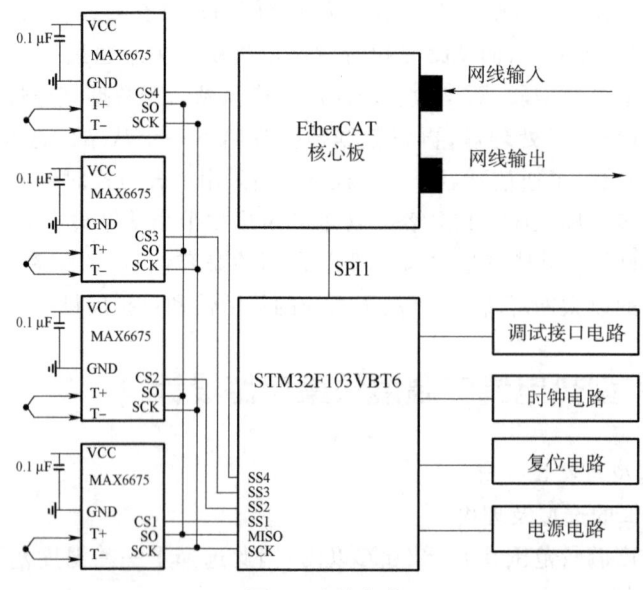

图 3　连接方式

(2) 电路的设计与实现

选用具有双 SPI 接口的 STM32 微控制器,以实现与热电偶采集芯片和 EtherCAT 核心板的独立通信。系统需提供稳定的 3.3 V 电压,可通过 DC-DC 转换器或线性稳压器实现,将工业标准电源转换为系统所需电压。SPI 接口电路设计中,STM32 的 SPI2 接口用于与 4 个 MAX6675 温度采集芯片通信,SPI1 接口用于与 EtherCAT 核心板通信,设计电路如图 4 所示。

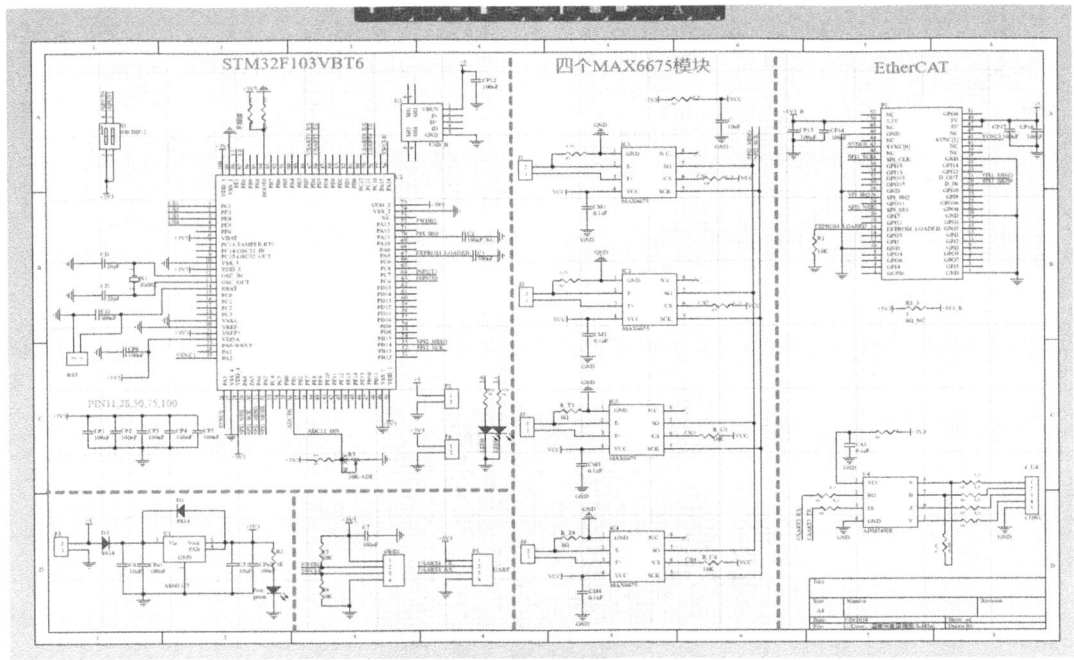

图 4　硬件电路图

通过 PCB 布局布线后生成的电路板正面图和反面图分别如图 5 和图 6 所示。

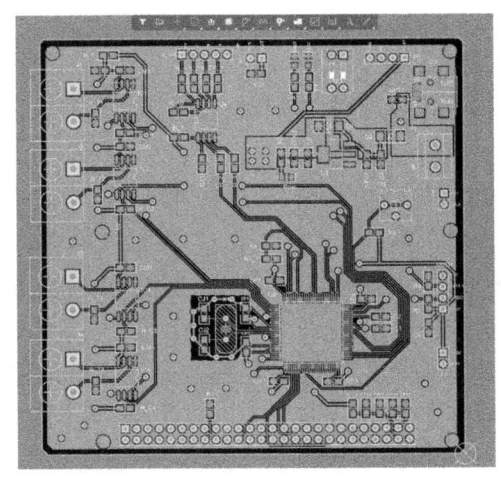

图 5　PCB 正面图

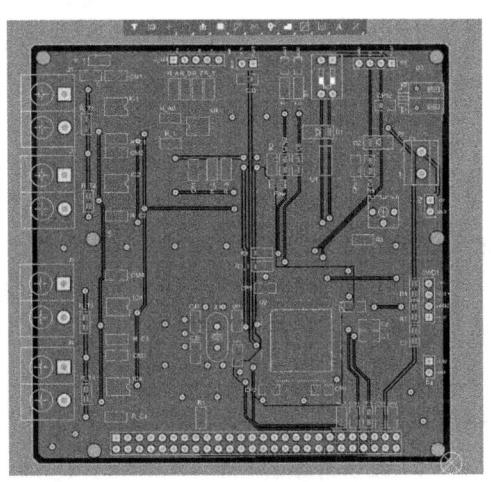

图 6　PCB 反面图

通过电路板的生产和焊接,最终的功能板正面图和反面图分别如图 7 和图 8 所示。
温度采集功能板和 EtherCAT 核心板组合在一起,如图 9 所示,并进行整体测试。

图 7 功能板正面图　　　　　　图 8 功能板反面图

图 9 组合功能板与核心板

3. 软件设计与实现

根据设计需求,进行了相关软件设计,软件的基本流程如图 10 所示,相关说明如下:

(1) 开始:程序开始运行,进入系统初始化阶段。

(2) 系统初始化:配置 STM32 微控制器的 SPI1 和 SPI2 接口,初始化 MAX6675 芯片和 EtherCAT 核心板。

(3) 发送命令到 MAX6675:STM32 微控制器通过 SPI2 接口向第 i 个 MAX6675 芯片发送采集命令。

(4) 等待 MAX6675 返回数据:等待 4 个 MAX6675 芯片将采集到的温度数据通过 SPI2 接口返回给 STM32 微控制器。

(5) 接收并整合数据:STM32 微控制器接收来自四路个 MAX6675 芯片的温度数据,并进行数据整合。

(6) 发送数据到 EtherCAT 核心板:将处理后的温度数据通过 SPI1 接口发送到 EtherCAT 核心板。

(7) 等待 EtherCAT 核心板响应:等待 SPI1 接口接收到来自 EtherCAT 核心板的响应,确认数据已经成功传输到 EtherCAT 网络。

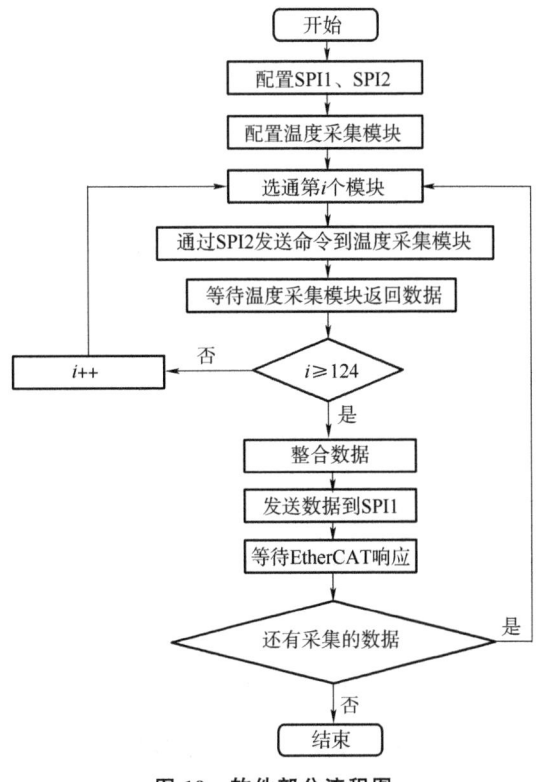

图 10 软件部分流程图

（8）判断是否继续采集：是否还有数据采集，如果有，返回步骤 3 继续采集；如果没有，循环结束。

（9）程序结束：系统在不需要继续运行时，结束程序。

说明：整个软件设计以 STM32 微控制器，通过配置 SPI 接口与温度采集芯片和 EtherCAT 核心板进行通信。主循环体负责不断发送采集命令、接收温度数据、处理数据并通过 EtherCAT 网络传输到控制中心。

四、EtherCAT 通信设计与实现

1. EtherCAT 通信协议的实现

（1）EtherCAT 通信的初始化过程

EtherCAT 通信的初始化过程主要包括配置 STM32 微控制器、初始化 EtherCAT 核心板以及建立通信链路。首先，在 STM32 微控制器上进行基础硬件配置，包括时钟设置、GPIO 配置和 SPI 接口配置。通过 SPI1 接口与 EtherCAT 核心板进行通信。接下来，进行 EtherCAT 核心板的初始化，包括电源供应、复位控制以及固件加载。在 STM32 微控制器上，配置 EtherCAT 协议栈。配置过程中，需要设置网络参数，如 IP 地址、子网掩码、网关等，确保 STM32 能够正确识别和连接到 EtherCAT 网络。EtherCAT 协议栈的配置文件中，需要定义从站设备的 PDO 映射关系，即确定哪些数据将被传输。配置完成后，STM32

微控制器发送启动命令，通知 EtherCAT 核心板进入工作状态，准备接收和发送数据。此时，EtherCAT 核心板会扫描网络中的从站设备，建立设备列表并确认各设备的状态，确保所有设备正常工作，网络拓扑结构正确。

（2）EtherCAT 增加浮点数输入变量

在对 EtherCAT 开发板程序进行调整的过程中，增加了一个 32 位浮点数作为输入变量。同时，在 XML 配置文件中，新增了一个数据类型定义，将其标记为“REAL”，如图 11 所示。

	()-- Comment	() Name	() BaseType	() BitSize
1	Std type (see ETG.1020)	BIT2		2
2	Std type (see ETG.1020)	BOOL		1
3	Std type (see ETG.1020)	DINT		32
4	Std type (see ETG.1020)	INT		16
5	Std type (see ETG.1020)	UDINT		32
6	Std type (see ETG.1020)	UINT		16
7	Std type (see ETG.1020)	REAL		32
8	Std type (see ETG.1020)	USINT		8

图 11　添加数据类型

在 EtherCAT 开发板的 IO 程序中，该变量的输出映射地址被指定为 0x1A02，添加了 4 个 SubIndex，索引 0x1A02 负责将处理中的数据映射到 0x6020，对数据类型 DT6020 进行相应的更新，如图 12 所示。

DT1A02		368		SubItem (12)
DT1C12ARR	UINT	16	ArrayInfo	
DT1C12		32		SubItem (2)
DT1C13ARR	UINT	32	ArrayInfo	
DT1C13		48		SubItem (2)
DT6000		24		SubItem (9)
DT6020		160		SubItem (11)

DT1A02 SubItem (12)：

	() SubIdx	() Name	() Type	() BitSize	() BitOffs
1	0	SubIndex 000	USINT	8	0
2	1	SubIndex 001	UDINT	32	16
3	2	SubIndex 002	UDINT	32	48
4	3	SubIndex 003	UDINT	32	80
5	4	SubIndex 004	UDINT	32	112
6	5	SubIndex 005	UDINT	32	144
7	6	SubIndex 006	UDINT	32	176
8	7	SubIndex 007	UDINT	32	208
9	8	SubIndex 008	UDINT	32	240
10	9	SubIndex 009	UDINT	32	272
11	10	SubIndex 010	UDINT	32	304
12	11	SubIndex 011	UDINT	32	336

DT6020 SubItem (11)：

	() SubIdx	() Name	() Type	() BitSize	() BitOffs
1	0	SubIndex 000	USINT	8	0
2	1	Underrange	BOOL	1	16
3	2	Overrange	BOOL	1	17
4	3	Limit 1	BIT2	2	18
5	5	Limit 2	BIT2	2	20
6	15	TxPDO State	BOOL	1	30
7	16	TxPDO Toggle	BOOL	1	31
8	17	T1_input	REAL	32	32
9	17	T2_input	REAL	32	64
10	17	T3_input	REAL	32	96
11	17	T4_input	REAL	32	128

图 12　添加变量并修改该数据类型

增加 SubIndex8～11 的索引号分别为 60200820、60200920、60201020、60201120，其中 6020 是索引号，08～11 是索引 6020 的第 8 位到 11 位，20 代表数据大小，32 位，如图 13 所示。

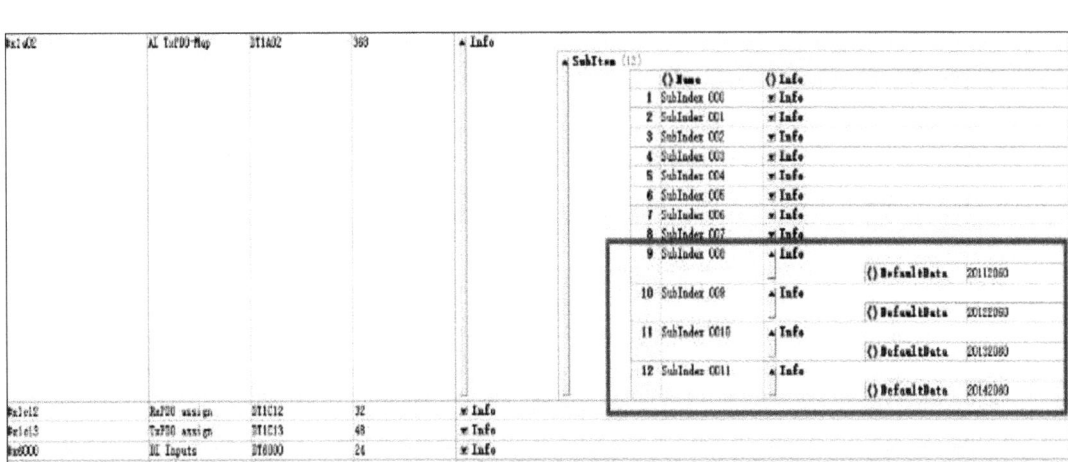

图 13 增加并填写索引号

定义 PDO 传输,需要输入所以 TxPdo 进行定义,并修改 SM 配置,增加了 4 个 32 位,对应的字节多了 16 字节,所以 SM 配置的输入变成 2+18=20,如图 14 所示。

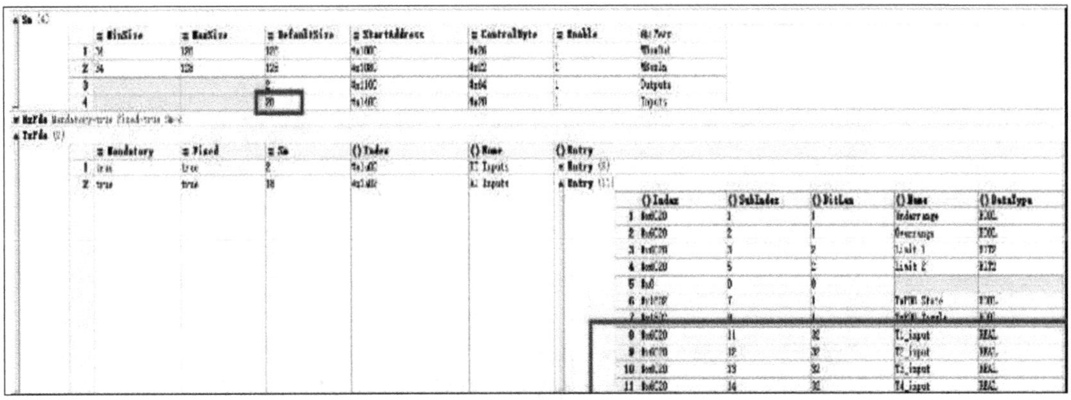

图 14 定义 TxPdo 并更改 SM 配置

下面开始修改 xml 对应的 IO 文件程序,首先在 e19800appl.h 中,更改 0x1a02 和 0x6020 的存储变量、索引、表项描述、对象描述,更改 0x6020 的对象名字。

每个 32 位需要两个 16 位,在 0x1A02 原来的基础上添加 8 个 16 位,如图 15 所示。

最后把四路温度数据赋给存储的 4 个变量,如图 16 所示。

(3) 与上位机基础站的通信及实现

在整个系统中,上位机基础站负责监控和管理 EtherCAT 网络中的各个设备,并与 STM32 微控制器进行数据交互。上位机基础站通常运行在 PC 或工业计算机上,通过以太网接口连接到 EtherCAT 网络。首先,上位机基础站启动 EtherCAT 主站软件,如 TwinCAT 软件。该软件扫描并识别网络中的所有从站设备,并建立通信链接。上位机基础站与 STM32 微控制器之间的通信通常通过 EtherCAT 核心板实现,核心板充当中介,将上位机基础站的指令传递给 STM32,并将 STM32 的数据返回给上位机基础站,如图 17 所示。

```
void APPL_InputMapping(UINT16* pData)
{
    UINT16 j = 0;
    UINT16 *pTmpData = (UINT16 *)pData;
    /* we go through all entries of the TxPDO Assign object to get the assigned TxPDOs */
    for (j = 0; j < sTxPDOassign.u16SubIndex0; j++)
    {
        switch (sTxPDOassign.aEntries[j])
        {
        /* TxPDO 1 */
        case 0x1A00:
            *pTmpData++ = SWAPWORD(((UINT16 *) &sDIInputs)[1]);
            break;
        /* TxPDO 3 */
        case 0x1A02:
            *pTmpData++ = SWAPWORD(((UINT16 *) &sAIInputs)[1]);
            *pTmpData++ = SWAPWORD(((UINT16 *) &sAIInputs)[2]);
            *pTmpData++ = SWAPWORD(((UINT16 *) &sAIInputs)[3]);
            *pTmpData++ = SWAPWORD(((UINT16 *) &sAIInputs)[4]);
            *pTmpData++ = SWAPWORD(((UINT16 *) &sAIInputs)[5]);
            *pTmpData++ = SWAPWORD(((UINT16 *) &sAIInputs)[6]);
            *pTmpData++ = SWAPWORD(((UINT16 *) &sAIInputs)[7]);
            *pTmpData++ = SWAPWORD(((UINT16 *) &sAIInputs)[8]);
            *pTmpData++ = SWAPWORD(((UINT16 *) &sAIInputs)[9]);
            break;
        }
    }
}
```

图 15 应用代码进行添加

```
sAIInputs.T1_input  = temp_4[0];
sAIInputs.T2_input  = temp_4[1];
sAIInputs.T3_input  = temp_4[2];
sAIInputs.T4_input  = temp_4[3];
```

图 16 赋值

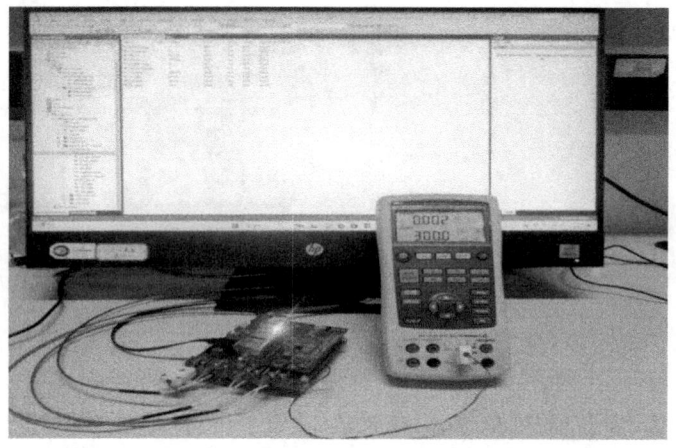

图 17 温度数据通过核心板传输到 TwinCAT 基础站

在上位机成功上传数据后,这里用信号源输出一个 300 ℃,实际上传的温度值为 300.25 ℃,有 0.25 的误差,如图 18 所示。

T1_input	300.25	REAL
T2_inpu	26.5	REAL
T3_inpu	26.25	REAL
T4_inpu	27.0	REAL

图 18 T1 路温度上传值

为了温度值的准确性及可靠性,进一步对 T1、T2、T3、T4 的温度进行了连续检测并进行了误差分析,如图 19 所示。

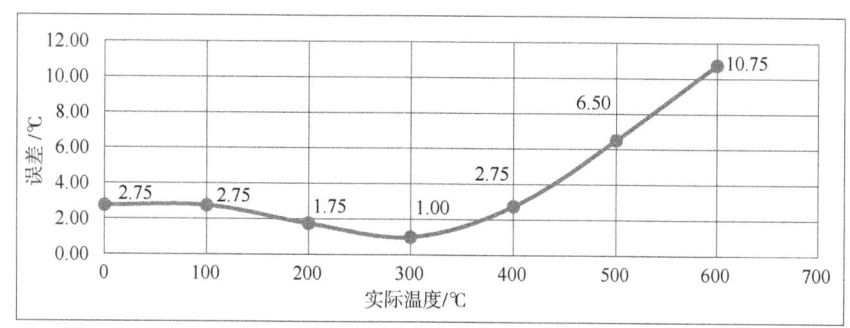

图 19　误差变化图

从表 1 中可以看出,温度在 0～400 ℃区间中,误差较低,在测量序列结束部分误差较大。这可能因为冷端在 MAX6675 芯片内,跟实际摆放的位置有一定区别,并且电路板上的温度值影响了这个冷端值,从而导致温度有一定的误差。

表 1　温度采集数据

实际温度/℃	0	100	200	300	400	500	600
T1/℃	1.75	102.25	200.50	300.25	402.25	505.75	609.25
T2/℃	2.00	102.50	201.00	300.00	402.50	506.00	609.75
T3/℃	2.25	102.75	201.50	300.75	403.00	506.25	610.50
T4/℃	2.75	102.75	201.75	301.00	402.75	506.50	610.75
最大值	2.75	102.75	201.75	301.00	403.00	506.50	610.75
误差	2.75	2.75	1.75	1.00	3.00	6.50	10.75

EtherCAT 通信协议的实现确保了 STM32 微控制器、EtherCAT 核心板与上位机基础站之间的高速实时数据传输。

五、总结

实现了在工业现场,尤其是热真空试验现场下,使用 EtherCAT 通信协议将温度采集电路接入工业互联网的功能。通过设计温度采集、处理及数据传输等电路,搭建了基于 EtherCAT 通信协议的温度采集电路。在此基础上,通过联合配置相关变量,完成了 EtherCAT 主从站的连接,及温度数据的实时上传。实现了四路适用于热真空试验的温度采集处理,并支持多从站的快速接入,提高了热真空试验及其他工业现场中进行多通道温度采集的扩展性。此外,针对设计完成的电路,对温度采集的性能进行了测定,给出了该设备合理工作的区间。确认系统在可靠性和实时性方面达到了设计目标,能够在复杂的工业环境中稳定运行。系统不仅能够处理高频率、高数据量的实时数据交换,还能够应对各种意外情况,保证数据传输的连续性和可靠性。

参考文献

[1] Nguyen H，Nguyen P T，Ngo T Q H．Using EtherCAT technology to launch online automated guided vehicle manipulation with unity-based platform for smart warehouse management［J］．IET Control Theory & Applications，2023，18（2）：229-243．

[2] Yoo T，Choi W B．Real-Time Performance Benchmarking of RISC-V Architecture：Implementation and Verification on an EtherCAT-Based Robotic Control System［J］．Electronics，2024，13(4)．

[3] 殷伟.基于 STM32 的 EtherCAT 转 UDP 通信转换系统设计与实现［J］.中国新通信，2023，25(12)：10-12.

[4] 吴杰.基于 EtherCAT 总线的伺服系统及运动控制研究［D］.沈阳工业大学，2023．

[5] 别旭昊，王雯璇，张世杰，等.EtherCAT 和 TwinCAT 在柔性制造领域的应用［J］.信息记录材料，2023,24(5)：176-178.

[6] 张桓玮，贾一帆，周驰，等.基于 STM32 处理器的蔬菜大棚监测终端设计与实现［J］.电脑编程技巧与维护，2024,(1)：53-56.

[7] 梅育青，贾雄.基于 LabVIEW 的实时温度采集系统设计［J］.仪表技术，2023,(6)：1-4＋14.

[8] 李德建，杨小坤，杨立新，等.面向片上系统的多区域温度控制系统设计［J］.集成技术，2023，12(6)：43-56.

[9] 商国庆.基于 EtherCAT 总线的多通道注塑机温度控制仿真与实验研究［D］.北京化工大学，2022.

作者简介

依力夏提·依明江，男，本科生，就读于北京信息科技大学信息与通信工程学院电信 2001 班。

赵宗民，北京信息科技大学，微电子学与固体电子学，讲师。

基于小米小爱平台的环境监测控制系统设计与实现[①]

袁有朝

(北京信息科技大学信息与通信工程学院,北京,100101)

摘　要:在万物物联时代,物联网技术以其独特的优势,正在逐步改变我们生活和工作的方式。在高等教育迅速扩张的背景下,高校对研究室和实验室等教室的利用需求日益增加,尤其是在新专业的不断涌现下,如何高效管理教学场地并合理配置资源成了重要的议题。因此,打造一个具备先进智能物联网技术的实验室势在必行。

本文根据现有实验室并利用物联网和信息技术以实现软硬件设计与开发。通过研究智能实验室体系结构,结合小米 Aqara 平台,设计了既能实验室单元独立控制,又能接入小米 Aqara 云平台实现信息共享结构,达到智慧化实验室的效果。同时通过 App 设计开发,可以远程查看和控制相关设备。实现门窗监测、窗帘控制、灯光控制、温湿度监测等智能化管理功能的智慧型实验室管理系统。该新型智慧物联实验室具有更高的效率、更强的实时性和更准确的监测结果。它不仅为学生和老师打造了一个舒适的学习环境,还能有效整合资源,实现环境的智能化、节能化和可持续管理。有很大的实用价值和研究意义。

经过测试,整个系统各个部分可以稳定工作,达到了本项目设计的基本目的。

关键字:环境监测;智慧实验室;智能控制;App 开发;ZigBee 技术。

Design and Implementation of an Environmental Monitoring and Control System Based on Xiaomi Xiao'AI Platform

Yuan Youchao

Abstract:Times New RomanIn the era of the Internet of Everything, IoT technology is gradually changing the way we live and work with its unique advantages. Against the backdrop of the rapid expansion of higher education, universities are increasingly demanding the utilization of classrooms such as research rooms and laboratories, especially with the constant emergence of new majors. How to efficiently manage teaching venues and allocate resources rationally has become an important issue. Therefore, it is imperative to create a classroom equipped with advanced smart IoT technology.

This article leverages existing laboratories and utilizes IoT and information technology to achieve software and hardware design and development. By studying the intelligent classroom architecture and combining with the Xiaomi Aqara platform, a design is proposed that can achieve independent control of individual classroom units while also integrating into the Xiaomi Aqara cloud platform to enable information sharing, thus achieving the effect of a smart classroom. At the same time, through the design and

---

① 项目来源类别。

development of the App, it is possible to remotely view and control related equipment. A smart classroom management system that realizes intelligent management functions such as door and window monitoring, curtain control, lighting control, and temperature and humidity monitoring is implemented. This new type of smart IoT classroom has higher efficiency, stronger real-time performance, and more accurate monitoring results. It not only creates a comfortable learning environment for students and teachers but also effectively integrates resources to achieve intelligent, energy-saving, and sustainable management of the environment. It has great practical value and research significance.

After testing, all parts of the system can work stably and have achieved the basic purpose of this project design.

Key words：environmental monitoring；smart classrooms；intelligent control；App development；ZigBee.

一、概述

随着物联网技术的发展，环境监测控制系统在教育领域尤为重要，不仅提升了学习体验，还促进了节能减排。本章将深入探讨了基于小米小爱平台的智慧实验室环境监测控制系统的设计与实现的重要性和时代意义。随着信息技术的飞速发展，国内外在环境监测和智慧实验室建设方面都取得了显著的进展，我国在智慧实验室建设上，通过集成先进技术，实现了个性化教学和高效管理。

1. 研究背景及意义

随着智能化技术越来越普及，我们的生活到处都有物联网技术。环境监测控制系统是目前比较重要的一个应用场景。而在现代教育中，智慧实验室也成了现代教育重要的部分。传统的人工管理方式不仅效率低下，人力成本高昂，而且往往伴随着资源浪费和安全隐患。同时在学校实验室的使用上，传统实验室的环境控制通常依赖人工调节，无法实现智能化控制。这不仅增加了管理成本，也影响了学生的学习体验。特别是大学，每间实验室的使用时间都不一样，因此给设备管理员带来了较大的不便，同时学校多间实验室的统一管理，给学校造成了不必要的开支。在这一背景下，环境监测控制系统作为智慧实验室的重要组成部分，对于提升学习环境的舒适度、实现节能减排以及推动智慧实验室技术的创新与发展具有不可忽视的作用。基于小米小爱平台的智慧实验室环境监测控制系统的设计与实现，正是为了深入探索这一领域的潜力，并为用户带来更加智能化、舒适和环保的实验室使用体验。

本项目主要研究内容为构建一个基于小米小爱的环境监测与控制系统，以此来监测和控制实验室环境。通过集成多种传感器，包括温湿度传感器、光照传感器、人体传感器、门窗传感器等，进行实时监测室内环境值。同时，通过 Web 和 App 开发相关功能，并连接室内智能设备，进行远程控制室内设备。借助小爱音箱自带网关设备，将室内传感设备与小爱音箱相连接，可以语音控制室内设备，比如打开窗帘，打开灯光，询问室内温湿度等。该设计让学生和老师拥有更智能与舒适便利的生活环境，同时该项目符合现代社会绿色发展理念，能够实现节能减排，降低能源消耗。随着教育信息化的不断深入，环境监测控制系统将成为未来智慧实验室系统的重要组成部分，为学生和教师带来更加全面、智能化的教学和学习体验。同时也将为未来智慧实验室的研究提供一种新的思路。

2. 系统设计总体结构

传感器又叫电五官,是获得室内环境值的途径和方法。利用物联网控制技术实现对实训室门禁、灯光、环境、窗帘等前端物联控制设备进行统一管控。门窗监测、环境监测、灯光控制、窗帘控制等物联控制设备均采用总线型架构组网并且所有前端控制采集设备全部接入小米音箱网关由网关进行统一管控。网关通过校园网与云端平台进行数据传输、同步,老师、实训室管理员等人员可通过移动端对实验室及设备进行监测、控制等操作,系统解决方案图如图1所示,从而实现实训室无人值守,减轻实训室管理员日常管理工作负担。

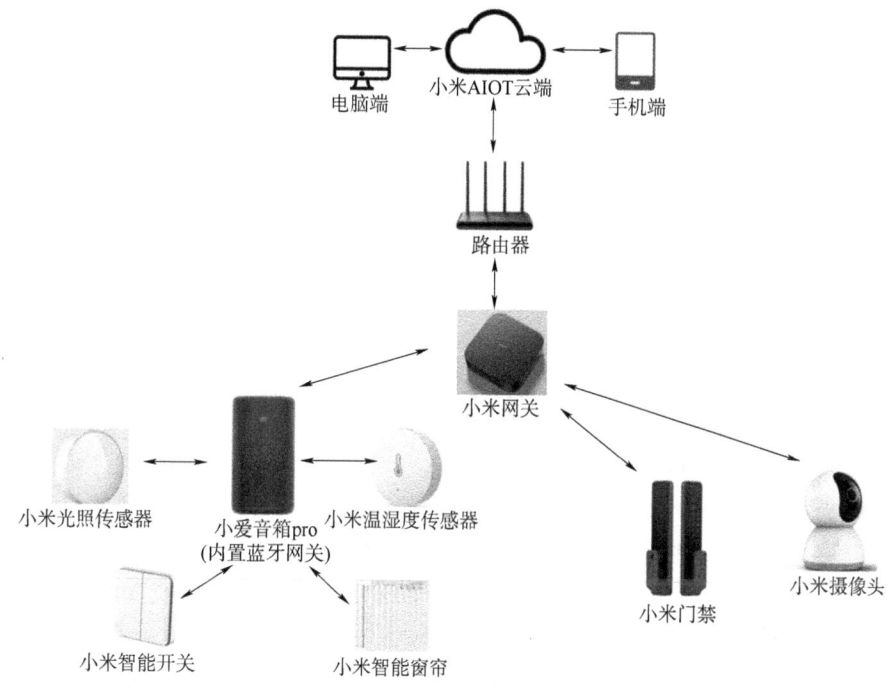

图1 环境监测控制系统解决方案

二、环境监测控制系统的设计与实现

本章将重点介绍环境监测控制系统的设计与实现。包括硬件搭建、App 界面的开发、后端框架的搭建、设备的智能联动配置,以及将传感器数据集成到手机端 App 中。通过本章,将实现整个环境监测系统的监测与控制。

1. 系统硬件设计与实现

环境监测系统中硬件搭建主要包括以下几个功能:温湿度光照及入侵监测功能、智能灯光控制功能、门窗状态监测功能、窗帘控制系统功能及小米小爱语音交互功能,其相关设备搭建如图2所示。温湿度监测功能依赖于其内部的敏感元件感应环境的温度和湿度变化,并将其转换为可测量的电信号。入侵监测功能主要是热释电效应。门窗状态监测功能通过干簧管原理制作的磁性传感器实时监测门窗的开合状态,并可通过网关与其他智能教室设备进行联动。窗帘控制系统则利用电动窗帘电动机、控制器以及轨道等组件实现窗帘的自动化操作,与智能系统连接后可实现远程控制和智能化场景设定。小米小爱语音交互功能作为智能家居的中心,通过高灵敏度麦克风阵列捕捉用户语音指令,经过降噪、识别、理解等处理后,执行相应操作或提供信息反馈。这些功能的结合,为用户提供了更加便捷、智能化的使用体验。

图 2　环境监测控制系统硬件安装图

2. 系统软件设计与调试

本部分为系统软件的设计与调试。包括 App 页面的构建、后端框架的搭建、智能设备的联动配置,以及如何将传感器数据集成到手机端 App 中。系统 App 软件的开发,主要通过 HBuilde 工具进行页面设计,通过 JFinal 进行后端开发,借助 Aqara 云平台实现 API 接口获取到用户相关授权许可,使得手机 App 可以访问该系统设备相关信息,如图 3 为其软硬件联动配置图。通过项目 ID 和 Appid 密钥实现传感器与 App 连接交互,实现将传感器与 App 相关联,并将相关数据信息上传到云平台,实现远程查看实验室信息和远程控制。

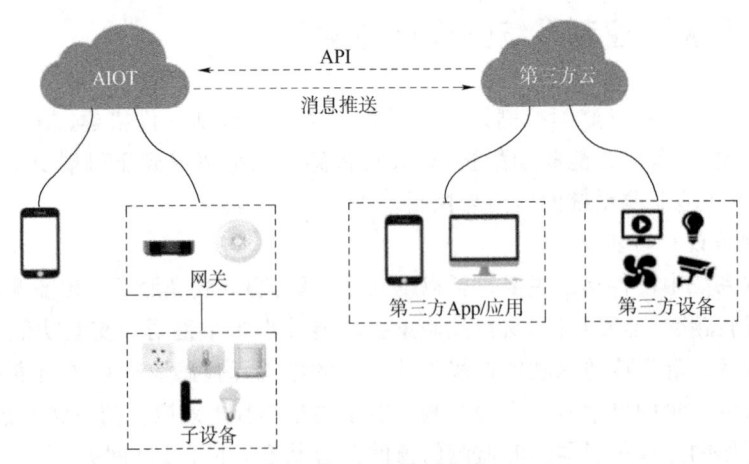

图 3　软硬件联动配置图

(1) 打开 HBuilder,创建一个新的项目或打开一个已有的项目,在项目文件夹中创建一个新的 HTML 文件,命名为"webApp",如图 4 所示。

(2) 首先是在 HTML 文件中完成温湿度光照系统的设计界面,以及灯光控制系统和窗帘控制系统的界面布局。

(3) 在项目 HTML 文件中创建一个用于存放图片的目录"images"。插入合适的图片到该目录中,如图 5 所示。

(4) Web-INF 是 Java Web 应用中的一个特殊目录,用于存放那些仅供 Web 应用程序内部使用的资源,如 JSP 文件、类文件(.class)、库文件(.jar)和 Web 应用程序的配置文件(如 web.xml)。由于这个目录不对外公开,因此无法直接通过浏览器访问其中的内容,从而增加了应用程序的安全性。通过一个或多个 js 目录来存放 JavaScript 文件,有助于保持代码的模块化和可重用性,并方便团队成员之间的协作,共同构成了完整的 Web 应用程序,移动手机端 App 界面设计如图 6 所示。

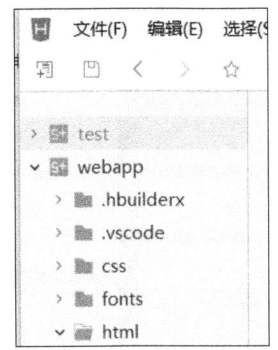

图 4 新建 App 页面 webApp 图

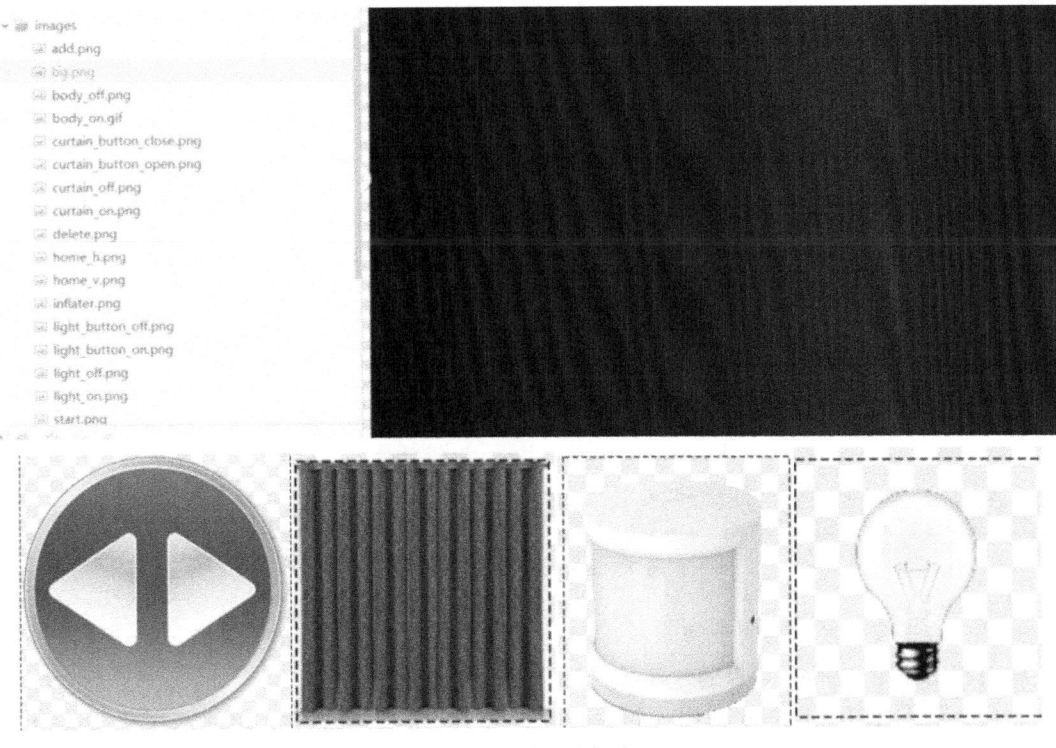

图 5 界面设计部分

3. 传感器接入 App

(1) 首先通过 Aqara 开发者平台注册的手机号,通过该账号登录到 Aqara 开发者平台,完成绑定设备,如图 7 所示。

(2) 通过授权验证码 authCode 获取访问令牌 accessToken。在授权码 Code 过期前,通

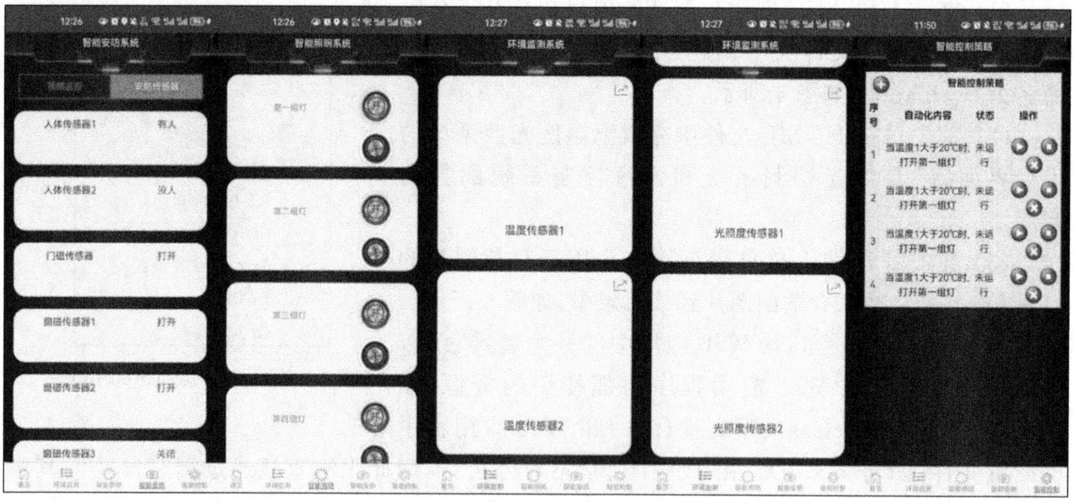

图 6　App 移动端设计图

序号	设备DID	设备模型值	设备类型	状态	操作
1	lumi1.54ef4454dfa5	lumi.gateway.iragl8	网关(可带子设备)	● 在线	调试
2	lumi.158d000325fadf	lumi.sensor_magnet.v2	子设备	● 在线	调试
3	lumi.158d00096e0c05	lumi.weather.v1	子设备	● 在线	调试
4	lumi.158d00082feb21	lumi.sensor_motion.aq2	子设备	● 在线	调试
5	lumi.158d00032601fd	lumi.sensor_magnet.v2	子设备	● 在线	调试
6	lumi.158d0006c57fc0	lumi.weather.v1	子设备	● 在线	调试
7	lumi.158d00082fed17	lumi.sensor_motion.aq2	子设备	● 在线	调试
8	lumi.158d000303b048	lumi.sensor_magnet.v2	子设备	● 在线	调试
9	lumi.158d000325fb01	lumi.sensor_magnet.v2	子设备	● 在线	调试
10	lumi.158d0007b7d3b5	lumi.curtain.v1	子设备	● 在线	调试

图 7　云平台接入传感器图

过此接口将授权码换取访问令牌 accessToken，访问令牌的默认有效期为 7 天，云平台访问授权流程图如图 8 所示，可以通过步骤自定义有效期时长。

(3) 通过 API 接口获取到用户相关授权许可，以允许手机 App 访问该用户相关信息(如设备列表、控制设备、联动配置等)，手机 App 后端通过项目 ID 和 Appid 密钥实现传感器与 App 连接交互，并获取到各种传感器(如温度传感器、湿度传感器、光照传感器、人体传感器以及门/窗磁传感器)和灯光设备的具体配置参数。这些传感器和灯光设备通过特定的设备 ID、类型、名称以及与它们关联的设备和资源 ID 进行标识和连接，从而构成了一个完整的智能家居系统。这个系统可以通过收集和分析传感器数据，实现对家居环境的智能监控和控制，如自动调节室内温度、湿度和照明等。其实现原理及实现过程如图 9 所示。

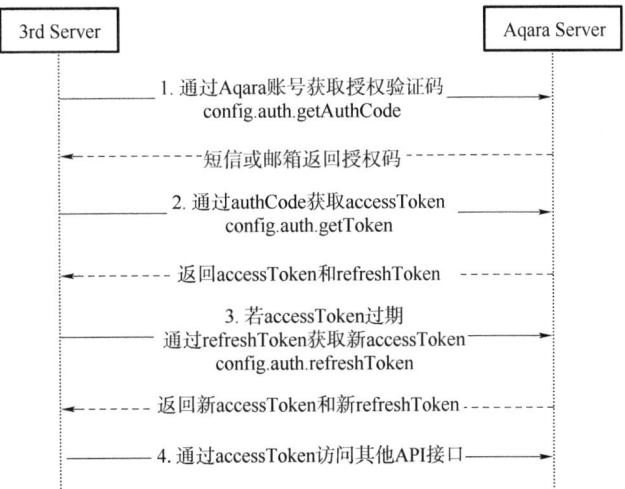

图 8　云平台访问授权流程图

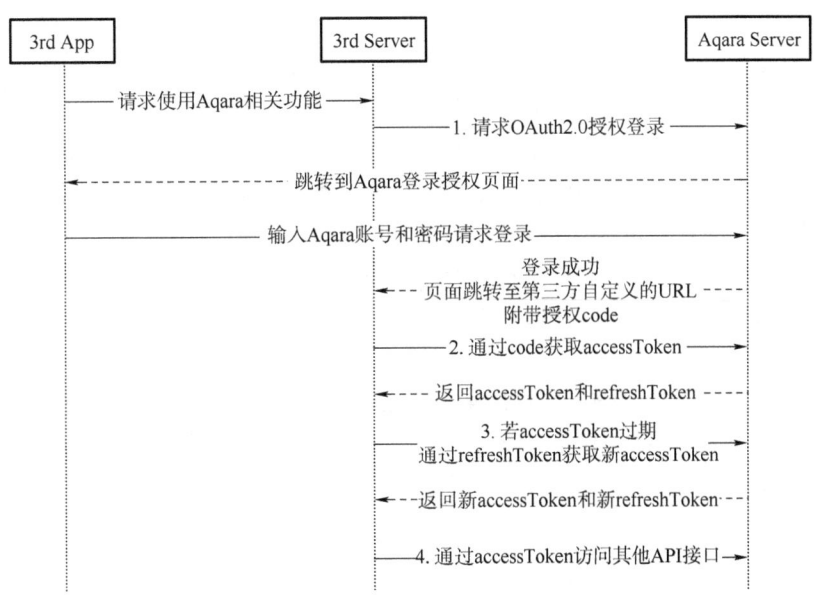

图 9　App 与云平台交互流程图

4. 系统实现结果分析

对已搭建好的硬件和调试好的软件进行测试,对温湿度传感器、智能灯光控制、门窗状态监测、窗帘控制进行测试,可以看到各个传感器和控制系统运行正常,所收集的环境值符合实际值,准确监测并播报实验室内的温湿度数据;控制系统运行准确无误,智能灯光控制通过智能墙壁开关实现实验室灯光的远程控制及语音控制;门窗状态监测通过手机应用实时查看门窗状态,增强家居安全掌控感;窗帘控制系统则通过智能窗帘电动机提供便捷的手机和语音控制方式。此外,联动功能的实现进一步提升了生活的便捷性,如人体传感器自动触发灯光开关,光照传感器自动调节窗帘开合等。提升了生活的舒适性和安全感。

三、结论

本文所设计的环境监测控制系统从实验室实际需求出发,依托物联网技术、嵌入式技术、无线通信技术、云平台技术等相关知识进行深入的学习。设计并实现了基于小米小爱平台的环境监测控制系统,具有较高的实际应用价值。本文完成的主要工作有:

(1) 基于研究背景和意义,了解了当前国内外的相关研究,并查阅了大量的相关资料,通过分析相关行业的环境监测控制系统的发展现状,结合实际实验室需要,提出了基于小米小爱环境监测系统的总体架构与设计方案。

(2) 按照实际需求及方案目标,进行相关传感器及窗帘轨道电动机,无线开关的选型及采购。分析了相关工作原理。

(3) 基于系统的总体设计方案完成硬件设计。设计并实现了室内环境数据的无线采集与监测,包括温湿度光照及入侵监测、门窗状态监测等。小爱音箱语音识别与智能设备的联动控制、M2智能网关与云服务器的远程通信等功能。以及借助小米小爱语音交互的功能,实现了系统的智能化和用户交互体验。

(4) 根据实验室实际需求,通过学习自主借助 Hbuild 开发工具和 eclipse 编程软件,设计了一款自适应的 App。主要包括 App 页面的搭建、JFinal 框架的应用、Aqara 联动配置以及手机端 App 的实现。通过利用 WiFi 通信模块与小米云平台进行数据交互,实现了手机 App 对设备的远程监测和控制功能。该 App 操作界面简单,操作方便,实用性强。

(5) 对所设计的环境监测与控制系统进行功能测试,结果表明,各个传感器运行正常,环境监测数据稳定且正确,能够稳定连接小米 Aqara 平台,通过 Wifi 向用户手机 App 传达设备信息实现远程监测与控制,能够联动小米音箱实现语音控制。确保了系统的稳定性和可靠性。

该监测控制系统功能的实现,将使得新型智慧物联实验室具有更高的效率、更强的实时性和更准确的监测结果。不仅能够及时发现环境问题,提供预警,还能有效整合资源,实现环境的智能化、节能化和可持续管理,为学生老师的生活带来了更多的便捷化与舒适性。

参考文献

[1] 陈志华.基于 ZigBee 的智慧教室物联网设计与实现[D].兰州大学,2019.

[2] 郑中华,张昌杰,傅城,等.嵌入式智能校园物品借用设备的设计与实现[J].福建师大福清分校学报,2018,(5):38-43+50.

[3] 接柏皓.嵌入式动态室内环境监测及控制系统设计[D].黑龙江大学,2018.

[4] 钱平,齐赛赛,孙逊.基于 STM32 与 ESP8266 室内环境监测系统的设计[J].无线互联科技,2023,20(9):80-82+110.

[5] 佟素娟,薛同来,王宿仲,等.无线传感器网络在现代环境监测中的应用[J].工业控制计算机,2023,36(12):116-117+123.

[6] Samijayani O N, Darwis R, Rahmatia S, et al.Hybrid ZigBee and WiFi wireless sensor networks for hydroponic monitoring[C].2020 International Conference on Electrical, Communication, and Computer Engineering (ICECCE). IEEE, 2020:1-4.

［7］ 张志远,刘媛媛.基于 ZigBee 无线传感系统的设计与应用［J］.机械管理开发,2024,39（4）:240-242.DOI:10.16525/j.cnki.cn14-1134/th.2024.4.88.

［8］ 滕文想,何继鹏,刘鹏宇,等.基于物联网的室内环境远程监测实验平台设计［J］.电子技术,2023,52（10）:16-19.

［9］ 梁馨予.智能化特教学校教室环境监测控制系统的设计与实现［D］.中国地质大学（北京）,2019.DOI:10.27493/d.cnki.gzdzy.2019.000914.

［10］ 王利巧,陈霞飞.高校师生智慧教室应用需求调查研究——以 H 大学为例［J］.中国教育技术装备,2024,（7）:26-29.

［11］ 安冬,池东亮,邵萌.基于 STM32 的智慧教室控制系统设计［J］.机电产品开发与创新,2017,30（4）:127-129.

［12］ 董愫铭.基于物联网的实验室环境监测系统研究［J］.长江信息通信,2023,36（8）:148-150.

［13］ 孙嘉成,刘博飞,邢晓鹏,等.基于物联网的智能窗帘设计［J］.电子制作,2023,31（2）:42-45.DOI:10.16589/j.cnki.cn11-3571/tn.2023.02.001.

［14］ 来哲函,薛益鸽.Hbuilder 与 jQuery 在网页开发中的应用［J］.智能计算机与应用,2017,7（6）:117-121.

［15］ Thirumal G,Kumar ChiranjeEV.Multilevel sensor deployment Approach in IIot-based environmental monitoring system in underground coal mines［J］.computer communications,2022.

［16］ Raza A,Jingzhao L,Adnan M,et al.Optimal load forecasting and scheduling strategies for smart homes peer-to-peer energy networks:A comprehensive survey with critical simulation analysis［J］.Results in engineering,2024,22102188.

作者简介

袁有朝,男,本科生,就读于北京信息科技大学信息与通信工程学院物联2001班。

吴韶波（指导教师）,北京信息科技大学信息与通信工程学院,物联网技术应用,副教授。

极低频电流场通信信道分析与建模

郑桉林　徐　湛　张　旭

(北京信息科技大学信息与通信工程学院,北京,100101)

摘　要:本文建立了地电极总阻抗模型,并根据该模型构建了极低频电流场透地通信路径损耗模型。分析了电极间距、电极半径、电极入土深度等参数对总阻抗和路径损耗的影响,由仿真结果确定了信号传输最佳工作参数。结果分析表明,实际测量总阻抗与理论模型仿真结果基本一致,验证了总阻抗模型的准确性。根据最佳工作参数搭建的极低频电流场透地通信系统,在通信距离为 20~200 m 处测得的路径损耗与模型仿真结果相吻合。

关键字:透地通信;地电极阻抗;电流场;极低频。

Analysis and Modeling of Extremely Low Frequency Electric Field Communication Channel

Zheng Anlin, Xu Zhan

Abstract: This paper establishes a total impedance model for ground electrodes and, based on this model, constructs a path loss model for extremely low-frequency current field TTE communication. The influence of parameters such as electrode spacing, electrode radius, and electrode burial depth on total impedance and path loss is analyzed. Simulation results determine the optimal operating parameters for signal transmission. The results indicate that the measured total impedance closely matches the theoretical model simulation results, verifying the accuracy of the total impedance model. A TTE communication system using extremely low-frequency current fields, built according to the optimal operating parameters, showed path loss measurements at distances of 20-200 meters that were consistent with the model simulation results.

Keywords: Through-the-Earth communication; Ground electrode impedance; Current field; Extremely low frequency.

一、引言

穿山隧道发生坍塌后,在坍塌隧道洞口和施工掌子面之间,坍塌后的岩土通常会形成一个全封闭厚实积堆遮蔽空间,导致施工人员被困。此时地表施救人员与被困人员之间的通信尤为重要,这将为救援提供重要信息,提高被困人员的生存概率。然而,在传统的高频无线通信中,由于岩石、土壤、水、矿物和其他具有显著导电性的积堆介质的存在,会导致到达接收点的信号微弱。而且,发生坍塌事故后,传统的通信基础设施,如电缆、光纤和中继器等设备容易遭受损坏,导致通信中断。极低频信号具有穿透积堆介质衰减小的优点,其基础设施不易被破坏,因此极低频电流场通信成为一种备受关注的解决方案。

虽然极低频电流场 TTE 通信系统具备出色的穿透能力,但在实际传输过程中受到多种因素的影响。第一,由于信号工作在极低频范围内,数据传输速率受到限制,只能传输文本消息或预编程消息。第二,由于积堆介质的导电性,信号仍会出现衰减。第三,积堆介质的电导率、地电极间距、地电极的种类(如形状、材料、尺寸)以及电极与大地的接触质量等会影响地电极阻抗,而阻抗值过高将导致注地电流很小,从而限制了最大通信范围。第四,TTE 通信系统面临多种噪声源的干扰[1],如系统自身产生的内部噪声、外部人为噪声和耦合到电极上的自然噪声。第五,地电极的角度、位置与方向会影响信号的发送与接收。因此极低频电流场通信信道分析与建模会有一定的难度。

二、电流场地电极信道分析

1. TTE 通信总阻抗模型

对于电流场 TTE 通信,通过降低信号发射端总阻抗值,将会使得地电极注入电流变大,穿透范围增加,传输距离更远。

(1) 导线阻抗 Z_w

总阻抗的第一个组成部分源自于连接信号发送装置与地电极的导线。可以考虑使用如图 1 所示的电阻-电感串联模型来表示导线的阻抗。

其中:

$$R_w = \frac{\rho_w d_w}{\pi a_w^2} \tag{1}$$

$$L_w(\mu H) = 0.002 l_w \left[2.3\ln\left(\frac{4d_w}{2a_w}\right) - 0.75 \right] \tag{2}$$

式中,ρ_w 为导线的电阻率(Ω/m),d_w 为导线的长度(m),a_w 为导线横截面积的半径(m)。

导线阻抗的取值如式(3)所示。

$$Z_w = R_w + L_w \tag{3}$$

(2) 大地阻抗 Z_g

总阻抗中的第二个组成部分是由地电极之间存在的大地土壤所引起的。根据文献[2]大地阻抗的取值如式(4)所示。

$$Z_g = \int_a^{d_{AN}} \frac{\rho}{2\pi x^2} dx = \frac{\rho}{2\pi}\left[\frac{1}{a} - \frac{1}{dl}\right] \tag{4}$$

式中,a 为地电极的半径(m),dl 为发送端地电极间距(m),ρ 地电极之间土壤的电阻率(Ω/m)。

(3) 接触阻抗 Z_{tr}

总阻抗中的第三个组成部分是接触阻抗,为了计算接触阻抗,已有研究提出了一些接触阻抗的模型[3],在本次分析中,考虑如图 2 所示的接地阻抗模型。

图 1 电阻-电感串联模型　　图 2 接地阻抗模型

其中：

$$R_{tr} = \frac{1}{4\pi\sigma d}\ln\left[\left(\frac{4d}{a}\right) - 1 - \frac{1}{dl}\right] \tag{5}$$

$$C_{tr} = 4\pi\varepsilon dl \left(\ln\frac{2dl}{a}\right)^{-1} \tag{6}$$

$$L_{tr} = \frac{\mu dl}{2\pi}\ln\left(\frac{2dl}{a}\right) \tag{7}$$

式中，d 为地电极深度(m)，ε 为大地土壤的介电常数(F/m)，μ 为大地土壤的磁导率(H/m)。

（4）总阻抗 R

根据上述对导线阻抗、大地阻抗和接触阻抗的分析，可以得到极低频电流场 TTE 通信的总阻抗模型，如图 3 所示。

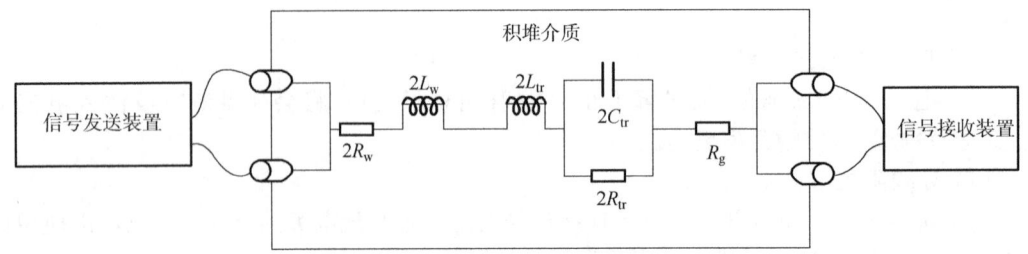

图 3 极低频电流场 TTE 通信的总阻抗模型

由于实际信号工作在极低频范围内，电容效应和电感效应可以忽略不计。对于一对地电极接触阻抗 Z_{tr} 可以表示为

$$Z_{tr} = 2R_{tr} = \frac{1}{2\pi\sigma d}\ln\left[\left(\frac{4d}{a}\right) - 1 - \frac{1}{dl}\right] \tag{8}$$

导线阻抗 Z_w 可以表示为

$$Z_w = 2R_w = \frac{2\rho_w d_w}{\pi a_w^2} \tag{9}$$

因此总阻抗 R 可以表示为

$$R = Z_{tr} + Z_w + Z_g = \frac{2\rho_w d_w}{\pi a_w^2} + \frac{1}{2\pi\sigma d}\ln\left[\left(\frac{4d}{a}\right) - 1 - \frac{1}{dl}\right] + \frac{\rho}{2\pi}\left[\frac{1}{a} - \frac{1}{dl}\right] \tag{10}$$

2. 传播模型分析

（1）电流场等效原理

根据电偶极子的电场传播特性，当向电偶极子施加直流电压时，所产生的电流会沿着电场线流动[4]，因此可以类似地得到在大地土壤下的电流场传播模型，如图 4 所示。其中 V_t 为发送端电压有效值，V_r 为接收端电压有效值，当 V_t 发生变化时，V_r 会随着 V_t 变化。因此使用 V_t 作为发送信号，在接收端根据 V_r 的变化，便可以实现信息的传输。

（2）静电场分析

根据上述分析，首先计算出电偶极子的电场传播特性，以正电荷到负电荷的方向为轴，中点为原点建立球坐标系 (r,φ,θ)，如图 5 所示。其中电偶极子电量为 q，电偶极子天线间距为 dl，接收点 p 到电偶极子天线中心距离为 r。

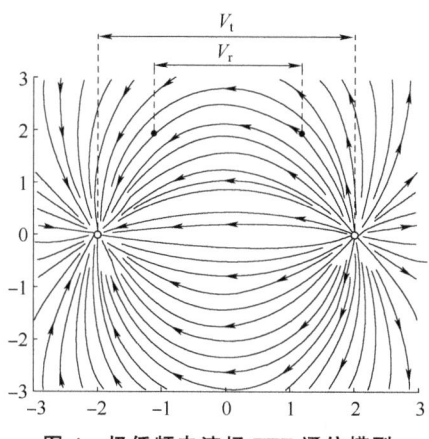 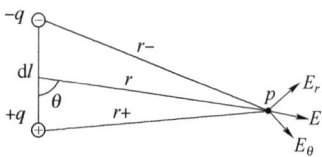

图 4　极低频电流场 TTE 通信模型　　图 5　电偶极子天线的电场强度辐射示意图

为了计算电场强度 E 首先计算出电偶极子在 p 点处的电势 ϕ，根据电势叠加原理可得：

$$\phi = \phi_+ + \phi_- = \frac{q}{4\pi\varepsilon}\left(\frac{1}{r_+} - \frac{1}{r_-}\right) \tag{11}$$

式中，$\phi_+ = \frac{1}{4\pi\varepsilon}\frac{q}{r_+}$ 表示正电荷在 p 点处电势，$\phi_- = \frac{1}{4\pi\varepsilon}\frac{-q}{r_-}$ 表示负电荷在 p 点处电势。

由余弦定理可以得出 r 与 r_+，r_- 的关系：$r_+ \approx r - \frac{dl}{2}\cos\theta$，$r_- \approx r + \frac{dl}{2}\cos\theta$ 代入式(11)解出电势 ϕ：

$$\phi = \frac{q}{4\pi\varepsilon}\frac{dl\cos\theta}{r^2 - \left(\frac{l}{2}\cos\theta\right)^2} \approx \frac{q}{4\pi\varepsilon}\frac{dl\cos\theta}{r^2} \tag{12}$$

由电势与电场强度的关系，对电势求负梯度可得：

$$E_\theta = \frac{q\,dl}{4\pi\varepsilon}\frac{\sin\theta}{r^3} \tag{13}$$

$$E_r = \frac{q\,dl}{2\pi\varepsilon}\frac{\cos\theta}{r^3} \tag{14}$$

$$E_\varphi = 0 \tag{15}$$

根据静电场与恒流场的对偶关系，将静电场中的 q 和 ε 与替换为 I 和 σ，可得电流场的电场强度：

$$E_\theta = \frac{I\,dl}{4\pi\sigma}\frac{\sin\theta}{r^3} \tag{16}$$

$$E_r = \frac{I\,dl}{2\pi\sigma}\frac{\cos\theta}{r^3} \tag{17}$$

$$E_\varphi = 0 \tag{18}$$

在接收端，通过与发送端平行的两个电偶极子天线实现对信息的接收，接收端感应电压 U 可以由式(19)表示：

$$U = \int E \cdot dd_R = \int_0^{d_R} E_\theta \cdot ds = d_R \cdot \frac{I\,dl}{4\pi\sigma}\frac{1}{r^3} \tag{19}$$

根据欧姆定律,注入电流 I 可以表示为

$$I = \frac{U_\mathrm{T}}{R} \tag{20}$$

式中,U_T 为发送端发送电压的有效值,R 为发送端电偶极子天线间总阻抗,根据式(19)可得接收端电压表达式:

$$U = d_R \cdot \frac{U_\mathrm{T} \mathrm{d}l}{4\pi R\sigma} \frac{1}{r^3} \tag{21}$$

(3) 路径损耗分析

路径损耗是指信号在传播过程中由于大地土壤、传播距离等因素导致的信号功率衰减现象。其数值大小可以通过电压有效值的衰减程度来进行表示:

$$\mathrm{PL} = -10\lg\left(\frac{|P_\mathrm{T}|}{|P|}\right) = -20\lg\left(\frac{|U_\mathrm{T}|}{|U|}\right) \tag{22}$$

式中,P_T 为信号的发送功率,P 为信号的接收功率。

将式(21)代入式(22)可得路径损耗 PL:

$$\mathrm{PL} = -20\lg\left(\frac{4\pi R\sigma r^3}{d_R \mathrm{d}l}\right) \tag{23}$$

3. 发送端地电极阻抗仿真分析

(1) 地电极半径对阻抗的影响

根据上文的推导,使用 MATLAB 对公式(10)进行仿真,以验证地电极半径对阻抗的影响,并将结果与 FEKO 仿真进行比较。根据表1参数进行仿真。

表 1 总阻抗仿真参数(地电极半径)

类别	参数	类别	参数
地电极深度	0.2 m	地电极间距	2 m
地电极半径	0.004 5~0.015 m	土壤介质电导率	0.01 S/m
地电极组数	1 组	导线阻抗	10 Ω

总阻抗与电极半径的关系如图 6 所示,随着地电极半径增加,无论是通过 FEKO 仿真还是理论计算得到的阻抗都会迅速降低。然而,在地电极半径较小时,FEKO 仿真结果明显高于理论值。但是随着地电极半径的增加,两者之间的差距逐渐减小。

(2) 地电极间距对阻抗的影响

接下来,探究地电极间距对阻抗的影响,并与 FEKO 仿真进行比较,仿真参数按照表2设置。

表 2 总阻抗仿真参数(地电极间距)

类别	参数	类别	参数
地电极深度	0.2 m	地电极间距	1~3 m
地电极半径	0.015 m	土壤介质电导率	0.01 S/m
地电极组数	1 组	导线阻抗	10 Ω

总阻抗与地电极间距的关系如图 7 所示,随着地电极间距增加时,无论是通过 FEKO

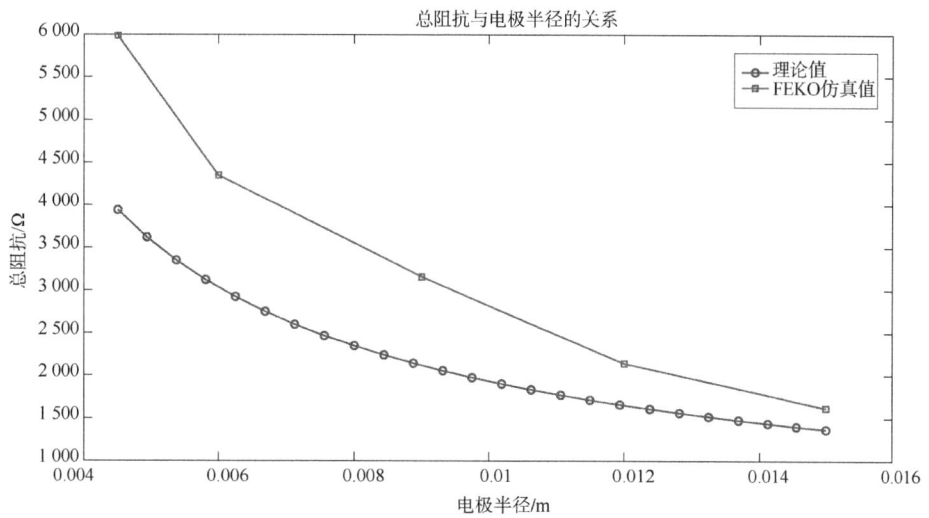

图 6　总阻抗与电极半径的关系

仿真还是理论计算得到的阻抗都几乎保持不变。因此,通过改变地电极间距来降低总阻抗的效果较差。

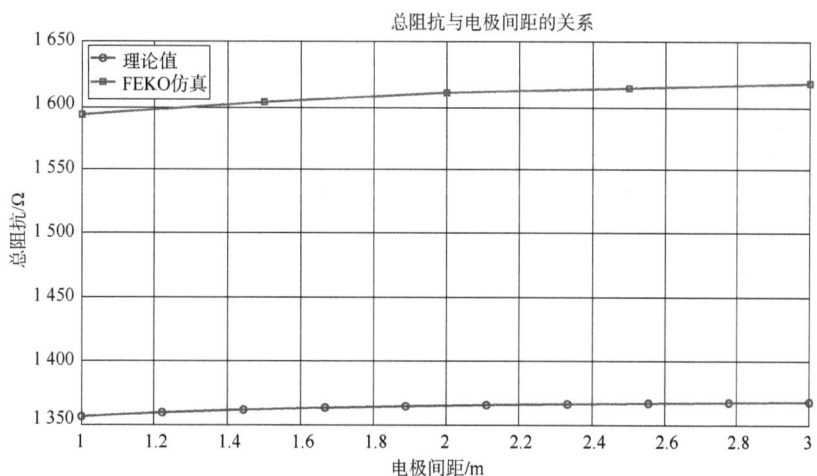

图 7　总阻抗与地电极间距的关系

(3) 地电极入土深度对阻抗的影响

最后,通过 MATLAB 验证地电极入土深度对总阻抗的影响,并与 FEKO 仿真进行比较,仿真参数按照表 3 设置。

表 3　总阻抗仿真参数(地电极入土深度)

类别	参数	类别	参数
地电极入土深度	0.1～0.5 m	地电极间距	2 m
地电极半径	0.015 m	土壤介质电导率	0.01 S/m
地电极组数	1 组	导线阻抗	10 Ω

总阻抗与地电极入土深度的关系如图8所示,随着地电极入土深度的增加,无论是通过FEKO仿真还是理论计算得到的阻抗都会降低。因此,可以通过改变地电极入土深度来降低总阻抗,但相比改变地电极半径,其影响较小。

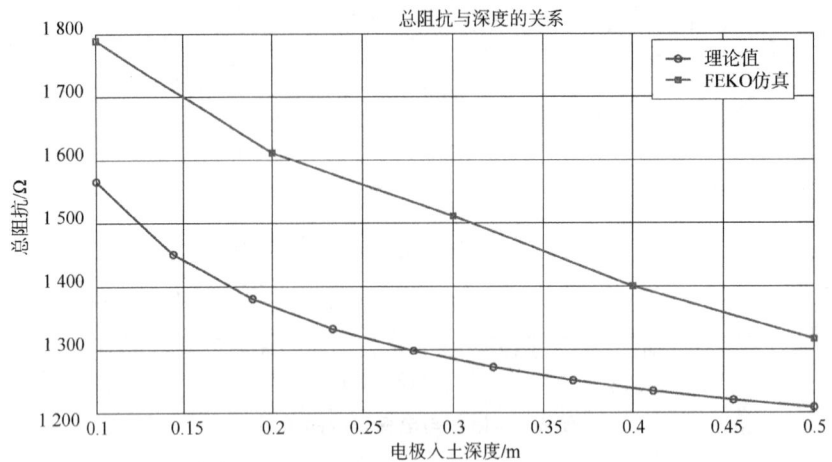

图 8　总阻抗与地电极入土深度的关系

4. 路径损耗仿真

(1) 地电极入土深度对路径损耗的影响

首先探究地电极入土深度对路径损耗的影响,按照表4参数进行仿真。

表 4　路径损耗仿真参数(入土深度)

类别	参数	类别	参数
地电极入土深度	0.1～0.5 m	土壤介质电导率	0.01 S/m
地电极半径	0.004 5 m	通信距离	80 m 与 150 m
发送端地电极间距	3 m	接收端地电极间距	2 m

根据图9所示的地电极入土深度与路径损耗的仿真情况,观察到路径损耗随电极入土深度变化不明显,故可选择较浅的入土深度进行实际测量。因此,在实测中,选择0.2 m作为地电极的入土深度。

(2) 发送端地电极半径对路径损耗的影响

探究地电极半径对路径损耗的影响,按照表5参数进行仿真。

表 5　路径损耗仿真参数(地电极半径)

类别	参数	类别	参数
地电极入土深度	0.2 m	土壤介质电导率	0.01 S/m
地电极半径	0.002 5～0.006 5 m	通信距离	80 m 与 150 m
发送端地电极间距	3 m	接收端地电极间距	2 m

根据图10所示的地电极半径与路径损耗的仿真情况,可以观察到无论是在150 m处还是在80 m处路径损耗都略微降低。这表明选择半径较大的地电极更为合适。因此,根据实际可操作性选择半径为0.004 5 m的地电极。

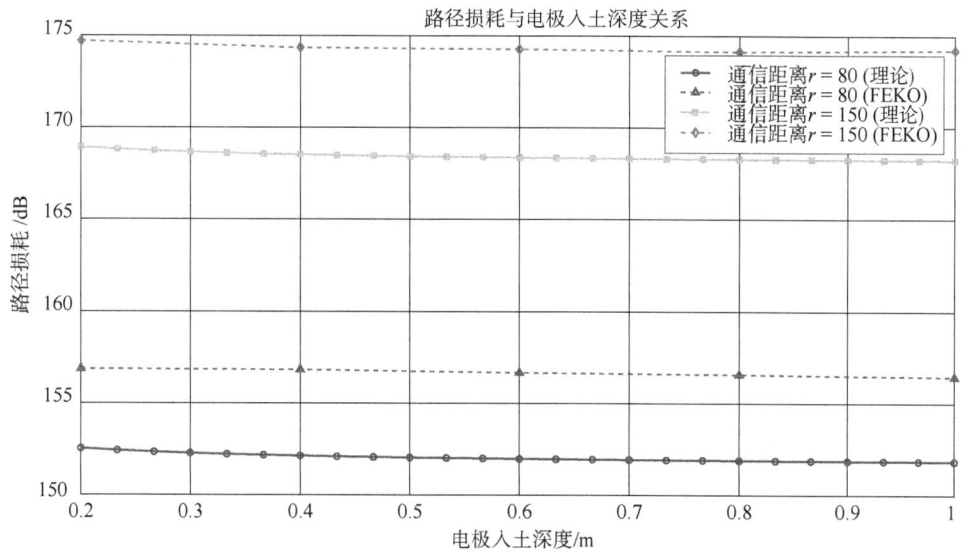

图 9 地电极入土深度与路径损耗的关系

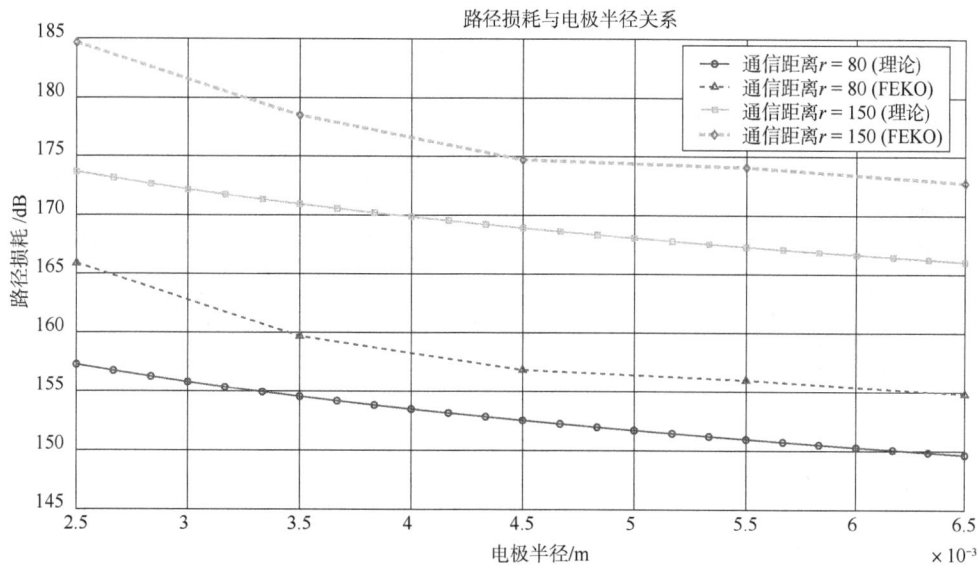

图 10 地电极半径与路径损耗关系

(3) 发送端地电极间距对路径损耗的影响

探究地电极间距对路径损耗的影响,按照表 6 参数进行仿真。

表 6 路径损耗仿真参数(地电极间距)

类别	参数	类别	参数
地电极入土深度	0.2 m	土壤介质电导率	0.01 S/m
地电极半径	0.004 5 m	通信距离	80 m 与 150 m
发送端地电极间距	1~30 m	接收端地电极间距	2 m

根据图 11 所示的路径损耗与发送杆间距的仿真情况,可以观察到无论是在 150 m 处还是在 80 m 处路径损耗都迅速降低。这表明增大电极间距可以有效地改善路径损耗。因此,在实际空间大小允许的情况下,选择地电极间距为 30 m 更为合适。

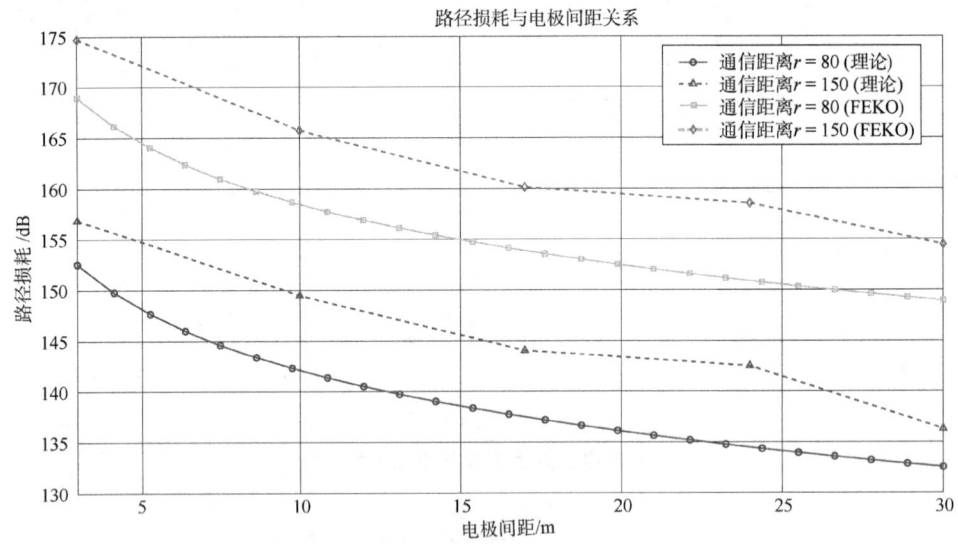

图 11　地电极间距与路径损耗关系

（4）通信距离对路径损耗的影响

假设电极间土壤电导率为 0.01 S/m,根据上述电极优选参数,探究通信距离对路径损耗的影响。

根据图 12 所示通信距离与路径损耗的关系,观察到随着通信距离的增加,路径损耗迅速上升,这表明通信距离越远,实现 TTE 通信越困难。另外,仿真结果和理论结果之间存在一个恒定的偏移,为 5～10 dB。这种偏移表明需要额外的转换因子来直接比较仿真路径损耗与理论路径损耗。

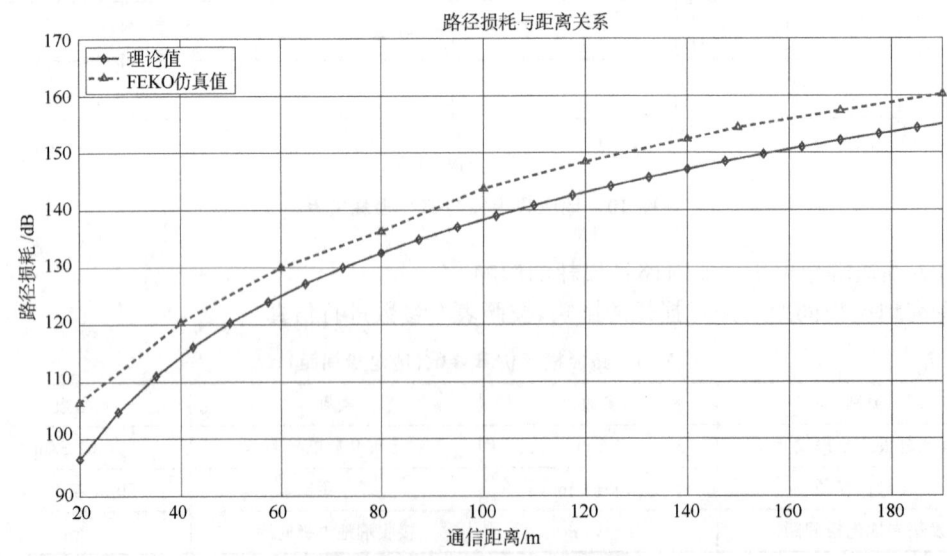

图 12　通信距离与路径损耗关系

三、测试验证与分析

1. 总阻抗实测

为了验证 TTE 通信总阻抗模型的准确性,进行实地测试是必不可少的,地电极部署如图 13 所示。

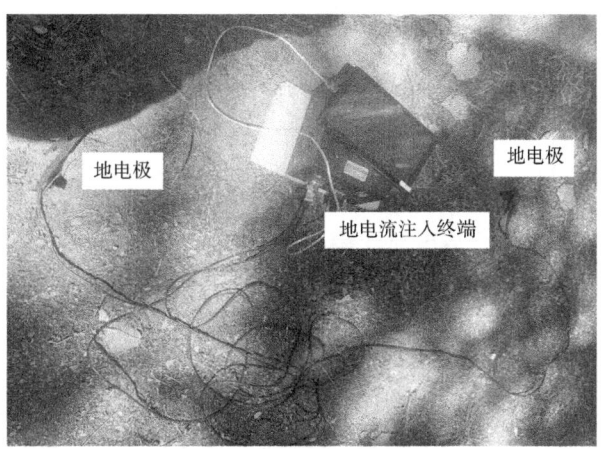

图 13　总阻抗实地测试

在测试过程中,通过不断改变地电极的间距,并记录产生的阻抗值。具体测试结果如图 14 所示。其中理论值与实测值的相对误差 Δ 可由式(24)表示。

$$\Delta = \frac{|x-X|}{X} \tag{24}$$

式中,x 为实测值,X 为理论值。

从图 14 中可以观察到,随着地电极间距的增加,理论值略微增加,实测值增加较多。同时,存在 2% 到 3% 的相对误差。造成这种现象的原因可能是,实际的总阻抗值与地电极材质、地电极与土地的接触质量等因素有关,这些因素是理论模型中未考虑到的,因此,实际测试结果与理论结果会存在一定的误差。尽管存在一些误差,但两者整体误差小于 3%,这表明了模型的准确性。

2. 路径损耗实测

(1) 测试方法及布设方案

根据上述优选的参数布设电极,地电极布置如图 15 所示,测试场地如图 16 所示。

(2) 数据处理

在数据处理过程中,首先,利用 MATLAB 读取地电流检测终端采集的数据,以便进行后续的滤波、匹配等操作。读取结果的时域和频域波形如图 17 所示。从图中可以观察到,实际接收到的信号主要受到 50 Hz 的工频干扰以及 100 Hz 和 150 Hz 的谐波干扰,同时还包含一部分直流干扰。

因此,为了消除这些干扰,设计 FIR 带通滤波器,其下限频率为 6 Hz,上限频率为 14 Hz,滤波器的幅度响应如图 18 所示,实际信号通过 FIR 滤波后,时域和频域波形如图 19 所示。

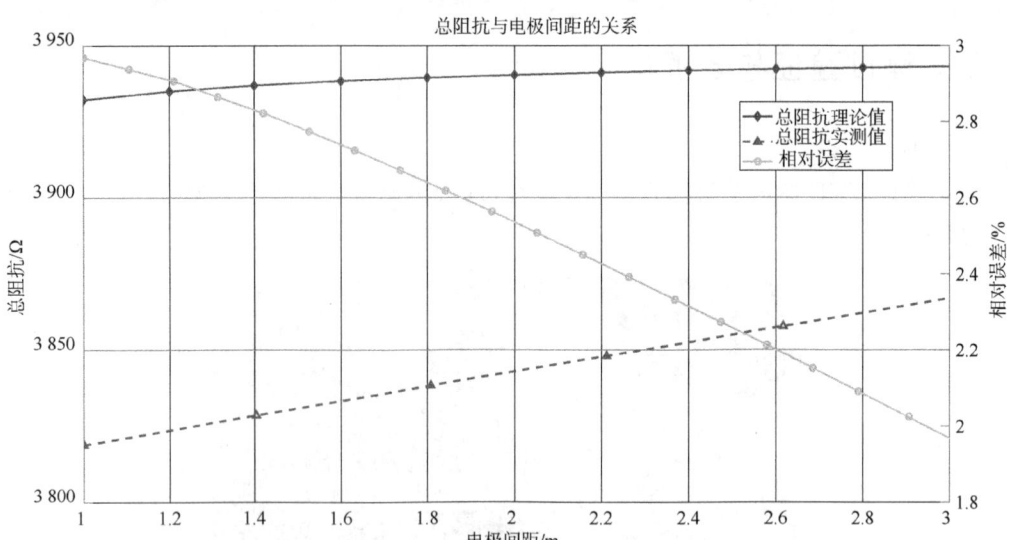

图 14　总阻抗与地电极间距的关系

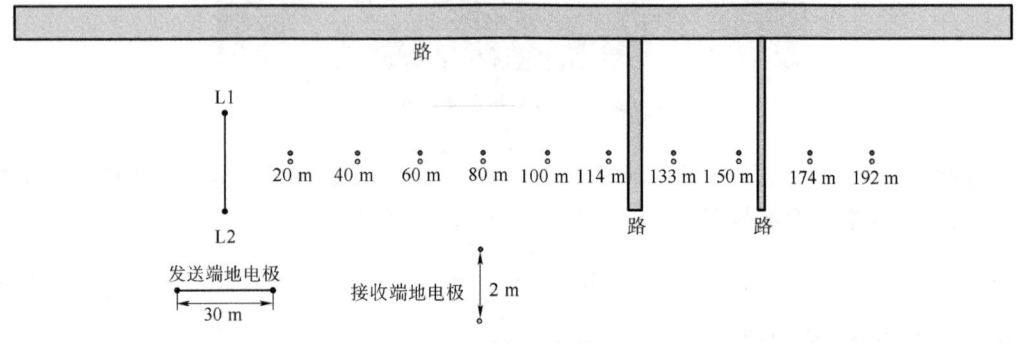

图 15　地电极布置图

图 16　实际测试场地

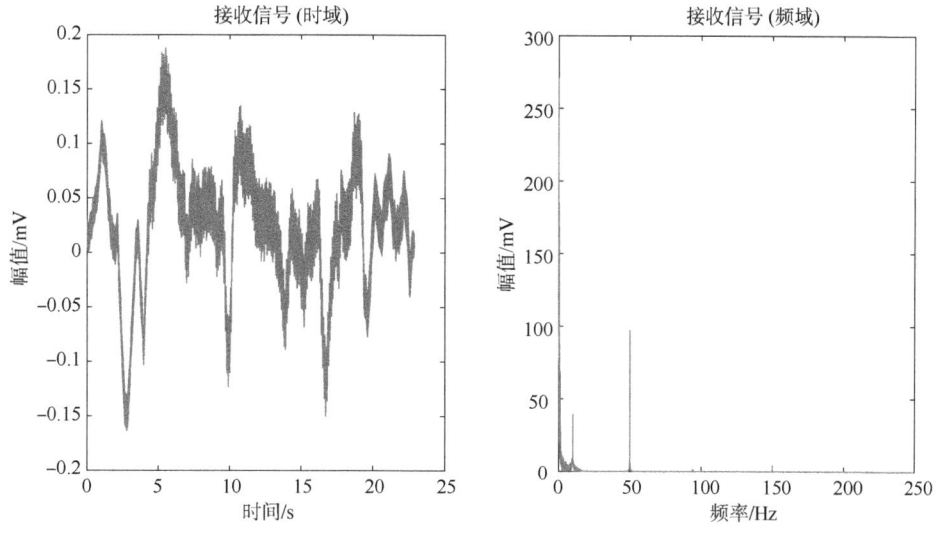

图 17 实际接收信号频域时域图

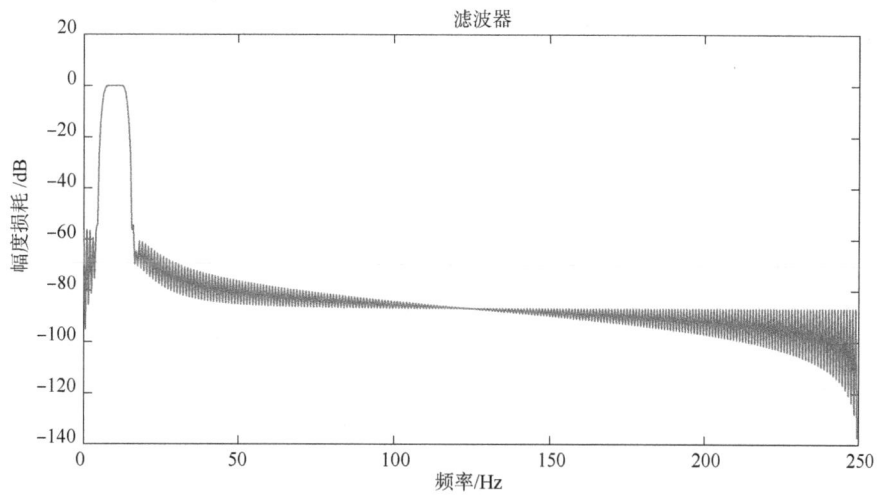

图 18 滤波器幅度响应图

从图 19 中可以观察到,干扰信号被有效地滤除,并且在 10 Hz 处存在一个冲击信号,但为了计算电压中的有效值,必须确定正弦信号在接收信号中的位置。因此通过逐点滑动的方法计算同步信号与整个接收信号之间的相关性,并标记相关系数达到最大值的位置。然后,根据同步信号的长度,可以确定正弦信号在接收信号中的位置,其结果如图 20 所示。

最后,根据式(25)便可以得到电压的有效值。

$$V_{\text{rms}} = \sqrt{\frac{1}{n}\sum_{i=1}^{n}x_i^2} \tag{25}$$

式中,n 为总的样本点数,x_i 为第 i 个样本点的样本值。

3. 实测结果

根据上述数据处理方法,分别对不同距离的数据进行处理,并在处理过程中剔除最大值

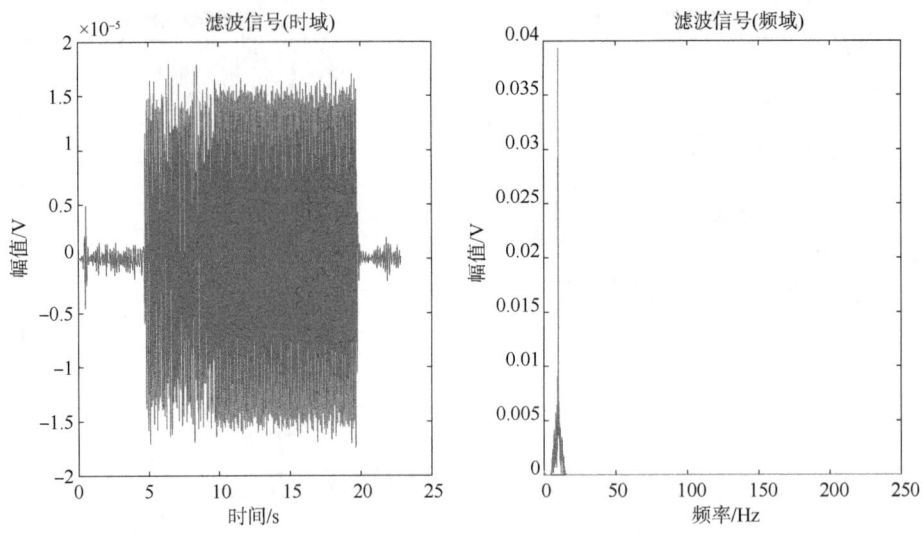

图 19 滤波处理后信号的时域和频域图

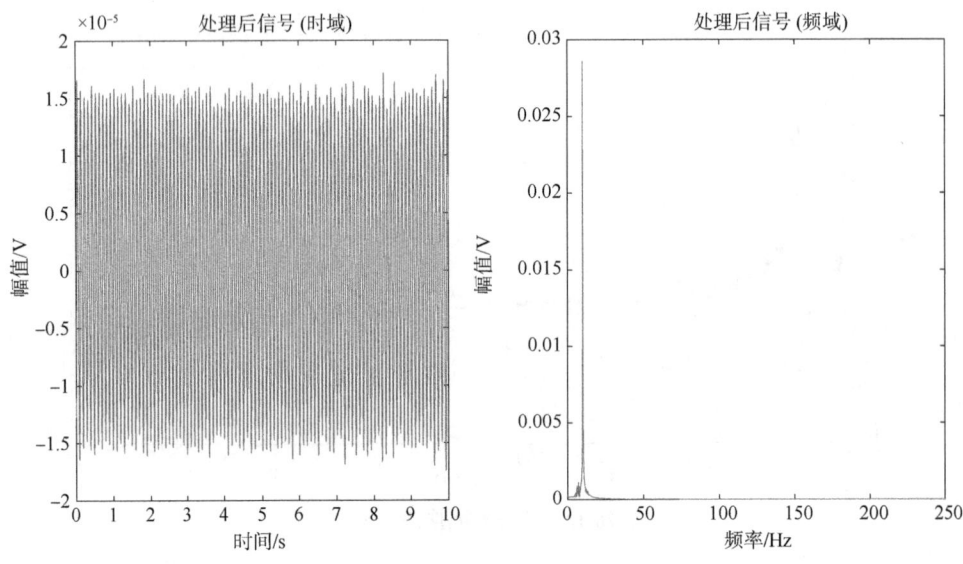

图 20 滑动匹配后信号的时域和频域图

和最小值。然后,计算剩余 3 组数据的平均值,将其作为该点的路径损耗,最终结果如图 21 所示。

从图 21 中可以观察到,随着传输距离的增加,路径损耗的理论值和实测值都呈现出上升的趋势,且趋势大致相同。同时还可以观察到,在 20 m 处实测值与理论值相对误差较高,但当距离超过 40 m 时,仅存在 1% 到 5% 的相对误差。造成这种现象的原因可能是理论模型未考虑到的一些实际因素所致,例如导线与地电极的不完美连接、发送端地电极与接收端地电极之间的差异以及地形等因素。尽管存在一些误差,但总体而言,当通信距离大于 40 m 时理论值和实测值的误差整体小于 5%,这表明了路径损耗模型的准确性。

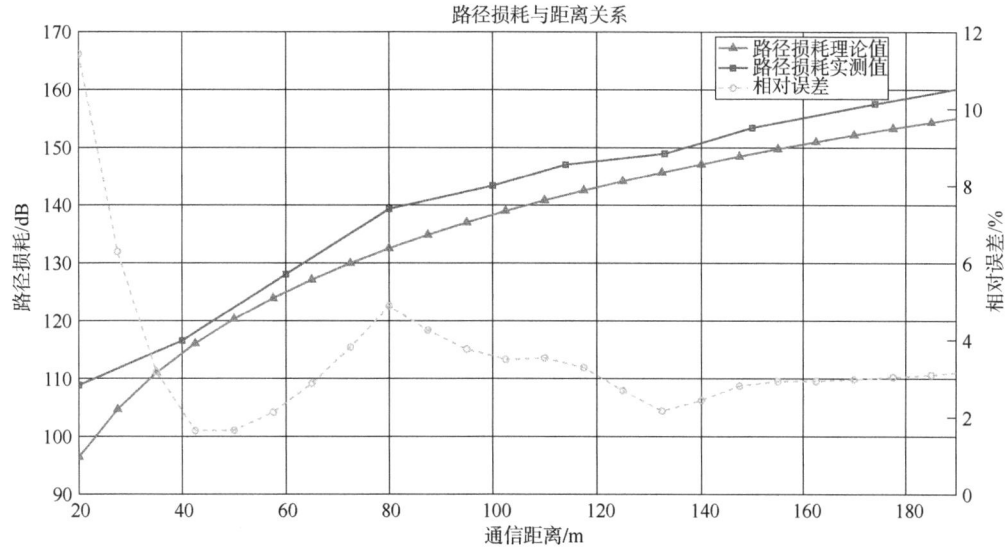

图 21 理论与实测下路径损耗与距离的关系

四、结论

本文的工作总结如下：

（1）本文建立了地电极的总阻抗模型，然后分析了导线阻抗、大地阻抗和接触阻抗的等效电路以及它们对总阻抗的影响。并根据这些对阻抗的分析，提出了极低频电流场 TTE 通信的总阻抗模型。

（2）分析了极低频电流场 TTE 通信的基本原理，利用电偶极子理论对传导电流场进行分析，并根据静电场原理计算电偶极子电流场的分布规律，推导了传播过程中的路径损耗。

（3）基于总阻抗模型和路径损耗模型的理论分析结果，使用 FEKO 进行了仿真验证，通过对仿真结果的对比分析，验证了模型的准确性，并评估了不同设计参数对总阻抗和路径损耗的影响。并根据仿真结果确定了在实际测试场地下电流场 TTE 通信的最佳地电极设计参数：地电极入土深度为 0.2 m，地电极半径为 0.0045 m，地电极间距为 30 m。

（4）在场外进行了总阻抗与地电极间距关系的测试，测试了在最佳地电极设计参数下，信号传输距离在 20～200 m 范围内的路径损耗。并分析了实地测试结果，将其与理论分析结果进行了对比验证，验证了总阻抗与路径损耗模型的准确性。

参考文献

[1] Bianchi C, Meloni A. Natural and man-made terrestrial electromagnetic noise: an outlook[J]. Annals of geophysics, 2007, 50(3):435-445.

[2] 张广科,张雷,张震.接地装置工频接地电阻测量问题的探讨[J].山东电力技术,1995(1):29-30.

[3] Bataller V, Munoz A, Gaudó P M, et al. Electrode impedance measurement in through-the-earth communication applications[J]. IET microwaves, antennas & propagation, 2012, 6(7):807-812.

[4] 孙红雨,王娜,郭银景,等.透地通信系统研究进展[J].山东科技大学学报(自然科学版),2011,30(3):79-85.

作者简介

郑桉林,男,本科生,就读于北京信息科技大学信息与通信工程学院通信2003班。

徐湛,男,教授,北京信息科技大学信息与通信工程学院教师。

张旭,男,研究生,就读于北京信息科技大学信息与通信工程学院。

基于深度学习的快速计算全息生成算法研究与实现

赵睿昂　冷俊敏

（北京信息科技大学信息与通信工程学院，北京，100101）

摘　要：全息技术以其独特的优势深受欢迎，不仅在军事、医疗领域有着广泛的应用前景，在教育、科研、工业领域具有巨大的潜力。然而，全息生成时间较慢、再现图像质量不高，与预期效果仍存在一定的差距。本文首先针对二维物场的计算全息生成算法进行研究；通过分析对比主流深度学习计算全息生成模型 CCNN-CGH（Complex-Valued Convolutional Neural Network-Computer Generated Hologram）与 Holo-Encoder 的优缺点及存在问题，提出了模型 DCCNN-CGH（Dilated Complex-Valued Convolutional Neural Network-Computer Generated Hologram）；实验表明；DCCNN-CGH 模型在快速生成全息图的情况下，提升了目标的重建效果，解决了具有景深的物场图像在重建方面存在的问题。其次，对三维物场的计算全息生成算法展开探讨；传统 CNN-CGH（Conventional Neural Network-Computer Generated Hologram）模型全息重建图像中，存在噪声，再现效果不佳；本文在原始模型的基础上增加复值空洞卷积层，并在输出上采样层处加入两个复值注意力模块，得到新模型 DCNN-CGH（Dilated Conventional Neural Network-Computer Generated Hologram）；实验结果证明；该模型在快速生成全息的同时，有效抑制了再现像中的噪声。

关键字：计算全息；DCCNN-CGH 模型；DCNN-CGH 模型；复值空洞卷积。

Research and Implementation of Fast Computational Holography Generation Algorithm Based on Deep Learning

RuiAng Zhao　JunMin Leng

Abstract: Holographic technology is highly popular due to its unique advantages, and it not only has broad application prospects in military and medical fields, but also has enormous potential in education, scientific research, and industrial fields. However, the holographic generation is slow, the quality of the reconstructed image is not high, and there is still a certain gap between the expected result and the practical one. The algorithm for generating computational holograms of two-dimensional object fields is first studied. The advantages, disadvantages, and existing problems are analyzed and compared for the mainstream deep learning models of computational holographic generation such as CCNN-CGH (Complex Value Convolutional Neural Network Computer Generated Hologram) and Holo Encoder. The DCCNN-CGH (Dilated Complex Value Convolutional Neural Network Computer Generated Hologram) model is proposed; The experimental results show that the DCCNN-CGH model improves the reconstruction effect of the target and solves the problem of reconstructing object field images with depth of field while rapidly generating holograms. Secondly, the algorithm for generating computational holograms of three-dimensional object fields is explored. In the reconstruction images of traditional CNN-CGH (Conventional Neural Network

Computer Generated Hologram), there is noise and the reconstruction is not good. The complex valued dilated convolutional layer is added into the original model, and two complex valued attention modules are integrated into the output upsampling layer to obtain a new model DCNN-CGH (Dilated Conventional Neural Network Computer Generated Hologram). The experimental results demonstrate that the model effectively suppresses noise in the reconstructed image while rapidly generating holograms.

Key words: Computational holography; DCCNN-CGH model; DCNN-CGH model; Complex valued dilated convolution

一、引言

1. 研究背景及意义

全息术（Holography）是现代较为流行且最具有前景的三维显示技术。1965 年，计算全息技术（Computer Generated Hologram，CGH）摆脱了传统全息对光路及实验设备的高度依赖，将振幅和相位信息以计算机编码的形式合成全息，极大地简化了记录和再现过程；目标物体也不需要是实际物体，可以是虚拟场景。目前全息显示不仅在游戏、影视等娱乐领域有着广泛的应用场景，还在教育、医疗、工业设计等领域有着巨大的发展潜力[1]。

全息显示需要高分辨率和高帧率，这大大增加了数据迭代的计算量，即使用深度学习模型训练进行迭代，在计算中也需要较高的算力支持，并且占用了较多的内存空间。传统的 U-Net 模型框架结构较为简单，在模型训练的精度方面有待加强，而基于 U-Net 模型改进的 U-Net++模型虽然可以提升精度，但同时也引入了更多的参数，增加了计算的复杂度、减慢了全息图生成的时间。因此，基于全息显示的弊端，提高重建图像的精度和减少计算时间至关重要，这对全息显示技术的革新有着举足轻重的作用。

2. 国内外研究现状

1948 年 Dennis Gabor[2]在论文中提出了全息显示的概念，并诠释了实现全息显示技术的方式，该项技术利用水银灯首次获得了全息图及再现像。1962 年，Leith Upatnieks 和 Denisyuk[3]分别发明了离轴全息和反射全息，并且成功分离了重建像和共轭像。20 世纪 60 年代末期，J. W. Goodman 和 R. W. Lawrence[4]首次提出了数字全息显示的概念，开始用 CCD（Charge Coupled Device，电荷耦合器件）等光敏电子器件替代传统的感光胶片等介质，用数字编码等方式通过计算机模拟光学衍射的过程。2020 年，斯坦福大学 Peng 等研究人员[5]首次提出基于深度学习的计算全息生成网络模型 HoloNet，用于高质量生成分辨率为 1920×1072 像素的 CGH。Eybposh 等[6]提出了一种多平面重构的快速 CGH 生成的神经网络架构，使用无监督学习网络生成具有固定计算复杂度的 CGH。2021 年，曹良才等[7]提出了基于自编码器的神经网络模型（Holo-Encoder），该模型以无监督的方式自主学习纯相位全息图的潜在编码，能够在 0.15 s 内生成一幅 4K 分辨率全息图。2022 年，L. Shi 等研究者[8]提出了一个新型全息图数据集 MIT-CGH-4K-V2 被用于构建全息图的生成方法，该方法使用分层深度图像作为网络输入，并在其基础上进行监督＋无监督双阶段训练，最终可直接实现端到端合成高质量的 3D（Three Dimensional）纯相位全息图。在此基础上，北京邮电大学桑新柱教授团队 2023 年提出了基于 U-Net 的复值卷积神经网络模型（CCNN-CGH）[9]，该模型较于上述其他模型而言，具有更强的表征能力以及更高的预测效率。同年,仲崇力等学者提出了基于CNN的分层学习相位编码的CGH生成算法[10],将分层后的图像输入网络中进行训练,采用2D(Two-Dimensional)+D(Depth)的方法获得高分辨率三维重建图像。同年,曹良才等[11]提出了一种高保真度4K计算机生成全息的模型驱动网络(4K-DMDNet),有效提高了网络的拟合能力,可以在不同波长下实现4K全息图的高质量全彩色重建。2024年,王琼华等学者[12]设计了一款基于液体透镜的全息相机,通过对比深度融合后重建图像与目标图像的强度信息,构建复合损失函数进行相位优化,首次实现了真实3D场景深度全息图的高保真度训练。

二、基于卷积神经网络的计算全息生成算法

1. Holo-Encoder 模型

2021年清华大学曹良才教授研究小组提出了一种基于自动编码器的神经网络(Holo-Encoder)[7],用于纯相位全息图的生成;首先将相位$\phi(x,y)$添加到全息图中,然后,全息图通过衍射得到的复振幅强度就是重建图像,用公式可以表示为

$$I(x,y) = \left| \mathcal{F}\left\{ \exp[j\phi(x,y)]\exp\left[j\frac{\pi}{\lambda d}(x_0^2 + y_0^2)\right]\right\} \right|^2 \quad (1)$$

式中,$\phi(x,y)$为U-Net的输出,λ为光波长,d为衍射屏与观察屏的间距,j为虚数单位,$\mathcal{F}$为傅里叶变换。为了处理神经网络中复数的反向传播,将复数振幅的实部和虚部分别用欧拉公式表示;然后,傅里叶变换分解为实部变换(rFFT)和虚部变换(jFFT);最后,重构强度是实部和虚部的平方和。通过利用自动微分,损失可向后传播到编码器的部分,并且U-Net可学习的参数可以在训练期间进行更新。Holo-Encoder模型结构如图1所示。

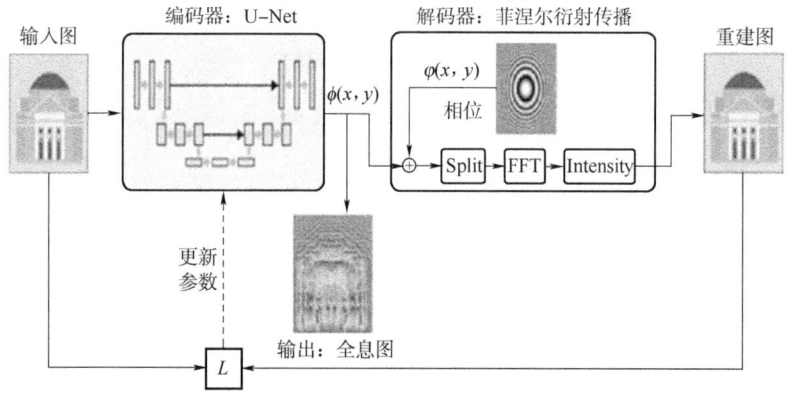

图1 Holo-Encoder 模型结构

2. CCNN-CGH 模型

(1) CCNN-CGH 框架结构

由于传统卷积神经网络只能对实值图像进行处理,不能处理复值图像;而在计算全息中,物光波和参考光波的表达式均为振幅与E指数相位相乘,通过欧拉公式可以将E指数相位展开成实部和虚部的形式。如果运用实值卷积神经网络,将会丢失虚部的信息,影响重建图像的效果,因此在计算全息领域中,理论上使用复值卷积神经网络效果更佳。

对任意的复数 $I=a+jb$,a 为实部,b 为虚部。假设输入复值矩阵为 $h=m+jn$,卷积核为 $W=A+jB$,则使用以下公式计算复值卷积运算:

$$C-\text{Conv}(h)=h*W=(A*m-B*n)+j(B*m+A*n) \qquad (2)$$

复值 ReLU 为神经网络提供了非线性因素,可以看作是对输入复值矩阵的实部和虚部两个 ReLU 运算:

$$C-\text{ReLU}(h)=\text{ReLU}(m)+j\text{ReLU}(n) \qquad (3)$$

Holo-Encoder 模型使用的传统卷积神经网络,重建的图像平均 PSNR(Peak Signal to Noise Ratio,峰值信噪比)低于 30 dB,将复值卷积神经网络融入计算全息中,构建 CCNN-CGH 模型。CCNN-CGH 架构、CCNN 内部网络结构如图 2、图 3 所示。图 2 中,ASM(Angular Spectrum Method)为角谱衍射,H_1 和 H_2 为随着相位 d 变化的传递函数,arg 为输出图像的相位。

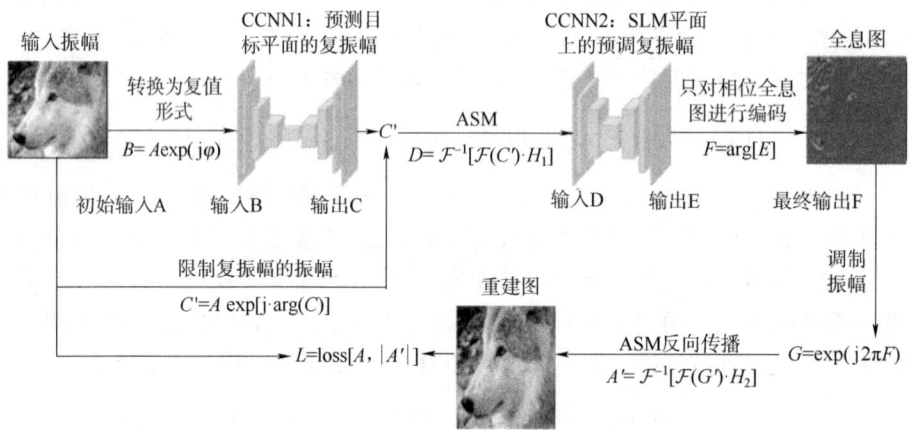

图 2　CCNN-CGH 架构

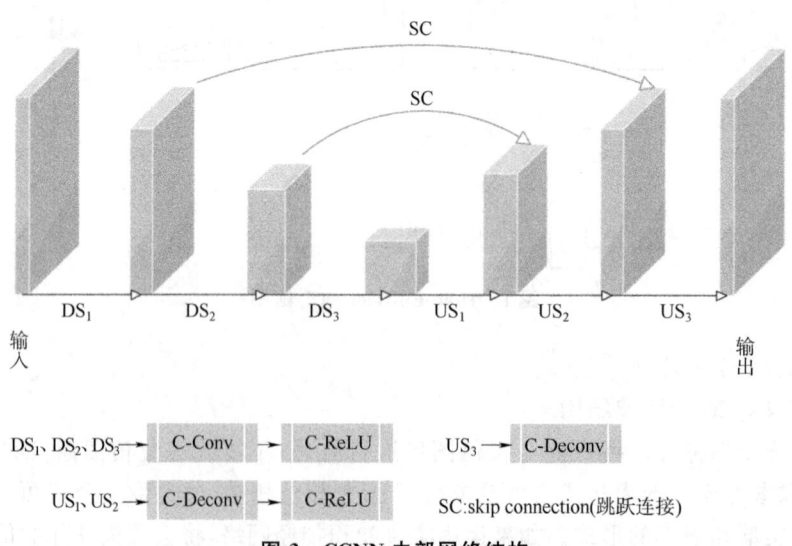

图 3　CCNN 内部网络结构

(2) CCNN-CGH 模型数值仿真结果与分析

模型训练全息图与图像之间的衍射距离为 200 mm,激光波长为 639 nm,输入图像分辨率为 3840×2160 像素。本实验在 Windows 10 操作系统上进行训练,独立显卡为 NVIDIA RTX 4060,内存为 16 GB,CPU 型号为 i7-13900HX,深度学习框架为 pytorch 3.9。由于数据量较为庞大,训练迭代次数设定为 30 次,学习率为 0.001。

为了验证 CCNN-CGH 模型的泛化性,对 DIV2K(Diverse 2K Resolution High Quality Images)数据集的测试集图像(共 100 张)进行验证,选取"松鼠""森林""人群"这三幅图片进行验证,验证结果如图 4 所示。

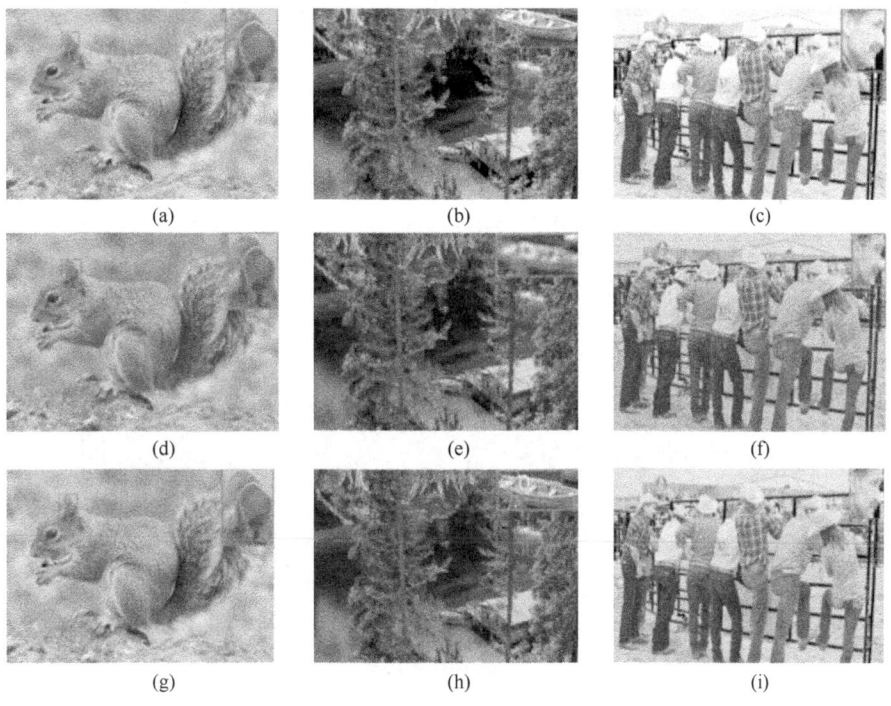

图 4 测试集图像验证结果

(a)"松鼠"、(b)"森林"和(c)"人群"为原始图像;(d)、(e)和(f)为 Holo-Encoder 模型的重建图像;
(g)、(h)和(i)为 CCNN-CGH 模型的重建图像

图 4 共展示了 3 幅基于 Holo-Encoder 模型和 CCNN-CGH 模型的重建图,通过重建图中的小红框放大区域可以观察两种算法重建效果的差异。3 幅图像的峰值信噪比(PSNR)、结构相似性(Structural Similarity, SSIM)、生成时间(Time)如表 1 所示。

表 1 Holo-Encoder 与 CCNN-CGH 模型对比

图像	模型	PSNR/dB	SSIM	Time/s
松鼠	Holo-Encoder	24.70	0.77	0.131 1
	CCNN-CGH	**38.85**	**0.99**	**0.130 8**
人群	Holo-Encoder	22.64	0.73	0.131 7
	CCNN-CGH	**35.17**	**0.96**	**0.131 2**

续表

图像	模型	PSNR/dB	SSIM	Time/s
森林	Holo-Encoder	20.43	0.55	0.131 5
	CCNN-CGH	**30.60**	**0.91**	**0.131 1**

通过参数对比可以发现：CCNN-CGH 模型生成的全息重建图像峰值信噪比和结构相似性更高，并且生成速度快。但 CCNN-CGH 对于"森林"这种具有景深的图像，重建图像的效果并不理想。因此在下一节，通过消融实验进一步讨论提升图像重建效果的有效方案，对具有景深的图像做进一步处理，增加图像的亮度、提高模型的感受野、增加模型对细粒度目标重建的精确度。

3. 基于景深背景下的 CCNN-CGH 模型的改进方案

如图 5 所示，景深是指在固定成像平面上获得清晰图像时，物体在物方深度范围内可以移动的最大距离，当物体离焦点距离越近时，景深越小。

图 5　具有景深的图像

鉴于具有景深的图像在重建中引起的问题，本文将引入复值空洞卷积代替复值卷积，在采样层之间加入复值空间注意力，有效提高模型的感受。同时，RGBD 图像灰度化后会变暗，因此需要在训练后加入图像亮度增强的方法，同时提高模型的 PSNR 和 SSIM，并控制生成时间。

（1）DCCNN-CGH 模型框架结构及仿真结果

在 CCNN-CGH 模型中引入复值空洞卷积和复值注意力模块，并将其命名为 DCCNN-CGH，模型框架示意图如图 6 所示。

重建结果灰度图像如图 7 所示，具有景深的图像重建图会出现亮度变暗的情况，因此需要在模型的最后对图像进行增强。图像增强前后对比如图 7 所示。

CCNN-CGH 与 DCCNN-CGH 模型生成的全息重建结果性能对比如表 2 所示。

由表 2 可以得出：相较于 CCNN-CGH，DCCNN-CGH 模型生成的全息重建图像质量有了一定的提高。DCCNN-CGH 模型可以生成更加逼真的重建效果，对具有景深的图像重建有着更好的效果。即使加入了多种模块，重建图像的生成时间变化不大，可以实现高质量重建的快速全息生成。

基于深度学习的快速计算全息生成算法研究与实现

[DCCNN 模型框架示意图]

DS₁、DS₂、DS₃ → DC-Conv → C-ReLU   DS₄ → C-Conv

US₁、US₂、US₃ → C-Deconv → C-ReLU   DS₄ → C-Deconv → C-CBAM

SC: skip connection(跳跃连接)

图 6　DCCNN 模型框架示意图

未处理图像　　　　　　　　　　　　　增强后图像

图 7　图像增强前后对比

表 2　CCNN-CGH 与 DCCNN-CGH 模型对比

实验目标	模型	PSNR/dB	SSIM	Time/s
测试集所有图像	CCNN-CGH	36.87	0.96	**0.131 2**
	DCCNN-CGH	**37.30**	**0.97**	0.131 5
森林	CCNN-CGH	30.60	0.91	**0.131 1**
	DCCNN-CGH	**31.44**	**0.92**	0.131 2
人群	CCNN-CGH	35.17	0.96	0.131 2
	DCCNN-CGH	**35.65**	0.96	0.131 2
猫咪	CCNN-CGH	31.88	0.96	**0.131 3**
	DCCNN-CGH	**32.02**	0.96	0.131 7

（2）基于 SLM 的光学实验

光学实验系统设计如图 8 所示。采用氦氖气体激光器提供的相干光为光源,波长为 632 nm,经过针孔滤波器滤波之后由透镜进行准直。把网络生成的 CGH 上传到空间光调制器(Spatial Light Modulator,SLM)中,SLM 对入射光进行调制。实验中使用的相位型

SLM 型号为 Holoeye Pluto V14，灰度等级为 8 位（256 阶），分辨率为 1920×1080 像素，光波范围是 420~650 nm，衍射效率 65%。全息重建图像通过相机（佳能 EOS 60D）和互补金属氧化物半导体（Complementary Metal Oxide Semiconductor，CMOS）探测器捕获，即得到再现的物像。

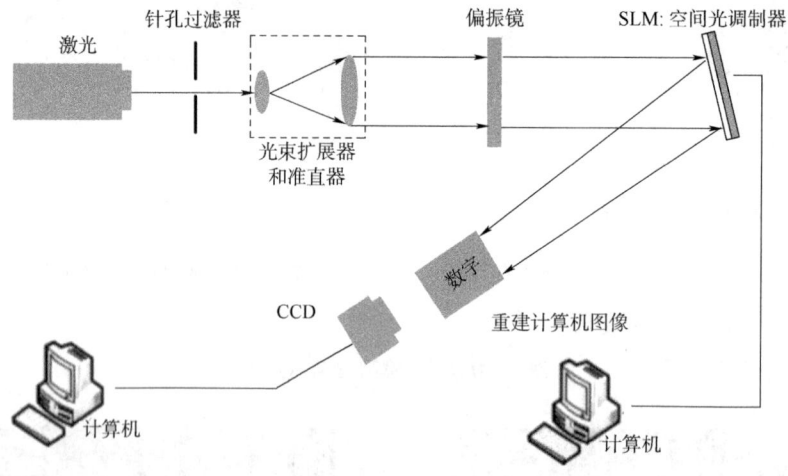

图 8　光学实验系统设计

DCCNN-CGH 与 CCNN-CGH 模型生成的全息光学重建结果对比如图 9 所示。

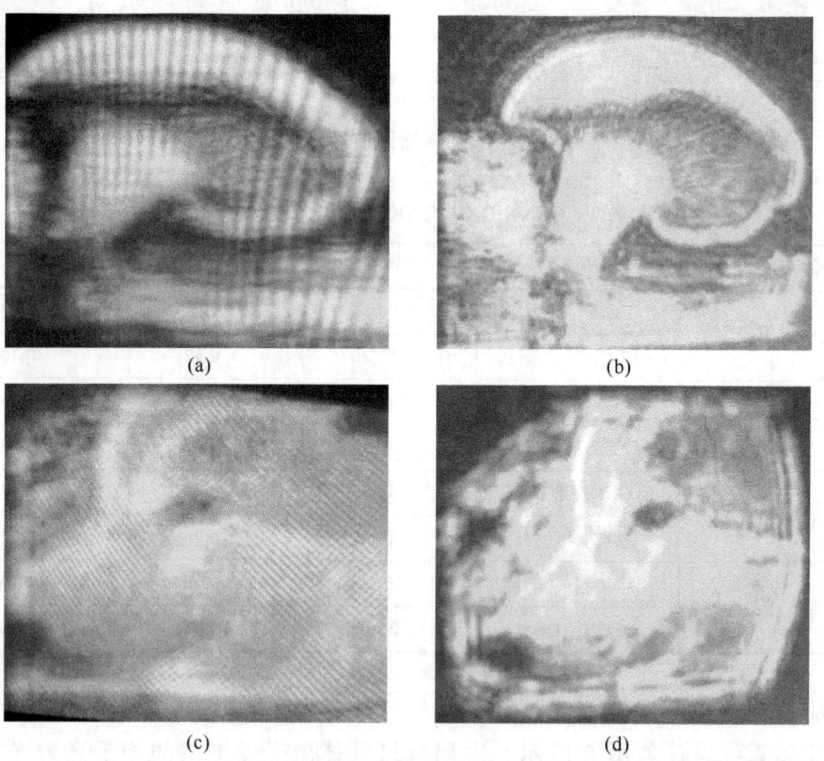

图 9　DCCNN-CGH 与 CCNN-CGH 模型生成的全息光学重建结果对比
(a)、(c) 为 CCNN-CGH 模型的光学重建结果；(b)、(d) 为 DCCNN-CGH 模型的光学重建结果

光学重建结果不如计算机仿真结果,这是因为实验过程中各种元器件、环境等均可引入噪声和干扰。但是从实验结果可以发现:DCCNN-CGH 生成的光学重建图局部特征更清晰,重建出目标图像的细节纹理;而 CCNN-CGH 算法生成的全息重建图像中含有更多的噪声,且只重建出目标图像的轮廓特征,细节特征均散焦。通过光路验证进一步说明 DCCNN-CGH 具有更好的重建效果。

三、基于层析法的高分辨率计算全息生成算法

1. CNN-CGH 框架结构

由于 Holo-Encoder 算法重建图像质量较低,CCNN-CGH 算法在分层场景中效果欠佳。因此,北京邮电大学桑新柱教授团队 2023 年提出了基于 CNN 分层学习相位编码的 CGH 生成算法(CNN-CGH)[10]。对于每个深度层,均产生一个随机相位加入原始图像中;从图像平面衍射到 CGH 平面之后,CNN 通过将 CGH 平面的复振幅作为输入来预测 CGH。为了生成多层 CGH,训练过程中在 1~6 层之间选择输入物像的深度层。数值重建和光学实验表明,该方法可以实现分层场景的 4K CGH。CNN-CGH 算法框架如图 10 所示。

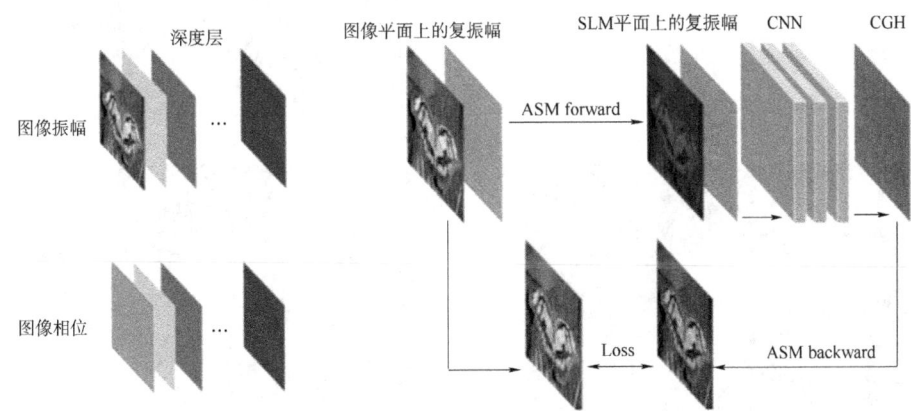

图 10 CNN-CGH 算法框架

编码 CNN 模型基于 U-Net 框架,与 CCNN-CGH 模型有着类似的结构,如图 11 所示。

2. CNN-CGH 模型数值仿真与分析

对 CNN-CGH 模型进行训练,SLM 的像素间距为 3.6 μm,波长为 520 nm,SLM 平面到成像平面的距离为 160 mm,训练后可对模型进行性能测试。为了验证三维重建的效果,将三维物像分为三层,每一层物像的分辨率为 3840×2160 像素,分层后的每层物像如图 12 所示。

第一层物像距离全息面的距离为 160 mm 处;物像间间隔 50 mm,则第二层物像距离全面 210 mm 处,第三层物像距离全息面 260 mm 处,通过 CNN-CGH

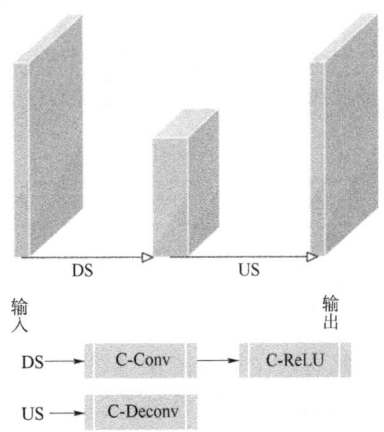

图 11 编码 CNN 网络结构

第一层物像　　　　　　　第二层物像　　　　　　　第三层物像

图 12　分层后的物像

模型生成全息图如图 13(a)所示,对全息图衍射各层的距离得到各层的重建图,如图 13(b)、(c)、(d)所示。

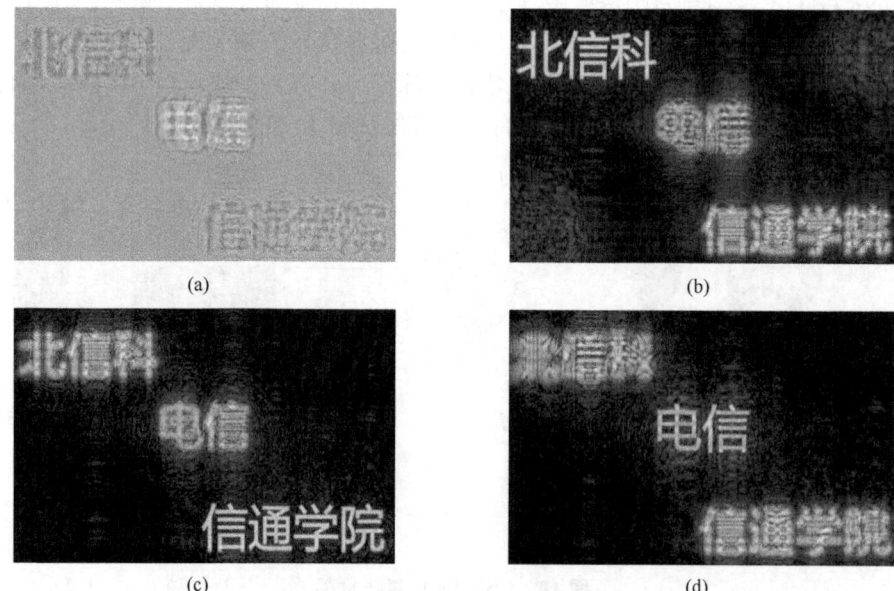

图 13　全息图及各层重建结果。图(a)为全息图,图(b)、(c)、(d)为各层的重建图

计算重建后每层图像的 PSNR 和 SSIM,结果如表 3 所示。由于每一层重建结果中,均有聚焦和散焦部分,散焦部分视为噪声,导致每一层图像的性能参数下降。

表 3　各层重建图性能指标

层数	PSNR/dB	SSIM	层数	PSNR/dB	SSIM
第一层	13.30	0.11	第三层	12.02	0.18
第二层	12.59	0.17	平均	12.63	0.15

结合表 1 以及图 4 可以发现：重建过程中聚焦、背景以及散焦部分存在噪声,因此峰值信噪比和结构相似性较低。在此基础上,有效减少背景和聚焦部分的噪声是首要解决的重要问题,因此在下一节会提出模型改进方案,并与该模型的结果进行对比。

3. 基于 CNN-CGH 的改进模型方案

在 CNN-CGH 模型中引入复值空洞卷积和复值注意力模块(C-SKNet)和(C-CBAM),并命名为 DCNN-CGH,模型框架如图 14 所示。

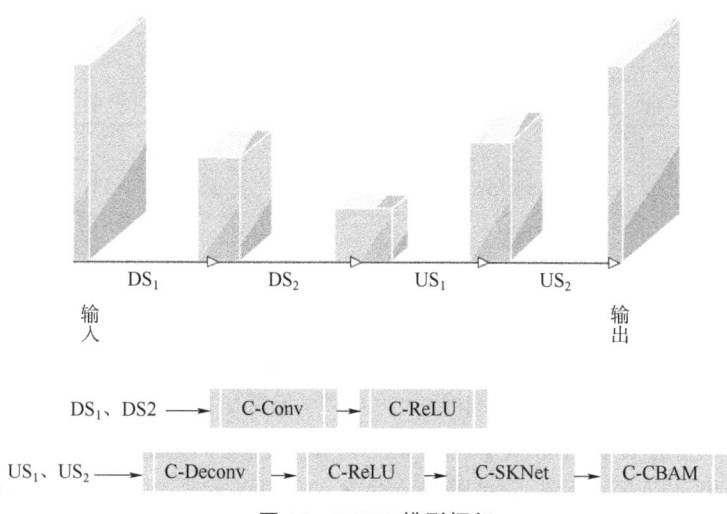

图 14　DCNN 模型框架

为了验证 DCNN-CGH 的三维重建的效果,首先选用与图 12 相同的分层物像,每层物像与光源的距离同上文实验,各层重建结果如图 15 所示。

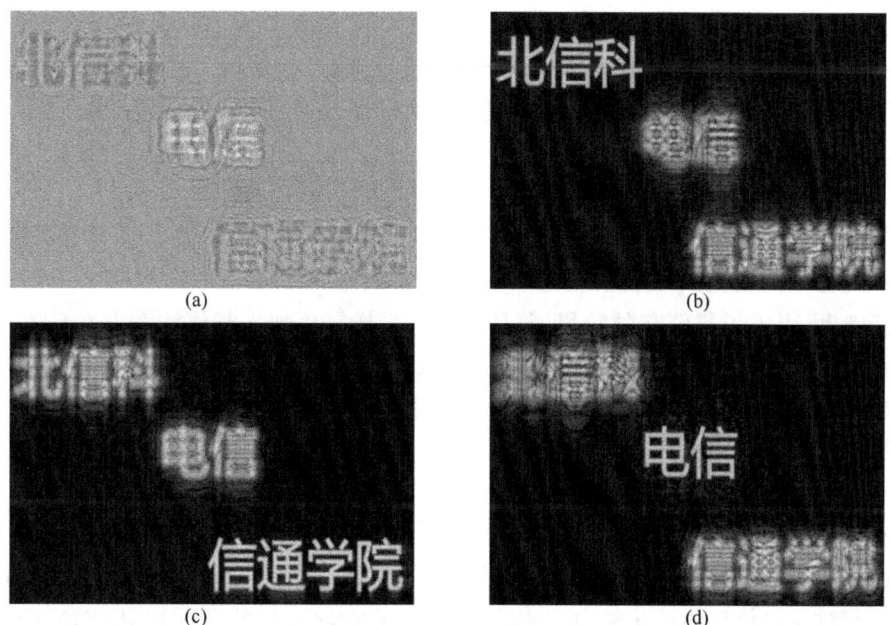

图 15　DCNN-CGH 模型各层重建。图(a)为全息图,图(b)、(c)、(d)各层的重建图

图 15 分别展示了 DCNN-CGH 全息图和各层的重建图,每层聚焦物场清晰可见。计算相关性能参数,CNN-CGH 与 DCNN-CGH 各层重建图的性能指标对比如表 4 所示。

表 4 重建图性能指标对比

层数	模型	PSNR/dB	SSIM
第一层	CNN-CGH	13.30	0.11
	DCNN-CGH	**13.47**	**0.20**
第二层	CNN-CGH	12.59	0.17
	DCNN-CGH	**12.69**	**0.21**
第三层	CNN-CGH	12.02	0.18
	DCNN-CGH	**12.09**	**0.23**
平均	CNN-CGH	12.63	0.15
	DCNN-CGH	**12.75**	**0.21**

由表 4 可以发现：DCNN-CGH 模型各层重建图像的峰值信噪比和结构相似性均高于 CNN-CGH 模型；对比重建图（图 13 和图 15）可得：所提出的模型全息重建图像中噪声得以抑制。然而，性能指标提升不大的原因还是由于重建层的散焦图像所导致的。综上所述，该模型的提出可以有效解决重建图像 PSNR 和 SSIM 较低的弊端，使三维显示图像更清晰。

四、总结和展望

1. 总结

本文在对全息，尤其是计算全息生成技术研究的基础上，探讨了主流深度学习计算全息生成模型的优劣；针对快速生成高质量重建图像的计算全息问题，开展了相关工作。研究结果及创新总结如下：

（1）DCCNN-CGH 模型

针对计算全息对局部细节信息重建效果较差的问题进行研究，基于具有景深的图像重建质量不足这一问题提出了创新模型 DCCNN-CGH。DCCNN-CGH 模型在 CCNN-CGH 模型的基础上，引入了复值空洞卷积，并且最后上采样层后加入复值注意力 C-CBAM，从而使全息重建图像的平均峰值信噪比达到 37.30 dB，平均相似性 0.97。通过多组实验发现：在快速生成全息的基础上，DCCNN-CGH 模型对局部目标的重建效果好，在具有景深的图像重建方面性能有着较好地提升。

（2）DCNN-CGH 模型

对经典的轻量化神经网络（CNN-CGH）深入研究的基础上，提出了改进模型 DCNN-CGH，复值空洞卷积神经网络的最后一个上采样加入 C-SKNet 和 C-CBAM 注意力，提高模型的感受和对局部信息的捕获能力。实验证明：与 CNN-CGH 模型相比，DCNN-CGH 在快速生成全息图的同时，可以有效解决在聚焦层出现噪声的问题，生成重建质量较高的三维物像。

2. 展望

本文提出了可以获得高质量重建图像的基于深度学习的快速计算全息生成模型，实验结果证明了模型的有效性和可行性。但目前的研究仍然存在一些不足和提升空间,可以从以下几方面进行改进。

（1）彩色显示：在本实验中，网络在单一波长下学习生成 CGH，计算机生成的重建图像均是灰度图；可以通过训练 RGB 通道的 3 个网络来实现颜色显示。

（2）全息应用：计算全息并不是只能做三维重建，还可以应用到很多场景中，尤其是全息光刻领域。目前的光刻主要使用激光束和纳米压印的方法，这两项技术均存在精度不够，成本较高等劣势。全息光刻技术可以有效提高雕刻精度，在制造平面光学器件领域有着较好的作用。

（3）算法加速：本课题采用单个 GPU 加速计算神经网络，但由于引入了大量的参数，使得算法运行的速度较慢，过多占用了 GPU 的内存，导致 GPU 不能支持算法的运行。若使用多个 GPU 对算法进行并行处理，实现算法的加速，可以进一步更快速生成全息图。

参考文献

[1] 左建峰.相位全息生成技术研究[D].北京：北京信息科技大学，2023.

[2] 刘迪.Gabor 同轴数字全息共轭像消除与自动聚焦方法研究[D].山东：山东大学，2014.

[3] 杜珂瑀.全息技术的原理及其应用现状[J].CNKI：SUN：TXSJ.0.2019-2-131.

[4] Goodman JW, Lawrence RW. Digital image formation from electronically detected holograms[J]. Applied physics letters. 1967，11(3)：77-79.

[5] Peng Y, Choi S, Padmanaban N, et al. Neural holography[C]. ACM Siggraph 2020 Emerging Technologie. 2020，8，1-2.

[6] Eybposh M H, Caira N W, Atisa M, et al. DeepCGH：3D computer-generated holography using deep learning[J]. Optics Express, 2020, 28(18)：26636-26650.

[7] Wu J, Liu K, Sui X, et al. High-speed computer-generated holography using an autoencoder-based deep neural network[J]. Optics Letters. 2021,46(12)：2908-2911.

[8] Shi L, Li B, Kim C, Matusik W, et al. Towards real-time photorealistic 3D holography with deep neural networks[J]. Nature. 2021，591(7849)：234-239.

[9] Zhong C, Sang X, Yan B, et al. Real-time high-quality computer-generated hologram using complex-valued convolutional neural network［J］. IEEE Transactions on Visualization and Computer Graphics. 2023,1：1-11.

[10] Zhong C, Sang X, Yan B, et al. Real-time 4K computer-generated hologram based on encoding conventional neural network with learned layered phase［J］. Scientific Reports. 2023, 13(1)：19372.

[11] Liu K, Wu J, He Z, et al. 4K-DMDNet：diffraction model-driven network for 4K computer-generated holography[J]. Opto-Electronic Advances. 2023, 6(5)：220135-1.

[12] Wang D, Li ZS, Zheng Y, et al. Liquid lens based holographic camera for real 3D scene hologram acquisition using end-to-end physical model-driven network［J］. Light：Science & Applications. 2024,13(1)：62.

作者简介

赵睿昂，男，本科生，就读于北京信息科技大学信息与通信工程学院，电信 2001 班。

冷俊敏（指导教师）北京信息科技大学，副教授，研究方向：全息成像、三维显示、光信息处理。

基于卫星遥感和深度学习的中国区域大气污染研究

王 烁　潘建军

(北京信息科技大学信息与通信工程学院,北京,100101)

摘　要:针对我国日益突出的空气污染问题,本文旨在利用多源数据融合技术,以臭氧为主要研究对象,实现对近地表大气污染物浓度的预测。基于 PyCharm 平台,本文采用深度森林算法,从卫星遥感数据、气象数据中提取特征变量,以近地表大气污染物浓度数据作为标签进行算法的实现。对得到的数据进行预处理后,使用深度森林(DeepForest 21, DF21)模型进行训练,然后根据评估指标对模型进行评估,最后对全国范围内的大气污染物浓度进行预测分析。结果表明,DF21 模型对污染物浓度的预测有一定的准确性,对臭氧(O_3)和细颗粒物(PM2.5)进行训练得到的决定系数为 0.90 左右,具有一定的可靠性。

通过使用训练好的模型对中国区域大气污染物(O_3)浓度预测,能够分析其时空变化特征,并探究气象和化学因素影响的机制,实现大气的反演,为深入理解大气污染问题提供了新的视角。研究成果可为改善中国空气质量、保障公众健康提供科学依据,具有一定的实际应用和理论意义。

关键字:卫星遥感;多源数据融合;深度森林;大气污染;时空变化特征。

Research on regional air pollution in China based on satellite remote sensing and deep learning

WangShuo　Pan Jianjun

Abstract: To address the increasingly prominent issue of air pollution in China, this design aims to leverage multi-source data fusion technology to predict near-surface atmospheric pollutant concentrations, with a primary focus on ozone. Based on the PyCharm platform, this design employs the deep forest algorithm to extract feature variables from satellite remote sensing data and meteorological data, using near-surface atmospheric pollutant concentration data as labels for the algorithm implementation. After the obtained data were preprocessed, the DeepForest 21 (DF21) model was used for training, and then the model was evaluated according to the evaluation indicators, and finally the air pollutant concentration was predicted and analyzed nationwide. The results indicate that the DF21 model exhibits a certain degree of accuracy in predicting pollutant concentrations. Specifically, the coefficient of determination for ozone (O_3) and fine particulate matter (PM2.5) training is approximately 0.90, demonstrating a high level of reliability.

By utilizing the trained model to predict the concentration of atmospheric pollutants (O_3) in the Chinese region, we can analyze its spatiotemporal variation characteristics and explore the mechanisms by which meteorological and chemical factors influence these changes. This inversion of the atmosphere provides new insights into understanding air pollution issues. The research findings can offer scientific evidence for improving air quality in China and safeguarding public health, bearing both practical application and theoretical significance.

Key words: Satellite remote sensing; Multi-source data fusion; Deep forest; Atmospheric pollution; Spatiotemporal characteristics.

一、引言

随着我国经济的快速发展,人口不断增加,能源消耗也在不断增长,在快速发展的同时,环境问题也逐渐显现。大气污染已经成了我国环境面临的最大威胁之一,其直接影响到人体健康和生态环境的稳定性。为了有效控制大气污染,需要全面深入地理解和应对其复杂多变的成因和影响机制。

近年来,低层大气臭氧污染在人口稠密地区呈现上升及蔓延趋势,在我国也是影响着主要经济发达地区(京津冀、长三角、珠三角、川渝地区等)夏季空气质量的重要污染物。在这种情况下,丰富的遥感信息为大气污染治理提供了新的思路,而且卫星遥感探测由于具有高时间连续性、广泛的空间覆盖和较小的地形限制等优势,已成为观测大气成分的重要手段之一。基于卫星遥感和深度学习对中国区域大气污染物研究,分析主要大气污染成分臭氧的时空变化特征及其气象和化学影响机制,有助于为大气污染防治、环境治理提供新的思路。

本文的主要内容以及目标是拟结合新一代紫外高光谱卫星资料,研究基于深度学习技术的大气污染成分反演方法。本文采用深度森林模型利用卫星遥感数据、再分析气象数据以及环境监测站污染物浓度数据来训练模型,从而利用前两者实现近地表污染物浓度的预测。

二、基本模型建立

1. 深度森林算法

为预测大气污染物浓度,结合数据特点,本文拟使用深度森林算法来通过多源数据融合技术来实现对污染物浓度的预测[1,2]。深度森林算法是基于决策树的深度学习算法,主要由多粒度扫描和级联森林部分构成。多粒度扫描是一种滑动窗口特征生成器,类似于卷积神经网络中的"卷积核",通过多粒度扫描可以获得更多的数据特征,级联森林包括多层并行森林,每个森林是 Xgboost 的集成、用来不断精练分类。如图 1 为深度森林流程图[3]。

多粒度扫描是一种在机器学习中用于增强模型性能的技术。该技术通过使用不同大小的滑动窗口对原始数据进行扫描,生成不同维度的子样本或特征,这些多粒度特征被输入到随机森林或完全随机森林中进行训练,最后将生成的结果拼接以构成特征向量。这种方法使深度森林算法能够更好地处理样本特性之间的顺序关系,从而增强后续级联森林的性能。通过多粒度扫描,模型可以更有效地捕捉数据中的复杂模式和关系,提高预测准确性和泛化能力。

级联森林是深度森林模型的一种变体,它将多个森林模型串联起来构建一个更为复杂的模型结构。每个森林模型的输出都被作为下一个模型的输入,形成一个级联的结构。这种方法通常能够提供比单个森林模型更高的性能和泛化能力,特别适用于处理复杂的机器学习任务。

2. 设计流程

本文采取的是 DF21 模型实现对 6 种大气污染物(臭氧、一氧化碳、二氧化氮、二氧化

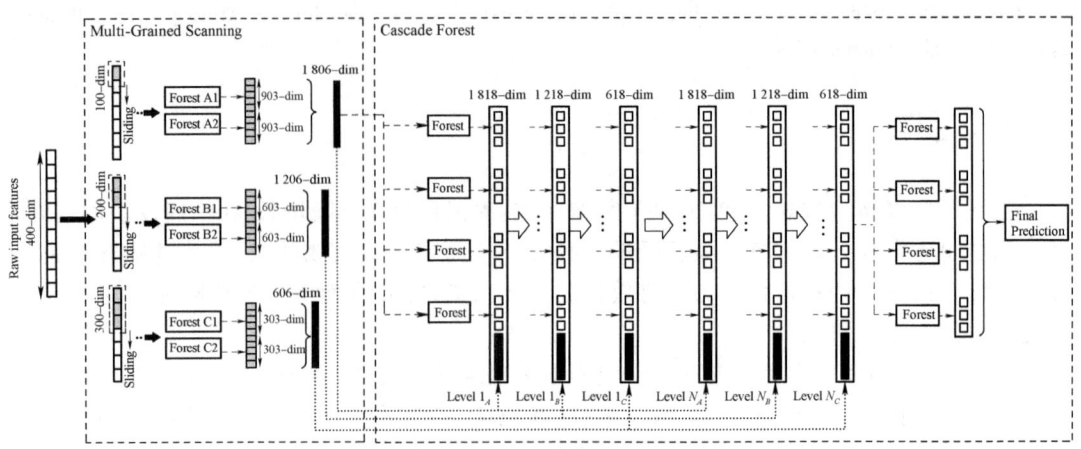

图 1 深度森林流程图

硫、PM2.5、PM10)浓度的预测。与 DNN 和其他基于决策树的算法相比,DF21 模型具有如下优点:

(1) DF21 模型的预测精度比其他基于决策树的算法更高,且不需要用户定义模型架构,降低了用户相关的模型不确定性。

(2) 与 DNN 比,DF21 模型易于使用,具有更少的超参数。

(3) DF21 模型能处理大规模数据,而且处理小规模数据具有更优性能。

因本设计的训练数据达到百万条,选取 DF21 模型能有效提升训练效率,拥有更高的准确性。本文的总体流程框图如图 2 所示。

在本文中,使用了三类数据,以 TROPOMI 为载荷的卫星提供的每种污染物对应的卫星柱数据,由欧洲中期天气预报中心提供的 ERA5(Fifth Generation of ECMWF Atmospheric Reanalyses of the Global Climate)的再分析气象数据[4],以及中国环境监测总站的站点污染物浓度数据[5]。在处理过程中,由于站点稀疏,分布不均匀,站点提供的近地表污染物数据空间分布不为固定的,而卫星提供的卫星柱数据和 ERA5 气象数据拥有固定的空间分辨率,所以要通过插值来融合数据,进行经纬度的匹配,以便于训练。通过多源数据融合来估计近地表污染物数据,从卫星提供的卫星柱数据和 ERA5 气象数据提取特征,把站点污染物浓度数据作为标签。最终得到对应模型,在评估模型性能后,可以将此模型应用于全国数据进行预测,以此来进行大气反演以及对中国大气污染的研究。

三、案例分析

1. 模型评估

本文使用 3 个统计指标来评估模型性能,分别为决定系数(R^2)、均方根误差(RMSE)、平均偏差误差(MBE)的绝对值,通过测试集中监测站站点真实值与其相应预测值进行比较,得到对应 3 个指标的值,以此来进行模型的评估。

图 3 分别为 6 种污染物的 MBE 绝对值、R^2、RMSE,其中 R^2 值越高,MBE 值的绝对值越小,表明模型性能越好。其中臭氧的 MBE 绝对值为 0.04 μg/m³,R^2 为 0.90,反映了此模

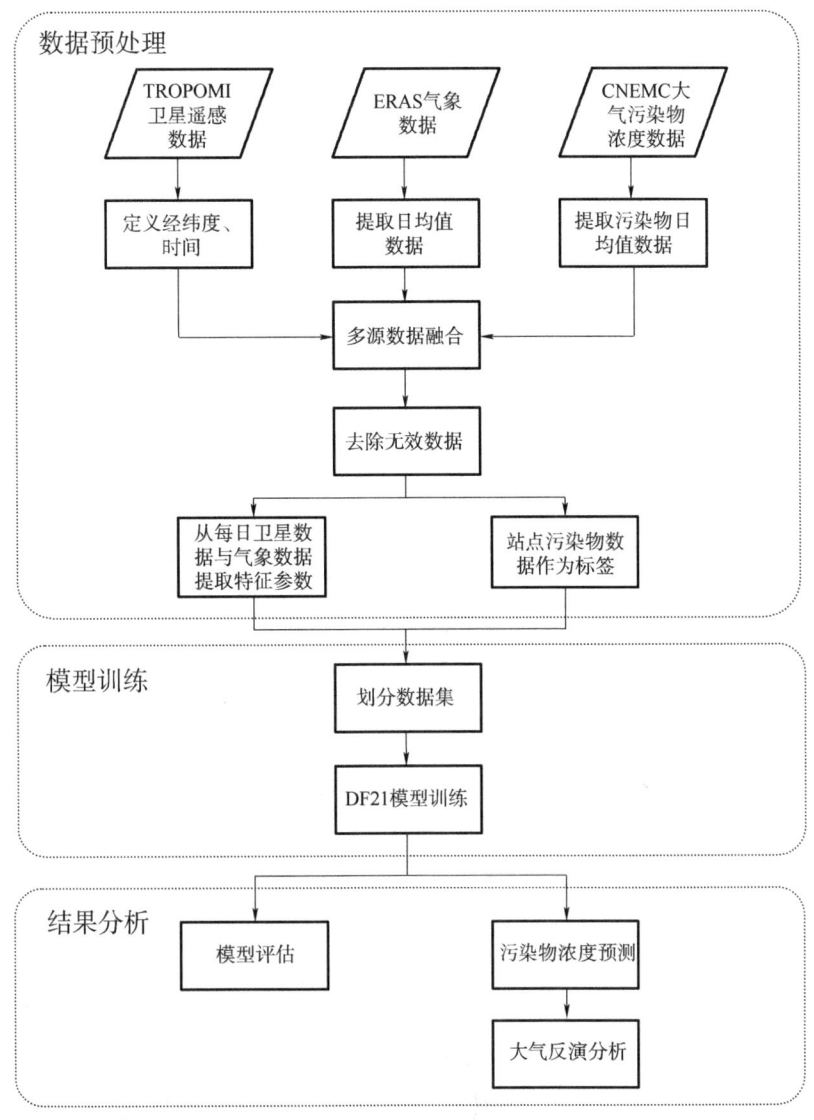

图2 设计总体流程框图

型对臭氧的预测效果较好,具有较高的预测准确度。此外,CO 在 MBE 和 RMSE 指标上表现最好,表明其预测结果与实际值之间的误差最小。PM10 的 MBE 和 RMSE 值均较大,表明其预测误差较大,精度较低。SO_2 在各项指标上表现一般,相对于其他污染物,其预测误差和解释能力较中等,可能原因是 TROPOMI 提供的 SO_2 数据在空间上不连续,日均值数据存在大量空值,在处理中使用插值方法造成误差较大,导致训练的模型对 SO_2 浓度的解释能力较差。

2. 与其他模型对比

为更好检验此模型的效率,采取了其他传统机器学习算法对 O_3 进行预测,进行结果的对比,使用极限梯度提升树(Extreme Gradient Boosting,XGBoost)、随机森林(Random Forest Regressor,RFR)对训练数据进行训练,为保证结果的客观性,所使用的训练集与测

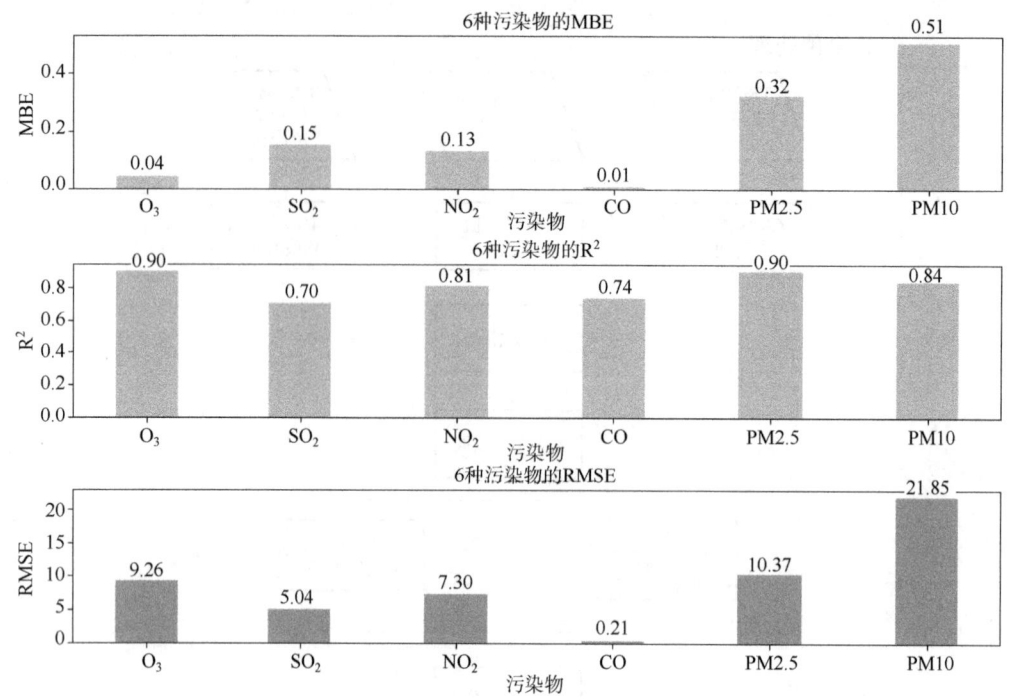

图 3 6 种污染物 MBE、R^2、RMSE 柱状图

试集与 DF21 模型一致,选取 80% 的数据作为训练集,其余作为测试集。如图 4 为各模型的预测数据与测试数据的散点图,虚线为拟合直线。

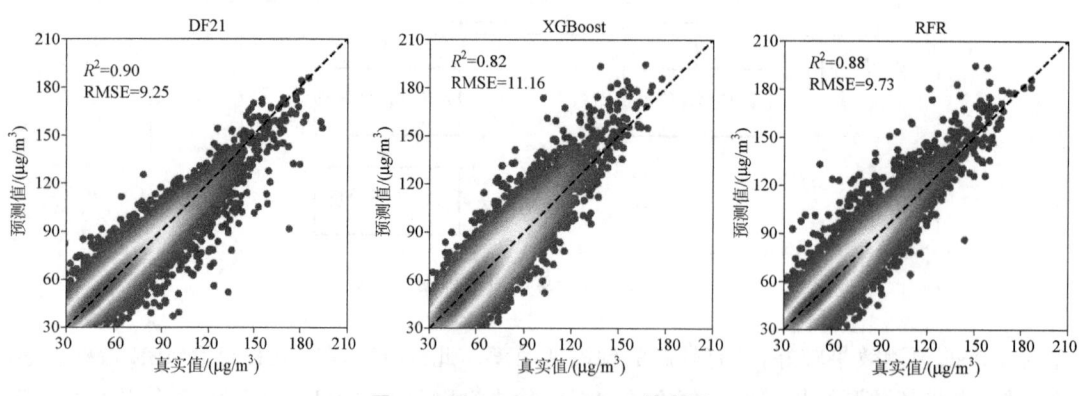

图 4 DF21、XGBoost、RFR 散点图

如图 4 所示,DF21 模型的 R^2 最大,RMSE 最小,说明其预测精度最高,虽然其他传统机器学习算法(XGBoost,RFR)也能实现对臭氧浓度的预测,但在污染物浓度方面,需要模型具有更高的鲁棒性,通过比较 DF21 比其他几种传统机器学习的估算精度,进一步评估验证了 DF21 模型对大气污染物预测的可靠性。

3. 基于卫星遥感和深度学习的臭氧浓度预测

本文将 TROPOMI 卫星柱数据和 ERA5 气象数据插值到中国区域的栅格数据上,中国区域外的数据则设为空值,将其输入模型进行预测,以此得到中国区域内的臭氧浓度数据。

如图 5 为 2021—2022 年各季度预测的臭氧均值图,其中臭氧平均浓度呈现了明显的季节变化特征,整体来看,夏季臭氧浓度最高,冬季最低,春季和秋季次之,这主要与气温、日照时间、光化学反应的活跃程度有关。

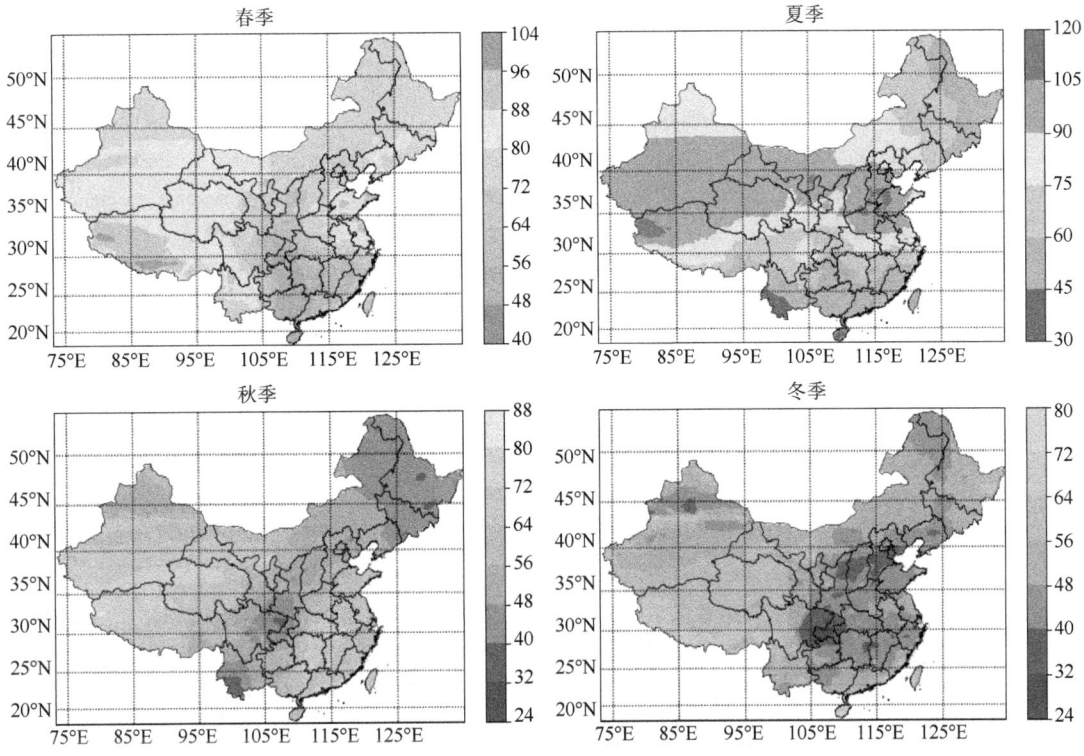

图 5　2021—2022 年各季度预测的臭氧均值图

四、总结和展望

目前,对近地表污染物的估计主要由中国环境监测站点提供,但不能获得连续的污染物浓度分布,故使用机器学习结合多源数据技术对污染物浓度进行预测有很大的发展空间。

本文旨在利用 DF21 模型对中国区域大气污染物的预测进行探索和分析,使用训练好的模型进行应用来完成大气反演。在本课题初期,通过相关文献学习大气遥感基本原理,对此有基本的认识和了解,考虑目前应用于预测大气污染物浓度较多的机器学习算法,结合不同算法各自的优缺点,决定使用深度森林算法。在数据方面,通过参考已有文献,选取三类数据,TROPOMI 卫星柱数据,ERA5 再分析气象数据,以及站点提供的污染物浓度数据。得到训练好的模型后,对模型的预测结果进行了详细的分析和评估,包括均方根误差、决定系数等指标,结果显示模型具有较高的预测准确性和稳定性。即可使用此模型对数据进行更大规模的应用,进行遥感反演,深度研究大气污染物的时空变化特征以及物理化学影响机制。

此算法在预测精度方面仍存在改进的地方,所以可以结合其他机器学习方法进行对模型的改善,如使用 DF21 模型结合 LSTM 神经网络,来实现对时序数据的处理与预测。而且,考虑到训练时间与可计算资源的支持,本文采用的是日均值数据,而采用逐小时的数据可以明显提高模型的预测效果。

参考文献

[1] Zhu S,Xu J,Yu C,et al. Learning surface ozone from satellite columns (LESO):A regional daily estimation framework for surface ozone monitoring in China[J]. IEEE Transactions on Geoscience and Remote Sensing,2022,60:1-11.

[2] Zhu S,Xu J,Fan M,et al. Estimating Near-Surface Concentrations of Major Air Pollutants From Space:A Universal Estimation Framework LAPSO[J]. IEEE Transactions on Geoscience and Remote Sensing,2023,61:1-11.

[3] Zhou Z H,Feng J. Deep forest[J]. National science review,2019,6(1):74-86.

[4] Hersbach H,Bell B,Berrisford P,et al. The ERA5 global reanalysis[J]. Quarterly Journal of the Royal Meteorological Society,2020,146(730):1999-2049.

[5] Kong L,Tang X,Zhu J,et al. A 6-year-long (2013-2018) high-resolution air quality reanalysis dataset in China based on the assimilation of surface observations from CNEMC[J]. Earth System Science Data,2021,13(2):529-570.

作者简介

王烁,男,本科生,就读于北京信息科技大学信息与通信工程学院电信2002班。

潘建军,女,副教授,北京信息科技大学信息与通信工程学院电子信息工程系教师。主讲《数字图像处理》《MATLAB及其应用》《DSP原理与应用》和《信息论基础》四门课程,多次负责/指导《数字图像处理综合实践》《数字信号处理课程设计》《人工智能综合实践》和《DSP原理与应用课程设计》四门独立实践环节。主要研究领域为数字图像处理,深度学习,人工智能。